Sladeček | Marzi | Meißl-Riedl

Recht für Gesundheitsberufe

Mit allen wichtigen Berufsgesetzen

Recht für Gesundheitsberufe

Mit allen wichtigen Berufsgesetzen

9., neu bearbeitete Auflage

VON

Dr. Einar Sladeček
Dr. Leopold-Michael Marzi
Mag. Sonja Meißl-Riedl

LexisNexis

Bibliografische Information der Deutschen Bibliothek
Die Deutsche Bibliothek verzeichnet diese Publikation in der Deutschen Nationalbibliografie; detaillierte bibliografische Daten sind im Internet über http://dnb.ddb.de abrufbar.

ISBN 978-3-7007-7170-8

LexisNexis Verlag ARD Orac GmbH & Co KG, Wien
www.lexisnexis.at
Wien 2018 • Best.-Nr. 87.025.009

Foto Sladeček: privat
Foto Marzi: Fotostudio Edith Walzl, Melchartgasse 28, 1130 Wien
Foto Meißl-Riedl: privat

Druckerei: Prime Rate GmbH, Budapest

Vorwort zur 9. Auflage

Seit Erscheinen der achten Auflage sind nicht ganz zwei Jahre vergangen. Dank der guten Akzeptanz des Buches wurden wir nicht zuletzt auch wegen der nach wie vor rasanten Entwicklung des Gesundheitswesens und der arbeits- und sozialrechtlichen Bestimmungen vom Verlag um die Herausgabe einer Neuauflage ersucht.

Die Zeit seit dem Erscheinen der achten Auflage hat massive Änderungen im Bereich der Geschäftsfähigkeit durch das Erwachsenenschutzgesetz, im Bereich der Pflege und der medizinisch-technischen Dienste durch das Gesundheitsberuferegistergesetz, im Bereich der Patientenbehandlung durch die mit dem Gesundheitsrechtsänderungsgesetz 2017 eingeführten Primärversorgungseinheiten und in nahezu allen Lebensbereichen durch die Datenschutzgrundverordnung der EU und ihre innerstaatlichen Begleitgesetze mit sich gebracht.

Die Neuauflage 2018, für die dankenswerterweise die Richterin des ASG Wien *Mag. Sonja Meißl-Riedl* als neue Co-Autorin gewonnen werden konnte, war auch ein geeigneter Zeitpunkt, um sämtliche sozialversicherungsrechtlichen Werte auf den aktuellen Stand zu bringen. Darüber hinaus fanden seit 2016 Veränderungen im Arbeitsrecht und Sozialversicherungsrecht statt, die wir auch in dieser Auflage berücksichtigt haben. Auf die im Regierungsprogramm 2017 angekündigten massiven Änderungen in diesen beiden Bereichen konnte nicht eingegangen werden, da zum Zeitpunkt der Drucklegung lediglich eine Novelle zum Arbeitszeitgesetz beschlossen wurde, wobei die gehörige Kundmachung noch nicht erfolgt ist und bezüglich der weiteren beabsichtigten Änderungen noch nicht einmal Ministerialentwürfe vorliegen.

Da sich dieses Buch nach wie vor nicht nur an Fachjuristen wendet und seitens des Leserpublikums das Weglassen der in vielen Fachbüchern überbordenden Zitate sehr gut aufgenommen wurde, haben wir weiterhin wegen der besseren Verständlichkeit bewusst auf die sonst üblichen Zitate und Fundstellen in Fußnoten und auf das Literaturverzeichnis verzichtet. Für die zahlreichen Hinweise aus der Praxis, insbesondere von den Gesundheitsberufen, aber auch von mit dem Gesundheitswesen befassten Juristen, und für die vielen Hinweise von Schülerinnen, Schülern und Studierenden danken wir wiederum herzlich. Jeder an uns weitergeleitete Hinweis hilft uns, ein noch besseres und stets benutzerfreundliches Buch für Sie herzustellen.

Wien, im Juli 2018

Dr. Einar Sladeček
Dr. Leopold-Michael Marzi
Mag. Sonja Meißl-Riedl

Inhaltsverzeichnis

Grundbegriffe der Rechtslehre

Scire leges non hoc est verba earum tenere sed vim ac potestatem (Celsus, 2.Jh.)
(Die Kenntnis des Rechts besteht nicht darin, Gesetzeswortlaute zu zitieren, sondern die Bedeutung und Auswirkung der Gesetze zu erkennen)

Jedes Wissensgebiet hat seine eigene Fachsprache mit Fachbegriffen. Diese Fachbegriffe sind oft anders definiert, als dies vom Laien angenommen wird. Es ist daher zu Beginn der Auseinandersetzung mit einem neuen Wissensgebiet sinnvoll, wichtige Grundbegriffe zu erklären. Im Folgenden wird ein Überblick über einige Grundbegriffe der Rechtslehre gegeben, die es erleichtern, die nachfolgenden Kapitel zu verstehen.

I. Die Rechtsordnung

A. Allgemeines

Der Mensch wird in eine Gemeinschaft hineingeboren. Damit ein Zusammenleben in der Gemeinschaft möglich ist, bedarf es einer Ordnung. Diese Ordnung ist von Regeln bestimmt, die auch als **Normen** bezeichnet werden.

Normen sind Sollensvorschriften für menschliches Verhalten. Sie können als „Spielregeln" des menschlichen Zusammenlebens angesehen werden.

Es gibt verschiedene **Normensysteme**, die diese Aufgabe erfüllen, wobei die **Rechtsordnung** wohl die bedeutendste ist.

- Unter der **Rechtsordnung** versteht man die Summe aller Normen, die – mit verbindlicher Wirkung ausgestattet – für das menschliche Zusammenleben gelten. Sie können unter Anwendung **staatlicher Maßnahmen zwangsweise** durchgesetzt werden. Erst dadurch ist die persönliche Freiheit des Einzelnen, die er zur Entfaltung seiner Persönlichkeit benötigt, garantiert. Nur dann, wenn er seine Freiheit missbraucht und in die Freiheit anderer eingreift, muss staatliche Gewalt dem Verletzten zur Hilfe kommen.

Beispiel:

Dem durch einen Verkehrsunfall Geschädigten wird zum Schadenersatz verholfen, wenn der Unfallgegner bzw. dessen Haftpflichtversicherung nicht freiwillig leistet. Wird trotz Verurteilung nicht bezahlt, so kann Exekution geführt werden.

Das Recht allein ist jedoch nicht in der Lage, alle Probleme des menschlichen Zusammenlebens zu lösen. Auch Sitte und Moral erfüllen Ordnungsaufgaben.

- Die **Sitte** ist eine allgemein ausgeübte Verhaltensweise einer bestimmten Gruppe, z.B. eines Volkes, die eingehalten wird, weil „es sich so gehört". Sie wird vom Einzelnen befolgt, um die Wertschätzung der Mitbürger nicht zu verlieren.

Beispiel:
Tischsitten, Grußformen.

- Die **Moral** wendet sich an das Innere des Menschen. Deren Gebote sind Forderungen an das eigene Gewissen. Wer so handelt, tut dies hauptsächlich nicht nur wegen der Achtung oder Missbilligung durch andere, sondern um vor sich selbst, vor seinem Gewissen, bestehen zu können.

Beispiel:
Ehrlichkeit, Hilfsbereitschaft.

Sitte und Moral haben mit dem Recht eine Reihe von **gemeinsamen Merkmalen, unterscheiden** sich aber von ihm in mehrfacher Hinsicht. Wer die Moral verletzt, hat dies vor seinem Gewissen zu verantworten. Wer die Sitte missachtet, erfährt die Missbilligung der Gesellschaft und wird gemieden. Wem das nichts ausmacht, über den hat die Sitte keine Macht. Das Recht ist dadurch gekennzeichnet, dass es – wenn nötig – auch mit staatlicher **Zwangsgewalt** durchgesetzt werden kann.

B. Das Recht

Die einzelnen Normen des Rechts sind **Sollensvorschriften** für menschliches Verhalten, die in Gesetzen und Verordnungen nachzulesen sind.

Sie setzen fest:

- was Menschen tun oder unterlassen sollen (z.B. Straßenverkehrsordnung)
- mit welchen Rechtsfolgen sie bei Zuwiderhandeln zu rechnen haben (z.B. Strafrecht, Privatrecht)
- wozu Menschen ermächtigt sind (z.B. Verfassungsrecht, Strafvollzugsrecht, Exekutionsrecht).

C. Stufenbau der Rechtsordnung

Alle Rechtsnormen stehen in einer abgestuften Ordnung zueinander.

Das gesamte Recht ist dabei von der Verfassung abgeleitet und auf die Verfassung rückführbar. Dies bezeichnet man als den **Stufenbau der Rechtsordnung**.

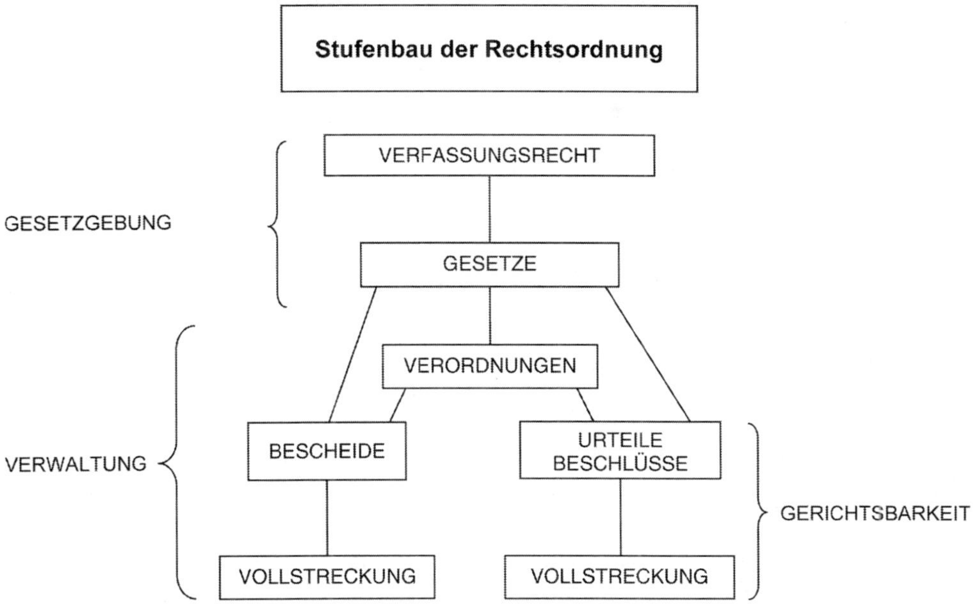

Nicht alle Rechtssätze (Normen, Vorschriften) haben den gleichen Rang. Die **Verfassungsgesetze** sind die Grundlage, alle anderen Gesetze müssen sich im Rahmen der Verfassung halten und dürfen nicht gegen diese verstoßen. Aufgrund der Gesetze können die Verwaltungsbehörden allgemeine Vorschriften **(Verordnungen)** erlassen. Verwaltungsverordnungen sind Anordnungen **(Weisungen)** einer höheren Behörde an die nachgeordneten Dienststellen **(Erlässe)**. Beispiel: Erlass des Bundesministeriums für Bildung, Wissenschaft und Forschung an die Landesschulräte. Aufgrund von Gesetzen und Verordnungen fällen die Behörden ihre **Entscheidungen**, und zwar:

- **Verwaltungsbehörden** in Form von **Bescheiden**;
- **Gerichte** in Form von **Urteilen** oder **Beschlüssen**.

II. Zugang zum Recht

A. Allgemeines

Zugang zum Recht kann sich der Einzelne durch Studium der schriftlichen Veröffentlichungen von Gesetzestexten, Literatur und Judikatur oder aber durch Inanspruchnahme einer Beratung durch einen Fachmann verschaffen.

Einfache Rechtsfragen lassen sich unter Hinzuziehung des Gesetzes und allenfalls durch einen Blick in ein Lehrbuch leicht selbst lösen. Allerdings können die Fragen auch falsch gelöst werden, was oft mit Verlust von Rechten und hohen Kosten verbunden ist. Es empfiehlt sich daher, in Fragen, die nur auf den ersten Blick einfach erscheinen, einen Fachmann zu Rate zu ziehen.

B. Veröffentlichungen

Auszugehen ist vom **Gesetzestext** und der zu seiner Erläuterung dienenden Literatur.

1. Gesetzestext

Im **Bundesgesetzblatt** (BGBl) bzw. in **Landesgesetzblättern** (LGBl) werden alle Gesetze, Verordnungen und Staatsverträge kundgemacht.

Bis 1996 wurden alle Gesetze, Verordnungen und Staatsverträge im einheitlichen Bundesgesetzblatt kundgemacht. Seit 1.1.1997 ist das Bundesgesetzblatt dreigeteilt: Teil I enthält die Gesetze, Teil II die Verordnungen und Teil III die Staatsverträge. Zusätzlich zu den Bundesgesetzblättern werden auch die Erläuternden Bemerkungen zum ursprünglichen Gesetzesvorschlag (Regierungsvorlage oder Initiativantrag) und der Ausschussbericht als Beilage zu den stenografischen Protokollen des Nationalrats und des Bundesrates veröffentlicht. Sie geben eine wesentliche Hilfe bei der Auslegung einzelner Gesetzesbestimmungen.

Im **Internet** werden als Rechtsinformationssystem (RIS) die Gesetzestexte und Verordnungstexte des Bundes und aller Bundesländer sowie die Rechtsvorschriften der Europäischen Union unter der Adresse **www.ris.bka.gv.at** auf dem neuesten Stand kostenlos angeboten.

Wichtige Gesetze werden oft in reinen Textausgaben (z.B. Kodex) und in mit Anmerkungen versehenen Handausgaben (z.B. Staatsdruckerei, Manz-Verlag, LexisNexis-Verlag, Linde-Verlag) veröffentlicht. Besonders umfangreiche und häufig geänderte Gesetzeswerke werden oft in Loseblatt-Ausgaben veröffentlicht und stets auf den neuesten Stand gebracht.

2. Literatur

Das Grundsätzliche findet man in **Lehrbüchern**. Weitergehende Informationen in Einzelfragen bieten **Kommentare**, Systeme, und Monografien. Empfehlenswert ist auch das Studium der einschlägigen **Fachzeitschriften**, in denen eine Reihe von grundsätzlichen Abhandlungen erscheinen und in denen auch wichtige höchstgerichtliche Entscheidungen, meist mit wissenschaftlichem Kommentar, veröffentlicht werden.

3. Höchstgerichtliche Judikatur

Die höchstgerichtliche Judikatur hat zwar keine Gesetzeskraft und gilt nur für den Einzelfall, hat aber eine über diesen Fall weit hinausreichende Leitfunktion, da der Rechtsanwender davon ausgehen kann, dass eine von einem Höchstgericht geäußerte Rechtsansicht für die nächsten Jahre zur ständigen Rechtsprechung werden kann. Die Entscheidungen der Höchstgerichte werden außer den Veröffentlichungen in Fachzeitschriften oft auch thematisch geordnet (Zivilsachen, Handelssachen, Strafsachen etc.) in eigenen **Entscheidungssammlungen** veröffentlicht. Auch die höchstgerichtliche Judikatur kann im Internet unter der Adresse www.ris.bka.gv.at abgefragt werden.

Abschließend sei darauf hingewiesen, dass die jeweiligen Interessenvertretungen reichlich ausgestattete Bibliotheken unterhalten, die öffentlich zugänglich sind.

C. Beratung

Als Beratungsstellen kommen infrage:

- berufsmäßige Parteienvertreter (Rechtsanwalt, Notar, Steuerberater etc.)
- Gerichte (Bezirksgericht, Arbeits- und Sozialgericht im Rahmen des Amtstags)
- Sozialversicherungen
- Interessenvertretungen (Arbeiterkammer, Gewerkschaft, Wirtschaftskammer, Landwirtschaftskammer etc.)
- freiwillige Vereinigungen (Mietervereinigung, Verein für Konsumenteninformation u.v.a.)

Einen genauen Überblick über die Beratungsstellen kann man bei den Interessenvertretungen erfragen.

Die Beratungstätigkeiten der berufsmäßigen Parteienvertreter (Rechtsanwalt, Notar, Steuerberater etc.) sind mit (oft sehr hohen) Beratungskosten verbunden. Rechtsanwaltskammer und Notariatskammer führen kostenlose erste Auskünfte durch.

Die Beratungstätigkeiten der Gerichte sind kostenlos, beschränken sich aber auf konkret anhängige Fälle.

Die Beratungstätigkeiten der gesetzlichen Interessenvertretungen und freiwilligen Vereinigungen sind kostenlos, beschränken sich aber auf ihre Mitglieder.

Durch eine Beratung und in weiterer Folge bei der Rechtsdurchsetzung können oft hohe Kosten entstehen. Um den Zugang zum Recht zu erleichtern, empfiehlt sich der Abschluss einer **Rechtsschutzversicherung**. Auch auf die Möglichkeit der **Verfahrenshilfe** bei Gericht wird hingewiesen.

III. Rechtssubjekte und Rechtsobjekte

Die jeweilige Rechtsordnung bestimmt, was **Rechtssubjekt** und was **Rechtsobjekt** ist. Im römischen Recht galten sogar Sklaven als Sache und unterlagen dem rechtlichen Verkehr (das heißt sie wurden gehandelt).

Moderne Rechtsordnungen zählen **Menschen** zu Rechtssubjekten, **Sachen** zu Rechtsobjekten.

Das österreichische Recht bezeichnet als **Sache** „alles, was von der Person unterschieden ist und zum Gebrauch der Menschen dient ...". Daneben wird jedoch betont, dass Tiere keine Sachen sind, sondern durch besondere Gesetze geschützt sind. Abgesehen von diesen Sondervorschriften sind jedoch die für Sachen geltenden Regelungen auch auf Tiere anzuwenden (z.B. Übertragung des Eigentums).

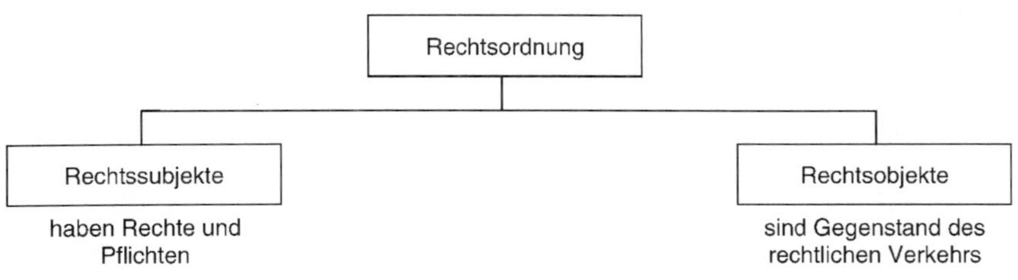

A. Die Rechtsfähigkeit

Das **Allgemeine Bürgerliche Gesetzbuch (ABGB)** unterscheidet zwischen Personen und Sachen. Person ist der Mensch und die juristische Person. Sache ist alles, was von der Person verschieden ist und dem Gebrauch des Menschen dient.

1. Die natürliche Person = der Mensch

Die **Rechtsfähigkeit** der natürlichen Person beginnt mit der **Geburt** und endet mit dem Tod.

Ein **ungeborenes Kind** wird als bereits geboren betrachtet, wenn es sich dabei um seinen Vorteil handelt. Voraussetzung ist allerdings, dass das Kind lebend zur Welt kommt. Diese Bestimmung hat vor allem im Familienrecht (Abstammung von einer bestimmten Person), im Erbrecht und im Sozialversicherungsrecht, aber auch im Strafrecht (Schwangerschaftsabbruch) große Bedeutung.

Die Rechtsfähigkeit endet nicht nur mit dem Tod, sondern ausnahmsweise mit dem **Todesbeweis** oder der **Todeserklärung**. Zum Todesbeweis kann es dann kommen, wenn zwar der Tod vor Zeugen erfolgte, die Leiche aber nicht gefunden werden kann, zur Todeserklärung bei Verschollenheit (unbekannter Aufenthalt und nachrichtenlose Abwesenheit durch längere Zeit) und erheblichem Zweifeln am Überleben.

Beispiele:

Todesbeweis: Jemand stürzt vor mehreren Zeugen in einen Krater.

Todeserklärung: Eine Person befand sich unter den Passagieren des untergegangenen Schiffes oder des abgestürzten Flugzeuges; ein Bergsteiger kommt von einer Bergtour nicht zurück; Verschollenheit im Krieg etc. **Todeserklärung** ist möglich 3 Monate nach Flugzeugabsturz, 6 Monate nach Schiffsuntergang, nach 1 Jahr im Krieg oder bei lebensgefährlichen Umständen, nach 10 Jahren bei ziviler Verschollenheit.

2. Die juristische Person

Neben dem Menschen können in unserer Rechtsordnung auch **juristische Personen** Träger von Rechten und Pflichten sein. Das sind **Gebilde**, denen Rechtssubjektivität zukommt. Die juristischen Personen werden wiederum in die Personenverbände (Gesellschaften, Korporationen) und in die Sachgesamtheiten (Stiftungen und Anstalten) gegliedert.

Auch die Gebietskörperschaften (Bund, Länder, Gemeinden), die gesetzlichen Interessenvertretungen (Kammern) und die Sozialversicherungen sind juristische Personen.

Die **Rechtsfähigkeit** der juristischen Person beginnt mit der **Gründung** und endet mit der **Auflösung.**

B. Die Handlungsfähigkeit

Jeder Mensch ist ab Geburt rechtsfähig, jedoch nicht sofort handlungsfähig. Die **Handlungsfähigkeit** ist die Fähigkeit, durch eigenes Verhalten Rechte und Pflichten zu begründen, zu ändern oder aufzuheben. Der Umfang der Handlungsfähigkeit eines Menschen richtet sich nach seinem Alter und seinem Geisteszustand.

Die juristische Person als Gebilde ist an sich niemals selbständig handlungsfähig. Sie handelt immer durch ihre **Organe**, die als Menschen über die entsprechende Handlungsfähigkeit verfügen müssen.

Die Handlungsfähigkeit hat zwei Seiten: eine positive Seite, die Fähigkeit Rechtsgeschäfte abschließen zu können, die **Geschäftsfähigkeit**, sowie eine negative Seite, nämlich aus rechtswidrigem Verhalten verpflichtet zu werden, die **Deliktsfähigkeit**.

1. Die Geschäftsfähigkeit

Unter der Voraussetzung, dass der Mensch geistig gesund und psychisch nicht beeinträchtigt ist, hängt die Geschäftsfähigkeit vom Alter ab. Das Allgemeine Bürgerliche Gesetzbuch (ABGB) kennt dabei vier Altersstufen.

Wer nicht selbst voll geschäftsfähig ist, kann Rechtsgeschäfte, die seine eigene Geschäftsfähigkeit übersteigen, durch seinen gesetzlichen Vertreter (Eltern für eheliche Kinder, Mutter für uneheliche Kinder, Vormund bei Minderjährigkeit oder Tod der Eltern, Kurator bei Verhinderung der Eltern, sowie Bevollmächtigte oder Erwachsenenvertreter für Menschen mit geistiger oder psychischer Beeinträchtigung) abschließen.

a) Die Geschäftsfähigkeit nach Altersstufen

Kinder

sind Personen von **0 bis 7 Jahren**. Diese sind absolut **geschäftsunfähig**.

Das gilt jedoch **nicht** für die **kleinsten Geschäfte des täglichen Lebens** (z.B. Kauf einer Wurstsemmel, Straßenbahnfahrt). Schließt eine Person, die an sich wegen ihres Alters nicht geschäftsfähig oder nicht ausreichend geschäftsfähig ist, ein Rechtsgeschäft, das aber von Personen solchen Alters üblicherweise geschlossen wird und eine geringfügige Angelegenheit des täglichen Lebens betrifft, so wird es mit der Erfüllung der das Kind treffenden Pflichten rückwirkend rechtswirksam.

Unmündige Minderjährige

sind Personen von **7 bis 14 Jahren**. Sie sind **beschränkt geschäftsfähig**.

Sie können

- ein bloß **zu ihrem Vorteil gemachtes Versprechen annehmen**, wobei nicht die wirtschaftliche Günstigkeit des Geschäftes, sondern die Frage, ob der Unmündige nur Rechte erwirbt oder sich auch verpflichtet, entscheidet und
- eine **schon bestehende Verpflichtung erfüllen** und sich damit von ihrer Schuld befreien.

Will sich der Unmündige hingegen **verpflichten**, so muss sein **gesetzlicher Vertreter** entweder für ihn den Vertrag abschließen oder dem vom Unmündigen geschlossenen Geschäft zustimmen.

Hat der Unmündige **ohne Zustimmung** des gesetzlichen Vertreters ein Geschäft geschlossen, das ihn verpflichten würde, so ist es **nicht schlechthin nichtig** (wie bei einem Kind unter sieben Jahren), sondern **schwebend unwirksam** (sogenanntes hinkendes Rechtsgeschäft). Es kann durch die nachträgliche Zustimmung (Genehmigung) des gesetzlichen Vertreters volle Gültigkeit erlangen. Bis zu dessen Entscheidung ist der Partner an seine Erklärung gebunden. Er kann jedoch verlangen, dass sich der Vertreter binnen angemessener Frist äußert. Verweigert dieser die Genehmigung oder äußert er sich nicht binnen der gesetzten Frist, so ist das Geschäft als von Anfang an ungültig anzusehen.

Mündige Minderjährige

sind Personen von **14 bis 18 Jahren**. Sie sind **beschränkt geschäftsfähig**, wobei der Umfang der Geschäftsfähigkeit gegenüber den unmündigen Minderjährigen stark erweitert ist.

Sie können

- dieselben Rechtsgeschäfte wie die schon unmündigen Minderjährigen abschließen und darüber hinaus
- ein Testament errichten;
- über ihre Arbeitskraft frei verfügen – ausgenommen Lehr- und Ausbildungsverträge;
- über ihr Einkommen frei verfügen – ohne ihren Unterhalt zu gefährden – und
- über dasjenige frei verfügen, was ihnen zur freien Verfügung überlassen wurde, insbesondere ihr Taschengeld.

Für alle anderen Rechtsgeschäfte bedürfen auch mündige Minderjährige der Zustimmung des gesetzlichen Vertreters.

Volljährige

Mit **18 Jahren** erlangt der geistig gesunde Mensch die Volljährigkeit, auch als **Großjährigkeit** oder **Eigenberechtigung** bezeichnet. Volljährige sind **voll geschäftsfähig**.

Bei verzögerter Reife kann die Minderjährigkeit vom Pflegschaftsgericht bis zum vollendeten 21. Lebensjahr verlängert werden.

Anmerkung:

Die Altersstufen nach dem ABGB stimmen mit den altersbezogenen Regelungen in anderen Gesetzen nicht in allen Fällen überein: siehe zum Beispiel die Regelungen des „Krankenanstaltengesetzes“ über die Zustimmung zu besonderen Behandlungen, Jugendschutzgesetze, Altersregelungen im Arbeitsrecht, Strahlenschutz, Ausbildungsvorschriften in den Gesundheitsberufen u.v.a. oder auch das aktive Wahlrecht ab dem vollendeten 16. Lebensjahr.

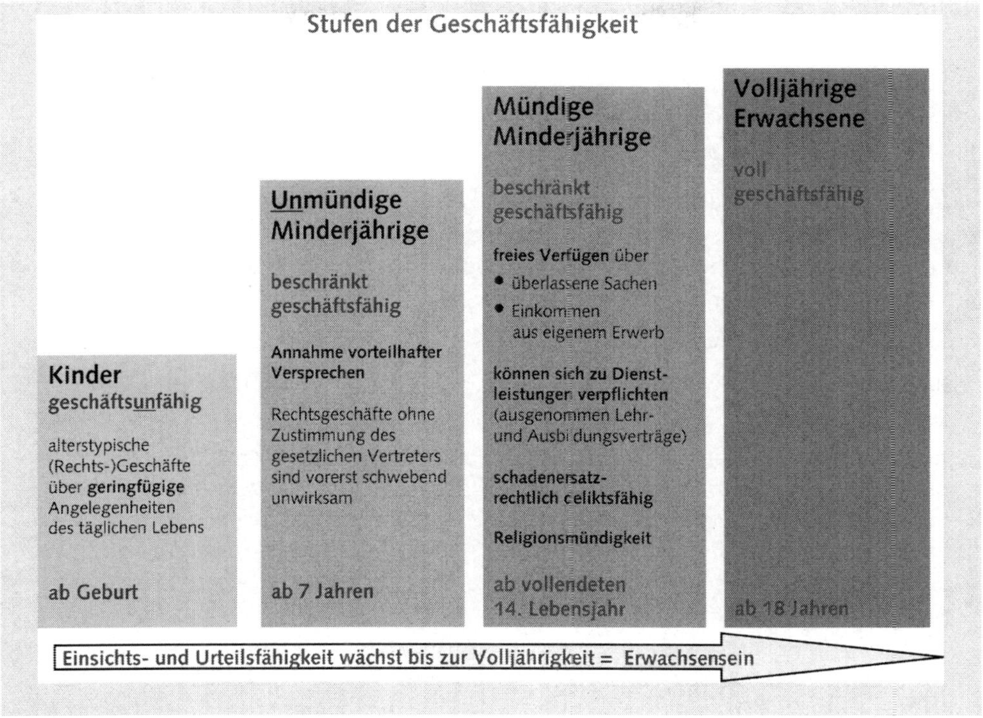

Beachte:

Die Einwilligung in eine medizinische Heilbehandlung kann das einsichts- und urteilsfähige Kind selbst erteilen. Die Einsichts- und Urteilsfähigkeit kann schon vor dem vollendeten 14. Lebensjahr gegeben sein. Ab dem vollendeten 14. Lebensjahr wird die Einsichts- und Urteilsfähigkeit gesetzlich vermutet.

b) Der Erwachsenenschutz

Für volljährige Personen, die aufgrund einer **geistigen** oder **psychischen Beeinträchtigung** in ihrer Entscheidungsfähigkeit eingeschränkt sind, steht durch das ab 1. 7. 2018 geltende Erwachsenenschutzgesetz die *Unterstützung* im Vordergrund (insbesondere durch die Familie), verbunden mit einem *Zurückdrängen der Stellvertretung.*

Neben die schon bestehende „Vorsorgevollmacht" tritt die „gewählte Erwachsenenvertretung". Die Vertretungsbefugnis nächster Angehöriger wird unter dem Titel „gesetzliche Erwachsenenvertretung" erweitert und klarer geregelt. Die bisherige **Sachwalterschaft** soll unter dem Titel **„gerichtliche Erwachsenenvertretung"** letztes Sicherheitsnetz der Vertretung sein, wenn kein anderes Instrument greift. Wesentlich ist, dass die Handlungsfähigkeit der betroffenen Person weder durch die Vorsorgevollmacht noch durch die Erwachsenenvertretung beschränkt oder ausgeschlossen wird: die betroffene Person kann trotz wirksamer Vorsorgevollmacht oder Erwachsenenvertretung selbst wirksame Rechtshandlungen vornehmen, wenn sie die dafür erforderliche Handlungsfähigkeit besitzt.

Die „4 Säulen" des Erwachsenenschutzes im Einzelnen wie folgt:

1. Die Vorsorgevollmacht

Eine Vorsorgevollmacht dient dazu, *für den Fall einer Behinderung in Zukunft* rechtzeitig vorzusorgen. Sie wird erteilt, solange der Vollmachtgeber noch handlungs- und geschäftsfähig ist. Mit der Vorsorgevollmacht wird eine Vertrauensperson benannt und bevollmächtigt, die übertragenen Angelegenheiten wahrzunehmen.

Beispiele:

Vertretung gegenüber Behörden, Gerichten, Versicherungen, Banken, Pensionsversicherung, Mitarbeitervorsorgekassen; bezüglich Pflege und medizinischer Versorgung, der Zustimmung zu medizinischen Heilbehandlungen, dem Abschluss von Krankenhausaufnahmeverträgen; Befolgen und Durchsetzung einer Patientenverfügung; in Fragen des Aufenthaltes, der Wohnung und Übersiedlung in ein Altersheim[1] sowie Auflösung des bisherigen Wohnsitzes; Verfügungen über Konten, Depots, Sparbücher, Safes usw bei Kreditinstituten und über Bausparverträge; Verfügungen über laufendes Einkommen; Verwaltung und/oder Verfügungen über Liegenschaften und sonstiges Vermögen. Bevollmächtigte müssen vom Gericht jedoch nicht geprüft werden. Es wird empfohlen, eine Vorsorgevollmacht mit oder anhand des vom Bundesministerium für Justiz bereitgestellten Formulars (http://www.bmj.gv.at) zu erstellen.

Der Inhalt einer Vorsorgevollmacht wird erst dann wirksam, wenn der Vollmachtgeber die zur Besorgung der anvertrauten Angelegenheiten erforderliche Geschäftsfähigkeit oder Einsichts- und Urteilsfähigkeit oder seine Äußerungsfähigkeit verliert.

Vollmachtgeber und Bevollmächtigter sollten je eine schriftliche Ausfertigung der Vollmacht aufbewahren. Vollmachten kann man durch jeden Rechtsanwalt oder Notar im **Österreichischen Zentralen Vertretungsverzeichnis (ÖZVV)** bei der Österreichischen Notariatskammer registrieren lassen.

Der Vollmachtgeber kann seine Vorsorgevollmacht jederzeit **widerrufen.** Das gilt auch nach dem Verlust der Geschäftsfähigkeit (es greifen dann die anderen Vertretungsformen).

2. Die gewählte Erwachsenenvertretung

Wenn jemand an kognitiven Defiziten leidet (zB beginnende Demenz) und deshalb keine Vorsorgevollmacht mehr errichten kann, hat er die Möglichkeit, eine andere Person zum gewählten Erwachsenenvertreter zu nominieren. Im Wesentlichen kann man also von einer stark

---

1 **Anmerkung**: Ein (gewählter, gesetzlicher oder gerichtlicher) Erwachsenenvertreter darf einem dauerhaften **Wohnortwechsel** (zB in ein Pflegeheim) des nicht-entscheidungsfähigen Patienten nur dann zustimmen, wenn er dafür eine gerichtliche Genehmigung hat. Ein Vorsorgebevollmächtigter hingegen benötigt eine gerichtliche Genehmigung nur bei einem dauerhaften Wohnortwechsel ins Ausland.

reduzierten Entscheidungsfähigkeit sprechen, die zwar zur eigenständigen Besorgung der Angelegenheiten nicht mehr hinreicht; wohl aber dafür, zu verstehen und auszudrücken, dass man einer bestimmten Person Vertrauen schenken möchte und dass diese Person bestimmte Angelegenheiten erledigen soll. Es können eine Person oder mehrere Personen als Erwachsenenvertreter gewählt werden. Mit dieser anderen Person wird unter Vorlage eines ärztlichen Zeugnisses bei einem Notar, Rechtsanwalt oder einem Erwachsenenschutzverein eine **Vereinbarung** für die Vertretung abgeschlossen. Diese ist wirksam ab Eintragung im **Österreichischen Zentralen Vertretungsverzeichnis (ÖZVV)**. Die Vereinbarung kann zB das Recht einräumen, über medizinische Behandlungen zu entscheiden; sie kann auch vorsehen, dass der Stellvertreter zusätzlich die Genehmigung der vertretenen Person benötigt.

Die gewählte Erwachsenenvertretung endet mit Eintragung des Widerrufs im ÖZVV.

Im Unterschied zur Vorsorgevollmacht unterliegt der gewählte Erwachsenenvertreter einer regelmäßigen gerichtlichen Kontrolle (jährlich ist ein Lebenssituationsbericht zu erstatten und der Vermögensstand darzulegen).

3. Die gesetzliche Erwachsenenvertretung

Wenn kein Vorsorgebevollmächtigter und kein gewählter Erwachsenenvertreter existieren, dann kommt die gesetzliche Erwachsenenvertretung zum Tragen. Sie umfasst die Stellvertretung durch **nächste Angehörige**. Zu ihnen zählen: Eltern und Großeltern, volljährige Kinder und Enkelkinder, Geschwister, Nichten und Neffen, Ehegatte, eingetragener Partner, Lebensgefährte sowie die vom Patienten in einer Erwachsenenvertreter-Verfügung bezeichnete Person.

Die Vertretungsbefugnis dieser nächsten Angehörigen entsteht nicht kraft Gesetz, sondern erst, nachdem sie sich unter Vorlage eines ärztlichen Zeugnisses bei Notar, Rechtsanwalt oder Erwachsenenschutzverein im **Österreichischen Zentralen Vertretungsverzeichnis (ÖZVV)** eintragen lassen. Die Angehörigen stehen einander gleichrangig gegenüber.

Der nächste Angehörige hat die vertretene Person von der Wahrnehmung seiner Vertretungsbefugnis zu informieren.

Die Vertretungsbefugnis umfasst Alltagsgeschäfte zB im Zuge der Haushaltsführung, Organisation der Pflege des Betroffenen, Beantragung sozialversicherungsrechtlicher Leistungen und Geltendmachung von Ansprüchen, die aus Anlass von Alter, Krankheit, Behinderung oder Armut zustehen können (Pflegegeld, Sozialhilfe, Gebührenbefreiungen). Gesetzliche Erwachsenenvertreter können auch über medizinische Behandlungen entscheiden (und zwar nunmehr auch über schwerwiegende wie zB über PEG-Sonden, Chemotherapien, Operationen in Vollnarkose). Sie haben sich dabei freilich immer am (mutmaßlichen) Willen des Patienten zu orientieren.

Der Notar stellt dem nächsten Angehörigen eine Registrierungsbestätigung aus. Ein Dritter darf auf die Vertretungsbefugnis dieses nächsten Angehörigen vertrauen, wenn bei Vornahme der Vertretungshandlung die Registrierungsbestätigung vorgelegt wird. Sind mehrere Angehörige vertretungsbefugt, so genügt die Erklärung einer Person. Liegen dem Erklärungsempfänger widerstreitende Erklärungen vor, so ist keine wirksam.

Besteht zu bestimmten Angehörigen kein Vertrauen, so kann ein im ÖVZZ einzutragender **Widerspruch** gegen deren Vertretungsbefugnis erhoben werden: Die Vertretungsbefugnis eines nächsten Angehörigen tritt nicht ein oder endet, soweit ihr die vertretene Person (ungeachtet des Verlusts ihrer Geschäftsfähigkeit oder Einsichts- und Urteilsfähigkeit) widersprochen hat oder widerspricht.

Die gesetzliche Erwachsenenvertretung endet – anders als die Vorsorgevollmacht und die gewählte Erwachsenenvertretung – nach **drei Jahren** oder durch gerichtliche Entscheidung, wenn es das Wohl der vertretenen Person erfordert. Eine erneute Eintragung ist möglich.

Gesetzliche Erwachsenenvertreter unterliegen der regelmäßigen gerichtlichen Kontrolle (jährlich ist ein Lebenssituationsbericht zu erstatten und der Vermögensstand darzulegen).

4. Die gerichtliche Erwachsenenvertretung

Wenn kein Vorsorgebevollmächtigter und kein gewählter Erwachsenenvertreter existieren, wenn weiters kein gesetzlicher Erwachsenenvertreter existiert oder mehrere gesetzliche Erwachsenenvertreter untereinander uneins sind, dann kommt ein gerichtlicher Erwachsenenvertreter (bislang: „Sachwalter") als letztes Sicherheitsnetz in Frage. Der gerichtliche Erwachsenenvertreter wird vom **Bezirksgericht** bestellt und unterliegt der regelmäßigen gerichtlichen Kontrolle. Es darf keine Bestellung „für alle Angelegenheiten" geben, sondern nur für **genau bezeichnete** (zB medizinische) **Angelegenheiten.** Der Bestellung voraus geht ein verpflichtendes „Clearing" durch einen von der öffentlichen Hand geförderten Sachwalterschafts- bzw Erwachsenenschutzverein.

Die Vertretungsbefugnis beginnt ab Rechtskraft des Bestellungsbeschlusses und endet mit Erledigung der Aufgabe, wofür die Bestellung erfolgt ist, bzw spätestens mit Ablauf von **drei Jahren** (sofern nicht vorher der Vertretene oder der Vertreter stirbt oder eine gerichtliche Aufhebung der gerichtlichen Erwachsenenvertretung erfolgt). Eine erneute Bestellung ist freilich möglich.

Exkurs:

MEDIZINISCHE BEHANDLUNGEN

Ein hierfür entscheidungsfähiger Patient kann nur selbst über seine medizinische Behandlung entscheiden. Den medizinischen (dh ärztlichen) Behandlungen werden pflegerische, therapeutische, geburtshilfliche Maßnahmen gleichgestellt.

Ein Patient, dessen Entscheidungsfähigkeit fraglich ist, muss nachweislich dabei unterstützt werden, sich ein eigenes Urteil über eine medizinische Behandlung zu bilden, bevor auf eine Stellvertretung zurückgegriffen wird. Der behandelnde Arzt hat dazu Angehörige, Vertrauenspersonen oder Fachleute im Umgang mit Menschen in solchen schwierigen Lebenslagen hinzuzuziehen, damit sie dem Patienten helfen (sofern er damit einverstanden ist).

Nur wenn es nicht gelingt, einem Patienten mit fragwürdiger Entscheidungsfähigkeit zur Selbstbestimmung zu helfen, oder wenn der Patient klar nicht entscheidungsfähig ist, kommen die Stellvertretungsinstrumente zum Einsatz: Der Vorsorgebevollmächtigte oder (gewählte, gesetzliche oder gerichtliche) Erwachsenenvertreter muss sich bei seiner Entscheidung über medizinische Behandlungen vom Willen des Patienten leiten lassen. Der Respekt vor der Selbstbestimmung des Patienten kommt auch darin zum Ausdruck, dass selbst einem nicht entscheidungsfähigen, aber kommunikationsfähigen Patienten, für den ein Stellvertreter zu entscheiden hat, der Grund und die Bedeutung der medizinischen Behandlung zu erklären sind.

Wenn für den Patienten Lebensgefahr, die Gefahr einer schweren Schädigung seiner Gesundheit oder starke Schmerzen bestehen („Gefahr in Verzug"), darf eine medizinisch indizierte Behandlung weiterhin auch ohne Zustimmung eines Stellvertreters oder Genehmigung des Gerichts begonnen werden. Sobald die Gefahr abgewendet ist, benötigt die Fortsetzung der Behandlung aber die Einbindung des Stellvertreters.

Eine medizinische Behandlung hat zu unterbleiben, wenn sie in einer verbindlichen Patientenverfügung abgelehnt wurde. Es muss im Einzelfall geprüft werden, ob der Wille des Patienten dadurch eindeutig hervorgeht (dann ist die Einbindung eines Stellvertreters entbehrlich) oder nicht (dann müsste ein Stellvertreter den mutmaßlichen Patientenwillen ergründen helfen).

Gibt ein nicht entscheidungsfähiger Patient zu erkennen, dass er eine medizinische Behandlung ablehnt, so darf ihr ein Stellvertreter nur zustimmen, wenn er dafür eine gerichtliche Genehmigung hat. Damit wird jede allfällige Zwangsbehandlung einer gerichtlichen Kontrolle unterzogen.
Wenn ein Stellvertreter eine medizinisch indizierte Behandlung ablehnt und damit gegen den Willen des Patienten handelt, so kann vom Behandlungsteam das Gericht angerufen werden, welches die Zustimmung ersetzen oder einen anderen Stellvertreter einsetzen kann.
Ein Verzicht auf lebenserhaltende Maßnahmen kann auch ohne Zustimmung des Stellvertreters (oder Patienten selbst) erlaubt und angezeigt sein, wenn die medizinische Maßnahme nicht mehr indiziert ist. Wenn jedoch der Stellvertreter mit seiner Abbruchs-Entscheidung offensichtlich dem Patientenwillen widerspricht oder Zweifel bestehen, ist das Gericht anzurufen.

2. Die Deliktsfähigkeit

Die **Deliktsfähigkeit** eines Menschen hängt sowohl vom Alter als auch vom Geisteszustand ab.

- Alter

  Die Deliktsfähigkeit wird grundsätzlich mit dem vollendeten **14. Lebensjahr** erreicht.

  Hat ein **Unmündiger** einen Schaden angerichtet, so haften seine **Aufsichtspersonen** (meist die Eltern), wenn sie schuldhaft die Sorge für den Minderjährigen **vernachlässigt** haben. Trifft die Aufsichtsperson keine Haftung, so kann nach **Billigkeit** auch ein Unmündiger selbst zur Haftung herangezogen werden.

- Geisteszustand

  Geisteskrankheit, Geistesschwäche, vorübergehende Sinnesverwirrung beseitigen für **die Dauer dieses Zustandes** die Deliktsfähigkeit, weil die davon betroffenen Personen zu einer vernünftigen Motivation ihrer Handlungen unfähig sind. Ausnahmsweise kann auch hier Billigkeitshaftung eintreten.

Wenn sich jemand aus seinem Verschulden in den Zustand versetzt hat, der seine Zurechnungsfähigkeit zur Zeit des schädigenden Verhaltens ausschloss, so haftet er voll.

Beispiel:

Ein Arzt betrinkt sich, obwohl er weiß, dass er eine Operation durchführen muss, und es unterläuft ihm in weiterer Folge ein Behandlungsfehler.

Grundbegriffe der Staatslehre

I. Der Staatsbegriff

Der Staat ist ein mit **Herrschaftsgewalt** ausgestatteter **Verband sesshafter Menschen.** Von einem Staat spricht man nur dann, wenn **alle** Staatselemente vorhanden sind. Zerlegt man nun den Staat in seine Elemente, so findet man folgende Bauteile:

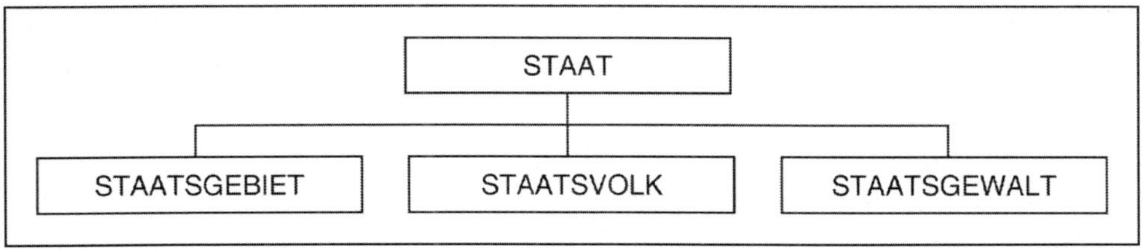

Fehlt ein Element, dann liegt kein Staat vor (z.B. ein Nomadenstamm).

Ein Staat, der sich vollständig selbst regiert und von der Rechtsordnung irgendeines anderen Staates unabhängig ist, besitzt **Souveränität.**

A. Das Staatsgebiet

Das Staatsgebiet ist ein fest umgrenzter Teil der Erdoberfläche und erstreckt sich dabei – soweit beherrschbar – in ewige Höhen und Tiefen. Es bildet den **räumlichen Bereich,** in dem sich die gesamte Tätigkeit des **Staates entfalten** kann. Die **Staatsgewalt** erstreckt sich dabei auf alle Personen, die sich auf dem Staatsgebiet befinden.

Gebietshoheit nennt man die Staatsgewalt in Beziehung zum Staatsgebiet. Das heißt, alle auf dem jeweiligen Staatsgebiet befindlichen Personen haben sich an die dort geltende Rechtsordnung zu halten.

Personalhoheit ist die Staatsgewalt in der persönlichen Beziehung auf den Staatsbürger, wo immer er sich aufhalten mag (z.B. Militär- bzw. Zivildienst; Beamte).

Exterritorialität ist die persönliche und räumliche Ausnahme von der Ausübung der Staatsgewalt innerhalb eines Staatsgebietes: Botschaften und sonstige diplomatische Vertretungen liegen zwar auf österreichischem Staatsgebiet, die Staatsgewalt wird aber von Entsendestaat (z.B. USA betreffend die amerikanische Botschaft) ausgeübt. Diplomaten unterliegen zwar der österreichischen Rechtsordnung, können aber nur in ihrem Heimatland behördlich verfolgt werden.

Beispiele:

Wenn jemand in die deutsche Botschaft in Wien flüchtet, so kann ihm dort Asyl gewährt werden.

Ein französischer Diplomat verletzt in Eisenstadt bei einem Verkehrsunfall einen Menschen: Es gilt die österreichische Straßenverkehrsordnung, das Strafverfahren erfolgt jedoch in Frankreich.

B. Das Staatsvolk

1. Staatsbürger – Staatsvolk

Das **Staatsvolk** umfasst im **weiten Sinne** alle Menschen, für die aufgrund des Territorialitätsprinzipes dieselbe Rechtsordnung gilt (Staatsbürger und Fremde). Der **engere Begriff** des Staatsvolkes umfasst **alle Staatsbürger**, unabhängig davon, ob sie die Staatsbürgerschaft von Geburt an oder erst später erworben haben.

In jedem Staat unterscheidet man zwischen

- Staatsbürgern und
- Fremden.

Fremde können sein:

AUSLÄNDER	STAATENLOSE
Das sind Personen, die in einem **anderen** Staat die Staatsangehörigkeit besitzen, z.B. Asylwerber, Gastarbeiter.	Das sind Personen, die in **keinem** Staat die Staatsbürgerschaft besitzen, z.B. politische Flüchtlinge, die ausgebürgert wurden.

2. Erwerb der Staatsbürgerschaft

Der erstmalige Erwerb einer Staatsbürgerschaft erfolgt grundsätzlich mit der Geburt und richtet sich nach der Rechtsordnung der einzelnen Staaten.

Folgende Grundsätze sind möglich:

- **Abstammungsprinzip:** Kinder von Inländern werden, gleichgültig, wo immer sie zur Welt kommen, Inländer. Dies ist das Prinzip der Rechtsordnungen der meisten europäischen Staaten.
- **Gebiets- und Bodenrecht:** Jeder im Staatsgebiet Geborene erhält die Staatsbürgerschaft dieses Staates.

3. Erwerb der österreichischen Staatsbürgerschaft

a) Abstammungsprinzip

Das **österreichische Staatsbürgerschaftsgesetz** hat das **Abstammungsprinzip** zur Grundlage. Eheliche und uneheliche Kinder erhalten die Staatsbürgerschaft des österreichischen Elternteils (Vater und/oder Mutter).

b) Verleihung[2]

Nach einer bestimmten Aufenthaltsdauer **kann** auf Ansuchen die österreichische **Staatsbürgerschaft** an Fremde verliehen werden. Voraussetzung, Österreicher zu werden, ist neben ausreichenden **Deutschkenntnissen** und von **Grundkenntnissen der demokratischen Ordnung** und die sich daraus ableitbaren Grundprinzipien sowie der Geschichte Österreichs und des jeweiligen Bundeslandes

- seit mindestens 10 Jahren ein ordentlicher Wohnsitz in Österreich.
- Ein Rechtsanspruch auf Verleihung der Staatsbürgerschaft besteht auch bei einem Aufenthalt in Österreich von mindestens 6 Jahren, wenn die Verleihung auf Grund der vom Fremden bereits erbrachten und zu erwartenden außerordentlichen Leistungen auf wissenschaftlichem, wirtschaftlichem, künstlerischem oder sportlichem Gebiet im Interesse der Republik liegt.
- Ein Rechtsanspruch auf Verleihung der Staatsbürgerschaft besteht weiters bei einem Aufenthalt in Österreich von mindestens 6 Jahren bei besonders gut integrierten Fremden, wenn sie eine der beiden folgenden Voraussetzungen erfüllen:
  - Vorweisen des Sprachniveaus B2 des Gemeinsamen Europäischen Referenzrahmens für Sprachen (GERS), das sind ausgezeichnete deutsche Sprachkenntnisse; oder
  - Vorweisen des Sprachniveaus B1 des GERS (sehr gute deutsche Sprachkenntnisse) und Darlegung der nachhaltigen persönlichen Integration. Die Verleihungswerberin/der Verleihungswerber muss ihre/seine nachhaltige und persönliche Integration in Österreich nachweisen. Der Nachweis der nachhaltigen persönlichen Integration kann beispielsweise folgendermaßen erbracht werden:
    - Freiwilliges, ehrenamtliches Engagement in einer gemeinnützigen Organisation, die bestimmten Vorgaben entspricht (z.B. Tätigkeit bei einer Blaulichtorganisation)
    - Berufsausübung im Bildungs-, Sozial- oder Gesundheitsbereich, bei der während des gesamten Zeitraumes die monatliche Geringfügigkeitsgrenze erreicht wird (z.B. Tätigkeit in Pflegeberufen, in der Kinderbetreuung oder in Lehrberufen)
    - Bekleidung einer Funktion in einem Interessenverband oder einer Interessenvertretung, die dem Allgemeinwohl in besonderer Weise dient (z.B. in einem Betriebsrat oder als Elternvereinssprecher)

    Für den Nachweis der nachhaltigen Integration wird für alle Tätigkeiten ein Zeitraum von mindestens drei Jahren als Referenz angenommen. Neben diesen Tätigkeiten werden auch noch andere Möglichkeiten zugelassen, sofern die Tätigkeiten von vergleichbarem Gewicht und zeitlichem Umfang sind sowie dem Allgemeinwohl dienen.
- Ein **Rechtsanspruch** besteht auch, wenn der legale Wohnsitz seit 30 Jahren in Österreich nachgewiesen wird.
- Sportler, Künstler, Wissenschafter „mit außerordentlichen Fähigkeiten" können ohne **weitere Voraussetzungen** auf Empfehlung der Bundesregierung sofort eingebürgert werden.

---

2 Eine Neuregelung der Verleihungsvoraussetzungen ist laut Regierungsprogramm 2017 geplant, ein Gesetzesentwurf liegt zum Zeitpunkt der Drucklegung nicht vor.

- Ein **Rechtsanspruch** auf Verleihung der Staatsbürgerschaft besteht **ohne weitere Voraussetzungen** bei Ehe mit einem/r Österreicher/in (5 Jahre Ehe und 6 Jahre Wohnsitz).

Die Verleihung der Staatsbürgerschaft ist Landessache und erfolgt grundsätzlich nur unter der Voraussetzung, dass auf die bisherige Staatsbürgerschaft verzichtet wird. Erhoben werden Vorstrafen und der gesicherte Lebensunterhalt.

c) Annahme eines öffentlichen Amtes

Ein Fremder sowie sein Ehegatte und seine minderjährigen unverheirateten Kinder erwerben durch Dienstantritt als ordentlicher Universitäts- oder Hochschulprofessor die österreichische Staatsbürgerschaft (auch ohne auf die bisherige Staatsbürgerschaft zu verzichten).

4. Verlust der Staatsbürgerschaft

Durch Erwerb einer **fremden Staatsbürgerschaft** verliert man die österreichische. Unter bestimmten Bedingungen ist jedoch die Beibehaltung der österreichischen Staatsbürgerschaft möglich: der Betreffende besitzt dann **zwei** Staatsbürgerschaften („Doppelbürgerschaft"). Dies kann dann geschehen, wenn jemand in einem Staat zur Welt kommt, wo das Bodenrecht gilt, er selber aber Bürger eines Landes ist, das die Staatsbürgerschaft an die Abstammung bindet. Die Staatsbürgerschaft verliert ferner, wer freiwillig in den **Militärdienst** eines **fremden Staates** tritt oder freiwillig für eine **organisierte bewaffnete Gruppe** aktiv an **Kampfhandlungen im Ausland** im Rahmen eines bewaffneten Konfliktes teilnimmt. Auch für die **Entziehung** der Staatsbürgerschaft sowie den **Verzicht** trifft das Staatsbürgerschaftsgesetz nähere Bestimmungen.

5. Unionsbürgerschaft

Im **Maastrichter Vertrag** ist die Unionsbürgerschaft geregelt.

Die Unionsbürgerschaft der **Europäischen Union (EU)** knüpft an die Staatsangehörigkeit in einem Mitgliedstaat an und ist mit folgenden Rechten verbunden:

- Freizügigkeit und Aufenthaltsrecht im Hoheitsgebiet aller Mitgliedstaaten.
- Aktives und passives Wahlrecht bei Kommunalwahlen im Aufenthaltsstaat.
- Aktives und passives Wahlrecht bei den Wahlen zum Europäischen Parlament im Aufenthaltsort.
- Diplomatischer und konsularischer Schutz in Drittstaaten auch durch die Vertretungsbehörden anderer Mitgliedstaaten.
- Petitionsrecht beim Europäischen Parlament.
- Beschwerderecht bei den vom Europäischen Parlament ernannten Bürgerbeauftragten.

C. Die Staatsgewalt

1. Allgemeines

Um ein geordnetes Zusammenleben der Menschen zu garantieren, hat der Staat die Aufgabe, seine Staatsgewalt auszuüben. **Die Staatsgewalt ist eine von niemanden abgeleitete Befehls- und Zwangsgewalt.** Sie befugt staatliche Organe (z.B. Parlament, Regierung, Gerichte), im

Rahmen ihrer Zuständigkeit das Verhalten von Menschen verbindlich zu regeln sowie das vorgeschriebene Verhalten (notfalls) mit Zwang durchzusetzen und damit innere Stabilität im Staat zu gewährleisten. Wer diese Staatsgewalt ausübt und wie dies geschieht, ist in den Verfassungen der einzelnen Staaten unterschiedlich geregelt.

Nach außen ist die Staatsgewalt grundsätzlich durch den Anspruch auf volle **Unabhängigkeit gegenüber anderen Staaten (Souveränität)** gekennzeichnet. Staaten können jedoch Teile ihrer Hoheitsgewalt auf internationale Organisationen übertragen und damit auf die Ausübung von Teilen ihrer Souveränität verzichten (siehe EU).

2. Gliederung der staatlichen Funktionen

Die Rechtsordnung als Ausdruck der Staatsgewalt muss erzeugt und vollzogen werden. Die Funktionen der Staatsgewalt gliedern sich daher in **Gesetzgebung** und **Vollziehung**. Diese Funktionen werden von verschiedenen Staatsorganen (bestimmte Personen, Körperschaften, Behörden) im Namen des Staates ausgeübt.

a) Die Gesetzgebung

Die Aufgabe der Gesetzgebung (**Legislative**) ist es, Regeln für menschliches Verhalten zu schaffen, die von der Vollziehung durchgesetzt werden.

Gesetzgebende Organe sind z.B. Nationalrat und Bundesrat in Österreich, Houses of Parliament in Großbritannien, Repräsentantenhaus und Senat in den USA.

b) Die Vollziehung

Die Vollziehung ist die Anwendung der Gesetze durch die weisungsgebundene Verwaltung und die unabhängige Gerichtsbarkeit. Die vollziehenden Organe sind Behörden mit Befehls- und Zwangsgewalt.

- **Weisungsgebundene Verwaltung (Exekutive):** die Gesetze werden durch die obersten Staatsorgane und die ihnen unterstellten Ämter und **Behörden** vollzogen (die Behörde ist an die Weisung der übergeordneten Behörden gebunden, z.B. Erlass der Finanzlandesdirektion an die Finanzämter).
- **Unabhängige Gerichtsbarkeit (Judikative):** die Gesetze werden durch unabhängige (weisungsfreie) Richter, die bei ihren Entscheidungen nur an die Gesetze gebunden sind, vollzogen. Alle zivilrechtlichen Ansprüche und alle strafrechtlichen Anklagen müssen den ordentlichen Gerichten zugewiesen werden.

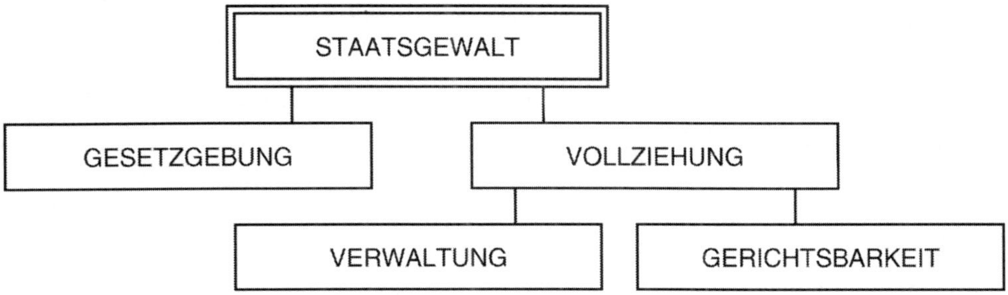

3. Gewaltentrennung und -verbindung

Unter **Gewaltentrennung** versteht man die Verteilung der Staatsgewalt auf Organe mit verschiedenem fachlichen Wirkungsbereich. Diese Trennung ist notwendig, um die Freiheit der Bürger zu schützen, da bei **Gewaltenverbindung** die Gefahr des Missbrauchs besteht.

GEWALTENTRENNUNG IN ÖSTERREICH

		Vollziehung	
	Gesetzgebung	**Verwaltung**	**Gerichtsbarkeit**
Organe:	• Nationalrat • Bundesrat • Landtage	• Bundespräsident • Bundesregierung • Bundesminister • Landesregierungen • Landeshauptmänner • Bezirkshauptmannschaften • Magistrate usw.	• Oberster Gerichtshof • Oberlandesgerichte • Landesgerichte • Bezirksgerichte

4. Staatsformen, Regierungsformen und Organisationsformen

a) Staatsformen

Die **Staatsform** bedeutet: **Wer steht an der Spitze des Staates?** Man unterscheidet:

Republik aus einem unbegrenzten Personenkreis gewähltes Staatsoberhaupt mit zeitlich beschränkter Amtszeit	**Monarchie** Ererbtes oder aus einem begrenzten Personenkreis gewähltes Staatsoberhaupt mit zeitlich unbeschränkter Amtszeit
Beispiele: Österreich, Frankreich, Deutschland	Beispiele: Großbritannien, Schweden, Spanien

b) Regierungsformen

Die **Regierungsform** bedeutet: **Wer hat die Macht im Staat?** Entweder wird aufgrund von Normen, die das Volk geschaffen hat, oder nach autoritär geschaffenen Vorschriften regiert.

Demokratie das Volk herrscht unmittelbar durch Abstimmungen oder mittelbar durch gewählte Vertreter	**Diktatur** ein Einzelner oder eine Gruppe herrscht ohne Legitimation durch freie Wahlen
Beispiele: Österreich, Frankreich, Deutschland, Großbritannien, Schweden, Spanien	Beispiele: Kuba, ehemalige DDR, Nordkorea, Österreich zur Zeit des Absolutismus

c) Organisationsformen

Die Organisationsform bedeutet: **Wie ist die Macht innerhalb des Staatsgebietes verteilt?**

Die Staatsgewalten und das Staatsgebiet sind entweder zentral organisiert oder es haben Teile eine von der Zentrale mehr oder weniger unabhängige Stellung.

Organisationsform – innerstaatlich

Zentralstaat nur eine einzige Gesetzgebung und Verwaltung für den gesamten Staat, die nicht in der Hauptstadt befindlichen Behörden sind nur lokale Ausgliederungen der Zentralstellen	**Bundesstaat** Gesetzgebung und Vollziehung sind zwischen dem Oberstaat und den Gliedstaaten verteilt, der Oberstaat und die Gliedstaaten verfügen über eigene, unabhängig voneinander agierende Staatsorgane
Beispiele: Frankreich, Ungarn	Beispiele: Österreich, USA, Deutschland, Schweiz

Der Begriff des Bundesstaates wird auch im Verhältnis zwischen Staaten verwendet und als Gegensatz zum Staatenbund dargestellt.

Organisationsform – zwischenstaatlich

Bundesstaat besteht aus einem Gesamtstaat und mehreren völkerrechtlich unselbständigen Gliedstaaten, die Unabhängigkeit nach außen (Souveränität) kommt nur dem Gesamtstaat zu	**Staatenbund** besteht aus mehreren völkerrechtlich selbständigen Staaten, die Unabhängigkeit nach außen kommt jedem einzelnen Mitgliedstaat zu. Die Aufgaben des Staatenbundes sind je nach Vertragszweck begrenzt
Beispiele: Österreich, USA, Deutschland, Schweiz	Beispiele: UNO, EU

Die Österreichische Bundesverfassung

I. Allgemeines

Die Verfassung legt die **Grundregeln** des Zusammenlebens und -arbeitens in einem Staat ganz allgemein fest.

Wer Gesetze erlassen darf, wer die Organe der Gesetzgebung und Vollziehung sind, nach welchen Prinzipien die Verwaltung organisiert ist, welche Rechte der Bürger besitzt, wie der Rechtsschutz und die Kontrolle der Institutionen organisiert sind, regelt in Österreich das **Bundes-Verfassungsgesetz (B-VG)**.

II. Der Aufbau der Österreichischen Bundesverfassung

Gemeinsam mit anderen Verfassungsgesetzen, Verfassungsbestimmungen und Staatsverträgen im Verfassungsrang bildet das **Bundes-Verfassungsgesetz (B-VG)** die Österreichische Bundesverfassung. Das Verfassungsrecht steht auf einer höheren Stufe und ist schwerer zu ändern als sogenannte einfache Gesetze.

Die Erlassung und Änderung von **Verfassungsgesetzen** bedarf einer Mehrheit von zwei Dritteln der Stimmen im Nationalrat. Das heißt: **Zwei Drittel** der anwesenden Abgeordneten müssen für die Erlassung des Gesetzes stimmen, wobei **mindestens die Hälfte** der 183 Abgeordneten **anwesend** sein muss. Wenn Grundprinzipien der österreichischen Verfassung von einer Änderung betroffen sind, muss darüber hinaus eine **Volksabstimmung** stattfinden (wie z.B. beim EU-Beitritt).

Das **Bundes-Verfassungsgesetz** stammt aus dem Jahr **1920** und wurde seither mehrfach novelliert (= erneuert, teilweise geändert). Die Stellung der obersten Organe zueinander wurde **1929** in der heute noch geltenden Form geregelt.

Das Bundes-Verfassungsgesetz gliedert sich in folgende Hauptstücke:

- Allgemeine Bestimmungen (Prinzipien der Verfassung, **Kompetenzverteilung** (= Zuständigkeitsverteilung) zwischen dem Bund und den Bundesländern bei der Erlassung und Vollziehung von Gesetzen, oberste Verwaltungsorgane, Weisungsprinzip in der Verwaltung und Amtsverschwiegenheit).
- Gesetzgebung des Bundes
- Vollziehung (= Durchführung von Gesetzen) des Bundes (Bestimmungen über den Bundespräsidenten, die Bundesregierung, die Bundesminister, die Staatssekretäre, das Bundesheer, die Schulbehörden und die Gerichte).
- Gesetzgebung und Vollziehung der Länder (Bestimmungen über die Landtage, die Landesregierungen, die Landeshauptmänner und über die Selbstverwaltung der Gemeinden).
- Rechnungs- und Gebarungskontrolle (Rechnungshof).
- Garantien der Verfassung und Verwaltung (Bestimmungen über Verwaltungsgerichtshof, Verfassungsgerichtshof und Unabhängige Verwaltungssenate in den Ländern) und

- Volksanwaltschaft.

Zur Bundesverfassung gehören neben dem Bundes-Verfassungsgesetz unter anderem das/die

- **Staatsgrundgesetz über die allgemeinen Rechte der Staatsbürger**
- Gesetz zum Schutz der **persönlichen Freiheit**
- Gesetz zum Schutz des **Hausrechtes**
- **Neutralitätsgesetz**
- Begleitgesetze zum Beitritt zur **Europäischen** Union.

Auch Staatsverträge können den Rang von Verfassungsgesetzen besitzen, z.B.:

- Staatsvertrag von St. Germain (teilweise)
- Staatsvertrag von Wien
- **Europäische Menschenrechtskonvention – EMRK**
- Vertrag über den Beitritt zu Europäischen Union.

III. Grundprinzipien der österreichischen Verfassung

Über die Zahl dieser Grundprinzipien und ihren Inhalt besteht keine einhellige Meinung. Ausdrücklich führt die Bundesverfassung das demokratische, republikanische, bundesstaatliche und rechtsstaatliche Prinzip an. Von einem Teil der Lehre werden auch das liberale und das gewaltenteilende Prinzip gesondert als Grundprinzipien betrachtet, wobei andere Autoren davon ausgehen, dass ein Katalog von Menschenrechten und Grundfreiheiten (liberales Prinzip) und die Gewaltentrennung ein Charakteristikum jeder Demokratie sind und daher diese Prinzipien dem demokratischen Prinzip hinzuzurechnen sind.

A. Das demokratische Prinzip

Der Gedanke der Demokratie besteht darin, dass die Bürger ihr Recht selbst erzeugen. In Österreich wählen die Bürger Organe (z.B. Nationalrat), die dann Gesetze erlassen. Man spricht daher von **mittelbarer** (indirekter, repräsentativer) Demokratie. Aber auch in Österreich gibt es Elemente der **unmittelbaren** (direkten) Demokratie wie Volksbegehren, Volksabstimmungen und Volksbefragungen.

DIREKTE DEMOKRATIE IN ÖSTERREICH		
Volksabstimmung	**Volksbegehren**	**Volksbefragung**
Entscheidung des Volkes über das Inkrafttreten eines Gesetzes z.B.: EU-Beitritt	**Antrag** des Volkes auf Erlassung eines Gesetzes z.B.: Bildungsvolksbegehren	**Befragung** des Volkes über Probleme der aktuellen Politik z.B.: U-Bahnbetrieb in der Nacht in Wien, Beibehaltung der allgemeinen Wehrpflicht, Bewerbung Wiens um die Olympischen Sommerspiele 2028

- **Volksabstimmung**

Nach der Bundesverfassung muss eine Volksabstimmung abgehalten werden, wenn eine Gesamtänderung der Bundesverfassung beschlossen werden soll.

Überdies kann die Hälfte der Abgeordneten eine Volksabstimmung über ein beschlossenes Gesetz verlangen.

Das **Ergebnis** einer Volksabstimmung ist **bindend** und kann nur durch eine neuerliche Volksabstimmung geändert werden.

Das Volksabstimmungsgesetz regelt die Abwicklung einer Volksabstimmung so wie das Wahlverfahren, nur sind statt der Parteienbezeichnung die Wörter „Ja" oder „Nein" anzukreuzen.

- **Volksbegehren**

  Für das Zustandekommen eines Volksbegehrens benötigt man vorerst 8.401 beglaubigte Unterschriften (Unterstützungserklärungen im Einleitungsverfahren). Danach wird es vom Innenminister zur Eintragung aufgelegt. Der Eintragungszeitraum hat sich grundsätzlich auf acht aufeinanderfolgende Tage zu erstrecken und darf nicht an einem Samstag oder Sonntag beginnen oder enden. Kommen jedoch im Eintragungszeitraum gesetzliche Feiertage zu liegen, so verlängert sich der Eintragungszeitraum entsprechend. Wird das Begehren von mindestens 100.000 Wahlberechtigten (Unterstützungserklärungen im Einleitungsverfahren und Unterzeichner im Eintragungsverfahren) unterschrieben, so muss es von der Bundeswahlbehörde[3] dem Nationalrat zur Behandlung vorgelegt werden.[4]

- **Volksbefragung**

  Sie kommt zustande, wenn der Nationalrat oder die Regierung dies beschließt. Sie ist im Prinzip der Volksabstimmung ähnlich, jedoch mit dem wesentlichen Unterschied, dass das Ergebnis keine Entscheidung, sondern eine Information für die Politiker über die Meinung des Volkes ist. Die Entscheidungsbefugnis der Vertretungskörper bleibt daher unberührt. Naturgemäß haben aber die Ergebnisse von Volksbefragungen großes **politisches Gewicht**.

  Z.B.:

  Volksbefragung über die Beibehaltung der allgemeinen Wehrpflicht oder die Einführung eines Berufsheeres endete mit ca. 60:40 % der Stimmen zugunsten der Beibehaltung der allgemeinen Wehrpflicht. Daraufhin wurde das Projekt eines Berufsheeres von den Politikern, die für dessen Einführung waren, fallen gelassen.

B. Das republikanische Prinzip

Kennzeichen der Republik ist, dass an der Spitze des Staates ein in seiner **Amtszeit** begrenztes und verantwortliches **Staatsoberhaupt** steht (in Österreich: der **Bundespräsident**). Der Bundespräsident wird in Österreich für 6 Jahre unmittelbar vom Bundesvolk gewählt.

---

3 Eigene Behörde, die beim Bundesministerium für Inneres angesiedelt ist. Den Vorsitz führt der Innenminister.

4 Im Regierungsprogramm 2017 ist die Abhaltung von Volksabstimmungen geplant, wenn ein Volksbegehren mehr als 900.000 Unterstützungserklärungen hat. Eine derartige Regelung wäre allerdings eine Gesamtänderung der Bundesverfassung, da dadurch die Gesetzgebungsbefugnis des Nationalrates stark eingeschränkt würde und der Nationalrat ein mit Volksabstimmung beschlossenes Gesetz wieder nur durch eine neuerliche Volksabstimmung ändern könnte. Die in Aussicht genommene Regelung bedarf daher einer 2/3 Mehrheit im Nationalrat und einer eigenen Volksabstimmung.

C. Das rechtsstaatliche Prinzip

Die gesamte staatliche Verwaltung darf nur aufgrund der Gesetze ausgeübt werden. Die **Bindung an die Gesetze** gilt auch für die gesetzgebenden Organe und die Gerichte. Sinn dieser Bindung ist es, behördliche Entscheidungen für den Einzelnen vorhersehbar und nachprüfbar zu machen.

Die Überprüfung der Einhaltung der Gesetze kann im Rahmen verschiedener **Rechtsschutzeinrichtungen** erfolgen (Anrufung der Verwaltungsgerichte, Beschwerde an den Verwaltungsgerichtshof bzw. Verfassungsgerichtshof).

Auch wenn der Behörde vom Gesetz ein **Ermessensspielraum** eingeräumt ist, darf sie nicht willkürlich, sondern nur sachlich und nach dem Sinn des Gesetzes entscheiden.

D. Das bundesstaatliche (föderalistische) Prinzip

1. Bundesstaat

Die Republik Österreich besteht aus neun (relativ) selbständigen **Bundesländern.** Gemeinsam bilden diese den Staat Österreich. Der bundesstaatliche Charakter Österreichs zeigt sich darin, dass jedes Bundesland eigene **Landesgesetze** erlassen kann und über eigene **Landesverwaltungsbehörden** verfügt. Außerdem wirken die Länder im Rahmen des Bundesrates auch an der Bundesgesetzgebung mit. Die Länder wirken überdies an der Bundesverwaltung mit.

2. Kompetenzverteilung

Die Ausübung der Staatsgewalt ist zwischen dem Bund (Oberstaat) und den Ländern (Teilstaaten) nach Zuständigkeiten aufgeteilt (**Kompetenzverteilung**). Es gibt:

- Angelegenheiten, die in **Gesetzgebung** und **Vollziehung** dem **Bund** zukommen: In diesen Angelegenheiten erlässt der Nationalrat die Gesetze. Bundesbehörden vollziehen diese Vorschriften (z.B.: Bundesminister).

Privatrecht, Arbeitsrecht, Sozialversicherungsrecht sowie im Bereich des Sanitätsrechts das Gesundheitswesen (mit Ausnahme des Leichen- und Bestattungswesens sowie des Gemeindesanitätsdienstes und Rettungswesens); Sanitäre Aufsicht über Heil- und Pflegeanstalten, über Kurorte und natürliche Heilvorkommen; Veterinärwesen und Ernährungswesen.

Die **ordentliche Gerichtsbarkeit** ist aufgrund der österreichischen Bundesverfassung ausschließlich Bundessache.

- Angelegenheiten, die in der **Gesetzgebung** dem **Bund** und in der **Vollziehung** dem **Land** zustehen: In diesen Angelegenheiten erlässt der Nationalrat die Gesetze. Landesbehörden vollziehen diese Vorschriften.

Staatsbürgerschaftswesen

- Angelegenheiten, die in der **Grundsatzgesetzgebung** dem **Bund** und in der **Ausführungsgesetzgebung** und **Vollziehung** den **Ländern** zustehen: In diesen Angelegenheiten erlässt der Nationalrat grundsätzliche Gesetze. Daraufhin führen die Landtage diese in eigenen Landesgesetzen näher aus. Die Vollziehung (Durchführung) dieser Landesgesetze erfolgt durch Landesbehörden (z.B.: Landesregierung).

Im Bereich des Sanitätsrechts: Heil- und Pflegeanstalten; vom gesundheitlichen Standpunkt aus zu stellende Anforderungen an Kurorte, Kuranstalten und Kureinrichtungen; natürliche Heilvorkommen.

- Angelegenheiten, die in **Gesetzgebung** und **Vollziehung** den **Ländern** zustehen: In solchen Angelegenheiten erlassen nur die Landtage Gesetze, die von Landesbehörden (z.B.: Landesregierung) vollzogen werden.

Im Bereich des Sanitätsrechts: Leichen- und Bestattungswesen, Rettungswesen, Gemeindesanitätsdienst; in diesen Beispielen gilt die Besonderheit, dass die Vollziehung (Durchführung) der erlassenen Landesgesetze von den **Gemeinden** im **übertragenen Wirkungsbereich** besorgt wird.

3. Staatsverträge zwischen Bund und Ländern

Da die dem Bund oder den Ländern von der Bundesverfassung zugewiesenen Aufgaben oft einander überschneiden, können Bund und Länder untereinander Vereinbarungen über Angelegenheiten ihres jeweiligen Wirkungsbereiches schließen, ohne dass damit die Kompetenzverteilung geändert werden muss. Dies ist häufig im Bereich der Krankenanstaltenfinanzierung und der Pflegevorsorge der Fall.

IV. Die Gesetzgebung

A. Gesetzgebende Körperschaften

1. Nationalrat

Dieses zentrale Organ der Bundesgesetzgebung besteht aus **183 Abgeordneten**, die unabhängig von Weisungen arbeiten und Immunität genießen. Die Mitglieder des Nationalrates werden aufgrund des allgemeinen, gleichen, unmittelbaren, persönlichen, freien und geheimen Verhältniswahlrechtes für 5 Jahre vom Bundesvolk gewählt. Das aktive Wahlrecht erwirbt man mit Vollendung des 16. Lebensjahres, das passive Wahlrecht zum Nationalrat mit Vollendung des 18. Lebensjahres.

Der Nationalrat wird für 5 Jahre gewählt. Er wählt aus seiner Mitte den Ersten, Zweiten und Dritten Nationalratspräsidenten und die vorgesehenen **Ausschüsse**.

Hauptaufgabe des Nationalrates ist die Bundesgesetzgebung, aber auch die Genehmigung von Staatsverträgen.

Darüber hinaus übt der Nationalrat wichtige **Kontrollrechte** gegenüber der Regierung aus. Insbesondere kann die Mehrheit des Nationalrats jedem einzelnen Minister und der gesamten Regierung das **Misstrauen** aussprechen, worauf der Bundespräsident den betroffenen Minister oder die gesamte Regierung zu entlassen hat.

2. Bundesrat

Der Bundesrat besteht aus Mitgliedern, **die von den Landtagen der Bundesländer entsandt werden.** Niederösterreich entsendet 12, Wien entsendet 11 Mitglieder, Vorarlberg und Burgenland nur je 3 Mitglieder. Insgesamt besteht der Bundesrat derzeit aus **61 Mitgliedern.** Die Zahl pro Bundesland wird nach jeder Volkszählung vom Bundespräsidenten festgesetzt.

Die Wahl der Abgeordneten des Bundesrates erfolgt nicht direkt durch das Landesvolk, sondern das Landesvolk wählt direkt den jeweiligen Landtag, der die dem Bundesland zustehende Anzahl an Abgeordneten in den Bundesrat entsendet. Der Bundesrat hat daher auch keine bestimmte Amtszeit (Legislaturperiode), sondern wird nach jeder Landtagswahl neu beschickt, ohne sich jemals (zwecks Neuwahl) zur Gänze aufzulösen.

Hauptaufgabe des Bundesrates ist die Erteilung der **Zustimmung** zu Gesetzesbeschlüssen oder die Erhebung von **Einsprüchen** gegen Gesetzesbeschlüsse des Nationalrates.

3. Bundesversammlung

Die Bundesversammlung besteht aus allen Abgeordneten des Nationalrats und des Bundesrats. Sie hat derzeit **keine Gesetzgebungskompetenz** und tritt normalerweise nur zur Vereidigung des neu gewählten Bundespräsidenten zusammen.

Weitere Aufgaben der Bundesversammlung sind der Beschluss auf Abhaltung einer Volksabstimmung zur **Absetzung des Bundespräsidenten** und die **Kriegserklärung.**

Von beiden Rechten hat die Bundesversammlung noch nie Gebrauch gemacht.

4. Landtage

Jedes Bundesland besitzt einen Landtag. Die Mitglieder der Landtage werden von den **Landesbürgern** gewählt. Landesbürger sind die österreichischen Staatsbürger, die im jeweiligen Bundesland einen Hauptwohnsitz haben.

Hauptaufgabe ist die Wahl einer Landesregierung und die **Landesgesetzgebung.**

DIE GESETZGEBENDEN KÖRPERSCHAFTEN DES BUNDES
Wahl und Organisation

Nationalrat

Bundesvolk
wählt in einem Wahlgang mit 3 Ermittlungsverfahren in
43 Regionalwahlkreisen
9 Landeswahlkreisen
1 Bundeswahlkreis

183 Abgeordnete;
diese wählen

Ausschüsse	**Präsidenten**	**Fraktionen** und Funktionäre (Klubpräsidium, Klubobleute)

alle Abgeordneten gemeinsam bilden das

Plenum (Vollversammlung)

Bundesrat

Landesvolk wählt Landtage in

B	K	N	O	S	St	T	V	W

diese *entsenden*
im *Verhältnis ihrer Bevölkerungszahl*
mindestens 3, höchstens 12 Abgeordnete,
insgesamt

61 Abgeordnete;
diese wählen

Ausschüsse	**Präsidenten**	**Fraktionen** und Funktionäre (Klubpräsidium, Klubobleute)

alle Abgeordneten gemeinsam bilden das

Plenum (Vollversammlung)

B. Der Gang des Gesetzgebungsverfahrens am Beispiel der Bundesgesetzgebung

1. Gesetzesinitiative

Anträge an den Nationalrat auf Erlassung von Gesetzen können von der **Bundesregierung** eingebracht werden (dies ist der **häufigste Fall** der Gesetzesinitiative).

Daneben können Gesetzesvorschläge auch von 5 Nationalratsabgeordneten, von einem Ausschuss des Nationalrates, vom Bundesrat, von einem Drittel der Mitglieder des Bundesrates und aufgrund eines erfolgreichen Volksbegehrens (Antrag von 100.000 Stimmberechtigten oder je einem Sechstel der Stimmberechtigten dreier Bundesländer) eingebracht werden.

Gesetzesvorschläge der Bundesregierung (**Regierungsvorlagen**) werden im zuständigen Bundesministerium von den Experten der Fachabteilung ausgearbeitet (z.B. Vorschläge zum Ärztegesetz im Bundesministerium für Gesundheit). Gesetzliche Berufsvertretungen (Kammern) haben das Recht, dazu Vorschläge zu machen und Stellungnahmen abzugeben. Die Bundesländer können um Stellungnahme ersucht werden (Begutachtungsverfahren).

2. Verfahren im Nationalrat

Die Behandlung einer Gesetzesvorlage erfolgt im Nationalrat grundsätzlich in 3 Lesungen.

In der **ersten** Lesung wird der Gesetzesvorschlag den Abgeordneten zugänglich gemacht (Verlesung der eingegangenen Anträge durch den Präsidenten oder mündliche Einbringung eines Initiativantrages). Dann kann der Nationalrat den Vorschlag einem **Ausschuss** zuweisen.

In der **zweiten** Lesung wird nach der Beratung des Gesetzesvorschlages im zuständigen Ausschuss des Nationalrates und dem Bericht des Berichterstatters im Plenum (Vollversammlung) des Nationalrates von den Abgeordneten über die Gesetzesvorlage im Ganzen und in Teilen beraten (**Generaldebatte** und **Spezialdebatte**).

In der **dritten** Lesung wird über das zu beschließende **Gesetz** im Ganzen **abgestimmt**. Entscheidet die Mehrheit der Abgeordneten für das Gesetz, liegt ein gültiger Gesetzesbeschluss vor.

3. Mitwirkung des Bundesrates

Im Bundesrat sind die Bundesländer durch entsandte Mitglieder vertreten. Der Bundesrat hat in der Regel das Recht, gegen Gesetzesbeschlüsse des Nationalrates innerhalb von 8 Wochen **Einspruch** zu erheben. Erhebt er Einspruch, kann der Nationalrat einen sogenannten **Beharrungsbeschluss** fassen. Der Einspruch ist damit unbeachtlich geworden.

Eine Ausnahme bilden Verfassungsgesetze, mit denen Zuständigkeiten der Bundesländer eingeschränkt werden sollen, sie bedürfen der **ausdrücklichen Zustimmung** des Bundesrates.

4. Beurkundung des Gesetzesbeschlusses

Erhebt der Bundesrat keinen Einspruch oder erteilt er seine Zustimmung oder fasst der Nationalrat im Falle eines Einspruches einen Beharrungsbeschluss, wird der Gesetzesbeschluss vom **Bundespräsidenten** beurkundet und vom **Bundeskanzler** gegengezeichnet.

5. Kundmachung

Das Gesetz ist sodann im **Bundesgesetzblatt** kundzumachen, damit es seine Wirksamkeit erlangen (und von den Betroffenen gelesen werden) kann.

Bestimmte Gesetzesbeschlüsse werden außerdem vor ihrer Beurkundung noch einer **Volksabstimmung** unterzogen (z.B. Gesamtänderung der Bundesverfassung, wesentliche Änderung eines Grundprinzips oder wenn der Nationalrat eine Volksabstimmung beschließt).

GANG DER BUNDESGESETZGEBUNG

Gesetzesinitiative

Regierungsvorlage, Initiativantrag (5 Abgeordnete, Ausschuss, Bundesrat), Volksbegehren

Nationalrat

1. Lesung

Ausschuss

Beratung

2. Lesung

Beratung im Plenum (Debatte)

3. Lesung

Abstimmung im Plenum

Bundesrat

Zustimmung | Stillschweigen | Einspruch

Nationalrat

Beharrungsbeschluss

Volksabstimmung

Bundespräsident

Bundeskanzler

Bundesgesetzblatt

V. Die Grund- und Freiheitsrechte

Zu jedem demokratischen Rechtsstaat gehört ein Katalog von Menschenrechten und Grundfreiheiten, über deren Einhaltung die Höchstgerichte (Verfassungsgerichtshof, Oberster Gerichtshof) wachen.

Eine **Umsetzung** der Grundrechte im Gesundheitswesen sind vor allem die **Patientenrechte**, welche auf einfach gesetzlicher Ebene in den Krankenanstaltengesetzen verankert sind.

A. Arten der Grundrechte

Wir unterscheiden:

- Menschenrechte: Diese stehen allen Menschen, die sich auf unserem Bundesgebiet befinden – unabhängig von ihrer Staatsbürgerschaft –, zu.
- Staatsbürgerrechte: Diese stehen nur den österreichischen Staatsbürgern zu.

Die Einhaltung der Menschenrechte ist außer durch die Möglichkeit der Anrufung der österreichischen Höchstgerichte durch die darüber hinausgehende Möglichkeit einer Beschwerde an den **Europäischen Gerichtshof für Menschenrechte in Straßburg** garantiert. Entscheidungen dieses Gerichtshofes binden Österreich so wie jeden anderen Mitgliedstaat der Europäischen Konvention für Menschenrechte und Grundfreiheiten (**Europäische Menschenrechtskonvention – EMRK**) und sind innerstaatlich umzusetzen.

Unsere Verfassung kennt – je nach Einteilung und Zusammenfassung – etwa 20 bis 30 Grundrechte. Im Gesundheitswesen sind diese verfassungsrechtlichen Normen von wesentlicher Bedeutung, da sie die **verfassungsrechtliche Grundlage** für das Tätigwerden aller Gesundheitseinrichtungen und -berufe im Bereich von Grundrechten sind, die Ermächtigung für **„Eingriffe"** bilden und so die **Patientenrechte** absichern. Die für das Sanitätsrecht inklusive Krankenanstaltenrecht, Arbeitsrecht und Sozialrecht wichtigsten werden hier dargestellt.

B. Die einzelnen Grundrechte

1. Menschenwürde

Die **Menschenwürde** ist unantastbar.

Dieser programmatische Satz ist weder im **Staatsgrundgesetz über die allgemeinen Rechte der Staatsbürger** noch in der **Europäischen Menschenrechtskonvention** ausdrücklich festgehalten, ist jedoch inhaltlich aus den **anderen Grundrechten** sowie auch aus dem (allerdings nicht im Verfassungsrang befindlichen) **ABGB** ableitbar.

Der schon seit 1812 geltende § 16 ABGB lautet zu Beginn: *Jeder Mensch hat angeborene, schon durch die Vernunft einleuchtende Rechte und ist daher als Person zu betrachten.*

Im deutschen Grundgesetz ist die Unantastbarkeit der Menschenwürde der Einleitungssatz der gesamten Verfassung,[5] ebenso in der **Charta der Grundrechte der Europäischen Union.**

2. Gleichheitsgrundsatz

Vor dem Gesetz sind alle **Staatsbürger** gleich. Vorrechte der Geburt, des Geschlechtes, des Standes, der Klasse und des Bekenntnisses sind ausgeschlossen.

Der Gleichheitsgrundsatz richtet sich in erster Linie an den Gesetzgeber:

Gleiches muss gleich, Ungleiches muss ungleich geregelt werden.

5 „Die Würde des Menschen ist unantastbar. Sie zu achten und zu schützen ist Verpflichtung aller staatlichen Gewalt".

Beispiele:

Gleiche Entlohnung für gleiche Leistung, gleiche Ausbildungsmöglichkeiten, gleiches Pensionsalter; aber Wehrpflicht nur für Männer, Mutterschutz nur für Frauen, Begünstigungen für Behinderte als Ausgleich für die Behinderung.

3. Recht auf Leben und auf körperliche Unversehrtheit

Das Recht auf Leben steht jedem **Menschen** zu. Es umfasst sowohl das **Recht auf Leben**, als auch das **Recht auf körperliche Integrität und Unversehrtheit**. Der Staat hat die Verpflichtung, das Recht auf Leben jedes einzelnen Menschen durch entsprechende gesetzliche Maßnahmen zu schützen, wie z.B. im Strafgesetz durch das Verbot der Tötung und der Körperverletzung und deren Strafbarkeit.[6]

Beispiele:

Mord, Totschlag, fahrlässige Tötung, Tötung auf Verlangen, fahrlässige Körperverletzung.

4. Recht auf Freiheit

Dieses schützt jeden **Menschen** einerseits vor willkürlicher Verhaftung, andererseits vor willkürlicher Freiheitsbeschränkung jeder Art. Eine Verhaftung darf nur über richterlichen Haftbefehl erfolgen, eine Zwangseinweisung in ein Krankenhaus nur in den ausdrücklich vom Gesetz vorgesehenen Fällen erfolgen, Behandlungen gegen den Willen des Betroffenen an sich gar nicht.

Beispiele:

Unterbringungsgesetz, TBC-Gesetz, Geschlechtskrankheitengesetz; Krankenanstaltengesetz mit seinen Regelungen über die Zustimmung zu besonderen Behandlungen und Operationen sowie über die vorzeitige Entlassung; Heimaufenthaltsgesetz, mit dem Freiheitsbeschränkungen in Heimen und ähnlichen Einrichtungen geregelt werden.

5. Hausrecht

Das Hausrecht ist unverletzlich. Eine Hausdurchsuchung darf grundsätzlich nur mit einem richterlichen Hausdurchsuchungsbefehl vorgenommen werden. Nur bei Gefahr in Verzug kann von Sicherheitsbehörden, Gerichtsbeamten oder Gemeindevorstehern auch ohne richterlichen Befehl eine Hausdurchsuchung angeordnet werden bzw. von Sicherheitsorganen „aus eigener

6 Zum Recht auf Leben siehe auch den Exkurs Sterbehilfe am Ende dieses Kapitels.

Macht" vorgenommen werden. Ein richterlicher Hausdurchsuchungsbefehl muss aber im Nachhinein erteilt werden.

Beispiel:

Hausdurchsuchung bei Verdacht des illegalen Suchtmittelbesitzes.

6. Recht auf Freizügigkeit

Die Freizügigkeit der Person und des Vermögens innerhalb des Staatsgebietes unterliegt keiner Beschränkung.

Dieses nur den **Staatsbürgern** (*und Bürgern des EWR*) zustehende Recht enthält sowohl die Niederlassungsfreiheit als auch die Auswanderungsfreiheit, lediglich beschränkt durch die Wehrpflicht ab Zustellung des Einberufungsbefehls bis zur Beendigung des Präsenzdienstes oder Zivildienstes.

Ausländer aus Staaten außerhalb des EWR benötigen eine Aufenthaltsbewilligung.

7. Recht auf Erwerbsfreiheit

Es steht jedermann frei, seinen Beruf zu wählen und sich für denselben auszubilden, wie und wo er will. Dieser als **Menschenrecht** konzipierten *Freiheit der Berufswahl* und *Freiheit der Ausbildung steht allerdings das* **Staatsbürgerrecht** der *freien Berufsausübung* entgegen.

Ausländer aus Staaten außerhalb des EWR benötigen eine Beschäftigungsbewilligung.

8. Recht auf Eigentum

Das Eigentum ist unverletzlich (**Menschenrecht**). Eine Enteignung darf nur aufgrund einer ausdrücklichen gesetzlichen Regelung im öffentlichen Interesse und nur gegen angemessene Entschädigung erfolgen.

Beispiele:

Enteignung von Grundstücken für Schulbau, Straßenbau, U-Bahnbau etc., Enteignung von Rechten an Grundstücken für Stromleitungen, Wasserleitungen, Kanalisation etc.

All dies geschieht nur, wenn die Grundablöseverhandlungen mit den Eigentümern zu keinem Ergebnis führen.

9. Briefgeheimnis und Fernmeldegeheimnis

Dieses jedem **Menschen** zustehende Grundrecht stellt ein staatliches Zensurverbot von Briefen und ein Überwachungsverbot für Telefonate dar.

Zwischen Privatpersonen ist dieses Recht als Privatrecht gerichtlich durchsetzbar. Das Recht des gesetzlichen Vertreters, die Post von Minderjährigen oder Personen unter Sachwalterschaft zu lesen oder die Telefonate zu überwachen, bleibt davon unberührt.

Beispiele:

Staatliche Briefzensur oder Telefonüberwachung nur auf richterlichen Befehl im Zusammenhang mit der Verfolgung strafbarer Handlungen; das Öffnen der Privatpost durch Untergebene kann einen Entlassungsgrund darstellen, das Öffnen der Patientenpost ist mit Ausnahme der Regelung nach dem TBC-Gesetz verboten.

10. Vereins- und Versammlungsfreiheit

Dieses Recht ermöglicht es allen **Menschen**, sich in Vereinen zu organisieren und sich überall zu versammeln.

Die Grenzen dieses Grundrechtes bilden die im Strafgesetz mit Strafe bedrohten Delikte.

Beispiele:

Freiwillige Berufsvereinigungen, Protestversammlungen, Demonstrationen; nicht erlaubt sind aber z.B. Vereine mit verbotenem Zweck oder Gegendemonstrationen zur Störung einer erlaubten Versammlung.

11. Meinungsfreiheit und Pressefreiheit

Diese Grundrechte ermöglichen es jedem **Menschen**, seine Meinung in Wort und Schrift frei zu äußern, allerdings ohne jemanden zu beleidigen oder zu einer strafbaren Handlung aufzufordern.

Bei der Pressefreiheit ist besonderes Gewicht auf den Persönlichkeitsschutz zu legen.

12. Freiheit der Wissenschaft

Die Wissenschaft und ihre Lehre ist frei.

Dieses für Wissenschaft und Forschung unentbehrliche **Menschenrecht** ist allerdings dadurch eingeschränkt, dass es in Kollision mit anderen Grundrechten zurückstehen muss. So sind Forschungen am lebenden Menschen (z.B. klinischer Test von Medikamenten) nur an freiwilligen Versuchspersonen nach Aufklärung über alle Risken und mit der Auflage zulässig, dass die Testperson jederzeit ohne finanzielle Verpflichtungen aus dem Versuch aussteigen kann, auch wenn dies einen Schaden für die Wissenschaft bedeutet. Das Strafgesetz und viele Sondergesetze geben Einschränkungen für mögliche, allerdings aus ethischen, moralischen, religiösen oder rechtlichen Gründen unerwünschte Forschungstätigkeit.

Beispiele:

Tierschutzgesetze; Gentechnikgesetz und Fortpflanzungsmedizingesetz verbieten alle nicht ausdrücklich erlaubten Methoden; klinische Tests nur nach Beurteilung durch die Ethikkommission; die nicht medizinisch indizierte Amputation von Gliedmaßen stellt auch mit Zustimmung des Amputierten das Verbrechen der schweren Körperverletzung dar.

13. Glaubens- und Gewissensfreiheit

Jeder **Mensch** hat das Recht, einem Glaubensbekenntnis anzugehören, sich auch öffentlich dazu zu bekennen und sein Glaubensbekenntnis auszuüben, sein Glaubensbekenntnis zu wechseln oder auch weder einem Glaubensbekenntnis anzugehören, noch etwas zu glauben und sich auch dazu öffentlich zu bekennen.

Bis zum vollendeten 10. Lebensjahr bestimmen die Eltern das Glaubensbekenntnis, zwischen dem 10. und 12. Lebensjahr ist das Kind in religiösen Fragen vom Pflegschaftsgericht zu hören, zwischen dem 12. und 14. Lebensjahr kann das Religionsbekenntnis gegen den Willen des Kindes nicht gewechselt werden und ab dem vollendeten 14. Lebensjahr bestimmt das Kind sein Glaubensbekenntnis selbst (**Religionsfreiheit**).

14. Datenschutz[7]

Jeder **Mensch** hat einen Anspruch auf Geheimhaltung der ihn betreffenden personenbezogenen Daten, soweit er daran ein schutzwürdiges Interesse hat, insbesondere im Hinblick auf die Achtung seines Familien- und Privatlebens.

Beispiele:

Verschwiegenheitspflicht in allen Sanitätsberufen, Einsichtnahme in die Krankengeschichte durch nicht mit der Betreuung des Patienten befasste Personen nur mit Zustimmung des Patienten. Weitergabe von Daten und Informationen nur bei gesetzlicher Ermächtigung oder Meldepflicht.

C. Patientenrechte

Die Patientenrechte sind die notwendige einfach gesetzliche Umsetzung der Grund- und Freiheitsrechte im Gesundheitswesen. Auf Krankenhausebene sind sie ausdrücklich in den Krankenanstaltengesetzen verankert, im Bereich der niedergelassenen Gesundheitsberufe sind sie Bestandteil des Behandlungsvertrages.

Die Wahrnehmung der Patientenrechte geschieht über zwei Wege:

- Der Rechtsträger einer Krankenanstalt hat für die Beachtung der Patientenrechte zu sorgen und den Patienten die Wahrnehmung dieser Rechte zu ermöglichen. Die Patienten müssen auch über ihre Rechte und deren Durchsetzung schriftlich informiert werden. Den Patienten muss des Weiteren eine Stelle in der Krankenanstalt bekannt gegeben werden, wo sie Informationen erhalten und Anregungen oder Beschwerden einbringen können. Außerdem sind die Patienten über die Patientenvertretung/Patientenanwaltschaft zu informieren.
- Die niedergelassenen Gesundheitsberufe haben durch die allen gemeinsame Verpflichtung zur gewissenhaften Berufsausübung auch die Verpflichtung zur Verwirklichung der Patientenrechte.

---

7 Siehe auch die Ausführungen zum Datenschutz im Abschnitt Sanitätsrecht, Kapitel IV Wesentliche privatrechtliche Bestimmungen für Gesundheitsberufe und Datenschutz.

Die Patienten haben *insbesondere* folgende Rechte:

- Recht auf **rücksichtsvolle Behandlung**
- Recht auf **Wahrung der Privatsphäre**, auch in Mehrbetträumen
- Recht auf **Vertraulichkeit**
- Recht auf **fachgerechte** und möglichst **schmerzarme Behandlung und Pflege**
- Recht auf **umfassende Information** über Behandlungsmöglichkeiten und Risken
- Recht auf **Zustimmung zur Behandlung** oder **Verweigerung der Behandlung**
- Recht auf **Einsicht in die Krankengeschichte** bzw. auf Ausfertigung einer Kopie
- Recht des Patienten oder einer Vertrauensperson auf **medizinische Information** durch einen zur **selbständigen** Berufsausübung berechtigten **Arzt** in möglichst **verständlicher und schonungsvoller Art**
- Recht auf ausreichend **Besuchs- und Kontaktmöglichkeiten** mit der Außenwelt
- Recht auf **Kontakt mit Vertrauenspersonen** auch **außerhalb der Besuchszeiten** im Fall nachhaltiger Verschlechterung des Gesundheitszustandes des Patienten
- Recht der zur stationären Versorgung aufgenommenen **Kinder** auf eine möglichst **kindergerechte Ausstattung der Krankenräume**
- Recht auf **religiöse Betreuung und psychische Unterstützung**
- Recht auf **vorzeitige Entlassung**
- Recht auf **Ausstellung eines Entlassungsbriefes (Patientenbrief**, früher Arztbrief)
- Recht auf Einbringung von **Anregungen und Beschwerden**
- Recht auf **Information über Patientenrechte**
- Recht auf **Sterbebegleitung**
- Recht auf **würdevolles Sterben und Kontakt mit Vertrauenspersonen**[8]

Exkurs:

Sterbehilfe

In Österreich gibt es keine gesetzliche Definition und keinerlei ausdrückliche Regelung der Sterbehilfe. Belgien, Luxemburg und die Niederlande haben als einzige europäische Staaten eine gesetzliche Regelung, wonach ein unheilbar kranker Mensch zu drei verschiedenen Zeitpunkten vor einer Kommission seinen Willen erklärt, sterben zu wollen und in weiterer Folge von einem Arzt getötet wird.

In Deutschland und der Schweiz ist der „assistierte Selbstmord" straflos[4], der Patient muss jedoch das bereitgestellte Mittel selbst einnehmen.

8 D: Wer bei einer Selbsttötung lediglich Teilnehmer ist, ohne geschäftsmäßig zu handeln, bleibt straffrei solange der Suizident Angehöriger oder nahestehende Person ist. CH: Hilfe zur Selbsttötung ist nicht strafbar, sofern kein egoistisches Motiv vorliegt.

Auch in Österreich hat es eine Sterbehilfediskussion gegeben. Die Sterbehilfe bleibt eine strafbare Handlung (Tötung auf Verlangen oder Beihilfe zum Selbstmord). Als Antwort auf die Diskussion werden die Palliativmedizin, Palliativpflege und die Hospizbewegung stark forciert. Die Kosten eines Hospizaufenthaltes werden durch die Krankenkasse, die Länder und Gemeinden sowie zu einem Großteil durch Spenden finanziert. Durch intensive Zusammenarbeit von Ärzten, Pflegepersonen, Seelsorgern und ehrenamtlichen Mitarbeitern soll den Patienten ein Leben bis zum Tod in Würde und Geborgenheit ermöglicht werden. Überdies haben die Angehörigen die Möglichkeit zur Betreuung des Schwerstkranken, da sie einen Anspruch auf Gewährung von Karenzurlaub bis zu 3 Monaten, der um weitere 3 Monate verlängert werden kann, haben (Sterbekarenz).

Das Leben ohne Rücksicht auf die Wünsche des Patienten um jeden Preis zu verlängern und jede Art von Sterbehilfe zu verbieten, würde jedoch das Sterben zu einem endlosen, qualvollen und letztlich würdelosen Prozess machen.

Zu unterscheiden ist

- **aktive** und **passive** sowie
- **direkte** und **indirekte** Sterbehilfe,

wobei die genaue Abgrenzung, wo passive Sterbehilfe endet und ab wann aktive Sterbehilfe beginnt, äußerst schwierig ist. Letztlich bleibt es in Grenzfällen immer der Moral und dem Gewissen der Betreuenden und Behandelten überlassen, welche Handlung im Einzelfall zu setzen ist.

Aktive und direkte Sterbehilfe (im Sinne von „Euthanasie") ist immer rechtswidrig; sie erfüllt stets den Tatbestand eines Tötungsdeliktes. Strafbar ist jede direkt auf Lebensverkürzung angelegte Tötungshandlung, auch wenn sie zur Abkürzung eines qualvollen Sterbens gesetzt wird. Ob der Täter aus Mitleid gehandelt hat, ist dabei unerheblich.

Eine indirekte aktive Sterbehilfe ist nicht untersagt, weil der Tod des Patienten dabei nicht Ziel der therapeutischen Bemühungen ist, sondern die Nebenwirkung einer medizinisch indizierten Therapie darstellt. Dh, bei terminalen (in verhältnismäßig kurzer Zeit zum Tod führenden) Krankheiten geht die Schmerzlinderung der Lebensverlängerung vor. Sterbehilfe ohne lebensverkürzende Wirkung, dh jede medikamentöse oder sonstige ärztliche Behandlung, die dem Betroffenen körperliche oder seelisches Leiden erspart oder lindert, ohne den Sterbeprozess selbst zu beeinflussen, ist jedenfalls zulässig.

Allgemein als rechtmäßig angesehen wird die **passive Sterbehilfe**, dh die Zurücknahme einer medizinischen Intensivbehandlung durch den Arzt bei einem Sterbenden bei gleichzeitiger Fortsetzung der physiologischen Grundernährung. Zulässig ist auch das Unterlassen einer noch möglichen lebensverlängernden Behandlung durch Nichtweiterführen der Therapie oder durch stufenweisen Abbau einer Behandlung. Eine Patientenverfügung erleichtert in beiden Fällen die Entscheidungsfindung und sichert das Behandlungsteam rechtlich ab.

VI. Die Vollziehung

A. Verwaltung

1. Begriff und Bereiche der Verwaltung

Unter Verwaltung versteht man die Durchführung der vielen verschiedenen Aufgaben, die durch die Bundesverfassung, die Landesverfassungen und die einfachen Bundes- und Landesgesetze an staatliche Organe oder Behörden übertragen werden.

Verwaltung ist also ein Bereich der Vollziehung von Gesetzen, und zwar durch:

- **„oberste“** (politisch verantwortliche) **Verwaltungsorgane**, z.B. Bundespräsident, Mitglieder der Bundesregierung (Bundeskanzler, Vizekanzler, Bundesminister), die Landesregierung (Landeshauptmann, Landesräte), die Bürgermeister und
- **„nachgeordnete“** (weisungsgebundene) **Verwaltungsbehörden** (auch Ämter oder Dienststellen genannt), z.B. Präsidentschaftskanzlei, Bundesministerien, Ämter der Landesregierungen, Bezirkshauptmannschaften, Finanzämter, Magistrate, Gemeindeämter.

Die Verwaltungsangelegenheiten unseres Staates sind wie in jedem Bundesstaat durch die Zuständigkeitsvorschriften („Kompetenzartikel“) der Bundesverfassung zwischen Bund und Ländern aufgeteilt (**Bundes- und Landesverwaltung**). Ein Teil der Verwaltungsaufgaben ist den Gemeinden zur selbständigen Besorgung – jedoch im Rahmen der bestehenden Bundes- und Landesgesetze – vorbehalten (**Selbstverwaltung der Gemeinden**). Dieses Recht der Selbstverwaltung besitzen neben den Gemeinden auch noch andere juristische Personen des öffentlichen Rechts (Kammern, Sozialversicherungsträger).

Verwaltungszweige

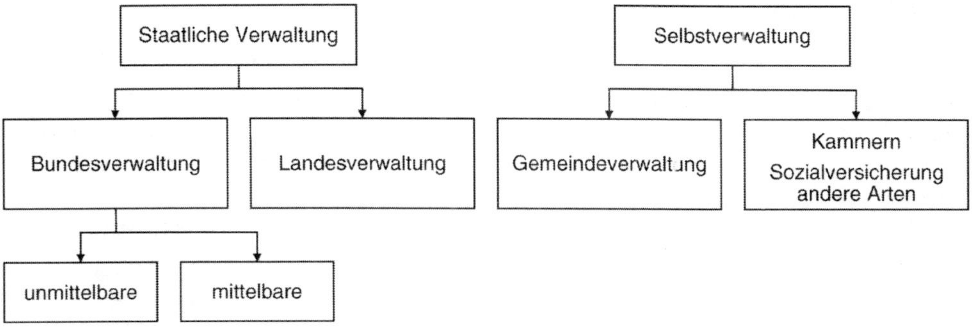

2. Verwaltung des Bundes

Unter Bundesverwaltung versteht man die Vollziehung der Bundesgesetze. Die obersten Verwaltungsorgane des Bundes sind der **Bundespräsident**, die **Bundesregierung** als Kollegialorgan (bestehend aus Bundeskanzler, Vizekanzler, Bundesminister und allenfalls Staatssekretären), der **Bundeskanzler**, der **Vizekanzler** und die einzelnen **Bundesminister**. Sie sind gegenüber den nachgeordneten Dienststellen weisungsberechtigt, selbst aber den gesetzgebenden Organen politisch und strafrechtlich verantwortlich.

Der Bund führt die ihm aufgrund der Bundesverfassung zustehenden Aufgaben teils **durch eigene Organe (unmittelbare Bundesverwaltung)** aus, teils lässt er sie von den **Verwaltungsorganen der Länder** mitbesorgen **(mittelbare Bundesverwaltung)**. In beiden Fällen sind die Organe (Behörden) dem zuständigen Bundesminister untergeordnet.

- **Unmittelbare Bundesverwaltung:** Der Bund hat für diese Angelegenheiten eigene Bundesbehörden eingerichtet.

> **Beispiel:**
> Bundesministerium für Inneres (BMI) – Landespolizeidirektion

- **Mittelbare Bundesverwaltung:** Alle Bundesangelegenheiten, für die keine eigenen Bundesbehörden eingerichtet sind, fallen in den Ländern in die Zuständigkeit des Landeshauptmanns. Dieser ist der Träger der mittelbaren Bundesverwaltung; er verwendet zur Durchführung der Aufgaben die ihm unterstellten Landesbehörden (Amt der Landesregierung und Bezirkshauptmannschaften) sowie die Magistrate der Städte mit eigenem Statut als Bezirksverwaltungsbehörden.

> **Beispiel:**
> Die sanitäre Aufsicht des Bundes über Krankenanstalten fällt in die Zuständigkeit des Bundesministers für Gesundheit und ist an den jeweiligen Landeshauptmann übertragen.

3. Verwaltung der Länder

Unter **Landesverwaltung** versteht man die Vollziehung von **Landesgesetzen.**

Das oberste Verwaltungsorgan eines Bundeslandes ist die Landesregierung. Dieses Kollegialorgan besteht aus dem Landeshauptmann, Landeshauptmannstellvertretern und **Landesräten.** Die Landesregierung wird vom Landtag gewählt. Der Landeshauptmann ist Vorsitzender der Landesregierung, Träger der mittelbaren Bundesverwaltung, Repräsentant des Landes nach außen, Vorstand des Amtes der Landesregierung und führt in der Regel auch ein eigenes Ressort.

- Das **Amt der Landesregierung** ist der Verwaltungsapparat des Landeshauptmannes und der Landesregierung. Dem Amt steht als Leiter des Inneren Dienstes der Landesamtsdirektor vor.
- Die **Bezirksverwaltungsbehörden** vollziehen die Aufgaben der Landesverwaltung und der mittelbaren Bundesverwaltung in ihrem Bezirk („politische Bezirke"). In den Landbezirken heißen diese Behörden **Bezirkshauptmannschaften,** in den Städten mit eigenem Statut **Magistrate.** Letztere sind zwar Gemeindebehörden, üben aber auch die Funktion einer Bezirkshauptmannschaft aus. Der Bürgermeister hat daher auch die Stellung eines Bezirkshauptmannes.

Typische Aufgaben der Bezirksverwaltungsbehörden: Ausstellung von Gewerbescheinen, Ausstellung von Reisepässen, Personalausweisen, Führerscheinen, Amtsvormundschaft und Jugendschutz, Aufgaben des Gesundheitswesens (Amtsarzt), Veterinärpolizei (Amtstierarzt), Forstwesen (Bezirksforsttechniker), Handhabung der wasserrechtlichen Vorschriften usw. Die Bezirkshauptmannschaften führen ferner die Aufsicht über die Ortsgemeinden ihres Bezirkes. In Orten, in denen **Bundespolizeibehörden** bestehen, sind diese für bestimmte Angelegenheiten (z.B. Straßenverkehrsordnung und Kraftfahrgesetz) anstelle der Bezirksverwaltungsbehörden zuständig.

4. Selbstverwaltung

Im Gegensatz zur allgemeinen staatlichen **Verwaltung** spricht man von **Selbstverwaltung**, wenn der Staat bestimmte Verwaltungsaufgaben jenen überlässt, die selbst an der Durchführung interessiert sind.

Beispiele:

Sozialversicherungen, Gemeinden.

Kennzeichnend für die Selbstverwaltung ist ein zweifacher Wirkungsbereich.

- **Eigener Wirkungsbereich**

  Hier werden Aufgaben erfüllt, die im ureigensten Interesse der Mitglieder des Selbstverwaltungskörpers liegen. Die Organe sind an keine staatlichen Weisungen gebunden, unterliegen aber der staatlichen Aufsicht.

  Beispiel:

  Freiwillige Leistungen durch die einzelnen Sozialversicherungsträger.

- **Übertragener Wirkungsbereich**

  Hier ist der Selbstverwaltungskörper als Bundes- oder Landesbehörde tätig. Die Organe sind an staatliche Weisungen gebunden.

  Beispiel:

  Rattenbekämpfung im Rahmen der örtlichen Sanitätspolizei.

Behördenaufbau in Österreich

(Grundschema)

<table>
<tr><th>Bundesverwaltung</th><th>Landesverwaltung</th></tr>
<tr><td>Bundesminister
⇧</td><td rowspan="2">Landesregierung
⇧</td></tr>
<tr><td>Landeshauptmann
⇧</td></tr>
<tr><td colspan="2">Bezirksverwaltung (Bezirkshauptmannschaft oder Magistrat)</td></tr>
</table>

B. Gerichtsbarkeit

Im Gegensatz zur Verwaltung sind die Gerichte unabhängige Staatsorgane. Die Gerichtsbarkeit wird durch unabhängige Richter ausgeübt. Diese sind in der Ausübung ihrer richterlichen Tätigkeit nur an die Verfassung, die Gesetze und die Verordnungen gebunden.

Zur Sicherung der Unabhängigkeit der Rechtsprechung sieht die Bundesverfassung als richterliche Garantien die Unabhängigkeit (Weisungsfreiheit), Unabsetzbarkeit und Unversetzbarkeit der Richter vor.

- **Unabhängigkeit:** Der Richter ist im Rahmen seiner rechtsprechenden Tätigkeit nur an die Verfassung, die Gesetze und die Verordnungen gebunden. Er hat in diesem Zusammenhang keinen Vorgesetzten und niemanden, der ihm eine bestimmte Entscheidung vorschreiben kann. Die Möglichkeit einer Überprüfung seiner Entscheidung durch ein im Instanzenzug übergeordnetes Gericht bleibt davon unberührt.
- **Unabsetzbarkeit:** Der Richter kann wegen einer getroffenen Entscheidung niemals abgesetzt werden. Eine Absetzung kann nur wegen einer dienstlichen Verfehlung im Zuge eines Disziplinarverfahrens oder wegen Dienstunfähigkeit erfolgen.
- **Unversetzbarkeit:** Der Richter kann gegen seinen Willen nicht versetzt werden – ausgenommen bei Änderung der Gerichtsverfassung (z.B. wenn das Gericht, an dem er ernannt ist, aufgelöst wird). Eine Versetzung aufgrund einer Bewerbung zu einem anderen Gericht kann hingegen jederzeit erfolgen.

Die Gerichtsbarkeit ist **Bundessache**, das heißt, alle Gerichte sind **Bundesbehörden**; (Die Bezeichnung Landesgericht oder Bezirksgericht ist rein organisatorisch, der Träger dieser Gerichte ist der Bund).

Die **Justiz (= ordentliche Gerichtsbarkeit)** und die **Verwaltung** sind in allen Instanzen voneinander **getrennt**, dh es gibt keinen Instanzenzug zwischen diesen Vollzugsbereichen.

VII. Kontrolle der Staatsgewalt

A. Kontrolle der Gesetzgebung

Der Verfassungsgerichtshof nimmt im System der Kontrolle eine besondere Stellung ein. Er ist der „**Hüter der Verfassung**" und hat eine Reihe unterschiedlicher Aufgaben.

DER VERFASSUNGSGERICHTSHOF ALS HÜTER DER VERFASSUNG
• Er prüft die **Verfassungsmäßigkeit von Gesetzen** und • die **Gesetzmäßigkeit von Verordnungen**. • Als **Kompetenzgerichtshof** entscheidet er über Zuständigkeitsstreitigkeiten zwischen Bund, Ländern und Gemeinden sowie zwischen Gerichten und Verwaltungsbehörden. • Er prüft die **Verfassungsmäßigkeit von Staatsverträgen**. • Als **Wahlgerichtshof** entscheidet er über die Anfechtung von Wahlen.

- Als **Staatsgerichtshof** sind ihm alle obersten Organe der Bundes- und Landesverwaltung verantwortlich. Sie können wegen einer schuldhaften Rechtsverletzung während ihrer Amtszeit bei ihm angeklagt werden.
- Als **Sonderverwaltungsgerichtshof** gewährleistet der Verfassungsgerichtshof einen **Grundrechtsschutz.** Er prüft bei Beschwerden gegen Bescheide, ob der Beschwerdeführer in einem seiner verfassungsmäßig gewährleisteten Rechte verletzt wurde.

B. Kontrolle der Verwaltung

1. Kontrolle durch die Verwaltung selbst

Die übergeordnete Behörde muss die Tätigkeit der Unterbehörden ständig überwachen (**Aufsichtsführung**) und durch entsprechende Weisungen (Erlässe) Mängel beseitigen.

2. Kontrolle durch die Verwaltungsgerichte im Instanzenzug

Die Parteien des Verfahrens sind berechtigt, die Überprüfung der Entscheidung einer Verwaltungsbehörde durch ein Verwaltungsgericht zu verlangen (**Berufung** bzw. **Beschwerde**).

Für den Bund gibt es ein Bundesverwaltungsgericht und ein Bundesfinanzgericht, für jedes Bundesland gibt es ein Landesverwaltungsgericht.

Die Entscheidungen der Verwaltungsgerichte können beim Verfassungsgerichtshof und beim Verwaltungsgerichtshof angefochten werden.

3. Kontrolle der Verwaltung von außen

- Durch die **gesetzgebenden Organe**:

  Die Regierung und ihre Mitglieder sind oberste Instanz und unterliegen keinen Weisungen von anderen Organen. Eine Kontrolle im Instanzenzug ist nicht möglich, daher ist eine Kontrolle von außen notwendig.

  Die Verfassung sieht eine Kontrolle der Regierung durch den Nationalrat mithilfe folgender Kontrollinstrumente vor:

  - **Enqueterecht:** Der Nationalrat kann auf Antrag **Untersuchungsausschüsse** einsetzen, die Vorfälle im Bereich der Verwaltung kritisch überprüfen.
  - **Interpellationsrecht:** Eine bestimmte Anzahl von Abgeordneten hat das Recht, Anfragen an die Regierung oder einzelne Regierungsmitglieder zu richten.
  - **Resolutionsrecht:** Die Abgeordneten des Nationalrates und des Bundesrates können in Form von Resolutionen (Entschließungen) von der Regierung ein bestimmtes Verhalten verlangen.
  - **Misstrauensvotum:** Der Nationalrat kann den Rücktritt der gesamten Regierung oder eines einzelnen Ministers erzwingen.
  - **Finanzielle Kontrolle:** Das Parlament bestimmt die Staatsausgaben und -einnahmen (Budgetgesetz). Der **Rechnungshof** ist ein Hilfsorgan des Parlaments und kontrolliert die Finanzgebarung der Verwaltung.

- durch den **Verwaltungsgerichtshof** (rechtliche Kontrolle bei behaupteten Verletzungen einfacher Gesetze)
- durch den **Verfassungsgerichtshof** (rechtliche Kontrolle bei behaupteten Verletzungen von verfassungsgesetzlich gewährleisteten Grundrechten)
- durch die **Volksanwaltschaft** (Abgabe von Empfehlungen bei Missständen im Vollzug) und
- durch den **Rechnungshof** (finanzielle Kontrolle).

C. Kontrolle der (ordentlichen) Gerichtsbarkeit

Die Kontrolle der rechtsprechenden Tätigkeit der ordentlichen Gerichte erfolgt im Instanzenzug. Die oberste Instanz in Zivil- und Strafsachen ist der Oberste Gerichtshof.

Österreich und Europa – die Europäische Integration

Nach dem Ende des 2. Weltkrieges kamen in Europa Gedanken auf, wie in Zukunft derartige Ereignisse, die den Kontinent politisch und wirtschaftlich zerrissen, Millionen Menschen das Leben oder zumindest ihre Existenz kosteten und die Volkswirtschaften aller am Krieg beteiligten Länder zerstörten, verhindert werden könnten. In weiterer Folge erfolgten in Europa eine Reihe von politischen, humanitären und wirtschaftlichen Zusammenschlüssen, deren Zielsetzung – vor allem in den demokratischen Staaten – die friedliche Zusammenarbeit der einzelnen Staaten und Volkswirtschaften, teils mit engen politischen Verbindungen, teils ohne gemeinsame politische Ziele, war.

I. Der Europarat

Der **Europarat** hat zur Aufgabe, eine engere Verbindung zwischen seinen Mitgliedern zum Schutz und zur Förderung der Ideale und Grundsätze, die ihr gemeinsames Erbe bilden, herzustellen und ihren wirtschaftlichen und sozialen Fortschritt zu fördern.

Jedes Mitglied des Europarates erkennt den Grundsatz der Vorherrschaft des Rechtes und den Grundsatz an, dass jeder, der seiner Hoheitsgewalt unterliegt, der Menschenrechte und Grundfreiheiten teilhaftig werden soll.

Alle Mitglieder des Europarates sind **demokratische Rechtsstaaten** und Mitglieder der **Europäischen Menschenrechtskonvention**.

Der Europarat wurde am 5. 5. 1949 in London gegründet. Gründungsmitglieder waren Belgien, Niederlande, Luxemburg, Dänemark, Schweden, Norwegen, Irland, Italien, Frankreich und Großbritannien. Österreich ist seit 16. 4. 1956 Mitglied. Derzeit gehören dem Europarat 47 Staaten als Mitglieder an.

II. Die Europäische Union (EU)

A. Entstehung und Zielsetzung

Im Jahr 1950 bot der französische Außenminister Schuman seinem ehemaligen Kriegsgegner und „Erbfeind" Deutschland eine gemeinsame Politik – und damit Mitspracherecht und Kontrolle in dem gerade für die Rüstungsindustrie zentralen Bereich Kohle und Stahl – an (**Schumanplan**). Dieser Plan führte zu Verhandlungen, an denen neben Deutschland und Frankreich auch Italien, Belgien, die Niederlande und Luxemburg teilnahmen. Italien, Belgien, die Niederlande und Luxemburg hatten als diejenigen Länder, die im Laufe der Jahrhunderte regelmäßig erste Opfer der kriegerischen Auseinandersetzung zwischen Deutschland und Frankreich waren, besonderes Interesse an einer friedlichen Zusammenarbeit. Die Verhandlungen führten 1951 zur Gründung der

- **Europäischen Gemeinschaft für Kohle und Stahl (EGKS)** zwischen diesen Verhandlungspartnern. Sie übertrugen Hoheitsrechte im Bereich Kohle und Stahl auf Organe der Gemeinschaft. Deutschland, Frankreich, Italien, Belgien, die Niederlande und Luxemburg gründeten in weiterer Folge 1957 in Rom die
- **Europäische Wirtschaftsgemeinschaft (EWG).** In der EWG wurde die gemeinsame Politik vom Bereich Kohle und Stahl auf weitere Bereiche der Wirtschaft ausgedehnt, wie z.B. auf die Landwirtschaft, das Verkehrswesen und das Wettbewerbsrecht. Als großes Ziel wurde die politische Einigung zwar benannt, doch wurde weder der Weg dorthin noch ein Zeitplan festgelegt. Als weiteres Ziel wurde die Errichtung eines Binnenmarktes beschlossen.

  Ebenso gründeten dieselben Staaten 1957 die
- **Europäische Atomgemeinschaft (EURATOM).** Ihre Aufgabe ist die Förderung und Kontrolle der friedlichen Nutzung der Kernenergie in den Mitgliedstaaten (*Römer Verträge*).

  Diese **drei Gemeinschaften** waren die **Grundlage** der heutigen EU.

1965 wurden die Organe der drei Gemeinschaften vereinigt. Seither spricht man von den **Europäischen Gemeinschaften (EG).**

Mitglieder der EG waren zunächst Belgien, Niederlande, Luxemburg, Italien, Frankreich und Deutschland (6 Mitglieder). 1973 erfolgte die „Norderweiterung“ durch den Beitritt von Großbritannien,[9] Dänemark und Irland. Durch den Beitritt Griechenlands 1981 sowie von Spanien und Portugal 1986 erfolgte die „Süderweiterung“ auf 12 Mitglieder. 1990 erfolgte eine Gebietserweiterung der EG durch die Auflösung der DDR und den Beitritt der 5 neuen Bundesländer zur Bundesrepublik Deutschland. 1995 erfolgte durch den Beitritt von Österreich, Schweden und Finnland eine Erweiterung auf 15 Staaten; mit 1. 5. 2004 kam es mit dem Beitritt von Polen, Tschechien, Slowakei, Ungarn, Slowenien, Estland, Lettland, Litauen, Malta und Zypern zu einer Erweiterung auf 25 Staaten. Mit 1. 1. 2007 sind Bulgarien und Rumänien der Europäischen Union beigetreten, mit 1. 7. 2013 Kroatien, sodass diese nunmehr 28 Mitglieder hat.

Im Jahr 2005 wurden die Beitrittsverhandlungen mit der Türkei eröffnet, 2010 mit Island, 2012 mit Montenegro und 2014 mit Serbien.

Im Dezember 2005 wurde Mazedonien und im Juni 2014 Albanien der Kandidatenstatus zuerkannt, Beitrittsverhandlungen haben aber noch nicht begonnen. Im März 2015 hat Island seinen Beitrittsantrag zurückgezogen.

Der Beginn von Beitrittsverhandlungen mit Mazedonien wurde bisher von Griechenland wegen des Namensstreits blockiert, die Beitrittsverhandlungen mit der Türkei sind in einigen Mitgliedsstaaten innenpolitisch umstritten. Ob und wann ein Beitritt der Türkei erfolgen wird, lässt sich daher derzeit noch nicht abschätzen.

---

9 Im Juni 2016 fand in Großbritannien und Nordirland eine Volksabstimmung über den Austritt des Vereinigten Königreiches von Großbritannien und Nordirland aus der Europäischen Union statt, wobei eine Mehrheit für den Austritt stimmte („Brexit“). Der Austrittsantrag wurde am 29. 3. 2017 gestellt. Bis zur Beendigung des Austrittsverfahrens bleibt Großbritannien und Nordirland Mitglied der EU mit allen Rechten und Pflichten.

Seit 2000 wurden mit der Schweiz eine Reihe von Abkommen geschlossen, die mit 1. 1. 2004 eine Regelung ähnlich den 4 Freiheiten des Binnenmarktes auch hinsichtlich des Schweizer Staatsgebietes und der Schweizer Staatsbürger mit sich gebracht haben.

Die größten **Änderungen** erfuhren die Gründungsverträge (EGKS; EWG; EURATOM) durch die **Einheitliche Europäische Akte 1986**, den **Vertrag von Maastricht 1992**, den **Vertrag von Amsterdam 1997**, den **Vertrag von Nizza 2000** und den **Vertrag von Lissabon 2007.**

- **Die Einheitliche Europäische Akte**

  schuf die völkerrechtliche Grundlage für die weitere Integration und die Vollendung des Binnenmarktes bis Ende 1992.

  Der **Binnenmarkt** ist ein Gebiet, worin das gesamte wirtschaftliche Geschehen sich nach weitgehend einheitlichen Regeln und gleichen Bedingungen abspielt. In ihm sind die schon im EWG-Vertrag von 1957 genannten **vier Freiheiten** verwirklicht:

Freiheit des **Personenverkehrs**	Freiheit des **Warenverkehrs**
Reisefreiheit Freiheit der Berufsausübung Niederlassungsfreiheit und Recht, überall Grund und Boden zur Niederlassung zu erwerben	Keine Zölle Keine Kontingentierungen Einheitliches Wettbewerbsrecht
Freiheit des **Dienstleistungsverkehrs**	Freiheit des **Kapitalverkehrs**
Aufträge aus allen Staaten können entgegengenommen werden und in allen Staaten ausgeführt werden, ohne einen Berufssitz in diesem Staat zu haben	Keine Devisenbeschränkungen Kapital kann in allen Staaten veranlagt werden

- **Vertrag von Maastricht**

  Mit dem Vertrag von Maastricht, 1992 abgeschlossen und mit 1. 11. 1993 in Kraft getreten, wurde die **Europäische Union** als Dachorganisation der weiter bestehenden Europäischen Gemeinschaften gegründet. Die Regierungen erweiterten maßgeblich die Bereiche der Politik, in denen sie zusammenarbeiten.

  Gemäß dem Vertrag von Maastricht beruhten die Aufgaben der **EU auf drei Säulen**:

  - **Erste Säule:** Sie umfasst die Arbeitsbereiche der schon bisher in den EG zusammengeschlossenen drei Gemeinschaften **EWG, EGKS und EURATOM.** Der Vertrag sieht eine vollständige **Wirtschafts- und Währungsunion (WWU)** mit einer gemeinsamen Währung vor (**EURO**; seit 1999 Buchgeld, seit 2002 Bargeld[10]).
  - **Zweite Säule:** Sie umfasst die vertraglich vereinbarte **Zusammenarbeit** der Regierungen der EU-Staaten in der **Außen- und Sicherheitspolitik (GASP).**

10 Der EURO-Zone gehören seit 1. 1. 2015 19 Staaten an: Belgien, Niederlande, Luxemburg, Italien, Frankreich, Deutschland, Irland, Griechenland, Spanien, Portugal, Österreich, Finnland, Slowenien, Malta, Zypern, Slowakei, Estland und Lettland und Litauen. Überdies ist der EURO offizielles Zahlungsmittel in San Marino, Vatikan und Monaco und Andorra (mit Recht zur Münzprägung). Darüber hinaus ist der EURO – ohne Abkommen mit der EU – offizielles Zahlungsmittel in Montenegro.

- **Dritte Säule:** Sie umfasst die vertraglich vereinbarte **Zusammenarbeit** der EU-Staaten in der **Justiz- und Innenpolitik.** (Besonderer Schutz und besondere Kontrolle der EU-Außengrenzen, keinerlei Kontrollen der Binnengrenzen für alle Mitglieder des Schengener Abkommens, grenzüberschreitende Amtshandlungen in den Mitgliedstaaten des Schengener Abkommens, Europol).

- **Vertrag von Lissabon**

  Mit dem Vertrag von Lissabon, 2007 abgeschlossen und mit 1. 12. 2009 in Kraft getreten, wurde der Name des EG-Vertrages in **„Vertrag über die Arbeitsweise der Europäischen Union"** geändert.

  Durch den Vertrag von Lissabon wurden die „drei Säulen" aufgelöst, indem die Worte „Europäische Gemeinschaft" durchgängig durch „Europäische Union" ersetzt wurden. Die EU übernahm damit die Rechtspersönlichkeit der EG. Dadurch kann sie als Völkerrechtssubjekt in eigenem Namen (grundsätzlich nur auf einstimmigen Beschluss des Rats für Auswärtige Angelegenheiten)

  - internationale Verträge und Abkommen unterzeichnen,
  - über den neu geschaffenen Europäischen Auswärtigen Dienst diplomatische Beziehungen mit anderen Staaten unterhalten und
  - Mitglied in internationalen Organisationen werden, sofern diese auch nicht-nationalstaatliche Mitglieder aufnehmen (etwa der Europarat).

Der Vertrag von Lissabon betrifft weiters die Klarstellung der **Kompetenzabgrenzung** zwischen der EU und den Mitgliedstaaten, den Zeitpunkt der Einführung der **doppelten Mehrheit,** die **Grundrechte-Charta,** den **Subsidiaritätskontrollmechanismus,** die **vereinfachte Möglichkeit einer verstärkten Zusammenarbeit,** Fragen des **Klimaschutzes** und der **Energiesolidarität,** das **Europäische Volksbegehren** sowie das Verfahren beim **Austritt eines Staates aus der EU.**

Durch die rechtsverbindliche Verankerung der **EU-Charta der Grundrechte** können die Bürgerinnen und Bürger beim Europäischen Gerichtshof klagen, wenn sie sich durch einen europäischen Rechtsakt in ihren Grundrechten verletzt fühlen. Die Charta der Grundrechte umfasst sieben Kapitel über die Würde des Menschen, Freiheiten, Gleichheit, Solidarität, Bürgerrechte, Verfahrensrechte und allgemeine Bestimmungen. Sie garantiert Rechte wie die Unantastbarkeit der Menschenwürde, das Recht auf freie Meinungsäußerung, das Asylrecht oder das Recht auf unternehmerische Freiheit. Anders als andere Grundrechtskataloge berücksichtigt die Charta die technologische und wissenschaftliche Entwicklung der letzten Jahrzehnte, schreibt den Schutz personenbezogener Daten vor und verbietet das Klonen von Menschen.

B. Organe der EU

Die Verfassung eines Staates schreibt vor, welche Organe welche Staatsaufgaben erfüllen. Auch wenn die EU kein Staat ist, werden von ihr Rechtsakte erlassen, die Gesetzeskraft erlangen und vollzogen werden. Es gibt also auch hier legislative, exekutive und judikative Aufgaben.

Die **Organe** der **Europäischen Union** sind

- der **Europäische Rat.**

Der Europäische Rat gibt der Union die für ihre Entwicklung erforderlichen Impulse und legt die allgemeinen politischen Zielvorstellungen und Prioritäten hierfür fest. Er wird nicht gesetzgeberisch tätig.

Der Europäische Rat setzt sich zusammen aus den **Staats- und Regierungschefs** der Mitgliedstaaten sowie **dem Präsidenten des Europäischen Rates** und dem **Präsidenten der Kommission.** Der **Hohe Vertreter der Union für Außen- und Sicherheitspolitik** nimmt an seinen Arbeiten teil.

- die **Kommission** der Europäischen Union,
- der **Rat** der Europäischen Union,
- das **Europäische Parlament** und
- der **Europäische Gerichtshof.**

Die **Kommission** wird vom Parlament gewählt und von ihrem **Präsidenten** geleitet. Sie besteht aus 28 Mitgliedern (je einem aus jedem Mitgliedstaat), darunter dem **„Hohen Vertreter der Union für Außen- und Sicherheitspolitik"** (vergleichbar mit einem Außenminister) als Vizepräsident der Kommission, und hat eine einer **Regierung** ähnliche Stellung. Sie führt die **Verwaltungsaufgaben** und erarbeitet **Normenvorschläge.**

Der **Rat** besteht aus den jeweiligen Ministern jedes Landes (28 Mitglieder) und ist auf **Vorschlag der Kommission** das **Normsetzungsorgan.** Er ist berechtigt, in den vom EG-Vertrag erfassten Angelegenheiten für alle Mitgliedstaaten bindende Rechtsvorschriften zu erlassen.

Das **Europäische Parlament** wird von den Bürgern der einzelnen Mitgliedstaaten direkt gewählt. Es **wählt die Kommission,** hat die **Budgethoheit** und muss, damit die vom Rat beschlossenen Normen in Kraft treten können, diesen ausdrücklich zustimmen.

Der **Europäische Gerichtshof** überwacht die Einhaltung des Gemeinschaftsrechts.

Die kleineren Mitgliedstaaten haben in den EG einen über ihre Größe hinausgehenden Einfluss, da für viele Entscheidungen des Rates Einstimmigkeit oder eine qualifizierte Mehrheit verlangt wird und in den Organen die kleinen Staaten verhältnismäßig mehr Vertreter entsenden als die großen Staaten; so hat jedes Land einen Vertreter im Rat und jedes Land einen Vertreter in der Kommission. In das Parlament mit 751[11] Abgeordneten und einem Präsidenten entsendet Luxemburg 6 Abgeordnete, Österreich 18 Abgeordnete und Deutschland mit über 200-mal mehr Einwohnern als Luxemburg und 10-mal mehr Einwohnern als Österreich bloß 96 Abgeordnete.

C. Europäische Rechtsvorschriften

Die EU-Mitgliedschaft hat weitgehende Auswirkungen auf die Rechtsordnungen aller Mitgliedstaaten, darunter selbstverständlich auch auf die österreichische Rechtsordnung, da das EU-Recht Anwendungsvorrang vor dem jeweiligen nationalen Recht hat.

11 Sollte der „Brexit" tatsächlich zustandekommen, so werden der Rat und die Kommission aus je 27 Mitgliedern bestehen. Die Zahl der Abgeordneten wird verkleinert. Eine endgültige Anzahl wird erst nach dem Brexit festgelegt werden.

Damit der Binnenmarkt mit seinen 4 Freiheiten funktionieren kann, bedarf es gemeinsamer Rechtsvorschriften und verbindlicher Rechtsakte. So können Arbeitnehmer nur dann von der Freiheit des Personenverkehrs Gebrauch machen, wenn einerseits die in ihrem Heimatstaat erworbene Ausbildung auch in den anderen Mitgliedsländern anerkannt wird, andererseits ihre Altersversorgung auch dann gesichert ist, wenn sie nicht in jedem einzelnen Mitgliedsland einen Pensionsanspruch erworben haben. Ebenso können Wettbewerbsverzerrungen nur dann vermieden werden, wenn die wirtschaftlichen Bedingungen für alle einigermaßen gleich sind. Der Rat setzt daher vier Arten von Rechtsakten:

- **Verordnungen** haben in allen Mitgliedstaaten *unmittelbare Geltung*. Sie werden nicht erst in nationales Recht umgesetzt und werden ohne Möglichkeit der Änderung durch den nationalen Gesetzgeber von den Behörden der einzelnen Mitgliedstaaten vollzogen.
- **Richtlinien** *sind* in den Mitgliedstaaten in nationale Gesetze zu übertragen. Sie geben den Mitgliedstaaten Ziele und Standards verbindlich vor, stellen ihnen jedoch frei, wie sie diese Ziele erreichen.
- **Entscheidungen** sind keine generellen Regelungen, sondern werden in einem Einzelfall getroffen. Eine Entscheidung kann an alle Mitgliedstaaten, einen Mitgliedstaat, ein Unternehmen oder eine Einzelperson gerichtet sein. Sie ist in allen Teilen für diejenigen verbindlich, an die sie gerichtet ist.
- **Empfehlungen** *können* von den Mitgliedstaaten in nationale Gesetze übertragen werden. Sie geben den Mitgliedstaaten unverbindlich Ziele und Standards vor und stellen ihnen frei, diese Standards in ihr nationales Recht umzusetzen. Empfehlungen sind nicht rechtsverbindlich und kommen meist zustande, wenn zwar grundsätzliche Einigkeit über ein gemeinsames Ziel besteht, aber noch keine Mehrheit für eine Richtlinie erzielt werden kann.

Alle Rechtsakte der Union werden in allen Amtssprachen im Amtsblatt der Europäischen Gemeinschaften veröffentlicht.

III. EFTA und EWR

A. Die Europäische Freihandelsassoziation (EFTA)

Als Reaktion auf die 1957 gegründete EWG schlossen sich 1960 Dänemark, Norwegen, Schweden, Großbritannien, Portugal, Österreich und die Schweiz zur **Europäischen Freihandelsassoziation (EFTA)** zusammen. 1970 trat Island bei, Finnland wurde 1986 Vollmitglied. Dänemark, Großbritannien, Portugal, Österreich, Schweden und Finnland traten anlässlich ihres EG-Beitrittes aus der EFTA aus. Derzeitige Mitglieder sind Island, Norwegen, die Schweiz und Liechtenstein.

Während die EWG eine **Zollunion** (dh gemeinsame einheitliche Zölle nach außen) war, bildete die EFTA eine **Freihandelszone** (dh Abbau der Zölle gegenüber den Mitgliedern, aber jeder Staat bestimmt selbst seine Zölle gegenüber Nichtmitgliedsländern).

B. Der Europäische Wirtschaftsraum (EWR)

Schon seit 1973 begann mit einem **Freihandelsabkommen** die Zusammenarbeit zwischen EWG, EGKS und den EFTA-Staaten.

1992 wurde zwischen EWG, EGKS und deren 12 Mitgliedstaaten und den 7 EFTA-Staaten das Abkommen über den **Europäischen Wirtschaftsraum (EWR)** abgeschlossen. Die Annahme dieses Abkommens wurde in der Schweiz in einer Volksabstimmung im Dezember 1992 abgelehnt. Der EWR ist am 1. 1. 1994 in den 12 EWG-Staaten sowie in Österreich, Schweden, Norwegen, Finnland und Island in Kraft getreten. Liechtenstein hat zufolge des engen wirtschaftlichen Zusammenhanges mit der Schweiz das Abkommen in weiterer Folge erst 1996 in Kraft gesetzt.

Der EWR ist im Wesentlichen eine **Freihandelszone** und besteht aus den 28 EU-Staaten sowie Norwegen, Island und Liechtenstein. Es gelten die **vier Grundfreiheiten** des EG-Binnenmarktes.

Wettbewerbsverzerrungen und Benachteiligungen wegen der Staatsbürgerschaft zu einem anderen EWR-Staat sind unzulässig. Das EWR-Abkommen sieht eine enge Zusammenarbeit insbesondere in der Forschung, im Umweltschutz, in der Sozialpolitik, im Konsumentenschutz sowie in Bildung und Fremdenverkehr vor. Nicht vom EWR-Abkommen betroffen sind die Landwirtschaft sowie die Lebens- und Genussmittelindustrie.

Sanitätsrecht

I. Begriff des Sanitätsrechtes

Unter Sanitätsrecht versteht man die Summe aller Gesetze und Verordnungen, die unmittelbar oder zumindest mittelbar der Erhaltung und Wiederherstellung der menschlichen Gesundheit (lat. sanitas) dienen.

Das Sanitätsrecht ist Teil des Verwaltungsrechtes und wird von Verwaltungsbehörden vollzogen.

A. Leitgedanken eines modernen Sanitätsrechtes

Die Gesundheitspolitik wird im Grunde genommen von zwei Leitgedanken bestimmt. Erstens geht es um eine möglichst gute Behandlung und Betreuung der Kranken. Der Staat sichert die Versorgung der Bevölkerung über ein bedarfsgerechtes System von ihm selbst betriebenen oder zumindest regulierten Anstalten (Heil- und Pflegeanstalten, Apotheken, Kuranstalten, Sozialversicherungsträger). Zweitens geht es darum, die Gesunden möglichst effektiv vor Gesundheitsgefährdungen oder Erkrankungen zu schützen. Der Staat erreicht dieses Ziel unter anderem über die Überwachung der Lebensmittel, die Zulassungsvorschriften von Arzneimitteln, die aktive und passive Bekämpfung von ansteckenden Krankheiten (z.B. Schutzimpfungen) oder über Vorschriften im Umgang mit gefährlichen Arbeitsstoffen.

B. Geschichte des Sanitätsrechtes

Bis zum Mittelalter war das Gesundheitswesen der Initiative und den Fähigkeiten Einzelner oder kirchlichen Institutionen überlassen. Die ersten dauernden Organisationsformen finden wir daher im Rahmen der Kirche, insbesondere der Klöster. Dort wurden erstmals regelmäßig Heilmittel hergestellt und Kranke gepflegt. Auch die Ausbildung von Pflegepersonal nahm in den Klöstern und deren Spitälern ihren Anfang.

Mit der Entstehung und dem Wachstum der Städte sowie mit Zunahme des Handels zwischen den einzelnen Ländern und der damit verbundenen erhöhten Reisetätigkeit vergrößerte sich das Risiko der Verbreitung von ansteckenden Krankheiten: einerseits durch das Zusammenleben vieler Menschen auf engem Raum und den damit verbundenen idealen Lebensbedingungen für Ratten und Ungeziefer, andererseits durch Verschleppung von Krankheiten aus Seuchengebieten. Es bestand daher der Bedarf nach einer Regelung der Sanitätsangelegenheiten durch die Stadtobrigkeiten.

Eine weitere Wurzel der Sanitätsverwaltung finden wir im Rahmen des Militärdienstes, der schon früh einen Sanitätsdienst aufbaute und auch über eigene Ärzte verfügte.

Die erste zentrale staatliche Gesundheitsverwaltung finden wir in Österreich unter *Maria Theresia* (1740–1780). Diese richtete über Betreiben ihres Leibarztes *Gerard van Swieten* die Sanitäts-Hofdeputation ein.

Aufgaben dieser **Sanitäts-Hofdeputation** waren:

- Seuchenbekämpfung
- Totenbeschau
- Bestattungswesen
- Bekämpfung der Kurpfuscherei.

Durch das **Reichssanitätsgesetz 1870** wurde im Wesentlichen die noch heute geltende behördliche Organisation im Sanitätsbereich geschaffen.

II. Behördenaufbau im Gesundheitswesen

Die Grundlage für den Behördenaufbau im Gesundheitswesen bildet neben der Bundesverfassung und dem Bundesministeriengesetz immer noch das **Reichssanitätsgesetz aus 1870**. Der Behördenaufbau folgt der üblichen Dreiteilung in der mittelbaren Bundesverwaltung (Bundesminister – Landeshauptmann – Bezirkshauptmann) beziehungsweise der üblichen Zweiteilung in der Landesverwaltung (Landesregierung – Bezirkshauptmann). Wie in der allgemeinen Verwaltung üben die Länder die Aufsicht über die Gemeinden aus.

A. Bundesminister für Gesundheit

Im Bereich der Bundesverwaltung (oberste Instanz) fallen im Gesundheitswesen seit 2018 die Angelegenheiten

- des **Gesundheitswesens** und
- des **Sanitätspersonals**

in den Wirkungsbereich des Bundesministeriums für Arbeit, Soziales, Gesundheit und Konsumentenschutz. An der Spitze dieses Ministeriums steht der Bundesminister für Arbeit, Soziales, Gesundheit und Konsumentenschutz (Gesundheitsminsiterium).

Früher zuständige Ministerien waren:

bis 1972 Bundesministerium für soziale Verwaltung

bis 1987 Bundesministerium für Gesundheit und Umweltschutz

bis 1991 Bundeskanzleramt (Sektion Volksgesundheit)

bis 1994 Bundesministerium für Gesundheit, Sport und Konsumentenschutz

bis 1997 Bundesministerium für Gesundheit und Konsumentenschutz

bis 2000 Bundesministerium für Arbeit, Gesundheit und Soziales

bis 2003 Bundesministerium für Soziale Sicherheit und Generationen

bis 2007 Bundesministerium für Gesundheit und Frauen

bis 2008 Bundesministerium für Gesundheit, Jugend und Familie

bis 2016 Bundesministerium für Gesundheit

bis 2018 Bundesministerium für Gesundheit und Frauen

Bei der obersten Sanitätsbehörde des Bundes ist der **Oberste Sanitätsrat** und ein Referent für alle Sanitätsangelegenheiten eingesetzt. Der Oberste Sanitätsrat ist keine Behörde (dh er kann keine Anordnungen erlassen), sondern ein beratendes Organ des Gesundheitsministers. Er ist in wichtigen Angelegenheiten zu hören, er hat Anträge zu stellen und Gutachten abzugeben.

Beispiele:

Anerkennung von Behandlungsmethoden, Abgabe von Impfempfehlungen etc.

Der Oberste Sanitätsrat besteht aus dem Referenten für Sanitätsangelegenheiten und mindestens sechs ordentlichen sowie außerordentlichen Mitgliedern. Die Amtsdauer beträgt drei Jahre, das Amt ist ein Ehrenamt. Im Obersten Sanitätsrat sind alle Gesundheitsberufe vertreten.

B. Landeshauptmann, Landesregierung

Auf Landesebene obliegen die Aufgaben der Gesundheitsverwaltung dem **Landeshauptmann** (Vollziehung von Bundesrecht) bzw. der **Landesregierung** (Vollziehung von Landesrecht).

In jedem Bundesland ist ein **Landessanitätsrat** bzw. ein Landessanitätsreferent als beratendes und begutachtendes Organ eingesetzt.

Bei jedem Amt der Landesregierung besteht für das Sanitätswesen eine eigene Abteilung; an ihrer Spitze steht meistens ein beamteter Arzt, der den Titel **Landessanitätsdirektor** führt.

C. Bezirksverwaltungsbehörden

Bei den Bezirksverwaltungsbehörden (Bezirkshauptmannschaft bzw. Magistrat einer Stadt mit eigenem Statut) sind eigene **Gesundheitsämter** eingerichtet. Die dort tätigen Ärzte heißen **Amtsärzte**.

D. Die örtliche Gesundheitspolizei

Die Angelegenheiten der Gesundheitsverwaltung werden nicht nur von Bundes- und Landesbehörden wahrgenommen. Die örtliche Gesundheitspolizei, das örtliche Hilfs- und Rettungswesen sowie das Leichen- und Bestattungswesen besorgen die Gemeinden **im eigenen Wirkungsbereich**. In größeren Gemeinden stehen dafür eigene Gemeindeärzte zur Verfügung.

Eine oder mehrere Gemeinden bilden zur Besorgung dieser Aufgaben sogenannte **Sanitätssprengel**. Die dort tätigen Ärzte heißen auch Sprengelärzte. Rechtsgrundlage für die Ausübung der örtlichen Gesundheitspolizei bilden die Gemeindesanitätsgesetze der jeweiligen Bundesländer.

E. Kontrolle der Gesundheitsverwaltung

Die Gesundheitsverwaltung wird, wie die übrige staatliche Verwaltung auch, vom Rechnungshof, vom Verwaltungsgerichtshof, vom Verfassungsgerichtshof und von den zuständigen **Aufsichtsbehörden** des Bundes und der Länder kontrolliert. Auch auf die Einrichtung der Volksanwaltschaft wird hingewiesen.

Das Krankenanstalten- und Kuranstaltengesetz (KAKuG) verlangt, dass zur Prüfung von Beschwerden und auf Wunsch zur Wahrnehmung der Patienteninteressen **unabhängige Patientenvertretungen** in jedem Bundesland zur Verfügung stehen. Dieser Verpflichtung sind alle Bundesländer durch Einführung einer **Patientenanwaltschaft** des Landes nachgekommen.

III. Berufsgruppen des Gesundheitswesens

Im Mittelpunkt der Tätigkeit aller Gesundheitsberufe steht der Mensch als Patient, Pflegling oder Klient. Alle Gesundheitsberufe sind daher im Zusammenhang mit der Betreuung der ihnen anvertrauten Menschen zur Einhaltung der **Patientenrechte** verpflichtet. Zwar finden sich in den Berufsrechten – im Gegensatz zum Krankenanstaltenrecht (vgl. dort) – keine Bestimmungen über Patientenrechte, doch sind die in den Krankenanstaltengesetzen angeführten Patientenrechte, als **Umsetzung der Menschenrechte** für den Gesundheitsbereich, heranzuziehen und, soweit dies auch außerhalb der Spitäler einen Anwendungsbereich ergibt, auf der Basis des Behandlungsvertrages zu beachten.

Das **Berufsrecht** der Ärzte, Gesundheits- und Krankenpflegeberufe, medizinisch-technischen Dienste, Medizinischen Assistenzberufe, Hebammen, Apotheker etc. wird für die einzelnen Berufsgruppen durch eigene **Bundesgesetze** geregelt.

Neben der **Ausbildung** und den Voraussetzungen zur **Berufsausübung** enthalten diese Bundesgesetze mehr oder weniger detailliert den Tätigkeitsbereich der Gesundheitsberufe (= **Berufsbild**).

Die Kenntnis des Befugnisumfanges ist im modernen arbeitsteiligen Verfahren (Teamarbeit) von großer Bedeutung. Nicht immer geben Gesetze diesbezüglich ausreichend Auskunft und müssen der raschen Entwicklung im medizinischen Bereich laufend angepasst werden.

Seit Beginn der Beitrittsverhandlungen zur EU wurden die Berufsrechte den europäischen Normen angepasst, sodass alle seit 1990 erlassenen Rechtsvorschriften EU-konform sind und eine Berufsausübung in allen Mitgliedstaaten des EWR ermöglichen.

Die Freiheit des Personenverkehrs umfasst auch die **Freizügigkeit der Berufsausübung** (Freizügigkeit der Arbeitnehmer und Niederlassungsfreiheit). Die **Dienstleistungsfreiheit** ermöglicht es, in jedem anderen Mitgliedstaat auch vorübergehend freiberuflich tätig zu werden.

Größtenteils gibt es EG-Richtlinien zur **Anerkennung von Diplomen und Zeugnissen**, die Nostrifizierungsverfahren in den einzelnen Mitgliedstaaten überflüssig machen. Dies gilt insbesondere für Apotheker, Ärzte, Zahnärzte, die Gesundheits- und Krankenpflegedienste und Hebammen; für weitere Gesundheitsberufe gilt derzeit eine allgemeine EG-Richtlinie, die Hochschuldiplome als Abschluss einer mindestens 3-jährigen Berufsausbildung anerkennt. Ergänzende Regelungen für Berufsausbildungen im Gesundheitsbereich, die nicht an Hochschulen vermittelt werden, sind in Ausarbeitung.

Exkurs:

Gesundheit und Medizin

Medizin ist die wissenschaftliche Lehre und Praxis zur Erhaltung der **Gesundheit** und Verhütung und Heilung von **Krankheiten.** Ebenso wie es keine allgemein anerkannte oder gar in einem Gesetz festgelegte Definition der Medizin gibt, fehlt auch eine allgemein gültige Definition der Gesundheit oder Krankheit. Aus vielen herausgegriffen sei die Definition der **Weltgesundheitsorganisation WHO**:

Krankheit ist jeder von der Norm abweichende Zustand, der das körperliche, geistige, seelische oder soziale Wohlbefinden beeinträchtigt.

In Österreich werden seitens Gesetzgebung, Lehre und Rechtsprechung nur die von der Norm abweichenden **Beeinträchtigungen des körperlichen, geistigen oder seelischen Wohlbefindens,** nicht aber die des sozialen Wohlbefindens, dem **Krankheitsbegriff** zugerechnet.

A. Ärzte, Zahnärzte und Dentisten

Rechtsgrundlage für die Ausübung des Arztberufes mit Ausnahme des Zahnarztberufes ist das **Ärztegesetz** 1998. Dieses Gesetz hat die Berufsordnung der Ärzte, die Standesvertretung der Ärzte (Kammerordnung) und das Disziplinarrecht der Ärzte zum Inhalt.

I. Ärzte

1. Inhalt der ärztlichen Tätigkeit

Der Arzt ist zur **Ausübung der Medizin** berufen. Das Recht zur Ausübung der Medizin steht in Österreich ausschließlich Ärzten zu, die aber berechtigt sind, bestimmte medizinische Tätigkeiten an andere Gesundheitsberufe sowie in eingeschränktem Ausmaß an Angehörige oder Hausbetreuungspersonen zu delegieren.

Komplementär- oder alternativmedizinische Heilverfahren dürfen auch von Personen, die in Österreich nicht zur ärztlichen Berufsausübung berechtigt sind, zu Demonstrationszwecken in Aus- und Fortbildungsveranstaltungen von Gesundheitsberufen, die in Zusammenarbeit mit einer Landesärztekammer oder der Österreichischen Ärztekammer durchgeführt werden, vorgeführt werden.

Die Ausübung des **Ärzteberufes** umfasst jede auf medizinisch-wissenschaftlichen Erkenntnissen begründete Tätigkeit, die unmittelbar am Menschen oder mittelbar für den Menschen ausgeführt wird.

Dazu gehören insbesondere und *immer in dieser Reihenfolge* die

- **Untersuchung** auf das Vorliegen von Krankheiten; die
- **Beurteilung (Diagnose)** des Gesundheitszustandes und die
- **Behandlung** von Krankheiten.

Die Tätigkeiten (Untersuchung, Diagnose, Behandlung) beinhalten zu ihrer Ausführung auch

- die Vornahme operativer Eingriffe einschließlich der **Entnahme** oder **Infusion** von Blut;
- die Vorbeugung von Erkrankungen;
- die Geburtshilfe sowie die Anwendung von Maßnahmen der medizinischen Fortpflanzungshilfe;
- die Verordnung von Heilmitteln, Heilbehelfen und medizinisch diagnostischen Hilfsmitteln;
- Leichenöffnungen.

Jeder zur selbständigen Berufsausübung berechtigte Arzt ist befugt, ärztliche Zeugnisse auszustellen und ärztliche Gutachten zu erstatten.

Anmerkung:
Unter selbständiger Ausübung des ärztlichen Berufes versteht man die **eigenverantwortliche Ausführung** der oben beschriebenen Tätigkeiten, gleichgültig, ob solche Tätigkeiten **freiberuflich** oder im **Rahmen eines Dienstverhältnisses** ausgeübt werden.

2. Die verschiedenen Gruppen von Ärzten

Man unterscheidet Ärzte, die eine **allgemeinmedizinische Berufstätigkeit** ausüben (Ärzte für Allgemeinmedizin, praktische Ärzte, approbierte Ärzte) und Ärzte, die sich einem **Sonderfach**, dh einem bestimmten Teilgebiet der Heilkunde, zuwenden (Fachärzte). Ärzte, die noch in praktischer Ausbildung zum Arzt für Allgemeinmedizin oder zum Facharzt stehen, nennt man Turnusärzte.

a) Ärzte für Allgemeinmedizin

Ärzte für Allgemeinmedizin sind zur selbständigen Berufsausübung auf dem Gebiet der gesamten Heilkunde berechtigt. Allerdings müssen sie dann, wenn die ärztliche Tätigkeit eine Spezialisierung in einem Sonderfach erfordert, den Patienten an einen Facharzt dieses Sonderfaches überweisen.[12]

Der Beruf des Arztes für Allgemeinmedizin hieß bis 1. Jänner 1994 **„praktischer Arzt"**. Diese Berufsbezeichnung durfte bis 31. Dezember 1999 weitergeführt werden.

b) Fachärzte

Fachärzte sind zur selbständigen Berufsausübung in einem **Sonderfach der Heilkunde** berechtigt.

---

12 Eine ausdrückliche Verpflichtung zur Abgabe des Patienten an einen Facharzt ergibt sich nicht aus dem Berufsbild des Allgemeinmediziners nach dem Ärztegesetz, wohl aber aus der Verpflichtung zur gewissenhaften Betreuung des Patienten und der gesetzlichen Fortbildungsverpflichtung.

Fachärzte haben ihre Berufsausübung auf ihr Sonderfach zu beschränken. (Diese Beschränkung besteht nicht für Arbeitsmediziner nach dem ArbeitnehmerInnenschutzgesetz, **Notärzte** sowie **Amtsärzte** im Rahmen ihrer Tätigkeit).

Zur Abgrenzung der Tätigkeitsbereiche von Allgemeinmedizinern und Fachärzten wird auch oft der Vergleich mit den Teichen herangezogen:

Der Allgemeinmediziner darf in allen Teichen schwimmen, er darf aber nicht tauchen; der Facharzt darf nur in einem Teich schwimmen, dort darf er allerdings auch tauchen.

c) Turnusärzte

Turnusärzte sind Ärzte, die in Österreich in Ausbildung zum Arzt für Allgemeinmedizin oder zum Facharzt stehen. Sie sind lediglich zur **unselbständigen Ausübung** der ärztlichen Tätigkeiten im Rahmen von Arbeitsverhältnissen unter **Anleitung** und **Aufsicht** der ausbildenden Ärzte berechtigt.

Anmerkung:

Soferne im Krankenanstaltenrecht keine dauernde Anwesenheit eines Facharztes verlangt ist (sogenannte „Rufbereitschaft“), dürfen bereits fortgeschrittene Turnusärzte in Ausbildung zum Facharzt vorübergehend auch ohne diese Aufsicht in Krankenanstalten ärztlich tätig werden.

Die Ausbildung erfolgt in Krankenanstalten einschließlich Universitätskliniken und Universitätsinstituten, Untersuchungsanstalten der bundesstaatlichen Gesundheitsverwaltung und arbeitsmedizinischen Zentren sowie in Lehrpraxen.

3. Berufspflichten

Zu den im Ärztegesetz festgelegten Berufspflichten der Ärzte gehören *insbesondere:*

a) Leistung Erster Hilfe

Der Arzt darf die Erste Hilfe im Falle drohender Lebensgefahr nicht verweigern.

Die Verpflichtung zur Leistung Erster Hilfe besteht unabhängig davon, ob sich der Arzt gerade im Dienst befindet oder nicht.

Anmerkung:

Daneben besteht für Ärzte wie für jedermann selbstverständlich die allgemeine Pflicht, bei einem Unglücksfall oder einer Gemeingefahr die zur Menschenrettung offensichtlich erforderliche Hilfe zu leisten. (Diese Hilfeleistungspflicht gilt auch für Beteiligte und Zeugen eines Verkehrsunfalls mit Verletzten). Darüber hinaus regelt das Krankenanstaltengesetz, dass unbedingt notwendige erste ärztliche Hilfe in Krankenanstalten niemandem verweigert werden darf.

b) Gewissenhafte Betreuung der Patienten

Der Arzt ist verpflichtet, jeden von ihm in ärztliche Beratung oder Behandlung übernommenen Patienten (Gesunden und Kranken) ohne Unterschied der Person gewissenhaft zu betreuen. Er hat hierbei nach Maßgabe der ärztlichen Wissenschaft und Erfahrung sowie unter Einhaltung der bestehenden Vorschriften (z.B. Grundrechte, Sanitätsgesetze, Strafgesetz) das Wohl der Kranken und den Schutz der Gesunden zu wahren.

Anmerkung:
Ärzte in öffentlichen Krankenanstalten sind gesetzlich dazu verpflichtet, nur nach den von der medizinischen Wissenschaft **anerkannten** Methoden zu behandeln. Davon abzugrenzen sind sog. **alternative** Heilmethoden (z.B. Traditionelle Chinesische Medizin = TCM), Außenseitermethoden und Methoden, die noch in Erprobung sind. Ärzte dürfen diese anwenden, auch wenn die Heilmethoden noch nicht wissenschaftlich gesichert sind. Beim Einsatz alternativer Methoden trägt der behandelnde Arzt ein erhöhtes Haftungsrisiko, dem durch eine qualifiziertere Aufklärung zu begegnen ist. Unzulässig sind Methoden, die aufgrund eines Gutachtens des Obersten Sanitätsrates bereits ausdrücklich als nicht geeignet eingestuft wurden (z.B. die im Fall Olivia propagierte „neue Medizin").

c) Rechtzeitige Anzeige eines Rücktrittes von einer Krankenbehandlung

Möchte ein (freiberuflicher) Arzt einen Patienten nicht mehr weiterbehandeln, so hat er das dem Kranken oder den für dessen Pflege verantwortlichen Personen rechtzeitig mitzuteilen.

d) Persönliche Berufsausübung

Der Arzt hat seinen Beruf persönlich und unmittelbar, allenfalls in Zusammenarbeit mit anderen Ärzten auszuüben.

Zur Mithilfe kann er sich jedoch **Hilfspersonen** bedienen, wenn diese nach seinen genauen Anordnungen und unter seiner ständigen Aufsicht handeln.

Der Arzt kann **im Einzelfall** ärztliche Tätigkeiten an Angehörige anderer Gesundheitsberufe übertragen, sofern diese vom Tätigkeitsbereich des entsprechenden Gesundheitsberufes (z.B. Diplomierte Gesundheits- und Krankenpflegepersonen, medizinisch-technische Dienste, Hebammen) umfasst sind. Er trägt die Verantwortung für die **Anordnung**. Die ärztliche Aufsicht entfällt, sofern die Regelungen der entsprechenden Gesundheitsberufe bei der **Durchführung** übertragener ärztlicher Tätigkeiten keine ärztliche Aufsicht vorsehen.

Die in Ausbildung stehenden Studenten der Medizin (Famulanten) sind zur unselbständigen Ausübung folgender ärztlicher Tätigkeiten unter Anleitung und Aufsicht der (zur selbständigen Berufsausübung berechtigten) ausbildenden Ärzte berechtigt:

- Erhebung der Anamnese,
- einfache physikalische Krankenuntersuchung einschließlich Blutdruckmessung,
- Blutabnahme aus der Vene,
- die Vornahme intramuskulärer und subkutaner Injektionen und
- Hilfeleistung bei anderen ärztlichen Tätigkeiten.

Eine Vertretung der ausbildenden Ärzte durch Turnusärzte ist zulässig, wenn der Leiter der Abteilung, in deren Bereich die Ausbildung von Turnusärzten erfolgt, schriftlich bestätigt, dass diese Turnusärzte bereits über die hiefür erforderlichen medizinischen Kenntnisse und Erfahrungen verfügen.

Überdies kann der Arzt im Einzelfall einzelne ärztliche Tätigkeiten an Angehörige des Patienten, Personen, in deren Obhut der Patient steht, an Personen, die zum Patienten in einem örtlichen und persönlichen Naheverhältnis stehen, oder an Hausbetreuungspersonen übertragen. Die nähere Regelung siehe im Exkurs Delegierung ärztlicher Tätigkeiten an sonstige Personen.

e) Dokumentationspflicht und Auskunftserteilung

Der Arzt ist verpflichtet, Aufzeichnungen über jede zur Beratung oder Behandlung übernommene Person, *insbesondere* über

- den Zustand der Person bei Übernahme der Beratung oder Behandlung,
- die Vorgeschichte einer Erkrankung,
- die Diagnose,
- den Krankheitsverlauf sowie über
- Art und Umfang der beratenden, diagnostischen oder therapeutischen Leistungen einschließlich der Anwendung von Arzneispezialitäten und der zur Identifizierung dieser Arzneispezialitäten und der jeweiligen Chargen erforderlichen Daten zu führen

und hierüber der beratenen oder behandelten oder zu ihrer gesetzlichen Vertretung befugten Person alle Auskünfte zu erteilen.

Die Aufzeichnungen sowie die sonstigen der Dokumentation dienlichen Unterlagen sind (vom niedergelassenen Arzt) mindestens zehn Jahre aufzubewahren.

Anmerkung:

Der Spitalsarzt führt keine persönliche Dokumentation über seinen Patienten, sondern dokumentiert alles in der Krankengeschichte.

Jeder (zur selbständigen Berufsausübung berechtigte) Arzt darf ärztliche Zeugnisse nur nach gewissenhafter ärztlicher Untersuchung und nach genauer Erhebung der im Zeugnis zu bestätigenden Tatsachen nach seinem besten Wissen und Gewissen ausstellen.

f) Werbebeschränkung

Dem Arzt ist jede unsachliche, unwahre oder das Standesansehen beeinträchtigende marktschreierische Information untersagt. Werbung insbesondere für die eigene Person, für besondere Heilungserfolge oder für angebotene Behandlungsformen ist untersagt.

Art und Form der (erlaubten) Information sind von der Österreichischen Ärztekammer durch eine Werberichtlinie bzw. Schilderordnung geregelt.

- Grundsätzlich gilt ein Verbot für Werbung durch Flugblätter, Postwurfsendungen, E-Mails, Telefaxe udgl.;
- ausgenommen sind Hinweise auf Ordinationseröffnung, -verlegung und -schließung im Wege aller Kommunikationsformen, inkl. Internet-Homepage;
- zulässig sind Schilder mit max. 1 m^2; inkl. Ausbildungsbezeichnung, bildliche Darstellungen und Logo;
- Hinweise auf andere Einrichtungen des Arztes, die mit der Ordination nichts zu tun haben (Kosmetik-, Kontaktlinsen- oder Massageinstitut) müssen auf einem gesonderten Schild angeführt werden.

g) Provisionsverbot

Dem Arzt ist es verboten, für die Zuweisung von Kranken an ihn oder durch ihn eine Vergütung, gleich welcher Art, zu versprechen, sich oder einem anderen zusichern zu lassen, zu geben oder zu nehmen. Bezahlt der Patient trotzdem für eine Zuweisung, kann er diese Leistung vom Arzt zurückverlangen.

h) Verschwiegenheitspflicht

Der Arzt ist zur Wahrung der ihm in Ausübung seines Berufes anvertrauten oder bekannt gewordenen Geheimnisse verpflichtet.

Ausnahmen:

- **Entbindung** (dh **Befreiung**) von der Verschwiegenheitspflicht durch die betroffene Person;
- im **Interesse** der öffentlichen **Gesundheitspflege** oder der **Rechtspflege**;
- bei **gesetzlich vorgeschriebenen Meldungen** (z.B. Epidemiegesetz, Tuberkulosegesetz, AIDS-Gesetz);
- erforderliche **Mitteilungen an Sozialversicherungsträger** (insbesondere zur Honorarabrechnung).

i) Anzeigepflicht

Ergibt sich für den Arzt in Ausübung seines Berufes der Verdacht, dass

- durch eine **gerichtlich strafbare Handlung der Tod** oder die **schwere Körperverletzung** herbeigeführt wurde, so hat der Arzt, sofern es sich beim Opfer nicht um einen Minderjährigen handelt, der Sicherheitsbehörde unverzüglich Anzeige zu erstatten. Gleiches gilt im Fall des Verdachts, dass eine volljährige Person, die ihre Interessen nicht selbst wahrzunehmen vermag, misshandelt, gequält, vernachlässigt oder sexuell missbraucht worden ist.

Ergibt sich für den Arzt in Ausübung seines Berufes der Verdacht, dass

- ein **Minderjähriger misshandelt, gequält, vernachlässigt** oder **sexuell missbraucht** worden ist, so hat der Arzt Anzeige an die Sicherheitsbehörde zu erstatten. Richtet sich der Verdacht gegen einen nahen Angehörigen, so *kann die Anzeige so lange unterbleiben*, als dies das Wohl des Minderjährigen erfordert und eine Zusammenarbeit mit dem Jugendwohlfahrtsträger (Jugendamt) und gegebenenfalls eine Einbeziehung einer Kinderschutzeinrichtung an einer Krankenanstalt erfolgt.
- In den Fällen einer vorsätzlich begangenen schweren Körperverletzung hat der Arzt auf bestehende Opferschutzeinrichtungen hinzuweisen. Bei Minderjährigen hat er überdies unverzüglich und nachweislich Meldung an den zuständigen Jugendwohlfahrtsträger zu erstatten.

j) Berufssitz/Ordination

Der Arzt hat für die Ausübung seines Berufes einen oder zwei Berufssitze zu wählen. Die Ordination ist durch eine äußere Bezeichnung kenntlich zu machen.

Die Ordination des Arztes muss den hygienischen Anforderungen entsprechen. Der Amtsarzt der Bezirksverwaltungsbehörde hat dies nötigenfalls zu überprüfen. Gesundheitsgefährdende Missstände führen zur behördlichen Sperre.

Exkurs:

Delegierung ärztlicher Tätigkeiten an sonstige Personen

Der Arzt kann im Einzelfall einzelne ärztliche Tätigkeiten an **unentgeltlich** den Patienten betreuende Personen, nämlich

- Angehörige des Patienten,
- Personen, in deren Obhut der Patient steht, oder an
- Personen, die zum Patienten in einem örtlichen und persönlichen Naheverhältnis stehen,

übertragen, sofern sich der Patient nicht in einer Einrichtung, die der medizinischen oder psychosozialen Behandlung, Pflege oder Betreuung dient, befindet. Zuvor hat der Arzt der Person, an die die Übertragung erfolgen soll, die erforderliche Anleitung und Unterweisung zu erteilen und sich zu vergewissern, dass diese über die erforderlichen Fähigkeiten verfügt. Der Arzt hat auf die Möglichkeit der Ablehnung der Übertragung der infrage kommenden ärztlichen Tätigkeiten gesondert hinzuweisen. Eine berufsmäßige Ausübung dieser übertragenen ärztlichen Tätigkeiten, auch im Rahmen nicht medizinischer Betreuung, ist untersagt.

Der Arzt kann im Einzelfall einzelne ärztliche Tätigkeiten an den Patienten **entgeltlich** betreuende Personen, nämlich Hausbetreuungspersonen (Betreuungskräfte im Anwendungsbereich des Hausbetreuungsgesetzes oder Gewerbetreibende, die das Gewerbe der Personenbetreuung nach den Bestimmungen der Gewerbeordnung ausüben) im Rahmen deren Betreuungstätigkeit in einem Privathaushalt übertragen,

sofern diese dauernd oder zumindest regelmäßig täglich oder zumindest mehrmals wöchentlich über längere Zeiträume im Privathaushalt der betreuten Person anwesend sind und in diesem Privathaushalt höchstens drei Menschen, die zueinander in einem Angehörigenverhältnis stehen, zu betreuen sind. In begründeten Ausnahmefällen ist eine Übertragung hinsichtlich dieser Menschen auch dann zulässig, wenn diese nicht im gemeinsamen Privathaushalt, jedoch in höchstens zwei verschiedenen Privathaushalten leben, sofern die Übertragung durch denselben Arzt erfolgt.

Diese Tätigkeiten sind

- die Verabreichung von Arzneimitteln,
- das Anlegen von Bandagen und Verbänden,
- die Verabreichung von subkutanen Insulininjektionen und subkutanen Injektionen von blutgerinnungshemmenden Arzneimitteln,
- die Blutentnahme aus der Kapillare zur Bestimmung des Blutzuckerspiegels mittels Teststreifens,
- einfache Wärme- und Lichtanwendungen sowie
- weitere einzelne ärztliche Tätigkeiten, sofern diese einen zu den in den 5 oben genannten Tätigkeiten vergleichbaren Schwierigkeitsgrad sowie vergleichbare Anforderungen an die erforderliche Sorgfalt aufweisen.

Der Arzt hat dabei

- der Betreuungsperson im erforderlichen Ausmaß die Anleitung und Unterweisung zu erteilen,
- sich zu vergewissern, dass die Betreuungsperson über die erforderlichen Fähigkeiten verfügt, und
- die Betreuungsperson auf die Möglichkeit der Ablehnung der Übertragung der in Frage kommenden ärztlichen Tätigkeiten gesondert hinzuweisen.
- Die Übertragung hat befristet, höchstens aber für die Dauer des Betreuungsverhältnisses, schriftlich zu erfolgen. In begründeten Ausnahmefällen kann die Übertragung auch mündlich erfolgen, sofern die Eindeutigkeit und Zweifelsfreiheit sichergestellt sind.

Betreuungspersonen, denen ärztliche Tätigkeiten übertragen worden sind, sind verpflichtet, dem Arzt unverzüglich alle Informationen zu erteilen, die für die Anordnung von Bedeutung sein könnten, insbesondere Veränderung des Zustandsbilds der betreuten Person oder Unterbrechung der Betreuungstätigkeit.

Betreuungspersonen, denen ärztliche Tätigkeiten übertragen worden sind, sind verpflichtet, deren Durchführung ausreichend und regelmäßig zu dokumentieren und die Dokumentation den Angehörigen der Gesundheitsberufe, die die betreute Person behandeln und pflegen, zugänglich zu machen.

Ebenso kann der Arzt im Einzelfall einzelne ärztliche Tätigkeiten an Personen, die Menschen mit nicht nur vorübergehenden körperlichen Funktionsbeeinträchtigungen oder Beeinträchtigung der Sinnesfunktionen, die geeignet sind, diesen Menschen eine gleichberechtigte und selbstbestimmte Lebensführung zu verwehren, begleiten und unterstützen, übertragen.

Dies gilt nicht

- im Rahmen institutioneller Betreuung, wie in Krankenanstalten, Wohn- und Pflegeheimen sowie

bei einem Betreuungsverhältnis des Laien zu mehr als einer Person.

4. Ausbildung zum Allgemeinmediziner und zum Facharzt

Die Ausbildung zum Allgemeinmediziner und zum Facharzt läuft seit 1. 6. 2015 nach 2 verschiedenen Systemen, da mit 1. 6. 2015 eine völlig neue Ärzte-Ausbildungsordnung (ÄAO 2015) in Kraft getreten ist.

a) Ausbildungsbeginn bis 31. 5. 2015 nach der Ärzte-Ausbildungsordnung 2006 (ÄAO 2006)

1. Allgemeinmediziner

Nach Erlangen des Doktorates der gesamten Heilkunde benötigen sie eine mindestens dreijährige praktische Ausbildung und eine Prüfung zum Arzt für Allgemeinmedizin. Staatsangehörige aus anderen Staaten des EWR, die eine spezifische Ausbildung in der Allgemeinmedizin gemäß EG-Richtlinie nachweisen können, dürfen in Österreich den Beruf des Arztes für Allgemeinmedizin selbständig ausüben.

Der Turnus zum Arzt für Allgemeinmedizin muss mindestens sechs Monate lang in Einrichtungen zur medizinischen Erstversorgung (z.B. Lehrpraxis eines freiberuflichen Arztes für Allgemeinmedizin, Lehrambulatorium oder Ambulanz einer Krankenanstalt) absolviert werden. Weitere sechs Monate können in den vorgenannten Einrichtungen, in Lehrpraxen von Fachärzten oder in Lehrambulatorien für die Facharztausbildung geleistet werden.

2. Fachärzte

- Mit *Ausnahme der Fachärzte für Mund-, Zahn- und Kieferchirurgie* benötigen sie nach Erlangung des Doktorates der gesamten Heilkunde eine **mindestens sechsjährige** praktische Ausbildung und eine **Facharztprüfung.**
- **Fachärzte für Mund-, Zahn- und Kieferchirurgie** benötigen nach Erlangung des Doktorates der gesamten Heilkunde und des Doktorates der Zahnheilkunde (Doppelstudium) eine **vierjährige** praktische Ausbildung und eine **Facharztprüfung**.

Der Turnus zum Facharzt kann bis zu einem Jahr in Lehrpraxen freiberuflicher Fachärzte oder Lehrambulatorien für die Facharztausbildung absolviert werden.

Die oben angeführten Einrichtungen dürfen nur dann Ärzte ausbilden, wenn sie von der Österreichischen Ärztekammer als Ausbildungsstätten anerkannt wurden.

b) Ausbildungsbeginn nach dem 31. 5. 2015 nach der Ärzte-Ausbildungsordnung 2015 (ÄAO 2015)

1. Basisausbildung

Die Basisausbildung ist von allen Turnusärzten im Anschluss an das Studium zu absolvieren und umfasst zumindest neun Monate in konservativen und chirurgischen Fächern. Die Basisausbildung soll die Ärztinnen und Ärzte dazu befähigen, Patientinnen und Patienten von der Aufnahme bis zur Entlassung zu betreuen, den Stationsalltag zu bewältigen und in Notsituationen fachgerecht handeln zu können. Die Ärztinnen und Ärzte sollen am Ende der Basisausbildung zudem in der Lage sein, die häufigsten Krankheitsbilder zu erkennen und zu behandeln.

Die Basisausbildung ist Voraussetzung für die weitere Ausbildung sowohl für den Allgemeinmediziner als auch für den Facharzt.

2. Allgemeinmediziner

Im Anschluss an die Basisausbildung erfolgt ein Spitalsturnus von 27 Monaten, danach eine Lehrpraxis von 6 Monaten bei einem Arzt für Allgemeinmedizin; bei Ausbildungsbeginn ab 1. 6. 2022 beträgt die Lehrpraxis 9 Monate, bei Ausbildungsbeginn ab 1. 6. 2027 12 Monate.

Die gesamte Ausbildungsdauer inklusive Basisausbildung beträgt 42 Monate und erhöht sich bei einem Ausbildungsbeginn ab 1. 6. 2022 auf 45 Monate sowie bei einem Ausbildungsbeginn ab 1. 6. 2027 auf 48 Monate.

Zum Abschluss der Ausbildung ist eine erfolgreiche **Prüfung zum Arzt für Allgemeinmedizin** abzulegen.

3. Fachärzte

Im Anschluss an die Basisausbildung erfolgt je nach Fach eine Sonderfach-Grundausbildung von 15 bis 45 Monaten, danach folgt je nach Fach eine Sonderfach-Spezialausbildung von 27 bis 48 Monaten.

Die gesamte Ausbildungsdauer inklusive Basisausbildung beträgt 72 Monate;

- für Mund-, Kiefer und Gesichtschirurgie beträgt sie 48 Monate;
- für Anatomie beträgt sie 72 Monate Grundausbildung und Sonderausbildung; eine Basisausbildung ist in diesem Fach nicht vorgesehen.

Zum Abschluss der Ausbildung ist eine erfolgreiche **Facharztprüfung** abzulegen.

c) Übergangsbestimmungen

Eine bis zum 31. 5. 2015 begonnene Ausbildung zum Allgemeinmediziner oder zum Facharzt kann nach der ÄAO 2006 beendet werden, auch wenn das betreffende Fach in der ÄAO 2015 nicht mehr vorgesehen ist. Eine Frist, bis wann die Ausbildung abgeschlossen werden muss, gibt es nicht.

Ein Wechsel von der alten in die neue Ausbildungsordnung ist möglich, nicht jedoch ein Wechsel von der neuen in die alte Ausbildungsordnung.[13]

Exkurs:

Anleitungs- und Aufsichtspflichten bei Auszubildenden

Unter Anleitung versteht man im allgemeinen Sprachgebrauch eine Unterweisung, unter Aufsicht eine Überwachungs- und Kontrolltätigkeit mit dem Ziel, die Handlungen bzw. Unterlassungen des Anzuleitenden und Beaufsichtigten mit den jeweils gültigen beruflichen Standards in Übereinstimmung zu bringen.

Jede Berufsausbildung verläuft stufenförmig und jeder Auszubildende entwickelt sich unterschiedlich. Anfänglich geht es um die Vermittlung einer theoretischen Grundlage, später um die praktische Erprobung und Umsetzung des Erlernten. Der Ausbildner muss daher stets im Einzelfall entscheiden, welcher Umfang für Anleitung und Aufsicht notwendig ist, um die Ausbildungsziele zu erreichen.

Beispiel:

Ein Turnusarzt darf in der praktischen Ausbildung nicht völlig alleine arbeiten und entscheiden, andererseits darf er nicht nur reine Hilfskraft ohne Chance auf Erwerb eines Erfahrungshorizontes sein.

Aufsichtspflicht bedeutet nicht eine ständige und unmittelbare Aufsicht gegenüber dem Auszubildenden. Mit zunehmender Erfahrung des Auszubildenden verdünnt sich die Pflicht zu Anleitung und Aufsicht, sodass zuletzt auch die bloße Anwesenheit eines Ausbildners ausreichend ist. Wesentlich sind das körperliche Wohlbefinden und die Tatsache, dass der Patient nicht zu Schaden kommt.

Beispiel:

Eine Gesundheits- und Krankenpflegeschülerin macht ohne Anleitung und Aufsicht alleine Nachtdienst und ein Patient kommt bei der Ausführung einer therapeutischen Maßnahme (z.B. durch falsche Dosierung eines Medikamentes) zu Schaden. Der Krankenpflegeschülerin wird man Übernahmeverschulden bzw. Einlassungsfahrlässigkeit vorwerfen, weil sie – wider besseres Wissen über den eigenen mangelhaften Ausbildungsstand – den Dienst übernommen hat. Der Pflegedienstleitung wird man ein Organisationsverschulden vorwerfen. Sinngemäß gilt dies für einen Turnusarzt.

13 Für weitere Details sei auf die ausführliche Broschüre Ärzteausbildung 2015 der Österreichischen Ärztekammer, eine Sondernummer der Österreichischen Ärztekammer, verwiesen, die im Internet unter http://www.aerztezeitung.at/fileadmin/PDF/2015_Verlinkungen/Broschure_Aerzteausbildung_neu_END.pdf abrufbar ist.

5. Die ärztliche Berufsausübung

a) Allgemeine Erfordernisse

Für die Berufsausübung als Arzt in Österreich sind folgende Voraussetzungen notwendig:

- österreichische Staatsbürgerschaft oder Staatsangehörigkeit eines anderen Staates des EWR oder der Schweiz;
- Eigenberechtigung;
- Vertrauenswürdigkeit;
- gesundheitliche Eignung;
- ausreichende Deutschkenntnisse;
- österreichisches (oder in Österreich nostrifiziertes) Doktorat der gesamten Heilkunde bzw. die entsprechende Ausbildung eines anderen Staates des EWR oder der Schweiz;
- Diplom der Österreichischen Ärztekammer, soferne eine Turnusausbildung in Österreich erfolgte;
- Eintragung in die Ärzteliste bei der Österreichischen Ärztekammer, ausgenommen Ärzte aus anderen EWR-Staaten im freien Dienstleistungsverkehr, dh ohne Berufssitz oder Dienstort in Österreich.

b) Art der Berufsausübung

Der Ärzteberuf kann

- im **Rahmen eines Dienstverhältnisses** zu einer Einrichtung des Gesundheitswesens und/ oder
- **freiberuflich** ausgeübt werden. Voraussetzung für die freiberufliche Berufsausübung ist das Recht zur **selbständigen** Berufsausübung (Arzt für Allgemeinmedizin, Facharzt). Eine gesonderte Niederlassungsbewilligung ist nicht erforderlich.

  Die freiberufliche Tätigkeit kann auch im Rahmen von

- **Ordinations-** und **Apparategemeinschaften** oder von
- **Gruppenpraxen** bei Wahrung der Eigenverantwortlichkeit eines jeden Arztes ausgeübt werden.

  An einer Gruppenpraxis können Ärzte sowie als einziger weiterer Gesundheitsberuf Dentisten beteiligt sein. Die Gruppenpraxis darf nur als Offene Erwerbsgesellschaft (OEG) geführt werden, was zur Folge hat, dass sowohl der behandelnde Arzt als auch die Gesellschaft für alle durch die Behandlung eingetretenen Schäden voll haften.

c) Berufsbezeichnungen

Die einzelnen ärztlichen Berufsbezeichnungen (Arzt für Allgemeinmedizin, approbierter Arzt, Facharzt, Turnusarzt etc.) und Titel sind gesetzlich geschützt.

Die Berufsbezeichnung „Primararzt" oder „Primarius" dürfen nur Fachärzte führen, die in Krankenanstalten dauernd mit der ärztlichen Leitung einer Krankenabteilung mit einem systemisierten Bettenstand von mindestens 15 Betten betraut sind und denen mindestens ein Arzt unterstellt ist.

Das Gleiche gilt auch für Fachärzte, die mit der dauernden Leitung eines im Rahmen einer Krankenanstalt geführten Institutes oder eines selbständigen Ambulatoriums betraut sind, wenn ihnen mindestens zwei zur selbständigen Berufsausübung berechtigte hauptberufliche Ärzte unterstellt sind.

d) Erweiterte ärztliche Tätigkeiten

Während Allgemeinmediziner lediglich eine medizinische Tätigkeit ohne Spezialisierung in einem bestimmten Fachgebiet ausüben und Fachärzte ihre Berufsausübung auf ihr Fach zu beschränken haben, üben unabhängig davon, welche Tätigkeit diese Ärzte sonst ausüben, **Amtsärzte, Notärzte** sowie **Arbeitsmediziner** im Rahmen ihrer Tätigkeit auch fachüberschreitende und spezialisierte Tätigkeiten aus.

1. Amtsärzte

Amtsärzte sind die bei den **Sanitätsbehörden** hauptberuflich tätigen Ärzte, die behördliche Aufgaben, d.s. Aufgaben in der **Hoheitsverwaltung**, zu vollziehen haben oder in anderen hoheitlichen Verfahren als Sachverständige mitwirken; **Polizeiärzte** sind Amtsärzte der Bundespolizeibehörden. **Arbeitsinspektionsärzte** sind Amtsärzte bei den Arbeitsinspektionen.

Militärärzte sind den Amtsärzten gleichgestellt, wenn sie als Amtssachverständige der Militärbehörden tätig sind.

Ärzte, die als Amtsärzte tätig sein wollen, müssen zur selbständigen Berufsausübung berechtigt sein (Facharzt oder Allgemeinmediziner) und die **Physikatsprüfung** abgelegt haben. Voraussetzung für die Zulassung zu dieser Prüfung ist der Nachweis **psychiatrischer Kenntnisse** sowie der Nachweis über den Besuch des **Impfunterrichtes** und **bestimmter Fachvorträge**. Die Prüfung selbst besteht aus einem **schriftlichen, praktischen** und **mündlichen Teil**.

2. Notärzte

Zur selbständigen Berufsausübung berechtigte Ärzte sind berechtigt, eine ärztliche Tätigkeit im Rahmen **organisierter Notarztdienste** (Notarztwagen bzw. Notarzthubschrauber) auszuüben, wenn sie einen **Notarztlehrgang** im Gesamtausmaß von zumindest 60 Stunden besucht haben. Sie dürfen zusätzlich die Bezeichnung **„Notarzt"** führen.

Ärzte, welche die Voraussetzungen für die Ausübung einer leitenden notärztlichen Tätigkeit im Rahmen organisierter Rettungsdienste erfüllen und eine solche Tätigkeit ausüben, dürfen zusätzlich die Bezeichnung **„Leitender Notarzt"** führen.

Der Lehrgang zum Notarzt hat in Ergänzung zur jeweiligen fachlichen Ausbildung eine theoretische und praktische Fortbildung auf folgenden Gebieten zu vermitteln:

- Reanimation, Intubation und Schocktherapie sowie Therapie von Störungen des Säure-, Basen-, Elektrolyt- und Wasserhaushaltes;
- Intensivbehandlung;
- Infusionstherapie;
- Kenntnisse auf dem Gebiet der Chirurgie, der Unfallchirurgie einschließlich Hirn- und Rückenmarksverletzungen sowie Verletzungen der großen Körperhöhlen, der abdominellen Chirurgie, Thoraxchirurgie und Gefäßchirurgie;

- Diagnose und Therapie von Frakturen und Verrenkungen und
- Kenntnisse und Erfahrungen auf dem Gebiet der Inneren Medizin, insbesondere Kardiologie einschließlich EKG-Diagnostik, sowie der Kinder- und Jugendheilkunde.

Mindestens alle zwei Jahre ist eine zweitägige theoretische und praktische Fortbildungsveranstaltung zu besuchen.

Nach **mindestens dreijähriger Tätigkeit als Notarzt** im Rahmen eines organisierten Rettungsdienstes oder einer zumindest gleich langen Ausübung einer notärztlichen Tätigkeit im Rahmen einer Krankenanstalt können Notärzte, die beabsichtigen, eine **leitende notärztliche Tätigkeit** im Rahmen organisierter Rettungsdienste auszuüben, einen Lehrgang von 60 Stunden besuchen. Dieser Fortbildungslehrgang hat eine theoretische und praktische Fortbildung auf allen für **Großeinsatzfälle** organisierter Rettungsdienste relevanten Gebieten zu vermitteln.

Zusätzlich zum Fortbildungslehrgang ist mindestens alle vier Jahre eine Fortbildungsveranstaltung, die mindestens 15 Stunden Planspiele oder Großübungen sowie fünf Stunden Theorie umfasst, zu besuchen.

3. Arbeitsmediziner

Zur selbständigen Berufsausübung berechtigte Ärzte sind berechtigt, eine Tätigkeit als **Arbeitsmediziner** im Sinne des ArbeitnehmerInnenschutzgesetzes auszuüben, wenn sie einen **Lehrgang für Arbeitsmedizin** an einer Akademie für Arbeitsmedizin besucht haben.

Die Lehrgänge haben eine theoretische und praktische Ausbildung des für diese Tätigkeit notwendigen Wissens auf dem Gebiet der Arbeitsmedizin sowie auch von Kenntnissen über die maßgeblichen Arbeitnehmerschutzvorschriften zu umfassen.

6. Ärztekammern

Zur Vertretung der gemeinsamen Interessen der Ärzte ist **in jedem Bundesland** eine Ärztekammer sowie zur gemeinsamen Vertretung aller österreichischen Ärzte die **Österreichische Ärztekammer** errichtet.

Jeder Arzt, der seinen Beruf in Österreich tatsächlich ausübt, ist in die von der Österreichischen Ärztekammer geführte Ärzteliste einzutragen und kraft Gesetzes Mitglied der jeweiligen Ärztekammer. Ausländische Ärzte aus EWR-Staaten, die ohne Berufssitz oder Dienstort in Österreich den freien Dienstleistungsverkehr ausüben, haben die jeweilige Ärztekammer vorher bzw. in dringenden Fällen baldmöglichst zu verständigen. Auch diese Ärzte unterliegen dem Ärztegesetz und dem Disziplinarrecht der Österreichischen Ärztekammer.

Zu den Aufgaben der Ärztekammer gehört es beispielsweise, **Verträge** mit Sozialversicherungsträgern abzuschließen.

Der Österreichischen Ärztekammer obliegt auch die **disziplinäre Verfolgung** von Verletzungen der ärztlichen Berufspflichten und des Ansehens der Ärzteschaft durch Ärzte. Disziplinarstrafen sind der Verweis, Geldstrafen, Untersagung der Berufsausübung in Österreich.

Eine weitere Aufgabe der Österreichischen Ärztekammer ist die Durchführung und Organisation der Prüfungen zum Arzt für Allgemeinmedizin und zum Facharzt.

II. Zahnärzte und Dentisten

Rechtsgrundlage für die Ausübung des Zahnärzte- und Dentistenberufes ist das **Zahnärztegesetz 2005.**

1. Zahnärzte und Fachärzte für Zahn-, Mund- und Kieferheilkunde

a) Inhalt der zahnärztlichen Tätigkeit

Der Zahnarzt ist zur **Ausübung der Zahnmedizin** berufen. Das Recht zur Ausübung der Zahnmedizin steht in Österreich ausschließlich Zahnärzten zu, die aber berechtigt sind, bestimmte medizinische Tätigkeiten an andere Gesundheitsberufe zu delegieren.

Komplementär- oder alternativmedizinische Heilverfahren dürfen auch von Personen, die in Österreich nicht zur zahnärztlichen Berufsausübung berechtigt sind, zu Demonstrationszwecken in Aus- und Fortbildungsveranstaltungen von Gesundheitsberufen, die in Zusammenarbeit mit einer Landeszahnärztekammer oder der Österreichischen Zahnärztekammer durchgeführt werden, vorgeführt werden.

Die Ausübung des **Zahnarztberufes** umfasst **jede auf zahnmedizinisch-wissenschaftlichen Erkenntnissen** begründete Tätigkeit, die **unmittelbar am Menschen oder mittelbar für den Menschen** ausgeführt wird.

Dazu gehören insbesondere und *immer in dieser Reihenfolge* die

- **Untersuchung** auf das Vorliegen von Krankheiten; die
- **Beurteilung (Diagnose)** des Gesundheitszustandes und die
- **Behandlung** von Krankheiten.

Die Ausübung des **Zahnarztberufes** umfasst zu seiner Ausführung auch

- die **Vornahme operativer Eingriffe**;
- die **Vorbeugung** von Erkrankungen;
- die **Verordnung** von **Heilmitteln, Heilbehelfen** und **medizinisch diagnostischen Hilfsmitteln**;
- die **Herstellung** von **Zahnersatzstücken** für den Gebrauch im Mund;
- die Durchführung von technisch-mechanischen Arbeiten zwecks **Ausbesserung** von **Zahnersatzstücken** und
- die **Herstellung** von **künstlichen Zähnen** und sonstigen Bestandteilen von Zahnersatzstücken für jene Personen, die von dem Angehörigen des zahnärztlichen Berufs behandelt werden

b) Ausgebildete Zahnärzte und Zahnärzte in Ausbildung

1. Ausgebildete Zahnärzte

- **Zahnärzte** benötigen nach Erlangung des Doktorates der Zahnheilkunde **keine** postpromotionelle Ausbildung, sie führen die **Berufsbezeichnung Zahnarzt.**
- **Fachärzte für Zahn-, Mund- und Kieferheilkunde** benötigten nach Erlangung des Doktorates der gesamten Heilkunde eine **mindestens dreijährige** praktische Ausbildung und eine **Facharztprüfung**, sie sind berechtigt, entweder die **Berufsbezeichnung Facharzt für Zahn-, Mund- und Kieferheilkunde** oder **Zahnarzt** zu führen.

Jeder Zahnarzt ist befugt, **zahnärztliche Zeugnisse** auszustellen und **zahnärztliche Gutachten** zu erstatten.

2. Zahnärzte in Ausbildung

Die in **Ausbildung** stehenden **Studenten der Zahnmedizin** sind zur **unselbständigen Ausübung zahnärztlicher Tätigkeiten** *unter Anleitung und Aufsicht der* (zur selbständigen Berufsausübung berechtigten) *ausbildenden* Ärzte berechtigt. Eine Vertretung der ausbildenden Ärzte durch Turnusärzte ist zulässig, wenn der Leiter der Abteilung, in deren Bereich die Ausbildung der Turnusärzte erfolgt, schriftlich bestätigt, dass diese bereits über die hiefür erforderlichen zahnmedizinischen Kenntnisse und Erfahrungen verfügen.

c) Berufspflichten der Zahnärzte

Die Berufspflichten der Zahnärzte entsprechen zur Gänze denen der Ärzte. Die Verpflichtung zur Leistung Erster Hilfe trifft sie nur in dem Rahmen, in dem jeder Mensch Erste Hilfe leisten muss (z.B. bei einem Verkehrsunfall), nicht aber im Zuge der Ausübung des Zahnarztberufes.

d) Die zahnärztliche Berufsausübung

1. Allgemeine Erfordernisse für die Berufsausübung

Für die Berufsausübung als Zahnarzt in Österreich sind folgende Voraussetzungen notwendig:

- Österreichische Staatsbürgerschaft oder Staatsangehörigkeit eines anderen Staates des EWR oder der Schweiz;
- Eigenberechtigung;
- Vertrauenswürdigkeit;
- gesundheitliche Eignung;
- ausreichende Deutschkenntnisse;
- österreichisches (oder in Österreich nostrifiziertes) Doktorat der Zahnheilkunde bzw. die entsprechende Ausbildung eines anderen Staates des EWR oder der Schweiz;
- Eintragung in die Zahnärzteliste bei der Österreichischen Zahnärztekammer.

2. Art der Berufsausübung

Der Ärzteberuf kann

- im **Rahmen eines Dienstverhältnisses** zu Einrichtungen des Gesundheitswesens und/oder
- **freiberuflich** ausgeübt werden.

  Die freiberufliche Tätigkeit kann auch im Rahmen von

- **Ordinations-** und **Apparategemeinschaften** oder von
- **Gruppenpraxen** bei Wahrung der Eigenverantwortlichkeit eines jeden Arztes ausgeübt werden.

  An einer Gruppenpraxis können Ärzte sowie als einziger weiterer Gesundheitsberuf Dentisten beteiligt sein. Die Gruppenpraxis darf nur als Offene Erwerbsgesellschaft (OEG) geführt werden, was zur Folge hat, dass sowohl der behandelnde Arzt als auch die Gesellschaft für alle durch die Behandlung eingetretenen Schäden voll haften.

3. Berufsbezeichnungen

Die Berufsbezeichnung **Primararzt** oder **Primarius** kann von der Zahnärztekammer einem Zahnarzt verliehen werden, der mit der dauernden Leitung eines im Rahmen einer Krankenanstalt geführten Institutes oder eines selbständigen Ambulatoriums betraut ist, wenn ihm mindestens zwei zur selbständigen Berufsausübung berechtigte hauptberufliche Zahnärzte unterstellt sind.

4. Erweiterte zahnärztliche Tätigkeiten

Zahnärzte können als **Amtszahnärzte** tätig werden, dürfen aber sonst **keinerlei erweiterte** Tätigkeiten ausüben.

Fachärzte für Zahn-, Mund und Kieferheilkunde, die bereits vor dem 1.1.2006 **als Notärzte** oder **Arbeitsmediziner** tätig waren, dürfen diese Tätigkeiten weiter (fachüberschreitend) ausüben.

e) Zahnärztekammern

Zur Vertretung der gemeinsamen Interessen der Zahnärzte und Dentisten ist **in jedem Bundesland eine Zahnärztekammer** sowie zur gemeinsamen Vertretung aller österreichischen Zahnärzte und Dentisten die **Österreichische Zahnärztekammer** errichtet.

Jeder Zahnarzt oder Dentist, der seinen Beruf in Österreich tatsächlich ausübt, ist **kraft Gesetzes Mitglied** der jeweiligen Zahnärztekammer und in die von der Österreichischen Zahnärztekammer geführte Zahnärzteliste oder Dentistenliste einzutragen.

Zu den Aufgaben der Zahnärztekammer gehört es, **Verträge** mit **Sozialversicherungsträgern** abzuschließen. Die Österreichische Zahnärztekammer ist auch **Disziplinarbehörde** für die Zahnärzte und Dentisten.

2. Dentisten

a) Aufgabenbereich der Dentisten

Der Dentist ist berechtigt, alle zahnärztlichen Tätigkeiten auszuführen, die ohne Vollnarkose durchgeführt werden können.

Der Dentistenberuf konnte bis **31. Dezember 1975** erlernt werden, seither ist eine Ausbildung nicht mehr möglich.

b) Voraussetzungen zur Berufsausübung

Der Dentistenberuf kann in einem **Dienstverhältnis** oder **freiberuflich** ausgeübt werden.

c) Interessenvertretung

Die Interessen der Dentisten werden seit der Auflösung der **Österreichischen Dentistenkammer** mit Ablauf des 31.12.2005 durch die **Österreichische Zahnärztekammer** vertreten.

B. Pflegedienste

Rechtsgrundlage ist das **Gesundheits- und Krankenpflegegesetz 1997**, kurz **GuKG in der Fassung der Novelle 2016.** Es regelt den **gehobenen Dienst für Gesundheits- und Krankenpflege, die Pflegefachassistenz** und die **Pflegeassistenz.**

I. Gehobener Dienst für Gesundheits- und Krankenpflege

1. Berufsbild

Der gehobene Dienst für Gesundheits- und Krankenpflege trägt die **Verantwortung für die unmittelbare und mittelbare Pflege von Menschen** in allen Altersstufen, Familien und Bevölkerungsgruppen in mobilen, ambulanten, teilstationären und stationären Versorgungsformen sowie allen Versorgungsstufen (Primärversorgung, ambulante spezialisierte Versorgung sowie stationäre Versorgung). Handlungsleitend sind dabei ethische, rechtliche, interkulturelle, psychosoziale und systemische Perspektiven und Grundsätze.

Auf der Grundlage wissenschaftlicher Erkenntnisse trägt der gehobene Dienst für Gesundheits- und Krankenpflege durch gesundheitsfördernde, präventive, kurative, rehabilitative sowie palliative Kompetenzen zur Förderung und Aufrechterhaltung der Gesundheit, zur Unterstützung des Heilungsprozesses, Linderung und Bewältigung von gesundheitlicher Beeinträchtigung sowie zur Aufrechterhaltung der höchstmöglichen Lebensqualität aus pflegerischer Sicht bei.

Im Rahmen der **medizinischen Diagnostik** und **Therapie** führen Angehörige des gehobenen Dienstes für Gesundheits- und Krankenpflege die ihnen von Ärzten übertragenen Maßnahmen und Tätigkeiten durch.

Im Rahmen der **interprofessionellen Zusammenarbeit** tragen Angehörige des gehobenen Dienstes für Gesundheits- und Krankenpflege zur Aufrechterhaltung der Behandlungskontinuität bei.

Der gehobene Dienst für Gesundheits- und Krankenpflege entwickelt, organisiert und implementiert pflegerische Strategien, Konzepte und Programme zur Stärkung der Gesundheitskompetenz, insbesondere bei chronischen Erkrankungen, im Rahmen der Familiengesundheitspflege, der Schulgesundheitspflege sowie der gemeinde- und bevölkerungsorientierten Pflege.

Die Tätigkeiten des gehobenen Dienstes für Gesundheits- und Krankenpflege können sowohl **intramural** (dh innerhalb von Anstalten) als auch **extramural** (dh außerhalb von Anstalten) ausgeübt werden.

Der **Kompetenzbereich** des gehobenen Dienstes für Gesundheits- und Krankenpflege umfasst

- die pflegerischen Kernkompetenzen,
- Kompetenz bei Notfällen,
- Kompetenzen bei medizinischer Diagnostik und Therapie,
- Weiterverordnung von Medizinprodukten,

- Kompetenzen im multiprofessionellen Versorgungsteam sowie
- Spezialisierungen.

a) Die pflegerischen Kernkompetenzen

Die pflegerischen Kernkompetenzen des gehobenen Dienstes für Gesundheits- und Krankenpflege umfassen die eigenverantwortliche Erhebung des Pflegebedarfes sowie Beurteilung der Pflegeabhängigkeit, die Diagnostik, Planung, Organisation, Durchführung, Kontrolle und Evaluation aller pflegerischen Maßnahmen (Pflegeprozess) in allen Versorgungsformen und Versorgungsstufen, die Prävention, Gesundheitsförderung und Gesundheitsberatung im Rahmen der Pflege sowie die Pflegeforschung.

Die pflegerischen Kernkompetenzen des gehobenen Dienstes für Gesundheits- und Krankenpflege umfassen im Rahmen der Gesundheits- und Krankenpflege *insbesondere*:

- Gesamtverantwortung für den Pflegeprozess,
- Planung und Durchführung von Pflegeinterventionen bzw. -maßnahmen,
- Unterstützung und Förderung der Aktivitäten des täglichen Lebens,
- Beobachtung und Überwachung des Gesundheitszustandes,
- theorie- und konzeptgeleitete Gesprächsführung und Kommunikation,
- Beratung zur Gesundheits- und Krankenpflege sowie die Organisation und Durchführung von Schulungen,
- Förderung der Gesundheitskompetenz, Gesundheitsförderung und Prävention,
- Erstellen von Pflegegutachten,
- Delegation, Subdelegation und Aufsicht entsprechend dem Komplexitäts- Stabilitäts- und Spezialisierungsgrad der Pflegesituation,
- Anleitung und Überwachung von Unterstützungskräften sowie Anleitung, Unterweisung und begleitende Kontrolle von Personen
- Anleitung, Begleitung und Beurteilung von Auszubildenden,
- ethisches, evidenz- und forschungsbasiertes Handeln einschließlich Wissensmanagement,
- Weiterentwicklung der beruflichen Handlungskompetenz,
- Mitwirkung an fachspezifischen Forschungsprojekten und Umsetzung von fachspezifischen Forschungsergebnissen,
- Anwendung komplementärer Pflegemethoden,
- Mitwirkung im Rahmen von Qualitäts- und Risikomanagement,
- Psychosoziale Betreuung in der Gesundheits- und Krankenpflege

Im Bereich der pflegerischen Kernkompetenzen besteht ein ausschließliches **Weisungsrecht** der jeweils vorgesetzten **Pflegepersonen**, die unter anderem auch die Pflegeaufsicht ausüben.

b) Die Kompetenz bei Notfällen

Die Kompetenz bei Notfällen umfasst:

- Erkennen und Einschätzen von Notfällen und Setzen entsprechender Maßnahmen und
- eigenverantwortliche Durchführung lebensrettender Sofortmaßnahmen, solange und soweit ein Arzt nicht zur Verfügung steht; die unverzügliche Verständigung eines Arztes ist zu veranlassen.

  Lebensrettende Sofortmaßnahmen umfassen *insbesondere*

- Herzdruckmassage und Beatmung,
- Durchführung der Defibrillation mit halbautomatischen Geräten oder Geräten im halbautomatischen Modus sowie
- Verabreichung von Sauerstoff.

c) Kompetenzen bei medizinischer Diagnostik und Therapie

Hier geht es um die **eigenverantwortliche Durchführung diagnostischer** und **therapeutischer Maßnahmen** nach schriftlicher ärztlicher Anordnung. Daraus entsteht eine geteilte Verantwortung, wobei der Arzt die **Anordnungsverantwortung** trägt. Das Personal des gehobenen Gesundheits- und Krankenpflegedienstes hat die Durchführung der Anordnung mit Unterschrift zu bestätigen und trägt die **Durchführungsverantwortung**.

Die Kompetenzen bei medizinischer Diagnostik und Therapie umfassen *insbesondere*[14] Verabreichen von Arzneimitteln, einschließlich Zytostatika und Kontrastmitteln,

- Vorbereitung und Verabreichung von Injektionen und Infusionen,
- Punktion und Blutentnahme aus den Kapillaren, dem periphervenösen Gefäßsystem, der Arterie Radialis und der Arterie Dorsalis Pedis sowie Blutentnahme aus dem zentralvenösen Gefäßsystem bei liegendem Gefäßzugang,
- Legen und Wechsel periphervenöser Verweilkanülen, einschließlich Aufrechterhaltung deren Durchgängigkeit sowie gegebenenfalls Entfernung derselben,
- Wechsel der Dialyselösung im Rahmen der Peritonealdialyse,
- Verabreichung von Vollblut und/oder Blutbestandteilen, einschließlich der patientennahen Blutgruppenüberprüfung mittels Bedside-Tests,
- Setzen von transurethralen Kathetern zur Harnableitung, Instillation und Spülung **bei beiden Geschlechtern** sowie Restharnbestimmung mittels Einmalkatheter,
- Messung der Restharnmenge mittels nichtinvasiver sonographischer Methoden einschließlich der Entscheidung zur und Durchführung der Einmalkatheterisierung,
- Vorbereitung, Assistenz und Nachsorge bei endoskopischen Eingriffen,
- Assistenztätigkeiten bei der chirurgischen Wundversorgung,

---

14 Hier liegt eine beispielsweise Aufzählung der Tätigkeiten vor. Dieser Katalog kann je nach Kenntnisstand der Pflegeperson erweitert werden; ausgeschlossen sind nur Tätigkeiten, die von den **Kompetenzen bei medizinischer Diagnostik und Therapie** ausdrücklich ausgenommen sind.

- Entfernen von Drainagen, Nähten und Wundverschlussklammern sowie Anlegen und Wechsel von Verbänden und Bandagen,
- Legen und Entfernen von transnasalen und transoralen Magensonden,
- Durchführung von Klistieren, Darmeinläufen und- spülungen,
- Absaugen aus den oberen Atemwegen sowie dem Tracheostoma,
- Wechsel von suprapubischen Kathetern und perkutanen gastralen Austauschsystemen,
- Anlegen von Miedern, Orthesen und elektrisch betriebenen Bewegungsschienen bei vorgegebener Einstellung des Bewegungsausmaßes,
- Bedienung von zu- und ableitenden Systemen,
- Durchführung des Monitorings mit medizin-technischen Überwachungsgeräten einschließlich Bedienung derselben,
- Durchführung standardisierter diagnostischer Programme,
- Durchführung medizinisch-therapeutischer Interventionen (z.B. Anpassung von Insulin-, Schmerz- und Antikoagulantientherapie), insbesondere nach Standard Operating Procedures (SOP),
- Anleitung und Unterweisung von Patienten sowie Personen, denen einzelne ärztliche Tätigkeiten übertragen wurden, nach Maßgabe der ärztlichen Anordnung.

Im Rahmen der **Kompetenzen bei medizinischer Diagnostik und Therapie** besteht auch ein **Weisungsrecht** des eine Maßnahme anordnenden Arztes neben dem Weisungsrecht der vorgesetzten Pflegepersonen.

Im Rahmen der **Kompetenzen bei medizinischer Diagnostik und Therapie** sind Angehörige des gehobenen Dienstes für Gesundheits- und Krankenpflege (eigenverantwortlich und ohne Rücksprache mit einem Arzt) **generell** berechtigt, die angeordneten Tätigkeiten nach Maßgabe ärztlicher Anordnungen **weiter zu übertragen** und die Aufsicht über deren Durchführung wahrzunehmen, und zwar:

- an Angehörige eines Pflegeassistenzberufes, der Desinfektionsassistenz, **der Operationsassistenz und der Ordinationsassistenz** und
- an in Ausbildung zu einem Gesundheitsberuf stehende Personen

soweit diese vom Tätigkeitsbereich des entsprechenden Gesundheitsberufs umfasst sind.

Überdies sind Angehörige des gehobenen Dienstes für Gesundheits- und Krankenpflege (eigenverantwortlich und ohne Rücksprache mit einem Arzt) im Rahmen des mitverantwortlichen Tätigkeitsbereiches berechtigt, nach Maßgabe ärztlicher Anordnungen folgende Tätigkeiten **im Einzelfall** an Personenbetreuer nach dem Hausbetreuungsgesetz oder der Gewerbeordnung oder Assistenzpersonen zur selbständigen Lebensführung **weiter zu übertragen** und die Aufsicht über deren Durchführung wahrzunehmen:

- Verabreichung von Arzneimitteln,
- Anlegen von Bandagen und Verbänden,
- Verabreichung von subkutanen Insulininjektionen und subkutanen Injektionen von blutgerinnungshemmenden Arzneimitteln,
- Blutentnahme aus der Kapillare zur Bestimmung des Blutzuckerspiegels mittels Teststreifens,
- einfache Wärme- und Lichtanwendungen.

Der Angehörige des gehobenen Dienstes für Gesundheits- und Krankenpflege hat sich dabei im erforderlichen Ausmaß zu **vergewissern**, dass die Person, an die diese Tätigkeiten übertragen werden, über die **erforderlichen Fähigkeiten** verfügt. Dies ist ebenso wie die Anleitung und Unterweisung und die Anordnung selbst zu **dokumentieren**.

Im Rahmen des mitverantwortlichen Tätigkeitsbereichs sind Angehörige des gehobenen Dienstes für Gesundheits- und Krankenpflege (eigenverantwortlich und ohne Rücksprache mit einem Arzt) weiters berechtigt, nach Maßgabe ärztlicher Anordnungen an

- Angehörige des Patienten,
- Personen, in deren Obhut der Patient steht, oder an
- Personen, die zum Patienten in einem örtlichen und persönlichen Naheverhältnis stehen,

einzelne ärztliche Tätigkeiten weiter zu übertragen und die erforderliche Anleitung und Unterweisung zu erteilen. Sie haben sich zu vergewissern, dass diese über die erforderlichen Fähigkeiten zur Durchführung der Tätigkeiten verfügen, und auf die Möglichkeit der Ablehnung der Übertragung der entsprechenden ärztlichen Tätigkeiten gesondert hinzuweisen.

d) Weiterverordnung von Medizinprodukten

Angehörige des gehobenen Dienstes für Gesundheits- und Krankenpflege sind berechtigt, **nach Maßgabe der ärztlichen Anordnung** vom Arzt verordnete Medizinprodukte in den Bereichen Nahrungsaufnahme, Inkontinenzversorgung, Mobilisations- und Gehhilfen, Verbandsmaterialien, prophylaktische Hilfsmittel und Messgeräte sowie im Bereich des Illeo-, Jejuno-, Colon- und Uro-Stomas solange weiterzuverordnen, bis die sich ändernde Patientensituation die Einstellung der Weiterverordnung oder die Rückmeldung an den Arzt erforderlich machen oder der Arzt die Anordnung ändert. Bei Ablehnung oder Einstellung der Weiterverordnung durch den gehobenen Dienst für Gesundheits- und Krankenpflege ist dies dem anordnenden Arzt mitzuteilen.

Eine **Abänderung** von ärztlich verordneten **Medizinprodukten** durch Angehörige des gehobenen Dienstes für Gesundheits- und Krankenpflege ist **nicht zulässig**.

e) Kompetenzen im multiprofessionellen Versorgungsteam

Der multiprofessionelle Kompetenzbereich umfasst die pflegerische Expertise des gehobenen Dienstes für Gesundheits- und Krankenpflege als Teil des multiprofessionellen Versorgungsteams bei der Zusammenarbeit mit Gesundheits- und Sozialberufen sowie anderen Berufen.

Im multiprofessionellen Kompetenzbereich haben Angehörige des gehobenen Dienstes für Gesundheits- und Krankenpflege im multiprofessionellen Versorgungsteam das **Vorschlags- und Mitwirkungsrecht**. Sie tragen die Durchführungsverantwortung für alle von ihnen in diesen Bereichen gesetzten pflegerischen Maßnahmen.

Der multiprofessionelle Kompetenzbereich des gehobenen Dienstes für Gesundheits- und Krankenpflege umfasst die pflegerische Expertise insbesondere bei

- Maßnahmen zur Verhütung von Krankheiten und Unfällen sowie zur Erhaltung und Förderung der Gesundheit,
- dem Aufnahme- und Entlassungsmanagement,
- der Gesundheitsberatung,

- der interprofessionellen Vernetzung,
- dem Informationstransfer und Wissensmanagement,
- der Koordination des Behandlungs- und Betreuungsprozesses einschließlich der Sicherstellung der Behandlungskontinuität,
- der Ersteinschätzung von Spontanpatienten mittels standardisierter Triage- und Einschätzungssysteme,
- der ethischen Entscheidungsfindung,
- der Förderung der Gesundheitskompetenz.

f) Spezialisierungen

Angehörige des gehobenen Dienstes für Gesundheits- und Krankenpflege können

- **setting- und zielgruppenspezifische Spezialisierungen** sowie
- Spezialisierungen für **Lehr- oder Führungsaufgaben**

erwerben.

1. **Setting- und zielgruppenspezifische Spezialisierungen** sind
   - Kinder- und Jugendlichenpflege
   - Psychiatrische Gesundheits- und Krankenpflege
   - Intensivpflege
   - Anästhesiepflege
   - Pflege bei Nierenersatztherapie
   - Pflege im Operationsbereich
   - Krankenhaushygiene
   - Wundmanagement und Stomaversorgung
   - Palliativversorgung
   - Psychogeriatrische Pflege.

   Voraussetzung für die Ausübung dieser Spezialisierungen ist die erfolgreiche Absolvierung der entsprechenden Sonderausbildung oder Spezialisierung innerhalb von fünf Jahren ab Aufnahme der Tätigkeit.
2. **Lehraufgaben** sind insbesondere:
   - Lehrtätigkeit in der Gesundheits- und Krankenpflege und
   - Leitung von Ausbildungen in der Gesundheits- und Krankenpflege
3. **Führungsaufgaben** sind insbesondere:
   - Leitung des Pflegedienstes an einer Krankenanstalt
   - Leitung des Pflegedienstes an Einrichtungen, die der Betreuung pflegebedürftiger Menschen dienen.

   Voraussetzung für die Ausübung von Lehr- und Führungsaufgaben ist

- **eine rechtmäßige zweijährige vollbeschäftigte Berufsausübung im gehobenen Dienst für Gesundheits- und Krankenpflege oder entsprechend länger bei Teilzeitbeschäftigung und**

- **die erfolgreiche Absolvierung einer für Lehraufgaben bzw. für Führungsaufgaben anerkannten Ausbildung oder der entsprechenden Sonderausbildung vor der Novelle 2016 oder einer individuell gleichgehaltenen Ausbildung vor der Novelle 2013.**

Der Erwerb der Qualifikationen für Lehr- und Führungsaufgaben erfolgte bereits vor der GuKG Novelle 2016 fast zur Gänze durch das bereits seit Mitte der 1990er-Jahre bestehende Gleichhaltungssystem von Universitäts- und Fachhochschulausbildungen in den Bereichen der Lehre und des Managements. Die Notwendigkeit der Vermittlung dieser Qualifikationen im tertiären Ausbildungssektor ist mittlerweile unumstritten und auf Grund der Einleitung der nunmehr vollständigen Überführung der Grundausbildung im gehobenen Dienst für Gesundheits- und Krankenpflege in den tertiären Bereich dringend geboten. Ein Weiterbestehen von Sonderausbildungen für Lehr- und Führungsaufgaben außerhalb des tertiären Ausbildungssektors wäre daher aus Qualitätsgründen weder zeitgemäß noch vertretbar. Für die allenfalls derzeit noch geführten Sonderausbildungen in diesen Bereichen wurde eine Übergangsfrist bis Ende 2016 geschaffen.

Dem Umstand der Abschaffung der Sonderausbildungen für Lehr- und Führungsaufgaben wird durch die neue Regelung Rechnung getragen, wonach nicht mehr eine Gleichhaltung mit der entsprechenden Sonderausbildung, sondern eine Anerkennung der Universitäts- und Fachhochschulausbildungen für die Vermittlung von Lehr- und Führungsqualifikationen vorgesehen ist.

2. Die einzelnen Spezialisierungen

Grundlage des gehobenen Dienstes für Gesundheits- und Krankenpflege ist die **allgemeine Gesundheits- und Krankenpflege** als **Basisberuf**.

a) Kinder- und Jugendlichenpflege

Dazu zählen die Betreuung und Pflege bei körperlichen und psychischen Erkrankungen im Kindes- und Jugendalter, die Pflege und Ernährung von gesunden Neugeborenen und Säuglingen, die Pflege und Betreuung behinderter, schwerkranker und sterbender Kinder und Jugendlicher.

b) Psychiatrische Gesundheits- und Krankenpflege

Diese umfasst die Betreuung und Pflege von Menschen mit psychischen Störungen und neurologischen Erkrankungen aller Alters- und Entwicklungsstufen sowie die Förderung der psychischen Gesundheit.

Die Beobachtung, Betreuung und Pflege sowie die Assistenz bei medizinischen Maßnahmen bezieht sich dabei auch auf in psychiatrischen Abteilungen untergebrachte Menschen, Menschen mit Abhängigkeitserkrankungen (Suchtkranke), geistig abnorme Rechtsbrecher, aber auch Menschen mit Intelligenzminderungen. Zum Aufgabengebiet zählen auch Beschäftigung, Gesprächsführung, psychosoziale Betreuung, Rehabilitation, Nachbetreuung und Übergangspflege.

c) Intensivpflege

Die Intensivpflege umfasst die Beobachtung, Betreuung, Überwachung und Pflege von Schwerstkranken sowie die Mitwirkung bei Anästhesie und Nierenersatztherapie.

d) Anästhesiepflege

Die Anästhesiepflege umfasst die Beobachtung, Betreuung, Überwachung und Pflege von Patienten vor, während und nach der Narkose sowie die Mitwirkung bei Narkosen.

e) Pflege bei Nierenersatztherapie

Die Pflege bei Nierenersatztherapie umfasst die Beobachtung, Betreuung, Überwachung, Pflege, Beratung und Einschulung von chronisch niereninsuffizienten Patienten vor, während und nach der Nierenersatztherapie sowie die Vorbereitung und Nachbetreuung bei Nierentransplantationen.

Intensivpflege, Anästhesiepflege und Pflege bei Nierenersatztherapie beinhalten insbesondere

- Mitwirkung an der Reanimation und Schocktherapie,
- Mitwirkung an sämtlichen Anästhesieverfahren,
- Überwachung und Betreuung schwerstkranker und ateminsuffizienter Patienten mit invasiven und nichtinvasiven Methoden,
- Mitwirkung an der Überwachung und Funktionsaufrechterhaltung der apparativen Ausstattung (Monitoring, Beatmung, Katheter und dazugehörige Infusionssysteme),
- Blutentnahme aus liegenden Kathetern, wie Arterienkathetern,
- Legen von Magen-, Duodenal- und Temperatursonden,
- Durchführung und Überwachung der Eliminationsverfahren bei liegendem Katheter,
- Mitwirkung an der Durchführung und Überwachung des extrakorporalen Kreislaufes und
- Mitwirkung an der Schmerztherapie.

f) Pflege im Operationsbereich

Die Pflege im Operationsbereich umfasst die Vorbereitung, Mitwirkung und Nachbetreuung bei operativen Eingriffen. Hiezu zählen insbesondere:

- Instrumentieren in allen operativen Fachrichtungen,
- Mitwirkung bei der Planung und Organisation des Operationsbetriebes,
- Desinfektion, Sterilisation und Wartung der bei der Operation benötigten Instrumente und
- prä- und postoperative Betreuung der Patienten im Operationsbereich.

g) Krankenhaushygiene

Die Krankenhaushygiene umfasst die Mitwirkung bei allen Maßnahmen, die der Erkennung, Verhütung und Bekämpfung von Krankenhausinfektionen und der Gesunderhaltung dienen.

h) Wundmanagement und Stomaversorgung

Das Wundmanagement umfasst alle übertragenen medizinischen und originär pflegerischen Maßnahmen und Interventionen, die dazu dienen, die Entstehung einer chronischen Wunde zu verhindern, eine Wunde zu erkennen, den Wundheilungsprozess zu beschleunigen, Rezidive zu vermeiden und die Lebensqualität sowie Selbst- und Gesundheitskompetenz der Patienten zu erhöhen.

Die Stomaversorgung und -beratung umfasst neben der Wundversorgung die individuelle Pflege von Patienten mit Stoma, Inkontinenzleiden, Fisteln und sekundär heilenden Wunden.

i) Palliativversorgung

Die Palliativversorgung umfasst die Pflege und Begleitung von sterbenden Menschen sowie seiner An- und Zugehörigen, vor dem Hintergrund eines bio-psycho-sozialen Verständnisses von Krankheit, unter Wahrung des Selbstbestimmungsrechts und Berücksichtigung des Patientenwillens mit dem Ziel, die Lebensqualität zu verbessern, insbesondere

- die Mitwirkung in der umfassend multiprofessionellen Versorgungsplanung,
- die Erhebung und Beurteilung von Intensität und Verlauf der Symptome sowie die kontinuierliche Symptomlinderung im gesamten Krankheitsverlauf,
- die kontinuierliche und enge Zusammenarbeit und Kommunikation verschiedener Professionen, Disziplinen sowie Einrichtungen und
- den Beistand in der Auseinandersetzung mit Krankheit, Abschied und Tod und im Zugang zu externen Ressourcen.

j) Psychogeriatrische Pflege

Die psychogeriatrische Pflege umfasst die Pflege von alten und hochbetagten Menschen mit insbesondere Demenz, Delir, Depression, Angst, Sucht und Suizidalität mit dem Ziel, die geistigen und körperlichen Fähigkeiten, die Persönlichkeit bzw. Identität des Kranken und dessen soziale Bindungen möglichst lange zu erhalten und zu fördern, wobei die pflegenden An- und Zugehörigen einzubinden und in ihrer Betreuungskompetenz zu stärken sind.

3. Berufspflichten

Die Pflichten der Angehörigen des gehobenen Gesundheits- und Krankenpflegedienstes ergeben sich aus dem **GuKG**. Zu den Pflichten gehören insbesondere:

a) Allgemeine Berufspflichten

Angehörige des gehobenen Gesundheits- und Krankenpflegedienstes sind zur gewissenhaften Berufsausübung verpflichtet, jede **eigenmächtige Heilbehandlung** (das heißt, eine Heilbehandlung ohne ärztliche Anordnung) ist ihnen untersagt.

Sie haben sich regelmäßig **fortzubilden**.

Im Fall drohender Gefahr des Todes oder einer beträchtlichen Gesundheitsschädigung oder Körperverletzung eines Menschen dürfen sie ihre fachkundige **Hilfe nicht verweigern**.

b) Dokumentationspflicht und Auskunftserteilung

Die gesetzten pflegerischen Maßnahmen sind von den Angehörigen des gehobenen Gesundheits- und Krankenpflegedienstes zu dokumentieren. Den Patienten oder deren gesetzlichen Vertretern bzw. den von den Patienten benannten Auskunftspersonen haben sie über diese

Maßnahmen auf Verlangen Auskunft zu geben. Auch den übrigen für den Patienten zuständigen Mitarbeitern von Gesundheitsberufen sind die notwendigen Auskünfte zu geben.

Die Aufzeichnungen sowie die sonstigen der Dokumentation dienlichen Unterlagen sind (von der niedergelassenen Pflegeperson) **mindestens zehn Jahre aufzubewahren**.

Anmerkung:

Pflegerinnen und Pfleger im intramuralen Bereich führen keine persönliche Dokumentation über ihre Patienten, sondern dokumentieren alles in der Pflegedokumentation und der Krankengeschichte.

c) Verschwiegenheitspflicht

Angehörige des gehobenen Gesundheits- und Krankenpflegedienstes sind zur Verschwiegenheit über alle ihnen in Ausübung des Berufes anvertrauten oder bekannt gewordenen Geheimnisse verpflichtet. Ausnahmen von der Verschwiegenheitspflicht bestehen

- bei **Entbindung (= Befreiung)** durch die betroffene Person,
- bei **wichtigen öffentlichen Interessen** und
- zur **Honorarabrechnung** gegenüber Sozialversicherungsträgern, Sozialhilfeträgern und Krankenanstalten.

d) Anzeige- bzw. Meldepflicht

Angehörige des gehobenen Gesundheits- und Krankenpflegedienstes sind verpflichtet, der Staatsanwaltschaft oder der Sicherheitsbehörde unverzüglich Anzeige zu erstatten, wenn sich in Ausübung ihres Berufes der Verdacht auf bestimmte **strafbare Handlungen** ergibt. Dazu zählen die Tötung oder schwere Körperverletzung eines Menschen, das Quälen, Vernachlässigen oder die Körperverletzung bzw. Gesundheitsschädigung eines Unmündigen, Minderjährigen oder Wehrlosen sowie der Missbrauch von Unmündigen oder Minderjährigen zur Unzucht.

Die Anzeigepflicht besteht nicht, wenn die Anzeige eine Tätigkeit der Gesundheits- und Krankenpflege beeinträchtigen würde, deren Wirksamkeit eines persönlichen Vertrauensverhältnisses bedarf. Ist ein Unmündiger oder Minderjähriger betroffen, genügt – außer bei dessen Tod – die unverzügliche Verständigung des Jugendwohlfahrtsträgers.

Wird der Pflegeberuf im Rahmen eines Dienstverhältnisses ausgeübt, hat statt einer Anzeige eine Meldung an den Dienstgeber zu erfolgen, der dann die Anzeige an die oben genannten Behörden zu veranlassen hat.

4. Ausbildung in der Gesundheits- und Krankenpflege

a) Grundausbildung

Die Ausbildung und die wesentlichen Lehrinhalte sind im Gesundheits- und Krankenpflegegesetz geregelt und werden in eigenen Verordnungen näher ausgeführt.

Die theoretische und praktische Ausbildung in der allgemeinen Gesundheits- und Krankenpflege sowie die Grundausbildungen in der Kinder- und Jugendlichenpflege und der psychiatrischen Gesundheits- und Krankenpflege[15] erfolgt in Gesundheits- und Krankenpflegeschulen[16] und dauert 3 Jahre bzw. 4600 Stunden.

Seit dem Wintersemester 2008/09 kann die Ausbildung in der allgemeinen Gesundheits- und Krankenpflege auch im Rahmen eines **Bachelor-Studienganges an einer Fachhochschule** erfolgen, sofern dieser Studiengang unter der Leitung eines Angehörigen des gehobenen Dienstes für Gesundheits- und Krankenpflege steht, der zur Ausübung von Lehraufgaben in der Gesundheits- und Krankenpflege berechtigt ist und der Lehrgang der Ausbildungsverordnung entspricht.

Die Grundausbildung an einer Fachhochschule ist seit der GuKG-Novelle 2016 der Regelfall, die Ausbildung an Gesundheits- und Krankenpflegeschulen kann noch bis 31.12. 2023 begonnen und nach den bisherigen Bestimmungen fortgesetzt und abgeschlossen werden.[17]

Nach erfolgreichem Studium erhalten die Absolventen den akademischen Grad **Bachelor of Science in Health Studies (BSc)**, sind zur Berufsausübung berechtigt und führen die Berufsbezeichnung **„Diplomierte Gesundheits- und Krankenpflegerin“** – **„Diplomierter Gesundheits- und Krankenpfleger“**,

- Gesundheits- und Krankenpflegeschulen

Diese Schulen dürfen nur an oder in Verbindung mit geeigneten Krankenanstalten errichtet werden, die insbesondere die notwendigen Fachabteilungen, Lehrkräfte, Lehrmittel und Räumlichkeiten für die Schüler(innen) aufweisen müssen. Zur Führung einer Schule bedarf es einer Bewilligung durch den Landeshauptmann.

Eine Gesundheits- und Krankenpflegeschule wird von einem (einer) Angehörigen der gehobenen Gesundheits- und Krankenpflege als Direktor(in) geleitet. Die medizinisch-wissenschaftliche Leitung nimmt ein(e) geeignete(r) Arzt (Ärztin) wahr.

Die Aufnahme ist grundsätzlich auf unbescholtene, körperlich, geistig und gesundheitlich geeignete Personen, die zehn Schulstufen erfolgreich absolviert haben, beschränkt. Über die Aufnahme entscheidet eine Kommission. An Gesundheits- und Krankenpflegeschulen können auch Lehrgänge für Personen mit abgelegter Reifeprüfung oder Studienberechtigungsprüfung geführt werden.

Für Personen mit abgeschlossener neunter Schulstufe kann an oder in Verbindung mit einer Krankenanstalt ein Vorbereitungslehrgang auf die Ausbildung nach schulrechtlichen Vorschriften geführt werden. Für die Grundausbildung in der psychiatrischen Gesundheits- und Krankenpflege ist ein Mindestalter von 18 Jahren erforderlich.

Pflegeassistenten, Sanitätsunteroffiziere, Hebammen und Mediziner sind berechtigt, eine verkürzte Ausbildung zu absolvieren. Personen mit einer Grundausbildung in der Kinder- und

---

15 Spezielle Grundausbildungen in der Kinder- und Jugendlichenpflege und in der psychiatrischen Gesundheits- und Krankenpflege sind seit 1. 1. 2018 nicht mehr möglich. Ausbildungen, die vor dem 1. 1. 2018 begonnen worden sind, sind nach den bis zu diesem Zeitpunkt geltenden Bestimmungen fortzusetzen und abzuschließen.

16 Tritt mit 1. 1. 2024 außer Kraft.

17 Sofern die Ausbildung im gehobenen Dienst für Gesundheits- und Krankenpflege durch Fachhochschul-Bachelorstudiengänge noch nicht ausreichend und bedarfsdeckend sichergestellt ist, kann durch Verordnung des Gesundheitsministers die Möglichkeit einer Grundausbildung an Gesundheits- und Krankenpflegeschulen verlängert werden.

Jugendlichenpflege oder der psychiatrischen Gesundheits- und Krankenpflege können eine auf ein Jahr verkürzte Ausbildung in der allgemeinen Gesundheits- und Krankenpflege absolvieren.

Nach erfolgreicher kommissioneller Diplomprüfung sind die Absolventen einer Schule bzw. einer Grundausbildung zur Berufsausübung berechtigt und führen die folgenden Berufsbezeichnungen:

„Diplomierte Gesundheits- und Krankenpflegerin“ –
„Diplomierter Gesundheits- und Krankenpfleger“ bzw.
„Diplomierte Kinderkrankenpflegerin“ –
„Diplomierter Kinderkrankenpfleger“ bzw.
„Diplomierte psychiatrische Gesundheits- und Krankenpflegerin“ –
„Diplomierter psychiatrischer Gesundheits- und Krankenpfleger“.

Personen mit absolvierten Sonderausbildungen können die jeweilige Fachrichtung in Klammer als Zusatzbezeichnung anfügen. EWR-Staatsangehörige, die nach dem Gesundheits- und Krankenpflegegesetz in Österreich berufsberechtigt sind, führen grundsätzlich die Berufsbezeichnung ihres Heimat- oder Herkunftsstaates.

b) Weiterbildung

1. Fort- und Weiterbildung

Angehörige des gehobenen Dienstes für Gesundheits- und Krankenpflege sind **verpflichtet**, *innerhalb von jeweils fünf Jahren mindestens 60 Stunden* **Fortbildungen** zu besuchen. Diese Fortbildungen dienen der Information über Neuerungen und der **Vertiefung der Kenntnisse**.

Zur Erweiterung der in der Ausbildung erworbenen Kenntnisse und Fertigkeiten sind die Angehörigen des gehobenen Gesundheits- und Krankenpflegedienstes **berechtigt**, an einer *mindestens vierwöchigen* **Weiterbildung** teilzunehmen.

Für die Kosten der Fortbildungskurse hat der Dienstgeber – ohne die Möglichkeit der Rückforderung beim Ausscheiden aus dem Dienstverhältnis – aufzukommen.

2. Sonderausbildung

Sonderausbildungen dienen der Erlangung zusätzlicher Kenntnisse und Fähigkeiten als Vorbereitung auf

- **Spezialisierungen** (Kinderkranken- und Jugendlichenpflege, psychiatrische Gesundheits- und Krankenpflege, Intensivpflege, Kinderintensivpflege, Anästhesiepflege, Pflege bei Nierenersatztherapie, Pflege im Operationsbereich, Krankenhaushygiene, Wundmanagement und Stomaversorgung, Palliativpflege, Psychogeriatrische Pflege)

3. Ausbildung zu Lehr- und Führungsaufgaben

Die Ausbildung zu Lehr- und Führungsaufgaben erfolgt seit 2017 ausschließlich im universitären und Fachhochschulbereich.

5. Berufsausübung

Ab dem 1. 7. 2018 müssen sich alle Pflegeberufe sowie alle gehobenen medizinisch-technischen Dienste vor Aufnahme ihrer beruflichen Tätigkeit im Gesundheitsberuferegister eintragen lassen. Die Registrierung ist Voraussetzung für die Berufsausübung im jeweiligen Gesundheitsberuf.

Alle im Gesundheitsberuferegister eingetragenen Personen erhalten einen **Berufsausweis**, der jeweils **fünf Jahre** gültig ist. Der Lauf der Frist beginnt mit dem Tag der Eintragung in das Register.

Jeder Berufsangehörige hat vor Ablauf der Fünfjahresfrist seine Registrierung zu **verlängern.** Erfolgt keine Verlängerung so ruht die Berechtigung zur Berufsausübung.

Berufsangehörige, die am **1. Juli 2018** bereits zur Ausübung eines von der Registrierung betroffenen Berufes berechtigt sind, haben bis **30. Juni 2019** Zeit, sich bei der für sie zuständigen Registrierungsbehörde zu registrieren.

Die Führung des Gesundheitsberuferegisters obliegt der Gesundheit Österreich GmbH (GÖG).

Registrierungsbehörde und daher zuständig für die Registrierung der Berufsangehörigen, die **AK-Mitglieder** sind, ist die Bundesarbeitskammer (AK).

Für **alle anderen Berufsangehörigen** (nicht AK-Mitglieder, Selbständige) ist die **GÖG** als Registrierungsbehörde zuständig.

a) Berufsausübung in einem Dienstverhältnis

Ein österreichisches Diplom, ein Qualifikationsnachweis eines EWR-Mitgliedstaates oder ein in Österreich als gleichwertig anerkannter („nostrifizierter") ausländischer Qualifikationsnachweis berechtigen zur Berufsausübung im Dienstverhältnis zu einer **Krankenanstalt,** zu sonstigen unter ärztlicher oder pflegerischer Leitung oder Aufsicht stehenden Einrichtungen zur Vorbeugung, Feststellung oder Heilung von Krankheiten oder zur Betreuung pflegebedürftiger Personen sowie im Dienstverhältnis zu freiberuflichen Ärzten, im Dienstverhältnis zu Einrichtungen der **Hauskrankenpflege** und im Dienstverhältnis zu physischen (dh natürlichen) Personen.

b) Freiberufliche Tätigkeit

Die **beabsichtigte Aufnahme** einer freiberuflichen Ausübung des gehobenen Dienstes für Gesundheits- und Krankenpflege ist der aufgrund des in Aussicht genommenen **Berufssitzes** zuständigen **Bezirksverwaltungsbehörde** zu **melden.**

Vorzulegen sind:

- ein österreichisches **Diplom**, ein **Qualifikationsnachweis** eines EWR-Mitgliedstaates oder ein in Österreich als gleichwertig anerkannter („nostrifizierter") ausländischer Qualifikationsnachweis,

- eine **Strafregisterbescheinigung** und
- ein **ärztliches Zeugnis** über die **gesundheitliche Eignung**.

Die freiberufliche Tätigkeit muss **persönlich** und **unmittelbar** ausgeübt werden, allenfalls in Zusammenarbeit mit anderen Angehörigen von Gesundheitsberufen, wobei **zur Unterstützung** auch **Pflegeassistenten angestellt** werden können. Bei der freiberuflichen Ausübung ist eine dem Berufsansehen abträgliche **Werbung** verboten.

II. Pflegeassistenzberufe

Pflegeassistenzberufe sind

- die **Pflegeassistenz** und
- die **Pflegefachassistenz**.

Sie sind Gesundheits- und Krankenpflegeberufe zur Unterstützung von Angehörigen des gehobenen Dienstes für Gesundheits- und Krankenpflege sowie von Ärzten.

Die Pflegeassistenzberufe umfassen die **Durchführung** der ihnen nach Beurteilung durch Angehörige des **gehobenen Dienstes** für Gesundheits- und Krankenpflege **im Rahmen des Pflegeprozesses übertragenen Aufgaben und Tätigkeiten** in verschiedenen Pflege- und Behandlungssituationen bei Menschen aller Altersstufen in mobilen, ambulanten, teilstationären und stationären Versorgungsformen sowie auf allen Versorgungsstufen.

Im Rahmen der medizinischen **Diagnostik** und **Therapie** führen Pflegeassistenzberufe die ihnen von Ärzten übertragenen oder von Angehörigen des **gehobenen Dienstes** für Gesundheits- und Krankenpflege **weiterübertragenen Maßnahmen** durch.

1. Tätigkeitsbereich

a) Pflegeassistenz

Der Tätigkeitsbereich der Pflegeassistenz umfasst die Durchführung folgender Aufgaben:

- Mitwirkung an und Durchführung der ihnen von Angehörigen des gehobenen Dienstes für Gesundheits- und Krankenpflege übertragenen **Pflegemaßnahmen**,
- Handeln in **Notfällen** sowie
- Mitwirkung bei **Diagnostik** und **Therapie**.

Die **Pflegemaßnahmen** umfassen:

- **Mitwirkung beim Pflegeassessment,**
- **Beobachtung des Gesundheitszustands,**
- **Durchführung der ihnen entsprechend ihrem Qualifikationsprofil von Angehörigen des gehobenen Dienstes für Gesundheits- und Krankenpflege übertragenen Pflegemaßnahmen,**
- **Information, Kommunikation und Begleitung**
- **Mitwirkung an der praktischen Ausbildung in der Pflegeassistenz.**

Die Durchführung von Pflegemaßnahmen darf nur **nach Anordnung** und **unter Aufsicht von Angehörigen des gehobenen Dienstes für Gesundheits- und Krankenpflege** erfolgen.

Im extramuralen Bereich haben Anordnungen schriftlich zu erfolgen. Eine Übermittlung der schriftlichen Anordnung per Telefax oder im Wege automationsunterstützter Datenübertragung ist zulässig, sofern die Dokumentation gewährleistet ist.

Das **Handeln in Notfällen** umfasst eigenverantwortlich lebensrettende Sofortmaßnahmen, solange und soweit ein Arzt nicht zur Verfügung steht. Die Verständigung eines Arztes ist unverzüglich zu veranlassen. Lebensrettende Sofortmaßnahmen sind insbesondere die manuelle Herzdruckmassage und die Beatmung mit einfachen Beatmungshilfen, die Durchführung der Defibrillation mit halbautomatischen Geräten und die Verabreichung von Sauerstoff.

Die Mitarbeit bei **diagnostischen** und **therapeutischen Verrichtungen** ist auf schriftliche ärztliche **Anordnung** im Einzelfall und unter **Aufsicht** durch Ärzte oder Angehörige des gehobenen Dienstes für Gesundheits- und Krankenpflege *ausschließlich* bei

- **der Verabreichung von lokal, transdermal sowie über Gastrointestinal- und/oder Respirationstrakt zu verabreichenden Arzneimitteln,**
- der Verabreichung von **subkutanen Insulininjektionen** und subkutanen Injektionen von blutgerinnungshemmenden Arzneimitteln,
- standardisierte Blut-, Harn- und Stuhluntersuchungen sowie Blutentnahme aus der Kapillare im Rahmen der patientennahen Labordiagnostik und Durchführung von Schnelltestverfahren (Point-of-Care-Tests),
- Blutentnahme aus der Vene, ausgenommen bei Kindern,
- Durchführung von Mikro- und Einmalklistieren,
- Durchführung einfacher Wundversorgung einschließlich **Anlegen** von **Verbänden**, Wickeln und **Bandagen**,
- der Durchführung von **Sondenernährung** bei liegenden **Magensonden**,
- Absaugen aus den oberen Atemwegen sowie dem Tracheostoma in stabilen Pflegesituationen,
- Erhebung und Überwachung von medizinischen Basisdaten, wie Messen von **Blutdruck, Puls, Temperatur, Gewicht, Größe** und **Ausscheidungen** sowie Beobachtung der **Bewusstseinslage** und der **Atmung** und
- einfachen **Wärme-, Kälte-** und **Lichtanwendungen**

zulässig. Die Anordnung kann auch durch Angehörige des gehobenen Dienstes für Gesundheits- und Krankenpflege erfolgen.

Die **Aufsicht** kann in Form einer **begleitenden** in **regelmäßigen Intervallen** auszuübenden **Kontrolle** erfolgen, sofern

- die Anordnung durch den Angehörigen des gehobenen Dienstes für Gesundheits- und
- Krankenpflege bzw. den Arzt schriftlich erfolgt und deren Dokumentation gewährleistet ist,
- die Möglichkeit der Rückfrage bei einem Angehörigen des gehobenen Dienstes für Gesundheits- und Krankenpflege bzw. Arzt gewährleistet ist und
- die Kontrollintervalle nach Maßgabe pflegerischer und ärztlicher einschließlich qualitätssichernder Notwendigkeiten durch den Angehörigen des gehobenen Dienstes für Gesundheits- und Krankenpflege bzw. durch den Arzt schriftlich festgelegt sind.

b) Pflegefachassistenz

Der **Tätigkeitsbereich** der **Pflegefachassistenz** umfasst

- die eigenverantwortliche Durchführung der ihnen von Angehörigen des gehobenen Dienstes für Gesundheits- und Krankenpflege oder Ärzten übertragenen Aufgaben der Pflegeassistenz
- das Handeln in Notfällen,
- die eigenverantwortliche Durchführung der ihnen von Ärzten übertragenen weiteren Tätigkeiten im Rahmen der Mitwirkung bei Diagnostik und Therapie und
- die Anleitung und Unterweisung von Auszubildenden der Pflegeassistenzberufe.

Weitere Tätigkeiten im Rahmen der Mitwirkung bei Diagnostik und Therapie sind

- Durchführung standardisierter diagnostischer Programme, wie EKG, EEG, BIA, Lungenfunktionstest,
- Legen und Entfernen von transnasalen und transoralen Magensonden,
- Setzen und Entfernen von transurethralen Kathetern bei der Frau, ausgenommen bei Kindern,
- Ab- und Anschluss laufender Infusionen, ausgenommen Zytostatika und Transfusionen mit Vollblut und/oder Blutbestandteilen, bei liegendem peripher venösen Gefäßzugang, sowie
- die Aufrechterhaltung dessen Durchgängigkeit sowie gegebenenfalls die Entfernung desselben,
- Anlegen von Miedern, Orthesen und elektrisch betriebenen Bewegungsschienen nach vorgegebener Einstellung.

Die Durchführung der **Pflegemaßnahmen** und der **Anleitung** und **Unterweisung** von **Auszubildenden** der Pflegeassistenzberufe hat nach **Anordnung** von Angehörigen des **gehobenen Dienstes** für Gesundheits- und Krankenpflege zu erfolgen.

Im **extramuralen** Bereich haben Anordnungen **schriftlich** zu erfolgen.

Die Durchführung der Tätigkeiten im Rahmen der Mitwirkung bei **Diagnostik** und **Therapie** hat im Einzelfall nach **schriftlicher ärztlicher Anordnung** zu erfolgen. Die Anordnung kann **auch** durch Angehörige des **gehobenen Dienstes** für Gesundheits- und Krankenpflege erfolgen.

2. Die Ausbildung zu den Pflegeassistenzberufen

a) Reguläre Ausbildung

Die Ausbildung und die wesentlichen Lehrinhalte sind im Gesundheits- und Krankenpflegegesetz geregelt und werden durch Verordnung näher ausgeführt.

Demnach erfolgt sie in **Gesundheits- und Krankenpflegeschulen.**

Die Ausbildung zur **Pflegeassistenz dauert** ein Jahr und umfasst eine theoretische und eine praktische Ausbildung von insgesamt **1600 Stunden.**

Die Ausbildung zur **Pflegefachassistenz dauert** zwei Jahre und umfasst eine theoretische und eine praktische Ausbildung von insgesamt **3200 Stunden.**

Mindestens die Hälfte der Stunden hat bei beiden Ausbildungen auf die theoretische und mindestens ein Drittel auf die praktische Ausbildung zu entfallen.

Die Praktika sind in

- einschlägigen Fachabteilungen oder sonstigen Organisationseinheiten einer Krankenanstalt,
- Einrichtungen, die der stationären Betreuung pflegebedürftiger Menschen dienen, und
- Einrichtungen, die Hauskrankenpflege, andere Gesundheitsdienste oder soziale Dienste anbieten und durchführen

zu absolvieren.

Die Ausbildung endet mit einer kommissionellen Prüfung. Nach erfolgreicher Abschlussprüfung sind die Absolventen zur Berufsausübung berechtigt und führen die Berufsbezeichnung

„Pflegeassistentin" – „Pflegeassistent"
„Pflegefachassistentin" – „Pflegefachassistent"

Die Ausbildung zur Pflegeassistenz kann auch in Lehrgängen erfolgen. Die Abhaltung von Lehrgängen bedarf der Bewilligung des Landeshauptmannes.

Die Lehrgänge umfassen ebenso wie die Schulausbildung eine theoretische und eine praktische Ausbildung von insgesamt **1600 Stunden.**

Jeder Lehrgang wird von einer geeigneten Angehörigen des gehobenen Dienstes für Gesundheits- und Krankenpflege als Direktor(in) geleitet. Die medizinisch-wissenschaftliche Leitung obliegt einem(r) geeigneten Arzt (Ärztin). Die Ausbildung endet mit einer kommissionellen Prüfung. Nach erfolgreichem Lehrgangsabschluss sind die Absolventen zur Berufsausübung berechtigt und führen die Berufsbezeichnung **„Pflegeassistentin" – „Pflegeassistent"**.

b) Verkürzte Ausbildung

Personen mit abgeschlossenem Medizinstudium haben die Möglichkeit, sich unter erleichterten Bedingungen zur **Pflegeassistenz** ausbilden zu lassen. Die verkürzte Ausbildung umfasst einen theoretischen Teil von 80 Stunden und eine 600 Stunden dauernde Pflegepraxis.[18]

c) Fortbildung

Angehörige der Pflegeassistenzberufe sind **verpflichtet**, *innerhalb von jeweils fünf Jahren mindestens 40 Stunden* **Fortbildungen** zu besuchen. Diese Fortbildungen dienen der Information über Neuerungen und der **Vertiefung der Kenntnisse**.

3. Berufsausübung

Das nach erfolgreich absolvierter kommissioneller Prüfung ausgestellte Zeugnis, ein entsprechender Qualifikationsnachweis eines EWR-Staates oder ein sonstiges, nostrifiziertes ausländisches Zeugnis berechtigen zur Berufsausübung als Pflegeassistenz oder Pflegefachassistenz im **Dienstverhältnis** zu einer Krankenanstalt, zu sonstigen unter ärztlicher oder pflegerischer

18 Von dieser Möglichkeit wurde zu Zeiten als infolge einer Ärzteschwemme bis zu 3 Jahre Wartezeit für einen Turnusplatz gegeben war, häufig Gebrauch gemacht, um diese Wartezeit zu überbrücken. Auf Grund des nunmehrigen Überangebotes an Turnusplätzen besteht für verkürzte Ausbildungen derzeit kein Bedarf.

Leitung oder Aufsicht stehenden Einrichtungen zur Vorbeugung, Feststellung oder Heilung von Krankheiten oder zur Betreuung pflegebedürftiger Personen, im Rahmen der Hauskrankenpflege sowie im Dienstverhältnis zu freiberuflichen Ärzten, zu Gruppenpraxen, zu Primärversorgungseinheiten, zur Justizbetreuungsagentur und zu Angehörigen des gehobenen Dienstes für Gesundheits- und Krankenpflege.

Vor Aufnahme einer Berufstätigkeit ist allerdings eine Registrierung im Gesundheitsberuferegister notwendig. Berufsangehörige, die am **1. Juli 2018** bereits zur Ausübung eines von der Registrierung betroffenen Berufes berechtigt sind, haben bis **30. Juni 2019** Zeit, sich bei der für sie zuständigen Registrierungsbehörde zu registrieren.

Die Führung des Gesundheitsberuferegisters obliegt der Gesundheit Österreich GmbH (GÖG). Registrierungsbehörde und daher zuständig für die Registrierung der Berufsangehörigen, die **AK-Mitglieder** sind, ist die Bundesarbeitskammer (AK).

C. Hebammen

Rechtsgrundlage für die Ausübung des Hebammenberufes ist das Bundesgesetz über den Hebammenberuf (**Hebammengesetz 1994**).

1. Aufgaben der Hebammen

Zu den Aufgaben der Hebammen gehören

- **Beratung, Betreuung** und **Pflege** der Schwangeren, Gebärenden und Wöchnerin,
- **Beistandleistung** bei der Geburt,
- **Pflege** des **Neugeborenen** und des **Säuglings** sowie
- Mitwirkung bei der **Mutterschafts- und Säuglingsfürsorge**.

a) Eigenverantwortliche Tätigkeiten

Hebammen werden grundsätzlich **eigenverantwortlich** tätig. Im Rahmen ihrer Tätigkeit gehört dazu aber auch insbesondere die Veranlassung von Untersuchungen, die für eine möglichst frühzeitige Feststellung einer regelwidrigen Schwangerschaft notwendig sind, oder Aufklärung über diese Untersuchungen.

Jede Schwangere hat zur Geburt und zur Versorgung des Kindes eine Hebamme beizuziehen. Ist die Beiziehung einer Hebamme bei der Geburt selbst nicht möglich, so hat die **Wöchnerin** jedenfalls zu ihrer weiteren Pflege und der Pflege des Säuglings unverzüglich eine **Hebamme beizuziehen**.

b) Grenzen der Eigenverantwortlichkeit

Bei **Verdacht** oder **Auftreten** von **regelwidrigen und gefahrdrohenden Zuständen** für die Frau oder das Kind darf die Hebamme ihren Beruf nur nach **ärztlicher Anordnung** und **in Zusammenarbeit mit einem Arzt** ausüben.

Regelwidrige und gefahrdrohende Zustände **während der Schwangerschaft** liegen insbesondere vor:

1. bei jeder belastenden Vorgeschichte, bei Vorliegen und Auftreten von sowie Verdacht auf Erkrankungen, die nach dem Stand der medizinischen Wissenschaft ärztlichen Beistand erfordern,
2. bei plötzlich auftretenden gefahrdrohenden Erscheinungen,
3. bei Mehrlingsschwangerschaften.

Regelwidrige und gefahrdrohende Zustände **während der Geburt** liegen insbesondere vor:

1. bei allen regelwidrigen Lagen des Kindes,
2. bei Vorliegen oder Vorfall von kleinen Kindesteilen oder der Nabelschnur,
3. bei Verdacht auf Schädel-Becken-Missverhältnis,
4. bei Anzeichen von Überlastung und Erschöpfung oder ungewöhnlichen Schmerzen
5. wenn die Herztöne des Kindes regelwidrig werden,
6. bei Verdacht auf vorliegenden Mutterkuchen,
7. bei starken Blutungen aus den Geburtswegen,
8. wenn zwei Stunden nach der Geburt des Kindes die Nachgeburt noch nicht abgegangen ist oder wenn Teile der Nachgeburt zurückgeblieben sind, auch wenn keine Blutung vorhanden ist,
9. bei Fehlgeburten oder Frühgeburten,
10. bei Mehrlingsgeburten,
11. bei Wahrnehmung von Missbildungen der Neugeborenen, die eine unverzügliche ärztliche Maßnahme erfordern,
12. bei allen gefahrdrohenden Zwischenfällen sowie bei Erkrankungen der Gebärenden oder bei deren Tod.

Regelwidrige und gefahrdrohende Zustände **während des Wochenbetts** liegen insbesondere in folgenden Fällen vor:

1. bei Frühgeburten,
2. bei Empfindlichkeit des Unterleibs, bei regelwidrig vermehrtem Blutabgang, bei ausbleibendem oder übelriechendem Wochenfluss,
3. bei Wahrnehmung von Missbildungen des Kindes,
4. bei Verletzungen des Kindes während der Geburt oder bei Auftreten von bedrohlichen Zuständen des Kindes,
5. bei Erkrankungen des Kindes,
6. bei übermäßigem Gewichtsverlust des Kindes,
7. bei Tod der Wöchnerin oder des Kindes.

c) Verabreichung von Arzneimitteln

Hebammen ist bei gegebener Indikation in der Eröffnungsperiode die Anwendung eines nicht dem Suchtmittelgesetz unterliegenden **krampflösenden** oder **schmerzstillenden Arzneimit-**

tels, das für die Geburtshilfe nach Maßgabe der Wissenschaft und Erfahrung angezeigt ist, **ohne ärztliche Anordnung** erlaubt.

Hebammen ist die intramuskuläre und subkutane Anwendung von **Wehenmitteln** oder **wehenhemmenden Mitteln** bei Gefahr im Verzug ohne ärztliche Anordnung erlaubt, wenn

1. ärztliche Hilfe nicht rechtzeitig erreichbar ist oder
2. die rechtzeitige Einweisung in eine Krankenanstalt nicht möglich ist.

Hebammen ist die intramuskuläre Anwendung von Arzneimitteln zur **Rhesus-Prophylaxe erlaubt, wenn die Notwendigkeit der Anwendung von einem Arzt festgestellt worden ist.**

Hebammen ist unmittelbar nach der Geburt die Anwendung von **prophylaktischen Arzneimitteln ohne ärztliche Anordnung** erlaubt, wenn die Anwendung durch Hebammen nach dem jeweiligen Stand der medizinischen Wissenschaft und Erfahrung von den Gesundheitsbehörden empfohlen ist.

2. Ausbildung für den Hebammenberuf

a) Grundausbildung

Die Ausbildung zur Hebamme dauert **drei Jahre**.

Die Ausbildung erfolgt an **Fachhochschulen**, wobei die Bachelor- und Master-Studiengänge die früher an Hebammenakademien laufenden Diplom-Studiengänge abgelöst haben.

Die Ausbildungseinrichtung

Die Ausbildungseinrichtung wird von einer(m) geeigneten Angehörigen des Hebammenberufes als **Studiengangsleiter(in)** geleitet.

Aufgenommen werden grundsätzlich unbescholtene, gesundheitlich geeignete Personen (Frauen und Männer) mit vollendetem 18. Lebensjahr, die zudem auch die Reifeprüfung, ein Diplom im gehobenen Dienst für Gesundheits- und Krankenpflege oder eine Studienberechtigungsprüfung für Medizin abgelegt haben.[19] Die Entscheidung über die Aufnahme obliegt einer Kommission.

Nach erfolgreichem Studium erhalten die Absolventen den akademischen Grad **Bachelor of Science in Health Studies (BSc)**, sind zur Berufsausübung berechtigt und führen die Berufsbezeichnung **„Hebamme“**. *Diese Berufsbezeichnung gilt einheitlich für Frauen und Männer.*

b) Fortbildung und Sonderausbildung

Hebammen haben **alle fünf Jahre** und jedenfalls nach mehr als zweijähriger Berufsunterbrechung einen **Fortbildungskurs** zu besuchen.

19 Nach dem Fachhochschulstudiengesetz – FHStG steht es in der Autonomie der FH, auch weitere oder andere Qualifikationen zur Zulassung zu verlangen, die gesetzlichen Voraussetzungen nach dem Hebammengesetz berechtigen aber immer zum FH-Studium.

Darüber hinaus können Hebammen zur Erlangung zusätzlicher Kenntnisse Sonderausbildungskurse

- für Lehraufgaben und
- für Führungsaufgaben

besuchen. Diese können auch gemeinsam mit Sonderausbildungskursen für Angehörige des gehobenen Dienstes für Gesundheits- und Krankenpflege oder für die medizinisch-technischen Dienste eingerichtet werden.

3. Berufspflichten

Die Pflichten der Hebamme ergeben sich aus dem Hebammengesetz. Zu den Pflichten gehören *insbesondere*:

a) Gewährung der Fachhilfe (Beistandspflicht)

Hebammen dürfen im Notfall ihre fachkundige Hilfe nicht verweigern.

b) Persönliche Berufsausübung

Freiberufliche Hebammen haben ihren Beruf **persönlich** und **unmittelbar** auszuüben.

c) Meldung von Geburten

Die Hebamme hat **innerhalb einer Woche** eine Geburt an das nach dem Personenstandsgesetz zuständige **Standesamt** zu melden. Diese Meldung dient als Grundlage für die Eintragung ins Geburtenbuch und die Ausstellung der Geburtsurkunde.

- Fehlgeburten (= Totgeburt unter 500 g Geburtsgewicht) sind nicht anzuzeigen.
- Die Geburtsfälle sind bei der Anzeige nach Lebend-, Tot- oder Fehlgeburten zu unterscheiden.

d) Werbebeschränkung

Den Hebammen ist im Zusammenhang mit der freiberuflichen Berufsausübung eine dem beruflichen Ansehen abträgliche, jede vergleichende, diskriminierende, unsachliche oder marktschreierische Anpreisung oder Werbung verboten.

e) Dokumentationspflicht

Frei praktizierende Hebammen haben ihre Feststellungen und Maßnahmen vor, während und nach einer Geburt laufend und umfassend zu dokumentieren, der Frau (bzw. deren gesetzlichen Vertretern) darüber Auskunft zu geben und die Unterlagen mindestens zehn Jahre aufzubewahren.

f) Hebammenpraxen

Hebammenpraxen bedürfen sowohl zu ihrer Errichtung wie auch zu ihrem Betrieb einer Bewilligung der Landesregierung, wobei diese Praxen über die notwendige Sachausstattung sowie über die sanitären und hygienischen Voraussetzungen verfügen müssen und **nicht mehr als fünf Betten** aufweisen dürfen.

g) Verschwiegenheitspflicht

Hebammen sind zur Verschwiegenheit über alle ihnen in Ausübung ihres Berufes anvertrauten oder bekannt gewordenen Tatsachen und Geheimnisse verpflichtet.

Ausnahmen bestehen bei

- **Entbindung (= Befreiung)** durch die betroffene Person,
- **im Interesse** der **öffentlichen Gesundheitspflege** oder der **Rechtspflege**,
- bei gesetzlich vorgeschriebenen Meldungen sowie
- bei erforderlichen **Auskünften an Sozialversicherungsträger** und **Sozialhilfeträger**.

h) Anzeigepflicht

Hebammen sind zur Anzeige an die Sicherheitsbehörde verpflichtet, wenn sich ihnen der begründete Verdacht der **Unterschiebung** oder einer **Aussetzung eines Kindes** ergibt.

Anmerkung:

Ein Kind wird unterschoben, wenn der Anschein erweckt wird, dass es das leibliche Kind einer Frau ist, die es nicht geboren hat.

Ein Kind wird ausgesetzt, wenn es von seinen Sorgepflichtigen hilflos in Stich gelassen wird. Die Anzeigepflicht trifft die Hebamme, wenn dieses Delikt von einer Mutter nach der Geburt des Kindes begangen wird.

Durch die Einführung von sogenannten „Babyklappen" oder „Babynestern" in einigen Krankenanstalten wird die Strafbarkeit der Mütter wegen Kindesaussetzung dadurch aufgehoben, dass sie das Neugeborene dort anonym abgeben. Darüber hinaus besteht auch die Möglichkeit zur „anonymen Geburt", bei der die Mutter einen Decknamen erhält. Meldet sich die Mutter nicht innerhalb von 4 Wochen ab Geburt bzw. Kindesweglegung, so hat sie der Adoption des Kindes durch Adoptiveltern zugestimmt.

i) Beiziehen eines Arztes

Die Hebamme ist zum Beiziehen eines Arztes bei bestimmten regelwidrigen und gefahrdrohenden Zuständen während der Schwangerschaft, bei der Geburt (z.B. bei regelwidrigen Lagen, Vorfall der Nabelschnur, regelwidrigen Herztönen) und im Wochenbett verpflichtet.

Anmerkung:

Aufgrund des **Ärztegesetzes** darf eine Hebamme von einem zur selbständigen Berufsausübung berechtigten Arzt im Einzelfall zur Vornahme subkutaner und intramuskulärer Injektionen und zur Blutabnahme aus der Vene ermächtigt werden. Der Arzt hat sich zu vergewissern, dass die Hebamme die erforderlichen Kenntnisse und Fähigkeiten besitzt. Darüber hinaus berechtigt das Hebammengesetz die Hebamme, im Notfall bis zum Eintreffen des Arztes bzw. bei nicht rechtzeitiger Erreichbarkeit des Arztes selbständig bestimmte ärztliche Verrichtungen vorzunehmen.

4. Berufsausübung

Zur Berufsausübung ist eine Eintragung in das Hebammenregister beim Österreichischen Hebammengremium notwendig.

Vorzulegen sind:

- ein österreichisches Diplom, ein Qualifikationsnachweis eines EWR-Mitgliedstaates oder der Schweiz oder ein in Österreich als gleichwertig anerkannter („nostrifizierter") ausländischer Qualifikationsnachweis,
- eine Strafregisterbescheinigung und
- ein ärztliches Zeugnis über die gesundheitliche Eignung.

Hebammen sind berechtigt, ihren Beruf in einem Dienstverhältnis und/oder freiberuflich auszuüben.

Die Aufnahme einer freiberuflichen Ausübung des Hebammenberufes ist unter Bekanntgabe des in Aussicht genommenen Berufssitzes dem Bundeshebammengremium zu melden.

5. Interessenvertretung

Die Interessen des Hebammenstandes werden vom Bundeshebammengremium mit Geschäftsstellen in den Bundesländern vertreten.

D. Sanitäter

Rechtsgrundlage für die Ausübung der Tätigkeit eines Sanitäters ist das **Sanitätergesetz 2002**.

1. Berufsbild und Tätigkeitsbereiche

Das Berufsbild unterscheidet die Tätigkeitsbereiche **Rettungssanitäter** und **Notfallsanitäter**. Beiden gemeinsam ist die **eigenverantwortliche Anwendung** von Maßnahmen der

- **qualifizierten Ersten Hilfe,**
- **Sanitätshilfe** und
- **Rettungstechnik,**

einschließlich diagnostischer und therapeutischer Verrichtungen.

Beruf und Tätigkeiten des Sanitäters dürfen nur nach Maßgabe des Sanitätergesetzes ausgeübt werden. Tätigkeiten im Rahmen der Nachbarschafts-, Familien- und Haushaltshilfe, Hilfeleistungen durch Angehörige von Sozialberufen, Hilfeleistungen durch Angehörige der Berg-, Wasser-, Höhlen- und Pistenrettung sowie der Feuerwehr werden durch das Sanitätergesetz **nicht** berührt.

2. Einteilung der Sanitäter

a) Rettungssanitäter

Der **Tätigkeitsbereich** des Rettungssanitäters umfasst:

- die selbständige und eigenverantwortliche **Versorgung** und **Betreuung** kranker, verletzter und sonstiger hilfsbedürftiger Personen, die medizinisch indizierter Betreuung bedürfen, vor und während des **Transports**, einschließlich der fachgerechten Aufrechterhaltung und Beendigung liegender **Infusionen** nach ärztlicher Anordnung,

- die **Übernahme** sowie die **Übergabe des Patienten** oder der betreuten Person im Zusammenhang mit einem Transport,
- **Hilfestellung** bei auftretenden **Akutsituationen** einschließlich der **Verabreichung** von **Sauerstoff,**
- eine qualifizierte Durchführung von **lebensrettenden Sofortmaßnahmen** sowie
- die sanitätsdienstliche Durchführung von **Sondertransporten.**

Lebensrettende Sofortmaßnahmen sind *insbesondere* die Beurteilung, Wiederherstellung bzw. Aufrechterhaltung der **lebenswichtigen Körperfunktionen**, die **Defibrillation** mit halbautomatischen Geräten, die Herstellung der Transportfähigkeit sowie die **sanitätsdienstliche Durchführung des Transports**, solange und soweit ein zur selbständigen Berufsausübung berechtigter Arzt nicht zur Verfügung steht. Eine unverzügliche Anforderung des Notarztes ist zu veranlassen.

Der Rettungssanitäter führt die Berufsbezeichnung **Rettungssanitäter (RS).**

b) Notfallsanitäter

Der Tätigkeitsbereich des Notfallsanitäters umfasst:

- alle Tätigkeiten des Rettungssanitäters, sowie *zusätzlich*
- die **Unterstützung** des **Arztes** bei allen **notfall-** und **katastrophenmedizinischen Maßnahmen** einschließlich der **Betreuung** und des **sanitätsdienstlichen Transports** von **Notfallpatienten,**
- die **Verabreichung** von für die Tätigkeit als Notfallsanitäter erforderlichen **Arzneimitteln,** soweit diese zuvor durch den für die ärztliche Versorgung zuständigen Vertreter schriftlich zur Anwendung freigegeben wurden (Arzneimittelliste 1),
- die eigenverantwortliche **Betreuung** der berufsspezifischen **Geräte, Materialien** und **Arzneimittel** und
- die **Mitarbeit** in der **Forschung.**

Notfallpatienten sind Patienten, bei denen im Rahmen einer akuten Erkrankung, einer Vergiftung oder eines Traumas eine **lebensbedrohliche Störung** einer **vitalen Funktion** eingetreten ist, einzutreten droht oder nicht sicher auszuschließen ist.

Der Notfallsanitäter führt die Berufsbezeichnung **Notfallsanitäter (NFS).**

c) Notfallsanitäter mit Notfallkompetenzen

1. Notfallsanitäter mit allgemeinen Notfallkompetenzen

Notfallsanitäter können die Berechtigung zur Durchführung folgender allgemeiner Notfallkompetenzen erwerben:

- **Arzneimittellehre**, das ist die Verabreichung spezieller Arzneimittel, soweit diese zuvor durch den für die ärztliche Versorgung zuständigen Vertreter schriftlich zur Anwendung freigegeben wurden (Arzneimittelliste 2), und
- **Venenzugang** und **Infusion**, das ist die Punktion peripherer Venen und die Infusion kristalloider Lösungen, jeweils im Rahmen von Maßnahmen zur unmittelbaren Abwehr von

Gefahren für das Leben oder die Gesundheit eines **Notfallpatienten**, soweit das gleiche Ziel durch weniger eingreifende Maßnahmen nicht erreicht werden kann.

Voraussetzung für die Durchführung allgemeiner Notfallkompetenzen ist die Berechtigung des Notfallsanitäters aufgrund der erfolgreich absolvierten Ausbildung und

- die **Anweisung** eines **anwesenden Arztes** oder,
- sofern ein **Arzt nicht anwesend** ist, die vorangehende **Verständigung des Notarztes** oder die Veranlassung derselben.

Der Notfallsanitäter mit allgemeiner Notfallkompetenz Arzneimittellehre führt die Berufsbezeichnung **Notfallsanitäter mit allgemeiner Notfallkompetenz Arzneimittellehre (NKA).**

Der Notfallsanitäter mit allgemeiner Notfallkompetenz Venenzugang und Infusion führt die Berufsbezeichnung **Notfallsanitäter mit allgemeiner Notfallkompetenz Venenzugang und Infusion (NKV).**

2. Notfallsanitäter mit besonderen Notfallkompetenzen

Der Notfallsanitäter kann entsprechend dem Stand der medizinischen Wissenschaft die Berechtigung zu weiteren Tätigkeiten, insbesondere zur Durchführung der **endotrachealen Intubation** ohne Prämedikation und **endotrachealen Vasokonstriktorapplikation** (Beatmung und Intubation), erwerben.

Voraussetzung für den Erwerb dieser Berechtigung ist

- die **Berechtigung** zur Durchführung der **allgemeinen Notfallkompetenzen** und
- die **erfolgreiche Absolvierung** der notwendigen **Ausbildungsmodule.**

Die Berechtigung ist vom erfolgreichen Abschluss der Ausbildung an mit zwei Jahren befristet und darf erst nach Überprüfung der Kenntnisse (Rezertifizierung) neuerlich erteilt werden.

Voraussetzung für die Durchführung von besonderen Notfallkompetenzen ist eine **schriftliche Ermächtigung** durch den für die ärztliche Versorgung zuständigen Vertreter und

- eine entsprechende **Anweisung** eines **anwesenden Arztes** oder,
- sofern ein **Arzt nicht anwesend** ist, die vorangehende **Verständigung des Notarztes** oder die Veranlassung derselben.

Der Notfallsanitäter mit besonderer Notfallkompetenz Beatmung und Intubation führt die Berufsbezeichnung **Notfallsanitäter mit besonderer Notfallkompetenz Beatmung und Intubation (NKI).**

3. Berufspflichten

Alle Rettungs- und Notfallsanitäter haben folgende Berufspflichten:

a) Allgemeine Berufspflichten

Sanitäter haben ihre Tätigkeit ohne Ansehen der Person **gewissenhaft** auszuüben. Sie haben das Wohl der Patienten und der betreuten Personen nach Maßgabe der fachlichen und wissenschaftlichen Erkenntnisse und Erfahrungen zu wahren. **Nötigenfalls** ist ein **Notarzt** oder, wenn ein solcher nicht zur Verfügung steht, ein zur **selbständigen** Berufsausübung berechtigter **Arzt anzufordern.**

Sanitäter haben sich tätigkeitsrelevant **fortzubilden.**

b) Dokumentationspflicht

Sanitäter haben bei Ausübung ihrer Tätigkeit die von ihnen gesetzten sanitätsdienstlichen Maßnahmen zu dokumentieren.

Den betroffenen Patienten oder betreuten Personen sowie deren gesetzlichen Vertretern sind auf Verlangen Einsicht in die Dokumentation zu gewähren und gegen Kostenersatz Kopien auszufolgen.

Die Aufzeichnungen sind durch die Rettungseinrichtung mindestens **zehn Jahre** aufzubewahren.

c) Verschwiegenheitspflicht

Sanitäter sind zur Verschwiegenheit über alle ihnen in Ausübung ihrer Tätigkeit anvertrauten oder bekannt gewordenen Geheimnisse verpflichtet.

Ausnahmen von der Verschwiegenheitspflicht bestehen, wenn

- der durch die Offenbarung des Geheimnisses Betroffene den Sanitäter von der Geheimhaltung entbunden hat oder
- die Offenbarung des Geheimnisses nach Art und Inhalt zum Schutz höherwertiger Interessen der öffentlichen Gesundheitspflege oder der Rechtspflege unbedingt erforderlich ist,
- nach gesetzlichen Vorschriften eine Meldung über den Gesundheitszustand bestimmter Personen vorgeschrieben ist,
- Mitteilungen oder Befunde an die Sozialversicherungsträger und Krankenfürsorgeanstalten oder sonstige Kostenträger zur Wahrnehmung der diesen übertragenen Aufgaben erforderlich sind.

d) Auskunftspflicht

Sanitäter haben den betroffenen Patienten oder den betreuten Personen, deren gesetzlichen Vertretern oder Personen, die von den betroffenen Patienten oder betreuten Personen als auskunftsberechtigt benannt wurden, alle Auskünfte über die von ihnen gesetzten Maßnahmen zu erteilen. Den Angehörigen der anderen Gesundheitsberufe haben sie die für die Betreuung, Behandlung oder Pflege erforderlichen Auskünfte zu erteilen.

4. Ausbildung

Die Ausbildung der Sanitäter erfolgt in **Modulen.** Diese können entweder in einem oder aufgeteilt innerhalb von längstens 30 Monaten (Rettungssanitäter), 24 Monaten (Notfallsanitäter) oder 6 Monaten (Notfallskompetenzen) erfolgen.

Rettungssanitäter
Modul 1 (insgesamt **260 Stunden**)
theoretische Ausbildung: 100 Stunden
Störungen der Vitalfunktionen und Regelkreise, Maßnahmen bei verschiedenen Krankheitsbildern, Maßnahmen bei speziellen Notfällen.
praktische Ausbildung: 160 Stunden
im Rettungs- und Krankentransportsystem

Berufsmodul
(insgesamt **40 Stunden**)
Recht 25 Stunden
Dokumentation 15 Stunden

Notfallsanitäter
Modul 2 (insgesamt **480 Stunden**)
theoretische Ausbildung: 160 Stunden
Arzneimittellehre
Einsatztaktik
Praktikum-Krankenanstalt 40 Stunden
praktische Ausbildung: 280 Stunden
in Notarztsystemen

allgemeine Notfallkompetenzen
Arzneimittellehre 40 Stunden
Venenzugang und Infusion 50 Stunden

besondere Notfallkompetenzen
Beatmung und Intubation 110 Stunden
Intensivpraktikum-aöKH 80 Stunden

a) Ausbildung zum Rettungssanitäter (Modul 1)

Die Ausbildung von **insgesamt 260 Stunden** umfasst eine theoretische Ausbildung von 100 Stunden über Störungen der Vitalfunktionen und Regelkreise, Maßnahmen bei verschiedenen Krankheitsbildern, sowie Maßnahmen bei speziellen Notfällen und eine praktische Ausbildung von 160 Stunden im Rettungs- und Krankentransportsystem.

b) Ausbildung zum Notfallsanitäter (Modul 2)

Die Ausbildung von insgesamt **480 Stunden umfasst** eine theoretische Ausbildung von 160 Stunden über Arzneimittellehre und Einsatztaktik, ein Praktikum in einer fachlich geeigneten Krankenanstalt mit 40 Stunden sowie eine praktische Ausbildung in Notarztsystemen im Umfang von 280 Stunden, wovon 120 Stunden in einer fachlich geeigneten Krankenanstalt absolviert werden können.

Aufnahmevoraussetzung zur Ausbildung zum Notfallsanitäter ist eine Berufs- bzw. Tätigkeitsberechtigung zum Rettungssanitäter, ein Nachweis von mindestens 160 Stunden Einsatz im Rettungs- und Krankentransportsystem, mit welchem die Eignung für die Ausbildung zum Notfallsanitäter bestätigt wird, und die erfolgreiche Absolvierung eines Eingangstests.

c) Ausbildung in allgemeinen Notfallkompetenzen

Nach erfolgreicher Absolvierung des Moduls 2 kann aufbauend in Modulen die Ausbildung in folgenden allgemeinen **Notfallkompetenzen** erfolgen:

- **Arzneimittellehre** und
- **Venenzugang und Infusion.**

Modul Arzneimittellehre besteht aus einer vertiefenden theoretischen Ausbildung von **40 Stunden.**

Modul Venenzugang und Infusion umfasst insgesamt **50 Stunden**, und zwar eine theoretische Ausbildung im Umfang von 10 Stunden sowie ein Praktikum in einer fachlich geeigneten Krankenanstalt im Umfang von 40 Stunden. Zugangsvoraussetzung ist die Berechtigung zur Ausübung der allgemeinen Notfallkompetenz Arzneimittellehre.

d) Ausbildung in besonderen Notfallkompetenzen

Besondere Notfallkompetenzen sind:

- Beatmung und Intubation

Modul Beatmung und Intubation umfasst insgesamt **110 Stunden**, und zwar eine theoretische Ausbildung im Umfang von 30 Stunden sowie ein Intensivpraktikum in einer fachlich geeigneten Krankenanstalt im Umfang von 80 Stunden.

Zugangsvoraussetzung ist die Berechtigung zur Durchführung der allgemeinen Notfallkompetenzen und der Nachweis von 500 Stunden Einsatz im Notarztsystem.

e) Ausbildung zur berufsmäßigen Ausübung

Die berufsmäßige Ausübung der Tätigkeiten des Sanitäters setzt eine entsprechende Ausbildung sowie zusätzlich die erfolgreiche Absolvierung des Berufsmoduls voraus.

Das **Berufsmodul** beinhaltet eine theoretische Ausbildung von **40 Stunden** in den Fächern Sanitäts-, Arbeits- und Sozialversicherungsrecht, Berufe und Einrichtungen des Gesundheitswesens sowie Dokumentation.

f) Verkürzte Ausbildungen

Für Angehörige anderer Gesundheitsberufe sind verkürzte Ausbildungen beim Rettungssanitäter und im Berufsmodul vorgesehen.

5. Ausübung von Beruf und Tätigkeiten der Sanitäter

Tätigkeiten des Sanitäters dürfen

- **ehrenamtlich,**
- **berufsmäßig** oder
- als **Soldat im Bundesheer**, als Organ des **öffentlichen Sicherheitsdienstes, Zollorgan, Strafvollzugsbediensteter**, Angehöriger eines sonstigen **Wachkörpers** oder als **Zivildienstleistender** ausgeübt werden.

Die Berufs- und Tätigkeitsberechtigung ist mit **jeweils zwei Jahren befristet**. Zur Verlängerung der Berufs- und Tätigkeitsberechtigung bedarf es der Absolvierung von Fortbildungen im Ausmaß von mindestens 16 Stunden, sowie einer Rezertifizierung (Überprüfung durch einen qualifizierten Arzt).

Die **berufsmäßige Ausübung** von Tätigkeiten des Sanitäters setzt die erfolgreiche Absolvierung der Ausbildung zum Rettungssanitäter bzw. zum Notfallsanitäter und des Berufsmoduls voraus.

Beruf bzw. Tätigkeiten des Sanitäters dürfen, sofern die **Aufsicht** durch einen Notarzt oder einen fachlich geeigneten Arzt mit mindestens fünfjähriger einschlägiger Berufserfahrung gewährleistet ist, in folgenden **Einrichtungen** ausgeübt werden:

- Arbeiter-Samariter-Bund,
- Johanniter-Unfall-Hilfe in Österreich,
- Malteser Hospitaldienst Austria,
- Österreichisches Rotes Kreuz,
- Sanitätsdienst des Bundesheers,
- Einrichtungen einer Gebietskörperschaft oder
- sonstigen Einrichtungen.

Die Berufsausübung darf ausschließlich in einem **Dienstverhältnis** erfolgen. Eine freiberufliche Ausübung des Sanitäterberufes ist **nicht** vorgesehen.

E. Gehobene medizinisch-technische Dienste (MTD)

Rechtsgrundlage für die gehobenen medizinisch-technischen Dienste ist das **MTD-Gesetz 1992.**[20]

1. Tätigkeitsbereiche

Die gehobenen medizinisch-technischen Dienste führen medizinisch-technische Maßnahmen durch und werden *grundsätzlich* **nach ärztlicher Anordnung** tätig. Das bedeutet, dass der Arzt *nach Untersuchung des Patienten* zur Feststellung einer Diagnose oder aufgrund der Diagnose die Anwendung einer entsprechenden medizinisch-technischen Maßnahme anordnet. Der Arzt trägt dabei die Verantwortung für die korrekte Anordnung einer Maßnahme (**Anordnungsverantwortung**).

Einzelne medizinisch-technische Dienste können bei **gesunden Personen** auch **ohne ärztliche Anordnung** tätig werden.

Im Rahmen ihrer sich aus ihrem Berufsbild ergebenden Aufgaben handeln die gehobenen medizinisch-technischen Dienste immer **eigenverantwortlich**. Für die korrekte **Durchführung** der vom Arzt angeordneten Maßnahme haftet daher der Angehörige des jeweiligen gehobenen medizinisch-technischen Dienstes (**Durchführungsverantwortung**).

2. Die einzelnen gehobenen medizinisch-technischen Dienste

a) Physiotherapeutischer Dienst

Das Berufsbild umfasst die **eigenverantwortliche** Anwendung aller physiotherapeutischen Maßnahmen im intra- und extramuralen Bereich

- **nach ärztlicher Anordnung** *im Allgemeinen* sowie
- auch **ohne ärztliche Anordnung** bei **Gesunden.**

Er führt die Berufsbezeichnung **Diplomierte(r) Physiotherapeut(in).**

---

20 Der vor 1992 gemeinsam mit den gehobenen medizinisch-technischen Diensten im Krankenpflegegesetz 1961 geregelte medizinisch-technischen Fachdienst wurde letztlich durch das **MAB-Gesetz** abgelöst und in andere Gesundheitsberufe übergeleitet.

Aufgaben nach ärztlicher Anordnung: eigenverantwortliche Anwendung aller physiotherapeutischen Maßnahmen im intra- und extramuralen Bereich, unter besonderer Berücksichtigung funktioneller Zusammenhänge auf den Gebieten der Gesundheitserziehung, Prophylaxe, Therapie und Rehabilitation. Zum Therapiespektrum gehören insbesondere mechanotherapeutische Maßnahmen, wie alle Arten von Bewegungstherapie, Perzeption, manuelle Therapie der Gelenke, Atemtherapie, alle Arten von Heilmassage, Reflexzonentherapie, Lymphdrainage und Ultraschalltherapie, weiters alle elektro-, thermo-, photo-, hydro- und balneotherapeutischen Maßnahmen sowie berufsspezifische Befundungsverfahren und die Mitwirkung bei elektrodiagnostischen Untersuchungen.

Aufgaben ohne ärztliche Anordnung: eigenverantwortliche Beratung und Erziehung Gesunder in den oben genannten Gebieten, insbesondere beispielsweise Sport- und Trainingsberatung, Entwicklungsförderung und Haltungsschulung, Schwangerschafts- und Geburtsvorbereitung oder Sturzprävention und Mobilitätstraining mit älteren Menschen.

b) Medizinisch-technischer Laboratoriumsdienst

Das Berufsbild umfasst die **eigenverantwortliche** Ausführung aller Laboratoriumsmethoden nach ärztlicher Anordnung.

Er führt die Berufsbezeichnung **Biomedizinische Analytikerin – Biomedizinischer Analytiker.**

Aufgaben nach ärztlicher Anordnung: eigenverantwortliche Ausführung aller Laboratoriumsmethoden, die im Rahmen des medizinischen Untersuchungs-, Behandlungs- und Forschungsbetriebes erforderlich sind. Hiezu gehören insbesondere klinisch-chemische, hämatologische, immunhämatologische und molekularbiologische, histologische, zytologische, mikrobiologische (bakterielle, virale, parasitologische, mykologische), serologische und nuklearmedizinische Untersuchungen, sowie die Mitwirkung bei Untersuchungen auf dem Gebiet der Elektro-Neuro-Funktionsdiagnostik und der Kardio-Pulmonal-Funktionsdiagnostik.

c) Radiologisch-technischer Dienst

Das Berufsbild umfasst die **eigenverantwortliche** Ausführung aller radiologisch-technischen Methoden bei der Anwendung von ionisierenden Strahlen nach ärztlicher Anordnung.

Er führt die Berufsbezeichnung Radiologietechnologin – **Radiologietechnologe.**

Aufgaben nach ärztlicher Anordnung: eigenverantwortliche Ausführung aller radiologisch-technischen Methoden bei der Anwendung von ionisierenden Strahlen, wie diagnostische Radiologie, Strahlentherapie, Nuklearmedizin, und anderer bildgebender Verfahren wie Ultraschall und Kernspinresonanztomographie zur Untersuchung und Behandlung von Menschen sowie zur Forschung auf dem Gebiet des Gesundheitswesens. Des Weiteren die Anwendung von Kontrastmitteln (in jeglicher Verabreichungsform) nach ärztlicher Anordnung, jedoch ausschließlich in Zusammenarbeit mit Ärzten.

d) Diätdienst und ernährungsmedizinischer Beratungsdienst

Das Berufsbild umfasst die **eigenverantwortliche** Auswahl, Zusammenstellung und Berechnung besonderer Kostformen und die Beratung über die praktische Durchführung von Diäten und über die Ernährung

- **nach ärztlicher Anordnung** *im Allgemeinen* sowie
- auch **ohne ärztliche Anordnung** bei **Gesunden.**

Er führt die Berufsbezeichnung **Diätologin, Diätologe.**

Aufgaben nach ärztlicher Anordnung: eigenverantwortliche Auswahl, Zusammenstellung und Berechnung sowie die Anleitung und Überwachung der Zubereitung besonderer Kostformen zur Ernährung Kranker oder krankheitsverdächtiger Personen einschließlich der Beratung der Kranken oder ihrer Angehörigen über die praktische Durchführung ärztlicher Diätverordnungen innerhalb und außerhalb einer Krankenanstalt.

Aufgaben ohne ärztliche Anordnung: eigenverantwortliche Auswahl, Zusammenstellung und Berechnung der Kost für gesunde Personen und Personengruppen oder Personen und Personengruppen unter besonderen Belastungen (z.B. Schwangerschaft, Sport) einschließlich der Beratung dieser Personenkreise über Ernährung.

e) Ergotherapeutischer Dienst

Das Berufsbild umfasst

- **nach ärztlicher Anordnung** die **eigenverantwortliche** Behandlung von Kranken und Behinderten durch handwerkliche und gestalterische Tätigkeiten, das Training der Selbsthilfe und die Herstellung, den Einsatz und die Unterweisung im Gebrauch von Hilfsmitteln einschließlich Schienen zu Zwecken der Prophylaxe, Therapie und Rehabilitation;
- **ohne ärztliche Anordnung** die eigenverantwortliche Beratungs- und Schulungstätigkeit sowohl auf dem Gebiet der Ergonomie als auch auf dem Gebiet des allgemeinen Gelenkschutzes an Gesunden.

Er führt die Berufsbezeichnung **Ergotherapeut(in).**

Die Ergotherapie behandelt physische, psychische und auch soziale Beeinträchtigungen, die infolge von Krankheiten, Unfällen, Operationen oder Entwicklungsstörungen auftreten. Ergotherapeutinnen/Ergotherapeuten sind auf Bewegungsabläufe des Alltags z.B. Essen, Trinken, Kochen oder Körperpflege spezialisiert.

Bei gesunden Menschen betreffen ergotherapeutische Leistungen vor allem den Bereich der Gesundheitsförderung, der klassischen Prävention, der Arbeitsmedizin und des Arbeitnehmerinnen/-nehmerschutzes. So verbessern sie z.B. an Schulen oder im Beruf die Ergonomie am Arbeitsplatz, Arbeitsabläufe und die Körperhaltung.

f) Logopädisch-phoniatrisch-audiologischer Dienst

Das Berufsbild umfasst **nach ärztlicher Anordnung** die **eigenverantwortliche** logopädische Befunderhebung und Behandlung von Sprach-, Sprech-, Stimm- und Hörstörungen sowie audiometrische Untersuchungen.

Er führt die Berufsbezeichnung **Logopädin, Logopäde.**

Logopädinnen/Logopäden arbeiten (im Dienstverhältnis zu oder freiberuflich für) einerseits Spitäler, Ambulatorien, Sanatorien, Rehabilitations- und Therapieeinrichtungen, Institute, Pflegeheime und Behinderteneinrichtungen, andererseits auch Schulen oder Kindergärten.

g) Orthoptischer Dienst

Das Berufsbild umfasst die **eigenverantwortliche** Ausführung von vorbeugenden Maßnahmen sowie die Untersuchung, Befunderhebung und Behandlung von Sehstörungen, Schielen, Schwachsichtigkeit und Bewegungsstörungen der Augen nach ärztlicher Anordnung.

Er führt die Berufsbezeichnung **Orthoptist(in)**.

Orthoptistinnen/Orthoptisten arbeiten (im Dienstverhältnis zu oder freiberuflich für) Krankenanstalten, Sehschulen, Schielambulanzen, Rehabilitationszentren oder niedergelassene Augenärzte.

3. Berufspflichten

a) Allgemeine Berufspflichten

Angehörige der gehobenen medizinisch-technischen Dienste haben ihren Beruf ohne Unterschied der behandelten Person **gewissenhaft** auszuüben. Sie haben das Wohl und die Gesundheit der Patienten und Klienten unter Einhaltung der hiefür geltenden Vorschriften und nach Maßgabe der fachlichen und wissenschaftlichen Erkenntnisse und Erfahrungen zu wahren.

Sie haben sich über die neuesten Entwicklungen und Erkenntnisse des jeweiligen gehobenen medizinisch-technischen Dienstes sowie der medizinischen Wissenschaft, soweit diese für den jeweiligen gehobenen medizinisch-technischen Dienst relevant ist, regelmäßig **fortzubilden**.

Jede **eigenmächtige Heilbehandlung** (das heißt, eine Heilbehandlung ohne ärztliche Anordnung) ist zu unterlassen, ein zur selbständigen Berufsausübung berechtigter Arzt (Allgemeinmediziner oder Facharzt) darf jedoch eine zur berufsmäßigen Ausübung des medizinisch-technischen Laboratoriumsdienstes oder des radiologisch-technischen Dienstes berechtigte Person zur **Blutabnahme aus der Vene** nach seiner Anordnung ermächtigen.

b) Dokumentationspflicht

Angehörige der gehobenen medizinisch-technischen Dienste haben bei Ausübung ihres Berufes die von ihnen gesetzten therapeutischen Maßnahmen zu dokumentieren.

Den betroffenen Patienten oder Klienten oder deren gesetzlichen Vertretern ist auf Verlangen Einsicht in die Dokumentation zu gewähren.

Bei freiberuflicher Berufsausübung sowie nach deren Beendigung sind die Aufzeichnungen sowie die sonstigen der Dokumentation dienlichen Unterlagen **mindestens zehn Jahre** aufzubewahren.

Sofern Patienten oder Klienten durch eine andere zur freiberuflichen Ausübung eines entsprechenden gehobenen medizinisch-technischen Dienstes berechtigte Person weiter betreut werden, kann die Dokumentation mit Zustimmung des Patienten oder Klienten oder deren gesetzlichen Vertretern durch diese weitergeführt werden.

c) Auskunftspflicht

Angehörige von gehobenen medizinisch-technischen Diensten haben den betroffenen Patienten oder Klienten oder deren gesetzlichen Vertretern alle Auskünfte über die *von ihnen gesetzten therapeutischen Maßnahmen* zu erteilen.

Sie haben anderen Angehörigen der Gesundheitsberufe, die die betroffenen Patienten oder Klienten behandeln oder pflegen, die für die Behandlung oder Pflege erforderlichen Auskünfte über diese Maßnahmen zu erteilen.

d) Verschwiegenheitspflicht

Angehörige der gehobenen medizinisch-technischen Dienste sind zur Verschwiegenheit über alle ihnen in Ausübung ihres Berufes anvertrauten oder bekannt gewordenen Geheimnisse verpflichtet.

Ausnahmen von der Verschwiegenheitspflicht bestehen

- bei Entbindung (= Befreiung) durch die betroffene Person,
- bei wichtigen öffentlichen Interessen und
- zur Honorarabrechnung gegenüber Sozialversicherungsträgern, Sozialhilfeträgern und Krankenanstalten.

4. Ausbildung

Die Ausbildung und die wesentlichen Lehrinhalte sind für die gehobenen medizinisch-technischen Dienste im MTD-Gesetz sowie in der **MTD-Ausbildungsverordnung** geregelt.

a) Grundausbildung

Die Ausbildungsdauer beträgt für alle gehobenen medizinisch-technischen Dienste **drei Jahre.** Anrechnungen von Prüfungen aus einem Universitätsstudium, der Gesundheits- und Krankenpflegeausbildung oder eines anderen medizinisch-technischen Dienstes sind vorgesehen.[21]

Die Ausbildung erfolgt an **Fachhochschulen**, wobei für jede Fachrichtung ein eigener Studienlehrgang einzurichten ist.

Die Ausbildungseinrichtung wird von einem(r) geeigneten Angehörigen des jeweiligen gehobenen medizinisch-technischen Dienstes als **Studiengangsleiter(in)** geleitet.

Aufgenommen werden grundsätzlich unbescholtene, gesundheitlich geeignete Personen, die zudem auch die **Reifeprüfung**, ein **Diplom im gehobenen Dienst für Gesundheits- und Krankenpflege** oder eine **Studienberechtigungsprüfung für Medizin** abgelegt haben.[22]

Die Entscheidung über die Aufnahme obliegt einer **Kommission.**

---

21 Über Inhalt und Ausmaß der Anrechnung entscheidet die FH autonom.

22 Nach dem Fachhochschulstudiengesetz – FHStG steht es in der Autonomie der FH, auch weitere oder andere Qualifikationen zur Zulassung zu verlangen, die gesetzlichen Voraussetzungen nach dem MTD-Gesetz berechtigen aber immer zum FH-Studium.

Nach erfolgreichem Studium erhalten die Absolventen den akademischen Grad Bachelor of Science in Health Studies (BSc), sind zur Berufsausübung berechtigt und führen die jeweilige MTD-Berufsbezeichnung.

- Das Diplom für **diplomierte medizinisch-technische Fachkräfte** berechtigt zur Aufnahme in eine *Akademie bzw. einen FH-Lehrgang für den physiotherapeutischen Dienst*, den *medizinisch-technischen Laboratoriumsdienst* oder den *radiologisch-technischen Dienst*.

Vor der Aufnahme in einen FH-Lehrgang für den physiotherapeutischen Dienst, den logopädisch-phoniatrisch-audiologischen Dienst, den orthoptischen Dienst sowie den Diätdienst und ernährungsmedizinischen Beratungsdienst haben die Bewerber(innen) einen Eignungstest abzulegen. Die Entscheidung über die Aufnahme obliegt einer Kommission.

Der BA macht berufsfähig für den europäischen Arbeitsmarkt und ist die Voraussetzung für die Zulassung zum MA-Studium.

An den Fachhochschulen ermöglichen die ECTS („European Credit Transfer System") den Vergleich, die Anrechnung und Übertragung von Studienleistungen. Studierende erwerben in den Lehrveranstaltungen „ECTS-Credits" – also Leistungspunkte –, die auch an anderen Hochschulen und Universitäten anerkannt werden.

Damit ist die Basis für eine wissenschaftliche berufliche Weiterentwicklung gelegt, die über einen Abschluss an einer medizinisch-technischen Akademie nicht erreicht werden kann.

b) Weiterbildung

Der beruflichen Weiterbildung kommt in allen Sanitätsberufen große Bedeutung zu. Gerade die rasche Entwicklung der medizinischen Wissenschaft und der Medizintechnik erfordert auch im medizinisch-technischen Bereich ständiges Weiterlernen.

Das Gesetz unterscheidet zwei Arten der beruflichen Weiterbildung.

1. Fortbildung

Lehrkurse zur Fortbildung dienen der Vertiefung der Kenntnisse und der Berücksichtigung des Fortschrittes.

Für die Kosten der Fortbildungskurse hat der Dienstgeber – ohne die Möglichkeit der Rückforderung beim Ausscheiden aus dem Dienstverhältnis – aufzukommen.

2. Sonderausbildung

Kurse zur Sonderausbildung dienen der Erlangung zusätzlicher Kenntnisse, Fähigkeiten und Fertigkeiten in den gehobenen medizinisch-technischen Diensten für die Ausübung von

- Spezialaufgaben,
- Lehr- und Unterrichtsaufgaben und
- Führungsaufgaben.

Auf eine Sonderausbildung für Spezialaufgaben darf neben der Berufsbezeichnung gesondert hingewiesen werden.

5. Berufsausübung

Ab dem 1. 7. 2018 müssen sich alle Pflegeberufe sowie alle gehobenen medizinisch-technischen Dienste vor Aufnahme ihrer beruflichen Tätigkeit im Gesundheitsberuferegister eintragen lassen. Die Registrierung ist Voraussetzung für die Berufsausübung im jeweiligen Gesundheitsberuf.

Alle im Gesundheitsberuferegister eingetragenen Personen erhalten einen **Berufsausweis,** der jeweils **fünf Jahre** gültig ist. Der Lauf der Frist beginnt mit dem Tag der Eintragung in das Register.

Jeder Berufsangehörige hat vor Ablauf der Fünfjahresfrist seine Registrierung zu **verlängern.** Erfolgt keine Verlängerung, so ruht die Berechtigung zur Berufsausübung.

Berufsangehörige, die am **1. Juli 2018** bereits zur Ausübung eines von der Registrierung betroffenen Berufes berechtigt sind, haben bis **30. Juni 2019** Zeit, sich bei der für sie zuständigen Registrierungsbehörde zu registrieren.

Die Führung des Gesundheitsberuferegisters obliegt der Gesundheit Österreich GmbH (GÖG).

Registrierungsbehörde und daher zuständig für die Registrierung der Berufsangehörigen, die **AK-Mitglieder** sind, ist die Bundesarbeitskammer (AK).

Für **alle anderen Berufsangehörigen** (nicht AK-Mitglieder, Selbständige) ist die **GÖG** als Registrierungsbehörde zuständig.

a) Berufsausübung in einem Dienstverhältnis

Das österreichische oder gleichwertige Diplom eines EWR-Staates oder ein in Österreich nostrifiziertes ausländisches Diplom in einem Zweig der medizinisch-technischen Dienste berechtigen zur Berufsausübung im Dienstverhältnis zu einer Krankenanstalt, sonstiger unter ärztlicher Leitung bzw. unter ärztlicher Aufsicht stehender Einrichtungen zur Vorbeugung, Feststellung oder Heilung von Krankheiten oder zur Betreuung pflegebedürftiger Personen sowie im Dienstverhältnis zu freiberuflichen Ärzten.

Der Diätdienst und ernährungsmedizinische Beratungsdienst darf auch im Dienstverhältnis zu Gastgewerbetreibenden und zu Einrichtungen der Forschung, Wissenschaft und Industrie ausgeübt werden.

Der physiotherapeutische Dienst, der Diätdienst und ernährungsmedizinische Beratungsdienst, der ergotherapeutische Dienst und der logopädisch-phoniatrisch-audiologische Dienst dürfen auch

- im Dienstverhältnis zu nicht unter ärztlicher Leitung oder Aufsicht stehenden Einrichtungen erfolgen oder
- im Dienstverhältnis zu Privatpersonen ausgeübt werden,

sofern dieser Tätigkeit eine Meldung bei der Bezirksverwaltungsbehörde (wie bei freiberuflich Tätigen) zugrunde liegt.

Der medizinisch-technische Laboratoriumsdienst und der radiologisch-technische Dienst dürfen auch im Dienstverhältnis zu Einrichtungen der Forschung, Wissenschaft, Industrie und Veterinärmedizin ausgeübt werden.

b) Freiberufliche Tätigkeit

Alle gehobenen MTD können freiberuflich arbeiten. Die beabsichtigte Aufnahme einer freiberuflichen Ausübung ist der aufgrund des in Aussicht genommenen Berufssitzes zuständigen Bezirksverwaltungsbehörde zu **melden**.

Vorzulegen sind:

- ein österreichisches Diplom, ein Qualifikationsnachweis eines EWR-Mitgliedstaates oder ein in Österreich als gleichwertig anerkannter („nostrifizierter") ausländischer Qualifikationsnachweis,
- eine Strafregisterbescheinigung und
- ein ärztliches Zeugnis über die gesundheitliche Eignung.

Die freiberufliche Tätigkeit muss **persönlich** und **unmittelbar** ausgeübt werden. Die freiberufliche Berufsausübung darf auch in Zusammenarbeit mit anderen gehobenen medizinisch-technischen Diensten oder sonstigen Angehörigen von Gesundheitsberufen erfolgen.

Bei freiberuflicher Ausübung ist eine dem Berufsansehen abträgliche **Werbung** verboten.

F. Kardiotechniker

Rechtsgrundlage ist das **Kardiotechnikergesetz – KTG 1996.**

1. Berufsbild

Der Beruf des diplomierten **Kardiotechnikers** umfasst die eigenverantwortliche Durchführung der extrakorporalen Zirkulation zur **Herz-Kreislaufunterstützung** sowie der Perfusion und damit zusammenhängende Tätigkeiten.

Die Tätigkeitsbereiche des diplomierten Kardiotechnikers umfassen insbesondere

- die Organisation, Vorbereitung und Durchführung der **extrakorporalen Zirkulation**,
- die Organisation, Vorbereitung und Durchführung von **Perfusionen**,
- die eigenverantwortliche Betreuung der berufsspezifischen Geräte,
- die Dokumentation,
- die Mitarbeit in der Forschung und
- die Unterweisung von Auszubildenden.

Teilbereiche dieser Tätigkeiten, nämlich die mechanische Kreislaufunterstützung und die extrakorporale Oxygenierung, können insbesondere bei

- Anwendung außerhalb des Bereiches von Operationssälen,
- Erstversorgungsmaßnahmen und
- Langzeitanwendungen

auch von anderen fachkundigen Personen durchgeführt werden.

Personen, die in die Liste der Kardiotechniker eingetragen sind, sind berechtigt, die Berufsbezeichnung „diplomierter Kardiotechniker"/„diplomierte Kardiotechnikerin" zu führen.

2. Berufspflichten

a) Allgemeine Berufspflichten

Angehörige des kardiotechnischen Dienstes haben ihren Beruf ohne Unterschied der Person gewissenhaft auszuüben. Sie haben das Wohl der Patienten unter Einhaltung der hierfür geltenden Vorschriften und nach Maßgabe der fachlichen und wissenschaftlichen Erkenntnisse und Erfahrungen zu wahren. Jede **eigenmächtige Heilbehandlung** ist zu unterlassen. Sie haben sich über die neuesten Entwicklungen und Erkenntnisse der Kardiotechnik sowie der medizinischen und anderer berufsrelevanter Wissenschaften regelmäßig **fortzubilden.**

b) Überwachungs- und Meldepflicht

Angehörige des kardiotechnischen Dienstes sind verpflichtet, während der extrakorporalen Zirkulation und während der Perfusion laufend die medizinischen und technischen Daten zu überwachen. Sie haben den für die Operation und die Anästhesie verantwortlichen Ärzten laufend, bei allen regelwidrigen und gefahrdrohenden Zuständen unverzüglich, diese Daten zu melden.

c) Dokumentationspflicht

Angehörige des kardiotechnischen Dienstes haben bei Ausübung ihres Berufes

- die von ihnen gesetzten Maßnahmen,
- die medizinischen und technischen Daten und
- sonstige in Zusammenhang mit der Durchführung der extrakorporalen Zirkulation stehende Daten

zu dokumentieren.

d) Verschwiegenheitspflicht

Angehörige des kardiotechnischen Dienstes sind zur Verschwiegenheit über alle ihnen in Ausübung ihres Berufes anvertrauten oder bekannt gewordenen Geheimnisse verpflichtet.

Die Verschwiegenheitspflicht besteht nicht, wenn

- die durch die Offenlegung des Geheimnisses betroffene Person den Angehörigen des kardiotechnischen Dienstes von der Geheimhaltung entbunden hat oder
- die Offenbarung des Geheimnisses für die nationale Sicherheit, die öffentliche Ruhe und Ordnung, das wirtschaftliche Wohl des Landes, die Verteidigung der Ordnung und zur Verhinderung von strafbaren Handlungen, zum Schutz der Gesundheit und der Moral oder zum Schutz der Rechte und Freiheiten anderer notwendig ist.

3. Ausbildung im kardiotechnischen Dienst

a) Grundausbildung

Die Ausbildung im kardiotechnischen Dienst ist eine **berufsbegleitende Ausbildung** in der Dauer von 18 Monaten im Rahmen eines vollbeschäftigten Dienstverhältnisses zu einer Krankenanstalt, bei Teilzeitbeschäftigung entsprechend länger.

Ausbildungsstätten sind Krankenanstalten einschließlich der Universitätskliniken und Universitätsinstitute, die vom Gesundheitsministerium nach Anhörung des Kardiotechnikerbeirates als Ausbildungsstätten für die Ausbildung zum diplomierten Kardiotechniker anerkannt worden sind.

Der ärztliche Leiter der jeweiligen Krankenanstalt hat einen diplomierten Kardiotechniker, der fachlich und pädagogisch geeignet ist, mit der Ausbildungsverantwortung zu betrauen (**Ausbildungsverantwortlicher**). Aufgabe des Ausbildungsverantwortlichen ist die Durchführung und Organisation der Ausbildung. Bei Verhinderung kann er hierbei von einem Angehörigen des kardiotechnischen Dienstes vertreten werden.

Kardiotechniker in Ausbildung haben sich die **theoretischen Kenntnisse** überwiegend durch ein vom Ausbildungsverantwortlichen betreutes Studium anzueignen. Teile der theoretischen Ausbildung können sich Kardiotechniker in Ausbildung durch den Besuch einschlägiger Lehrveranstaltungen im Rahmen der Ausbildung anderer Gesundheitsberufe aneignen. Die hierbei abgelegten **Prüfungen** sind auf die kommissionelle Diplomprüfung **nicht anzurechnen.**

Die **praktische Ausbildung** ist an anerkannten Ausbildungsstätten unter Anleitung eines Ausbildungsverantwortlichen durchzuführen.

Personen, die sich um die Aufnahme zur Ausbildung im kardiotechnischen Dienst bewerben, haben nachzuweisen:

- die zur Erfüllung der Berufspflichten notwendige **gesundheitliche Eignung**,
- die **Vertrauenswürdigkeit** und
- ein **Diplom** im **radiologisch-technischen Dienst** oder
- ein **Diplom** im **medizinisch-technischen Laboratoriumsdienst** oder
- eine **Berufsberechtigung** im **gehobenen Dienst für Gesundheits- und Krankenpflege** *und* entweder eine erfolgreich absolvierte **Sonderausbildung** in der **Intensivpflege** oder in der **Anästhesiepflege** oder die **Ausübung** der **Intensivpflege** oder der **Anästhesiepflege** durch **mindestens zwei Jahre** hindurch.
- Nach erfolgreicher Ablegung der Diplomprüfung führen die Absolventen die Berufsbezeichnung **„Diplomierte(r) Kardiotechniker(in)“**.

b) Fortbildung

Angehörige des kardiotechnischen Dienstes sind verpflichtet, zur Information über die neuesten Entwicklungen und Erkenntnisse insbesondere der kardiotechnischen Wissenschaft oder Vertiefung der in der Ausbildung erworbenen Kenntnisse und Fertigkeiten innerhalb von jeweils fünf Jahren Fortbildungen mit einer Stundenanzahl von mindestens 40 Stunden zu besuchen.

4. Berufsausübung

Zur Ausübung des kardiotechnischen Dienstes sind Personen berechtigt, die

- eigenberechtigt sind,
- die für die Erfüllung der Berufspflichten erforderliche gesundheitliche Eignung und Vertrauenswürdigkeit besitzen,

- einen Qualifikationsnachweis erbringen,
- über die für die Berufsausübung erforderlichen Sprachkenntnisse verfügen und
- in die Kardiotechnikerliste eingetragen sind.

Angehörige des kardiotechnischen Dienstes haben sich vor Aufnahme der Ausübung des Berufes als Kardiotechniker beim Gesundheitsministerium zur Eintragung in die **Kardiotechnikerliste** anzumelden. Der Beruf darf erst nach Eintragung in die Kardiotechnikerliste aufgenommen werden.

Der Nachweis der für die Erfüllung der Berufspflichten eines diplomierten Kardiotechnikers erforderlichen gesundheitlichen Eignung ist durch ein ärztliches Zeugnis zu erbringen. Der Nachweis der Vertrauenswürdigkeit ist durch Vorlage einer Strafregisterauskunft zu erbringen.

Die Berufsausübung im kardiotechnischen Dienst darf **nur im Rahmen eines Dienstverhältnisses** zu Trägern einer **Krankenanstalt** erfolgen.

G. Masseure

Rechtsgrundlage ist das **Medizinischer Masseur- und Heilmasseurgesetz 2002**, kurz **MMHmG**. Das MMHmG regelt sowohl den **Medizinischen Masseur** als auch den **Heilmasseur**.

I. Medizinischer Masseur

1. Berufsbild

Der Beruf des medizinischen Masseurs umfasst die **Durchführung** von

- klassischer Massage,
- Packungsanwendungen,
- Thermotherapie,
- Ultraschalltherapie und
- Spezialmassagen

zu Heilzwecken nach **ärztlicher Anordnung** unter **Anleitung** und **Aufsicht** eines **Arztes** oder eines Angehörigen des **physiotherapeutischen Dienstes**.

Bei **Blindheit** ist das Berufsbild des medizinischen Masseurs auf die Durchführung von klassischer Massage und Spezialmassagen eingeschränkt.

Die **klassische Massage** zu Heilzwecken umfasst Heilmassagen manueller und apparativer Art.

Packungsanwendungen umfassen *insbesondere* Kataplasmen (Munari, Italienische Packung), Wärmepackungen und Kältepackungen.

Die **Thermotherapie** umfasst die Anwendung von Wärme oder Kälte zu Heilzwecken, wie *insbesondere* durch Wärmeleitung, Wärmestrahlung, Energietransformation und Wärmeentzug.

Die **Ultraschalltherapie** ist die Anwendung von Schwingungen mit einer Frequenz von 20 kHz bis 10 GHz zu Heilzwecken.

Spezialmassagen zu Heilzwecken umfassen insbesondere Lymphdrainage, Reflexzonenmassagen und Akupunkturmassagen.

2. Ausbildung

a) Reguläre Ausbildung

Die Ausbildung zum medizinischen Masseur umfasst einen **theoretischen Unterricht** einschließlich **praktischer Übungen** in der Dauer von insgesamt **815 Stunden** sowie eine **praktische Ausbildung** in der Dauer von **875 Stunden**, somit **insgesamt 1 690 Stunden**. Die Ausbildung zum medizinischen Masseur kann in zwei aufbauenden Modulen (Modul A und B) oder in einem durchgeführt werden.

Die Ausbildung zum medizinischen Masseur kann im Rahmen eines **Ausbildungsverhältnisses** oder im Rahmen eines **Dienstverhältnisses** absolviert werden. Eine **Teilzeitausbildung** ist zulässig.

Die Ausbildung zum medizinischen Masseur ist längstens **innerhalb von drei Jahren** abzuschließen. Wird die Ausbildung nicht innerhalb von drei Jahren abgeschlossen, ist die Ausbildung neu zu beginnen. Absolvierte Ausbildungsinhalte sind im Umfang ihrer Gleichwertigkeit durch den fachspezifischen und organisatorischen Leiter anzurechnen.

Voraussetzungen für die Aufnahme zur Ausbildung zum medizinischen Masseur sind ein Lebensalter von mindestens 17 Jahren, die zur Erfüllung der Berufspflichten notwendige körperliche und geistige Eignung, die zur Erfüllung der Berufspflichten erforderliche Vertrauenswürdigkeit und die positive Absolvierung der 9. Schulstufe. Blindheit schließt eine Aufnahme zur Ausbildung zum medizinischen Masseur nicht aus.

Über die Aufnahme entscheidet der Träger der Ausbildung. Die **fachspezifische** und organisatorische **Leitung** der Ausbildung zum medizinischen Masseur obliegt einer fachkompetenten und pädagogisch geeigneten Person, die die Berufsberechtigung als **Heilmasseur** und die Berechtigung zur Ausübung von Lehraufgaben besitzt. Die **medizinisch-wissenschaftliche Leitung** der Ausbildung zum medizinischen Masseur obliegt einem **Arzt**, der die hiefür erforderliche fachliche und pädagogische Eignung besitzt. Die Ausbildung schließt mit einer kommissionellen Prüfung zum medizinischen Masseur ab.

Prüfungen und **Praktika**, die im Rahmen von Ausbildungen zu oder von **Sonderausbildungen** und **Weiterbildungen** von **anderen Gesundheitsberufen** oder eines Universitäts- oder Fachhochschulstudiums oder anderer universitärer Ausbildungen erfolgreich absolviert wurden, sind auf die Prüfungen und Praktika einer Ausbildung zum medizinischen Masseur durch den fachspezifischen und organisatorischen Leiter der Ausbildung insoweit anzurechnen, als sie nach Inhalt und Umfang gleichwertig sind.

b) Verkürzte Ausbildungen (Aufschulungen)

- Verkürzte Ausbildung für **Masseure**

Personen, die die Befähigung für das gebundene Gewerbe der Masseure haben, sind berechtigt, eine verkürzte Ausbildung zum medizinischen Masseur zu absolvieren. Die Ausbildung besteht aus einer **praktischen Ausbildung** im Rahmen der Ausbildung zum medizinischen Masseur im Gesamtumfang von **875 Stunden**.

- Verkürzte Ausbildung für diplomierte **medizinisch-technische Fachkräfte**

Diplomierte medizinisch-technische Fachkräfte sind berechtigt, eine verkürzte Ausbildung zum medizinischen Masseur zu absolvieren. Die Ausbildung besteht aus einer **theoretischen**

Ausbildung einschließlich **praktischer Übungen** im Gesamtumfang von **370 Stunden**, wobei praktische Übungen ohne Patientenkontakt im Ausmaß von 75 Stunden durchzuführen sind, und aus einer **praktischen Ausbildung** im Rahmen der Ausbildung zum medizinischen Masseur in der Dauer von 430 Stunden. Eine durch die medizinisch-technische Fachkraft abgeleistete praktische Tätigkeit im Bereich der physikalischen Medizin kann auf die praktische Ausbildung angerechnet werden.

II. Heilmasseur

1. Berufsbild

Der Beruf des Heilmasseurs umfasst die eigenverantwortliche **Durchführung** von

- klassischer Massage,
- Packungsanwendungen,
- Thermotherapie,
- Ultraschalltherapie und
- Spezialmassagen

zu **Heilzwecken** nach **ärztlicher Anordnung**.

Bei **Blindheit** umfasst das Berufsbild des Heilmasseurs die eigenverantwortliche Durchführung von klassischer Massage und Spezialmassagen zu Heilzwecken nach ärztlicher Anordnung.

Der anordnende **Arzt** trägt die Verantwortung für die Anordnung (**Anordnungsverantwortung**), der **Heilmasseur** trägt die Verantwortung für die Durchführung der angeordneten Tätigkeit (**Durchführungsverantwortung**). Die ärztliche **Anordnung** hat **schriftlich** zu erfolgen. Die erfolgte **Durchführung** der angeordneten Tätigkeit ist durch den Heilmasseur durch Datum und Unterschrift zu **bestätigen**. Eine Übermittlung der schriftlichen Anordnung per Telefax oder im Wege automationsunterstützter Datenübertragung ist zulässig, sofern die Dokumentation gewährleistet ist.

Heilmasseure können die Berechtigung zur Ausübung von **Lehraufgaben** erwerben.

Lehraufgaben umfassen **Lehrtätigkeiten** im Rahmen der Ausbildung zum medizinischen Masseur, des Aufschulungsmoduls zum Heilmasseur, der Spezialqualifikationsausbildungen und der Ausbildungen für Lehraufgaben und die **Leitung** von Ausbildungen zum medizinischen Masseur, von Aufschulungsmodulen zum Heilmasseur, von Spezialqualifikationsausbildungen und von Ausbildungen für Lehraufgaben.

Personen, die zur Berufsausübung als Heilmasseur berechtigt sind, dürfen die **Berufsbezeichnung „Heilmasseur"/„Heilmasseurin"** führen. Heilmasseure mit Berechtigung zur Durchführung von Lehraufgaben dürfen die Zusatzbezeichnung **„Lehrberechtigter Heilmasseur"/„Lehrberechtigte Heilmasseurin"** führen.

2. Ausbildung

Die Ausbildung zum Heilmasseur besteht aus einem **Aufschulungsmodul**, das eine theoretische Ausbildung einschließlich praktischer Übungen im Gesamtumfang von **800 Stunden** umfasst. Sie endet mit einer kommissionellen Abschlussprüfung zum Heilmasseur.

Das **Aufschulungsmodul** kann im Rahmen eines **Ausbildungsverhältnisses** oder im Rahmen eines **Dienstverhältnisses** absolviert werden. Eine **Teilzeitausbildung** ist zulässig.

Voraussetzungen für die Aufnahme zur Ausbildung zum Heilmasseur ist eine **Berufsberechtigung als „medizinischer Masseur"/„medizinische Masseurin"**. Über die Aufnahme entscheidet der Träger des Aufschulungsmoduls. **Blindheit** schließt eine Aufnahme zur Ausbildung zum Heilmasseur nicht aus.

Die **fachspezifische** und organisatorische **Leitung** des Aufschulungsmoduls obliegt einer fachkompetenten und pädagogisch geeigneten Person, die die Berufsberechtigung als **Heilmasseur** und die Berechtigung zur Ausübung von **Lehraufgaben** besitzt. Die **medizinisch-wissenschaftliche Leitung** des Aufschulungsmoduls obliegt einem **Arzt**, der die hiefür erforderliche fachliche und pädagogische Eignung besitzt.

Prüfungen, die im Rahmen einer staatlich anerkannten Ausbildung zum **Heilmasseur** erfolgreich abgelegt wurden, sind auf die entsprechenden Prüfungen einer Ausbildung zum Heilmasseur durch den fachspezifischen und organisatorischen Leiter insoweit anzurechnen, als sie nach Inhalt und Umfang gleichwertig sind.

Prüfungen und **Praktika**, die im Rahmen von Ausbildungen zu oder von **Sonderausbildungen** und **Weiterbildungen** von **anderen Gesundheitsberufen** oder eines Universitäts- oder Fachhochschulstudiums oder anderer universitärer Ausbildungen erfolgreich absolviert wurden, sind auf die Prüfungen und Praktika einer Ausbildung zum Heilmasseur durch den fachspezifischen und organisatorischen Leiter der Ausbildung insoweit anzurechnen, als sie nach Inhalt und Umfang gleichwertig sind.

Die Ausbildung für **Lehraufgaben** umfasst eine Ausbildung in der Dauer von mindestens **120 Stunden**. **Prüfungen** und **Praktika**, die im Rahmen von Ausbildungen zu oder von **Sonderausbildungen** und **Weiterbildungen** von **anderen Gesundheitsberufen** oder eines Universitäts- oder Fachhochschulstudiums oder anderer universitärer Ausbildungen erfolgreich absolviert wurden, sind ebenfalls anrechenbar.

III. Gemeinsame Bestimmungen für medizinische Masseure und Heilmasseure

1. Berufspflichten für alle Masseure

a) Allgemeine Berufspflichten

Masseure haben ihren Beruf ohne Unterschied der Person **gewissenhaft auszuüben**. Sie haben das Wohl der Patienten unter Einhaltung der hiefür geltenden Vorschriften und nach Maßgabe der fachlichen und wissenschaftlichen Erkenntnisse und Erfahrungen zu wahren. **Jede eigenmächtige Heilbehandlung** ist zu **unterlassen**.

Sie haben sich über die neuesten Entwicklungen und Erkenntnisse der medizinischen und anderer berufsrelevanter Wissenschaften, die für den Tätigkeitsbereich maßgeblich sind, regelmäßig fortzubilden. Das Mindestmaß der **Fortbildungsverpflichtung** beträgt 40 Stunden innerhalb von fünf Jahren.

b) Dokumentationspflicht und Auskunftserteilung

Masseure sind verpflichtet, **Aufzeichnungen** über jede in Behandlung übernommene Person, insbesondere über den tätigkeitsrelevanten Zustand der Person bei Übernahme der Behandlung, die ärztlichen Anordnungen, den Behandlungsverlauf sowie über Art und Umfang der angewandten Tätigkeiten zu führen und hierüber der behandelten Person, der zu ihrer gesetzlichen Vertretung befugten Person und der von ihr allenfalls namhaft gemachten Person alle **Auskünfte** zu erteilen. Sie sind verpflichtet, über Verlangen Einsicht in die Dokumentation zu gewähren sowie gegen Kostenersatz die Herstellung von Abschriften zu ermöglichen.

Die Dokumentation ist mindestens **zehn Jahre** aufzubewahren, bei angestellten Masseuren durch den Dienstgeber. Dies gilt auch im Falle der Niederlegung der beruflichen Tätigkeit.

Masseure haben anderen Angehörigen der Gesundheitsberufe, die die betroffenen Patienten behandeln oder pflegen, die für die Behandlung und Pflege erforderlichen Auskünfte zu erteilen.

c) Verschwiegenheitspflicht

Masseure sind zur Verschwiegenheit über alle ihnen in Ausübung ihres Berufs anvertrauten oder bekannt gewordenen Geheimnisse verpflichtet.

Die Verschwiegenheitspflicht besteht nicht, wenn

- nach gesetzlichen Vorschriften eine Meldung des medizinischen Masseurs oder des Heilmasseurs über den Gesundheitszustand bestimmter Personen vorgeschrieben ist,
- Mitteilungen an die Sozialversicherungsträger, Krankenfürsorgeanstalten oder sonstige Kostenträger in dem Umfang, als er für den Empfänger zur Wahrnehmung der ihm übertragenen Aufgaben eine wesentliche Voraussetzung bildet, erforderlich sind,
- die durch die Offenbarung des Geheimnisses bedrohte Person den medizinischen Masseur oder den Heilmasseur von der Geheimhaltung entbunden hat,
- die Offenbarung des Geheimnisses nach Art und Inhalt zum Schutz höherwertiger Interessen der öffentlichen Gesundheitspflege oder der Rechtspflege unbedingt erforderlich ist.

d) Meldepflicht

Ergibt sich für den Masseur in Ausübung seines Berufs der Verdacht, dass

- durch eine gerichtlich strafbare Handlung der Tod oder eine schwere Körperverletzung herbeigeführt wurde,
- eine volljährige Person, die ihre Interessen nicht selbst wahrzunehmen vermag, misshandelt, gequält, vernachlässigt oder sexuell missbraucht worden ist,
- ein Minderjähriger misshandelt, gequält, vernachlässigt oder sexuell missbraucht worden ist,

so hat der Masseur unverzüglich Meldung an den Dienstgeber zu erstatten.

2. Zusätzliche Berufspflichten für Heilmasseure

a) Werbebeschränkung und Provisionsverbot

Im Zusammenhang mit der freiberuflichen Berufsausübung ist eine dem beruflichen Ansehen abträgliche, insbesondere jede vergleichende, diskriminierende oder unsachliche Anpreisung oder Werbung verboten. Der Heilmasseur darf keine Vergütungen für die Zuweisung von Kranken sich oder einem anderen versprechen, geben, nehmen oder sich zusichern lassen. Rechtsgeschäfte, die gegen dieses Verbot verstoßen, sind nichtig. Leistungen aus solchen Rechtsgeschäften können zurückgefordert werden.

b) Informationspflicht

Heilmasseure sind verpflichtet, den anordnenden Arzt unverzüglich über nicht dem Therapieverlauf entsprechende sowie für die weitere Behandlung bedeutsame gesundheitliche Auffälligkeiten zu informieren und die dafür notwendigen Daten zu übermitteln.

c) Besondere Dokumentationspflicht

Daten der Dokumentation dürfen

- an die Sozialversicherungsträger, Krankenfürsorgeanstalten oder sonstige Kostenträger in dem Umfang, als er für den Empfänger zur Wahrnehmung der ihm übertragenen Aufgaben eine wesentliche Voraussetzung bildet, sowie
- an den anordnenden Arzt, in dessen Behandlung der Patient steht, mit Zustimmung des Patienten oder der zur gesetzlichen Vertretung befugten Person

übermittelt werden.

d) Besondere Verschwiegenheitspflicht, Anzeige- und Meldepflicht

Die **Verschwiegenheitspflicht** eines freiberuflich tätigen Heilmasseurs besteht nicht für die Honorarabrechnung gegenüber den Krankenversicherungsträgern, Krankenanstalten und sonstigen Kostenträgern.

Die **Anzeige-** und **Meldepflichten** bei Verdacht, dass durch eine gerichtlich strafbare Handlung der Tod oder die schwere Körperverletzung herbeigeführt wurde, hat der freiberufliche Heilmasseur selbst auszuüben. Das gilt auch im Fall des Verdachts, dass eine volljährige Person, die ihre Interessen nicht selbst wahrzunehmen vermag, misshandelt, gequält, vernachlässigt oder sexuell missbraucht worden ist oder dass ein Minderjähriger misshandelt, gequält, vernachlässigt oder sexuell missbraucht worden ist.

3. Berufsausübung

Zur Ausübung des Berufs des **medizinischen Masseurs** oder des **Heilmasseurs** sind Personen berechtigt, die

- eigenberechtigt sind,
- die für die Erfüllung der Berufspflichten erforderliche gesundheitliche Eignung und Vertrauenswürdigkeit besitzen,
- über die für die Berufsausübung erforderlichen Sprachkenntnisse verfügen und entweder

- einen Qualifikationsnachweis erbringen oder
- zur Ausübung des **physiotherapeutischen Dienstes** berechtigt sind.

Zur Ausübung von **Lehraufgaben** sind Heilmasseure berechtigt, die

- einen Qualifikationsnachweis über eine erfolgreich absolvierte Ausbildung oder
- die Berechtigung zur Ausübung von Lehraufgaben gemäß dem Gesundheits- und Krankenpflegegesetz, dem Hebammengesetz oder dem MTD-Gesetz besitzen.

Eine **Berufsausübung** als **medizinischer Masseur** darf nur im Rahmen eines Dienstverhältnisses erfolgen. Eine **freiberufliche** Tätigkeit ist nicht gestattet.

Eine **Berufsausübung** als **Heilmasseur** darf

- im Rahmen eines **Dienstverhältnisses** zu einer Krankenanstalt oder Kuranstalt oder einer sonstigen unter ärztlicher Leitung oder Aufsicht stehenden Einrichtung, die der Vorbeugung, Feststellung oder Heilung von Krankheiten oder der Betreuung pflegebedürftiger Menschen dient, oder zu einem freiberuflich tätigen Arzt, einer Gruppenpraxis, einer Primärversorgungseinheit oder zu einem freiberuflich tätigen diplomierten Physiotherapeuten oder
- **freiberuflich** erfolgen.

Die beabsichtigte Aufnahme einer freiberuflichen Berufsausübung als Heilmasseur ist der aufgrund des in Aussicht genommenen Berufssitzes zuständigen Bezirksverwaltungsbehörde zu melden. Die freiberufliche Berufsausübung als Heilmasseur hat persönlich und unmittelbar zu erfolgen. Jeder freiberuflich tätige Heilmasseur hat höchstens zwei Berufssitze in Österreich zu bestimmen.

IV. Ausbildungen im Überblick

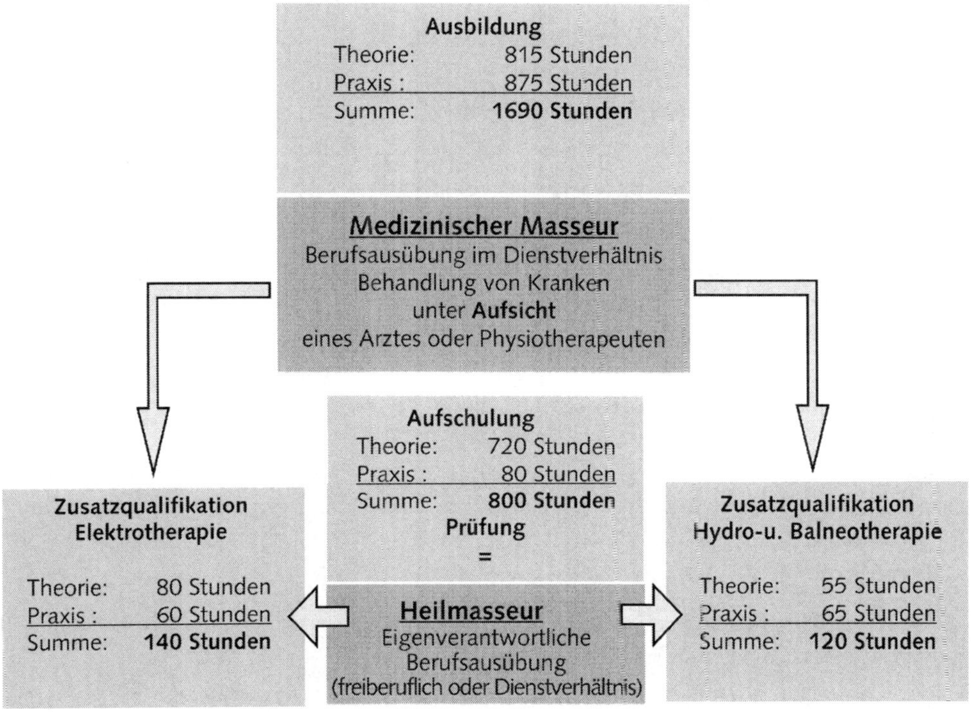

V. Gewerberechtliche Bestimmungen

Physiotherapeuten oder Heilmasseure haben nach Ablegung der **Unternehmerprüfung** den Befähigungsnachweis für das reglementierte **Gewerbe** der Massage. Bei Nachweis einer ununterbrochenen dreijährigen freiberuflichen Tätigkeit als diplomierter Physiotherapeut oder als Heilmasseur entfällt die Unternehmerprüfung.

H. Zahnärztliche Assistenz

Rechtsgrundlage für die Ausübung des Berufes der Zahnärztlichen Assistenz ist seit 1. 1. 2012 das **Zahnärztegesetz.**

1. Berufsbild

Der Beruf der **Zahnärztlichen Assistenz** umfasst die Unterstützung von Angehörigen des zahnärztlichen Berufs und des Dentistenberufs bei der Behandlung und Betreuung der Patienten einschließlich der Durchführung von organisatorischen und Verwaltungstätigkeiten in der zahnärztlichen Ordination.

Der Tätigkeitsbereich der Zahnärztlichen Assistenz im Rahmen der Behandlung und Betreuung der Patienten umfasst insbesondere

- die Assistenz bei der **konservierenden Behandlung** einschließlich Polieren von Füllungen und Desensibilisierung von Zahnhälsen,
- die Assistenz bei der **chirurgischen Behandlung,**
- die Assistenz bei der **prothetischen Behandlung** sowie einfache Labortätigkeiten,
- die Assistenz bei der **parodontologischen Behandlung,**
- die Assistenz bei der **kieferorthopädischen Behandlung,**
- die Assistenz bei **prophylaktischen Maßnahmen** einschließlich Statuserhebung, Information und Demonstration von Mundhygiene, Anfärben, Putzübungen, zahnbezogene Ernährungsberatung und Fluoridierung,
- die Anfertigung, Entwicklung und Archivierung von Röntgenaufnahmen, die Praxishygiene, Reinigung, Desinfektion, Sterilisation und Wartung der Medizinprodukte und sonstiger Geräte und Behelfe sowie die Abfallentsorgung.

Angehörige der Zahnärztlichen Assistenz dürfen diese Tätigkeiten nur nach **Anordnung** und unter **Aufsicht** von Angehörigen des **zahnärztlichen Berufs** oder **Dentistenberufs** durchführen.

2. Bereiche

Der Beruf der **Zahnärztlichen Assistenz** kann als Basisberuf sowie nach einer Weiterbildung als Prophylaxeassistenz ausgeübt werden.

Die **Prophylaxeassistenz** umfasst über die Tätigkeiten der Zahnärztlichen Assistenz hinaus die Durchführung von **prophylaktischen Maßnahmen** zur Vorbeugung der Erkrankung der Zähne, des Mundes und der Kiefer einschließlich der dazugehörigen Gewebe nach **Anordnung** und unter Aufsicht von Angehörigen des zahnärztlichen Berufs und des Dentistenberufs.

Zur Ausübung der Prophylaxeassistenz sind Personen berechtigt, die

- zur Ausübung der **Zahnärztliche Assistenz** nach den Bestimmungen dieses Bundesgesetzes berechtigt sind,
- über eine **mindestens zweijährige Berufsausübung** in der Zahnärztlichen Assistenz verfügen und
- eine **Weiterbildung** in der Prophylaxeassistenz erfolgreich absolviert haben.

3. Berufspflichten

a) Allgemeine Berufspflichten

Angehörige der Zahnärztlichen Assistenz haben ihren Beruf ohne Unterschied der Person gewissenhaft auszuüben. Sie haben das Wohl und die Gesundheit der Patienten unter Einhaltung der hiefür geltenden Vorschriften und nach Maßgabe der fachlichen und wissenschaftlichen Erkenntnisse und Erfahrungen zu wahren und sich berufsspezifisch regelmäßig fortzubilden. Jede eigenmächtige Heilbehandlung ist zu unterlassen.

b) Verschwiegenheitspflicht

Angehörige der Zahnärztlichen Assistenz sind zur Verschwiegenheit über alle ihnen in Ausübung ihres Berufes anvertrauten oder bekannt gewordenen Geheimnisse verpflichtet.

4. Ausbildung

a) Grundausbildung

Die Ausbildung in der Zahnärztlichen Assistenz erfolgt **im Rahmen eines Dienstverhältnisses** zu einem Zahnarzt oder Dentisten oder Facharzt für Mund-, Kiefer- und Gesichtschirurgie, einer zahnärztlichen Gruppenpraxis, dem Träger einer Universitätsklinik für Zahn-, Mund- und Kieferheilkunde oder Universitätsklinik für Mund-, Kiefer- und Gesichtschirurgie oder dem Träger eines Zahnambulatoriums oder einer sonstigen Krankenanstalt im Rahmen der Abteilung oder sonstigen Organisationseinheit für Zahnheilkunde oder für Mund-, Kiefer- und Gesichtschirurgie.

Die Ausbildung dauert **drei Jahre** und umfasst eine theoretische und praktische Ausbildung in der Dauer von **mindestens 3 600 Stunden**, wobei mindestens **600 Stunden** auf den **theoretischen Unterricht** und mindestens **3 000 Stunden** auf die **praktische Ausbildung** zu entfallen haben.

Die theoretische Ausbildung ist an einem Lehrgang für Zahnärztliche Assistenz zu absolvieren.

- Lehrgänge für Zahnärztliche Assistenz

Die theoretische Ausbildung in der Zahnärztlichen Assistenz hat an Lehrgängen zu erfolgen, die über die für die Erreichung des Ausbildungsziels erforderlichen Lehrkräfte sowie Lehrmittel und Räumlichkeiten verfügen.

Die Abhaltung von Lehrgängen bedarf der Bewilligung des Landeshauptmanns.

b) Weiterbildung Prophylaxeassistenz

Die Weiterbildung in der Prophylaxeassistenz umfasst eine **theoretische** und **praktische Ausbildung** in der Dauer von **mindestens 144 Stunden**, wobei mindestens 64 Stunden auf den theoretischen Unterricht und mindestens 80 Stunden auf die praktische Ausbildung zu entfallen haben.

Die Abhaltung von Weiterbildungen bedarf der Bewilligung des Landeshauptmanns.

5. Berufsausübung

Zur Ausübung der Zahnärztlichen Assistenz sind Personen berechtigt, die die für die Berufsausübung erforderliche **gesundheitliche Eignung**, die für die Berufsausübung erforderliche **Vertrauenswürdigkeit**, die für die Berufsausübung erforderlichen **Kenntnisse der deutschen Sprache** und einen **Qualifikationsnachweis** haben.

Als **Qualifikationsnachweis** in der Zahnärztlichen Assistenz gilt

- ein Zeugnis über eine mit Erfolg abgeschlossene Ausbildung in der Zahnärztlichen Assistenz nach den Bestimmungen des Zahnärztegesetzes oder

- die erfolgreich abgelegte Lehrabschlussprüfung im Lehrberuf „Zahnärztliche Fachassistenz" nach den Bestimmungen der Zahnärztliche Fachassistenz-Ausbildungsordnung (BGBl. II Nr. 200/2009).

Personen, die zur Ausübung der Zahnärztlichen Assistenz berechtigt sind, sind berechtigt, die Berufsbezeichnung **„Zahnärztlicher Assistent"/„Zahnärztliche Assistentin"** zu führen.

Personen, die zur Ausübung der Prophylaxeassistenz berechtigt sind, führen die Berufsbezeichnung **„Prophylaxeassistent"/„Prophylaxeassistentin"**.

Die Berufsausübung der Zahnärztlichen Assistenz darf nur im **Dienstverhältnis** zu einem/einer freiberuflich tätigen Angehörigen des **zahnärztlichen Berufs** oder **Dentistenberufs** oder **Facharzt für Mund-, Kiefer- und Gesichtschirurgie**, einer **zahnärztlichen Gruppenpraxis**, dem Träger einer **Universitätsklinik für Zahn-, Mund- und Kieferheilkunde** oder **Universitätsklinik für Mund-, Kiefer- und Gesichtschirurgie**, dem Träger eines **Zahnambulatoriums** oder einer sonstigen Krankenanstalt im Rahmen der Abteilung oder **sonstigen Organisationseinheit für Zahnheilkunde** oder für **Mund-, Kiefer- und Gesichtschirurgie** erfolgen.

Eine freiberufliche Ausübung der Zahnärztlichen Assistenz ist nicht zulässig.

6. Übergangsbestimmungen der Zahnärztlichen Assistenz

a) Zahnärztliche Assistenz

- Personen, die mit Ablauf des 31. Dezember 2012 in einem **Angestelltenverhältnis als zahnärztliche Assistenten/Assistentinnen** bei einem Zahnarzt oder Dentisten stehen und den **Fachkurs** in der Zahnärztlichen Assistenz **erfolgreich absolviert** haben, sind zur Ausübung der Zahnärztlichen Assistenz berechtigt.
- Ebenso sind Personen, die nicht mit Ablauf des 31. Dezember 2012 in einem Dienstverhältnis stehen, aber eine **Ausbildung als zahnärztlicher Assistent/zahnärztliche Assistentin** oder **zahnärztliche Ordinationshilfe** absolviert haben, zur Ausübung der Zahnärztlichen Assistenz berechtigt.
- Personen, die nicht die Voraussetzung des Abs. 1 erfüllen, aber den Lehrgang für zahnärztliche AssistentInnen im Rahmen eines Pilotprojektes gemäß Beschluss der Steiermärkischen Landesregierung vom 9. 7. 2001, GZ 12-97 Z 3/4-2001, in Kooperation zwischen dem Land Steiermark und der Univ. Klinik für Zahn-, Mund- und Kieferheilkunde am LKH – Univ. Klinikum Graz absolviert haben, sind zur Ausübung der Zahnärztlichen Assistenz berechtigt.

b) Prophylaxeassistenz

- Personen, die mit Ablauf des 31. Dezember 2012 die Zusatzausbildung in der Prophylaxeassistenz erfolgreich absolviert haben, sind zur Ausübung der Prophylaxeassistenz berechtigt.
- Andere Personen, die zwar nicht mit Ablauf des 31. Dezember 2012 die Zusatzausbildung in der Prophylaxeassistenz erfolgreich absolviert haben, aber zur Ausübung der Zahnärztlichen Assistenz nach den Bestimmungen des Zahnärztegesetzes berechtigt sind und in Österreich eine entsprechende andere Ausbildung in der Prophylaxeassistenz absolviert haben oder vor dem 1. Jänner 1992 sowie seit 1. Jänner 2007 jeweils mindestens zwei Jahre

Tätigkeiten der Prophylaxeassistenz im Dienstverhältnis zu einem Zahnarzt, einem Träger einer Universitätsklinik für Zahn-, Mund- und Kieferheilkunde oder einer Krankenanstalt überwiegend ausgeübt haben, sind zur Ausübung der Prophylaxeassistenz berechtigt.

I. Medizinische Assistenzberufe

Rechtsgrundlage für die Ausübung der Medizinischen Assistenzberufe ist seit 1. 1. 2013 das **Medizinische Assistenzberufe-Gesetz – MABG.** Durch das MABG wurde das MTF-SHD Gesetz und damit die Berufe Medizinisch-Technische-Fachkraft und die Sanitätshilfsdienste ersetzt.

Das MABG regelt die Berufe und die Ausbildungen in den medizinischen Assistenzberufen sowie die Tätigkeit in der Trainingstherapie durch Sportwissenschafter/innen. Die medizinischen Assistenzberufe sowie die Tätigkeit in der Trainingstherapie durch Sportwissenschafter/innen dürfen nur nach Maßgabe dieses Bundesgesetzes ausgeübt werden.

1. Berufsbild

Medizinische Assistenzberufe führen in den jeweiligen Sparten Assistenzleistungen nach ärztlicher Anordnung und unter ärztlicher Aufsicht durch.

2. Die einzelnen Medizinischen Assistenzberufe

a) Desinfektionsassistenz

Die Desinfektionsassistenz umfasst die Reduktion und Beseitigung von Mikroorganismen und parasitären makroskopischen Organismen nach ärztlicher Anordnung und unter ärztlicher Aufsicht.

Sie führt die Berufsbezeichnung **Desinfektionsassistentin/Desinfektionsassistent.**

Der Tätigkeitsbereich der Desinfektionsassistenz umfasst *insbesondere*

- die Übernahme von kontaminiertem Instrumentarium sowie die Vorbereitung und Durchführung der weiteren manuellen und maschinellen Reinigung,
- die Durchführung von Sicht- und Funktionskontrollen am gereinigten Instrumentarium,
- die Vorbereitung des gereinigten Instrumentariums für und die Durchführung der Desinfektion und Sterilisation mittels Dampfsterilisatoren,
- das Reinigen, Warten und Vorbereiten der im Rahmen der Desinfektion, Sterilisation und Entwesung eingesetzten Geräte sowie die Beseitigung einfacher Ablaufstörungen,
- die Überwachung, Kontrolle und Dokumentation des Desinfektions- und Sterilisationsprozesses,
- die Lagerung des Sterilguts und Kontrolle des Haltbarkeitsdatums sowie die Aufbereitung und Entsorgung von Ver- und Gebrauchsgütern,
- die Durchführung der Desinfektion von Medizinprodukten sowie der Flächendesinfektion,
- die Reduktion und Beseitigung (Entwesung, Entlausung) parasitärer makroskopischer Organismen von Menschen, Objekten und Räumen mittels chemischer Substanzen und
- die Einhaltung der Sicherheits- und Qualitätsstandards im Rahmen der Desinfektion, Sterilisation und Entwesung.

b) Gipsassistenz

Die Gipsassistenz umfasst die Assistenz beim Anlegen ruhigstellender und starrer Wundverbände, insbesondere von Gips-, Kunstharz- und thermoplastischen Verbänden, sowie das Anwenden von einfachen Gipstechniken aus therapeutischen Gründen nach ärztlicher Anordnung und unter ärztlicher Aufsicht.

Sie führt die Berufsbezeichnung **Gipsassistentin/Gipsassistent.**

Der Tätigkeitsbereich der Gipsassistenz umfasst *insbesondere*

- die Assistenz beim Anlegen von Gips-, Kunstharz- und thermoplastischen Verbänden im Rahmen der Erstversorgung und Nachbehandlung von Frakturen sowie Muskel- und Bänderverletzungen,
- die Assistenz bei Repositionen und anschließender Ruhigstellung,
- das Anwenden einfacher Gipstechniken, insbesondere bei stabilen Frakturen in achsengerechter Stellung sowie Muskel- und Bandverletzungen,
- die Korrektur von in der Stabilität beeinträchtigten starren Verbänden,
- die Abnahme starrer Verbände,
- die Auf- und Nachbereitung des Behandlungs- bzw. Gipsraums und
- das Organisieren und Verwalten der erforderlichen Materialien.

c) Laborassistenz

Die Laborassistenz umfasst die Durchführung automatisierter und einfacher manueller Routineparameter im Rahmen von standardisierten Laboruntersuchungen nach ärztlicher Anordnung und unter Aufsicht.

Nach Maßgabe der ärztlichen Anordnung kann die **Aufsicht** auch durch eine **Biomedizinische Analytikerin** erfolgen. Diese kann die angeordnete Tätigkeit im Einzelfall an Angehörige der Laborassistenz weiterdelegieren und die **Aufsicht über deren Durchführung** wahrnehmen.

Sie führt die Berufsbezeichnung **Laborassistentin/Laborassistent.**

Der Tätigkeitsbereich der Laborassistenz umfasst Tätigkeiten in der **Präanalytik**, der **Analytik** und der **Postanalytik.**

Tätigkeiten in der Präanalytik sind *insbesondere*

- die Mitwirkung an der Gewinnung von Untersuchungsmaterialien einschließlich die Blutentnahme aus der Vene und den Kapillaren,
- die Vorbereitung der Geräte, Reagenzien und Proben und
- die Überprüfung der Geräte auf Funktionstüchtigkeit einschließlich deren Qualitätskontrolle.

Tätigkeiten in der Analytik sind die Durchführung einfacher automatisierter und einfacher manueller Analysen von Routineparametern.

Tätigkeiten in der Postanalytik sind *insbesondere*

- die Überprüfung der Funktionstüchtigkeit des Gerätes hinsichtlich der konkreten Probe,
- die Dokumentation der Analyseergebnisse,

- die Archivierung bzw. Entsorgung des Probenmaterials und
- die Wartung der Geräte.

d) Obduktionsassistenz

Die Obduktionsassistenz umfasst die Assistenz bei der Leichenöffnung im Rahmen der Anatomie, der Histopathologie, der Zytopathologie sowie der Gerichtsmedizin nach ärztlicher Anordnung und unter ärztlicher Aufsicht.

Sie führt die Berufsbezeichnung **Obduktionsassistentin/Obduktionsassistent.**

Der Tätigkeitsbereich der Obduktionsassistenz umfasst *insbesondere*

- die Wartung und Aufbereitung der für die Obduktion erforderlichen Instrumente sowie des Obduktionstisches,
- die Assistenz bei der Leichenöffnung und bei der Organ- oder Probenentnahme,
- die Mitwirkung bei anatomischen Präparationen,
- die Durchführung von Konservierungsverfahren,
- die Assistenz bei der Umsetzung der Hygienerichtlinien hinsichtlich des Obduktionsraums, der Gerätschaften und der Instrumente,
- die Assistenz bei der Dokumentation der Leichenöffnung, insbesondere der Fotodokumentation und
- die Versorgung und Vorbereitung der Verstorbenen für die Bestattung.

e) Operationsassistenz

Die Operationsassistenz umfasst die Assistenz bei der Durchführung operativer Eingriffe nach ärztlicher Anordnung und unter Aufsicht.

Nach Maßgabe der ärztlichen Anordnung kann die **Aufsicht** durch Angehörige des **gehobenen Dienstes für Gesundheits- und Krankenpflege** erfolgen. Diese kann die angeordnete Tätigkeit im Einzelfall an Angehörige der Operationsassistenz weiterdelegieren und die **Aufsicht über deren Durchführung** wahrnehmen.

Sie führt die Berufsbezeichnung **Operationsassistentin/Operationsassistent.**

Der Tätigkeitsbereich der Operationsassistenz umfasst *insbesondere*

- die Annahme, Identifikation und Vorbereitung der zu operierenden Patienten/-innen einschließlich des An- und Abtransports,
- die Vorbereitung des Operationsraums hinsichtlich der erforderlichen unsterilen Geräte und Lagerungsbehelfe, einschließlich deren Überprüfung auf Funktionstüchtigkeit, sowie deren Wartung,
- die Assistenz bei der Lagerung der Patienten/-innen,
- die perioperative Bedienung der unsterilen Geräte,
- die Assistenz bei der Sterilisation der Geräte und Instrumente,
- die Aufbereitung und Funktionskontrolle der unsterilen Geräte und
- die Assistenz bei der Umsetzung der Hygienerichtlinien hinsichtlich des Operationsraums, der Geräte und der Instrumente.

f) Ordinationsassistenz

Die Ordinationsassistenz umfasst die Assistenz bei medizinischen Maßnahmen in ärztlichen Ordinationen, ärztlichen Gruppenpraxen, selbständigen Ambulatorien und Sanitätsbehörden nach ärztlicher Anordnung und Aufsicht.

Nach Maßgabe der ärztlichen Anordnung kann die **Aufsicht** durch Angehörige des **gehobenen Dienstes für Gesundheits- und Krankenpflege** erfolgen. Diese kann die angeordnete Tätigkeit im Einzelfall an Angehörige der Ordinationsassistenz weiterdelegieren und die Aufsicht über deren Durchführung wahrnehmen.

Sie führt die Berufsbezeichnung **Ordinationsassistentin/Ordinationsassistent.**

Der Tätigkeitsbereich der Ordinationsassistenz umfasst

- die Durchführung einfacher Assistenztätigkeiten bei ärztlichen Maßnahmen,
- die Durchführung von standardisierten diagnostischen Programmen und standardisierten Blut-, Harn- und Stuhluntersuchungen mittels Schnelltestverfahren (Point-of-Care-Testing) einschließlich der Blutentnahme aus den Kapillaren im Rahmen der patientennahen Labordiagnostik,
- die Blutentnahme aus der Vene, ausgenommen bei Kindern,
- die Betreuung der Patienten/-innen und
- die Praxishygiene, Reinigung, Desinfektion, Sterilisation und Wartung der Medizinprodukte und sonstiger Geräte und Behelfe sowie die Abfallentsorgung.

Der Tätigkeitsbereich der Ordinationsassistenz umfasst auch die Durchführung der für den Betrieb der Ordination erforderlichen **organisatorischen** und **administrativen Tätigkeiten.**

g) Röntgenassistenz

Die Röntgenassistenz umfasst die Durchführung von einfachen standardisierten Röntgenuntersuchungen sowie die Assistenz bei radiologischen Untersuchungen nach ärztlicher Anordnung und unter Aufsicht.

Nach Maßgabe der ärztlichen Anordnung kann die **Aufsicht** durch **Radiologietechnologen** erfolgen. Diese kann die angeordnete Tätigkeit im Einzelfall an Angehörige der Röntgenassistenz weiterdelegieren und die Aufsicht über deren Durchführung wahrnehmen.

Sie führt die Berufsbezeichnung **Röntgenassistentin/Röntgenassistent**.

Der Tätigkeitsbereich der Röntgenassistenz umfasst

- die Durchführung von standardisierten Thoraxröntgen,
- die Durchführung von standardisierten Röntgenuntersuchungen des Skelettsystems,
- die Durchführung von standardisierten Knochendichtemessungen,
- die Durchführung von standardisierten Mammographien,
- die Vornahme einfacher standardisierter Tätigkeiten bei Schnittbilduntersuchungen mittels Computertomographie im Rahmen der Assistenz bei radiologischen Untersuchungen,
- die Vornahme einfacher standardisierter Tätigkeiten bei Schnittbilduntersuchungen mittels Magnetresonanztomographie im Rahmen der Assistenz bei radiologischen Untersuchungen,

- die Assistenz bei Röntgenuntersuchungen des Respirations-, Gastrointestinal- und des Urogenital-Traktes,
- die Transferierung und die Assistenz bei der Lagerung von Patienten/-innen bei Röntgenuntersuchungen und radiologischen Untersuchungen,
- die Auf- und Nachbereitung der Geräte und Untersuchungsräume und
- das Organisieren, Verwalten und Zureichen der erforderlichen Materialien.

h) Medizinische Fachassistenz

Die medizinischen Fachassistenz ist der umfangreichste medizinische Assistenzberuf. Er umfasst entweder

- das Berufsbild von zumindest **drei** der oben unter a) bis g) angeführten **medizinischen Assistenzberufe** oder
- das Berufsbild der **Pflegehilfe** oder des **medizinischen Masseurs** sowie mindestens **eine Ausbildung in einem medizinischen Assistenzberuf**.

Personen, die einen Qualifikationsnachweis in der medizinischen Fachassistenz erworben haben, dürfen die Berufsbezeichnung **„Diplomierter medizinischer Fachassistent (MFA)"/ „Diplomierte medizinische Fachassistentin (MFA)"** führen.

Wahlweise besteht auch die Möglichkeit, die **Berufsbezeichnung** jenes Berufs, in dem sie überwiegend tätig sind (einer der sieben unter a) bis g) oben angeführten medizinischen Assistenzberufe, nach dem Gesundheits- und Krankenpflegegesetz oder dem Medizinischer Masseur- und Heilmasseurgesetz), unter Anfügung der Bezeichnung „(MFA)" zu führen.

i) Trainingstherapeuten

Die Trainingstherapie durch Sportwissenschafter/innen umfasst die strukturelle Verbesserung der Bewegungsabläufe und der Organsysteme mit dem Ziel, die Koordination, Kraft, Ausdauer und das Gleichgewicht durch systematisches Training, aufbauend auf der Stabilisierung der Primärerkrankung und zur ergänzenden Behandlung von Sekundärerkrankungen, zu stärken. Übergeordnetes Ziel ist die Vermeidung des Wiedereintritts von Krankheiten sowie des Entstehens von Folgekrankheiten, Maladaptionen und Chronifizierungen.

Die Trainingstherapie durch Sportwissenschafter/innen hat nach ärztlicher Anordnung und unter **Aufsicht** zu erfolgen.

Nach Maßgabe der ärztlichen Anordnung kann die **Aufsicht** durch **Physiotherapeuten** erfolgen. Der Physiotherapeut kann die angeordnete Tätigkeit im Einzelfall an Sportwissenschafter/innen weiterdelegieren und die **Aufsicht** über deren **Durchführung** wahrnehmen.

Sportwissenschafter/innen, die zur Ausübung der Trainingstherapie berechtigt sind, sind befugt, nach ärztlicher Anordnung Blut aus der Kapillare zur Lactatmessung abzunehmen. Die Berufspflichten für die Angehörigen von medizinischen Assistenzberufen gelten auch für Trainingstheraputen.

Als Qualifikationsnachweis gilt

- ein an einer österreichischen Universität abgeschlossenes oder nostrifiziertes Universitätsstudium „Sportwissenschaften", das durch Verordnung des Bundesministers für Gesundheit anerkannt ist (generelle Akkreditierung) oder
- ein Bescheid des Bundesministers für Gesundheit, mit dem festgestellt wird, dass die für die Ausübung der Trainingstherapie erforderliche Ausbildung gemäß der Verordnung des Bundesministers für Gesundheit nachgewiesen ist (individuelle Akkreditierung).

Die Ausbildung in der Trainingstherapie ist an Universitäten, die das Studium der Sportwissenschaften, oder an Fachhochschulen, die den Fachhochschul-Bachelorstudiengang Physiotherapie anbieten, durchzuführen.

Die Berufsbezeichnung lautet **Trainingstherapeutin/Trainingstherapeut.**

3. Berufspflichten

a) Allgemeine Berufspflichten

Angehörige von medizinischen Assistenzberufen haben ihren Beruf ohne Unterschied der Person gewissenhaft auszuüben. Sie haben das Wohl der Patienten unter Einhaltung der hiefür geltenden Vorschriften und nach Maßgabe der fachlichen und wissenschaftlichen Erkenntnisse und Erfahrungen zu wahren und sich berufsspezifisch regelmäßig fortzubilden. Jede eigenmächtige Heilbehandlung ist zu unterlassen.

b) Dokumentationspflicht und Auskunftspflicht

Angehörige von medizinischen Assistenzberufen haben bei Ausübung ihres Berufs die von ihnen durchgeführten Maßnahmen zu dokumentieren und den betroffenen Patienten/-innen, deren gesetzlichen Vertretern/-innen oder Personen, die von diesen als auskunftsberechtigt benannt wurden, alle Auskünfte über die von ihnen gesetzten Maßnahmen zu erteilen.

Sie haben auch gegenüber Angehörigen anderer Gesundheitsberufe, die die betroffenen Patienten/-innen behandeln oder pflegen, die für die Behandlung und Pflege erforderlichen Auskünfte zu erteilen.

c) Verschwiegenheitspflicht

Angehörige von medizinischen Assistenzberufen sind zur Verschwiegenheit über alle ihnen in Ausübung ihres Berufes anvertrauten oder bekannt gewordenen Geheimnisse verpflichtet.

4. Ausbildung

a) Grundausbildung

Die Grundausbildung kann nur in einem der sieben oben unter a) bis g) aufgezählten medizinischen Assistenzberufe (Desinfektionsassistenz, Gipsassistenz, Laborassistenz, Obduktionsassistenz, Operationsassistenz, Ordinationsassistenz, Röntgenassistenz) erfolgen.

Die Ausbildung zur Medizinischen Fachassistenz erfolgt erst nach Absolvierung der entsprechenden Grundausbildungen im Rahmen der Weiterbildung.

- Die Ausbildung in der **Desinfektionsassistenz** umfasst mindestens 650 Stunden, wobei mindestens die Hälfte auf die praktische Ausbildung und mindestens ein Drittel auf die theoretische Ausbildung zu entfallen hat.
- Die Ausbildung in der **Gipsassistenz** umfasst mindestens 650 Stunden, wobei mindestens die Hälfte auf die praktische Ausbildung und mindestens ein Drittel auf die theoretische Ausbildung zu entfallen hat.
- Die Ausbildung in der **Laborassistenz** umfasst mindestens 1300 Stunden, wobei mindestens die Hälfte auf die praktische Ausbildung und mindestens ein Drittel auf die theoretische Ausbildung zu entfallen hat.
- Die Ausbildung in der **Obduktionsassistenz** umfasst mindestens 650 Stunden, wobei mindestens die Hälfte auf die praktische Ausbildung und mindestens ein Drittel auf die theoretische Ausbildung zu entfallen hat.
- Die Ausbildung in der **Operationsassistenz** umfasst mindestens 1100 Stunden, wobei mindestens die Hälfte auf die praktische Ausbildung und mindestens ein Drittel auf die theoretische Ausbildung zu entfallen hat.
- Die Ausbildung in der **Ordinationsassistenz** umfasst mindestens 650 Stunden, wobei mindestens die Hälfte auf die praktische Ausbildung und mindestens ein Drittel auf die theoretische Ausbildung zu entfallen hat.
- Die Ausbildung in der **Röntgenassistenz** umfasst mindestens 1300 Stunden, wobei mindestens die Hälfte auf die praktische Ausbildung und mindestens ein Drittel auf die theoretische Ausbildung zu entfallen hat.

Im Rahmen der praktischen Ausbildung sind die Auszubildenden berechtigt, Tätigkeiten des jeweiligen medizinischen Assistenzberufs nach Anordnung und unter Anleitung und Aufsicht durchzuführen.

b) Weiterbildung Medizinische Fachassistenz

Die Ausbildung in der medizinischen Fachassistenz umfasst

- die erfolgreiche Absolvierung von mindestens drei Ausbildungen in medizinischen Assistenzberufen oder eine Ausbildung in der Pflegehilfe oder als medizinischer Masseur sowie mindestens eine Ausbildung in einem medizinischen Assistenzberuf und zusätzlich
- die Erstellung einer **Fachbereichsarbeit** im Gesamtausmaß von mindestens 2500 Stunden, wobei in dieses Stundenausmaß die notwendige Stundenanzahl für die bereits absolvierten Ausbildungen einzurechnen ist. Für die Fachbereichsarbeit ist eine Arbeitsleistung von mindestens 200 Stunden erforderlich.

c) Ausbildungsstätten

Die Ausbildung in einem der sieben medizinischen Assistenzberufe erfolgt in einem **Lehrgang** oder an einer **Schule für medizinische Assistenzberufe.** Sie umfasst

- das MAB-Basismodul und
- das entsprechende MAB-Aufbaumodul.

Für Angehörige von gesetzlich geregelten Gesundheitsberufen und Absolventen des Studiums der Humanmedizin oder Zahnmedizin entfällt das MAB-Basismodul.

Die Ausbildung in der **medizinischen Fachassistenz** hat an einer **Schule für medizinische Assistenzberufe** zu erfolgen.

Die Inhalte des **MAB-Basismoduls** können auch im Rahmen von Ausbildungen an **berufsbildenden mittleren oder höheren Schulen** angeboten werden.

Die Ausbildung in der **Ordinationsassistenz** kann auch im Rahmen eines Dienstverhältnisses zu

- einem/einer niedergelassenen Arzt/Ärztin,
- einer ärztlichen Gruppenpraxis,
- einem selbständigen Ambulatorium oder
- einer Sanitätsbehörde

erfolgen.

Die theoretische Ausbildung ist an einer Schule für medizinische Assistenzberufe oder einem Lehrgang für Ordinationsassistenz zu absolvieren. Die Tätigkeiten der Ordinationsassistenz dürfen im Rahmen der Ausbildung unter Anleitung und Aufsicht bereits vor Abschluss der Ausbildung ausgeübt werden (Ordinationsassistenz in Ausbildung), sofern die Ordinationsassistenz in Ausbildung über die entsprechenden Kenntnisse und Fertigkeiten verfügt. Die erfolgreiche Absolvierung der Ausbildung ist innerhalb von drei Jahren ab Aufnahme der Tätigkeit als Ordinationsassistenz in Ausbildung nachzuweisen.

Als **fachspezifische** und **organisatorische Leiterin** eines Lehrgangs für medizinische Assistenzberufe bzw. als Direktorin einer Schule für medizinische Assistenzberufe sind Personen zu bestellen, die

- über eine Berufsberechtigung als Angehöriger des gehobenen Dienstes für Gesundheits- und Krankenpflege, Biomedizinischer Analytikerin, Radiologietechnologin oder Ärztin verfügen und
- eine mindestens dreijährige einschlägige praktische Berufserfahrung oder eine mindestens dreijährige Unterrichtstätigkeit im Rahmen gesundheitsberuflicher Ausbildungen nachweisen können.

Die **medizinisch-wissenschaftliche Leitung** hat ein dafür qualifizierter Arzt.

5. Berufsausübung

Zur Ausübung der Medizinischen Assistenzberufe sowie der Trainingstherapie sind Personen berechtigt, die die für die Berufsausübung erforderliche **gesundheitliche Eignung**, die für die Berufsausübung erforderliche **Vertrauenswürdigkeit**, die für die Berufsausübung erforderlichen **Kenntnisse der deutschen Sprache** und einen **Qualifikationsnachweis** haben.

Als **Qualifikationsnachweis** in der Medizinischen Assistenzberufen gilt

- ein Zeugnis über eine mit Erfolg abgeschlossene Ausbildung in einem oder mehreren Medizinischen Assistenzberufen nach den Bestimmungen des Medizinische Assistenzberufe-Gesetz oder
- ein Diplom über die mit Erfolg abgeschlossene Ausbildung in der medizinischen Fachassistenz.

Die Berufsausübung der Medizinischen Assistenzberufen darf nur im **Dienstverhältnis** zu

- einer Krankenanstalt,
- einer sonstigen unter ärztlicher oder pflegerischer Leitung oder Aufsicht stehenden Einrichtung, die der Vorbeugung, Feststellung oder Heilung von Krankheiten oder der Nachsorge, der Betreuung pflegebedürftiger Menschen oder der Gewinnung von Blut- oder Blutbestandteilen dient,
- einem freiberuflich tätigen Arzt, einer ärztlichen Gruppenpraxis oder einer Primärversorgungseinheit
- einem freiberuflichen tätigen Biomedizinischen Analytiker oder Radiologietechnologen,
- einer Sanitätsbehörde oder
- einer Einrichtung der Forschung, Wissenschaft, Industrie und Veterinärmedizin

entsprechend dem jeweiligen Berufsbild erfolgen.

Eine freiberufliche Ausübung der Medizinischen Assistenzberufe ist nicht zulässig.

J. Betreuungspersonen

Rechtsgrundlage für entgeltliche pflegerische Tätigkeiten durch Personen ohne weitere medizinische oder pflegerische Vorkenntnisse (**Personenbetreuung** nach dem Hausbetreuungsgesetz oder der Gewerbeordnung) sind die Bestimmungen des **Hausbetreuungsgesetz – HBeG 2007** (für Tätigkeiten im Rahmen eines Dienstverhältnisses) bzw. der **Gewerbeordnung 1994** in Fassung der **Novelle 2007** (für freiberufliche Tätigkeiten) jeweils in Fassung des **Gesundheitsberufe-Rechtsänderungsgesetz 2007 (GesBRÄG 2007).**

Die Möglichkeit der Rund-um-die-Uhr-Betreuung daheim soll jedem in Österreich lebenden betreuungs- und pflegebedürftigen Menschen ganz nach seinen Vorstellungen die bestmögliche Form der Betreuung ermöglichen.

Es stehen dabei **drei Möglichkeiten** für die Betreuung in Privathaushalten zur Auswahl:[23]

- man beschäftigt eine Betreuungskraft, die bei einem gemeinnützigen Anbieter (z.B. Caritas, Diakonie, Hilfswerk, Rotes Kreuz, Volkshilfe) angestellt ist,
- die zu betreuende Person oder ein Angehöriger stellt die Betreuungskraft als Dienstnehmer an;
- man engagiert eine selbständig erwerbstätige Betreuungskraft, die einen Gewerbeschein der Personenbetreuung besitzt.

Personen, die betreuungsbedürftige Menschen unterstützen, sind befugt, einzelne **pflegerische** Tätigkeiten an der betreuten Person im Einzelfall durchzuführen.

Zu diesen pflegerischen Tätigkeiten zählen auch die

- Unterstützung bei der oralen Nahrungs- und Flüssigkeitsaufnahme, sowie bei der Arzneimittelaufnahme,

23 Ob es sich im Einzelfall um eine unselbständige oder eine selbständige Tätigkeit handelt, hängt nicht von der formellen Bezeichnung des Vertrages ab, sondern davon, ob die wesentlichen Merkmale für die jeweilige Tätigkeit überwiegend zutreffen oder nicht.

- Unterstützung bei der Körperpflege,
- Unterstützung beim An- und Auskleiden,
- Unterstützung bei der Benützung von Toilette oder Leibstuhl einschließlich Hilfestellung beim Wechsel von Inkontinenzprodukten und
- Unterstützung beim Aufstehen, Niederlegen, Niedersetzen und Gehen,

sobald Umstände vorliegen, die aus medizinischer Sicht für die Durchführung dieser Tätigkeiten durch Laien eine **Anordnung** durch einen Angehörigen des gehobenen Dienstes für Gesundheits- und Krankenpflege erforderlich machen.

Diese Tätigkeiten dürfen nur

- an der jeweils **betreuten Person** im Rahmen deren **Privathaushalts**,
- aufgrund einer nach den Regeln über die Einsichts- und Urteilsfähigkeit gültigen **Einwilligung durch die betreute Person** selbst oder durch die gesetzliche Vertretung oder den Vorsorgebevollmächtigten,
- nach **Anleitung** und **Unterweisung** im erforderlichen Ausmaß durch einen Angehörigen des **gehobenen Dienstes für Gesundheits- und Krankenpflege** vorgenommen werden und
- nach **schriftlicher** und, sofern die Eindeutigkeit und Zweifelsfreiheit sichergestellt sind, in begründeten Fällen auch nach mündlicher **Anordnung** durch einen Angehörigen des **gehobenen Dienstes für Gesundheits- und Krankenpflege**, bei unverzüglicher, längstens innerhalb von 24 Stunden erfolgender nachträglicher schriftlicher Dokumentation, unter ausdrücklichem *Hinweis auf die Möglichkeit der Ablehnung der Übernahme der Tätigkeit*, im **Einzelfall** ausgeübt werden, sofern die ausführende Person dauernd oder zumindest regelmäßig täglich oder zumindest mehrmals wöchentlich über **längere Zeiträume** im **Privathaushalt der betreuten Person anwesend** ist und in diesem Privathaushalt höchstens drei Menschen, die zueinander in einem Angehörigenverhältnis stehen, zu betreuen sind.
- In begründeten **Ausnahmefällen** ist eine Betreuung dieser Menschen auch in **zwei Privathaushalten** zulässig, sofern die Anordnung durch denselben Angehörigen des gehobenen Dienstes für Gesundheits- und Krankenpflege oder durch mehrere Angehörige des gehobenen Dienstes für Gesundheits- und Krankenpflege, die vom selben Anbieter von Hauskrankenpflege entsandt worden sind, erfolgt.
- Der Angehörige des gehobenen Dienstes für Gesundheits- und Krankenpflege hat sich im erforderlichen Ausmaß zu vergewissern, dass die ausführende Person über die erforderlichen Fähigkeiten verfügt. Dies ist ebenso wie die Anleitung und Unterweisung und die Anordnung zu dokumentieren.
- Die **Anordnung** ist nach Maßgabe pflegerischer und qualitätssichernder Notwendigkeiten **befristet**, höchstens aber für die Dauer des Betreuungsverhältnisses, zu erteilen. Sie ist schriftlich zu widerrufen, wenn dies aus Gründen der Qualitätssicherung oder aufgrund der Änderung des Zustandsbildes der betreuten Person erforderlich ist; in begründeten Fällen und, sofern die Eindeutigkeit und Zweifelsfreiheit sichergestellt sind, kann der Widerruf mündlich erfolgen. In diesen Fällen ist dieser unverzüglich, längstens innerhalb von 24 Stunden, schriftlich zu dokumentieren.

Ebenso können Ärzte im Einzelfall einzelne **ärztliche** Tätigkeiten an Personen im Rahmen deren Betreuungstätigkeit in einem Privathaushalt übertragen.

Diese Tätigkeiten sind

- die Verabreichung von Arzneimitteln,
- das Anlegen von Bandagen und Verbänden,
- die Verabreichung von subkutanen Insulininjektionen und subkutanen Injektionen von blutgerinnungshemmenden Arzneimitteln,
- die Blutentnahme aus der Kapillare zur Bestimmung des Blutzuckerspiegels mittels Teststreifens,
- einfache Wärme- und Lichtanwendungen sowie
- weitere einzelne ärztliche Tätigkeiten, sofern diese einen zu den zuvor genannten Tätigkeiten vergleichbaren Schwierigkeitsgrad sowie vergleichbare Anforderungen an die erforderliche Sorgfalt aufweisen.

Der **Arzt** hat dabei

- der Betreuungsperson im erforderlichen Ausmaß die **Anleitung** und **Unterweisung** zu erteilen,
- sich zu **vergewissern**, dass die Person über die erforderlichen **Fähigkeiten** verfügt, und
- die Person auf die **Möglichkeit der Ablehnung der Übertragung** der infrage kommenden ärztlichen Tätigkeiten gesondert **hinzuweisen**.

Die Übertragung von ärztlichen Tätigkeiten hat **befristet**, höchstens aber für die Dauer des Betreuungsverhältnisses, **schriftlich** zu erfolgen. In begründeten Ausnahmefällen kann die Übertragung auch mündlich erfolgen, sofern die Eindeutigkeit und Zweifelsfreiheit sichergestellt sind. Die mündliche Übertragung ist längstens innerhalb von 24 Stunden schriftlich zu dokumentieren. Die Übertragung ist zu widerrufen, wenn dies aus Gründen der Qualitätssicherung oder aufgrund der Änderung des Zustandsbildes der betreuten Person erforderlich ist. Die Übertragung und der Widerruf der Übertragung sind zu dokumentieren.

Personen, denen ärztliche Tätigkeiten übertragen worden sind, sind verpflichtet, dem Arzt **unverzüglich** alle **Informationen** zu erteilen, die für die Anordnung von Bedeutung sein könnten, insbesondere Veränderung des Zustandsbilds der betreuten Person oder Unterbrechung der Betreuungstätigkeit.

Personen, denen ärztliche Tätigkeiten übertragen worden sind, sind verpflichtet, deren Durchführung ausreichend und regelmäßig zu **dokumentieren** und die Dokumentation den Angehörigen der Gesundheitsberufe, die die betreute Person behandeln und pflegen, zugänglich zu machen.

K. Gewerbliche Berufe im Gesundheitswesen

Alle gesetzlich nicht verbotenen Beschäftigungen unterliegen den Bestimmungen der Gewerbeordnung, wenn sie gewerbsmäßig betrieben werden und nicht ausdrücklich ausgenommen sind.

Gewerblich ist eine Tätigkeit, die

- **regelmäßig** (auch einmalige Handlungen, wenn auf eine Wiederholungsabsicht geschlossen werden kann)
- **selbständig** (auf eigene Rechnung und Gefahr – im Gegensatz zu der Tätigkeit eines Arbeitnehmers)

- **erlaubt** (sie darf weder gegen die guten Sitten noch gegen ein Gesetz verstoßen) und
- **entgeltlich** (Gewinnabsicht) ist.

1. Arten der Gewerbe

Die Gewerbeordnung unterscheidet gewerbliche Tätigkeiten in gebundene Gewerbe, Handwerke und freie Gewerbe.

a) Gebundene Gewerbe

Neben allgemeinen Voraussetzungen muss für die Berufsausübung der Nachweis einer speziellen Qualifikation oder Befähigung erbracht werden. Die gebundenen Gewerbe werden in bewilligungspflichtige (Berufsausübung erst möglich, wenn von der Gewerbebehörde mit Bescheid bewilligt) und in nicht-bewilligungspflichtige Gewerbe (schlichte Anmeldung erforderlich) untergliedert.

Zu den **bewilligungspflichtigen** gebundenen Gewerbe zählen:

- Drogist
- Arzneimittelgroßhändler/-hersteller
- Giftgroßhändler/-hersteller
- Lebens- und Sozialberater
- Kontaktlinsenoptiker

Zu den **nicht-bewilligungspflichtigen** gebundenen Gewerben zählen:

- Gewerblicher Masseur
- Kosmetiker
- Kosmetikartikelerzeuger
- Fußpfleger
- Bestatter

Für die selbständige Berufsausübung eines bewilligungspflichtigen gebundenen Gewerbes ist jeweils die erfolgreich abgelegte Unternehmerprüfung nachzuweisen.

b) Handwerk

Bestimmte gewerbliche Tätigkeiten sind als Handwerk bewertet. Nach Abschluss der Lehrausbildung (Nachweis: Lehrbrief) kann mit einem Befähigungsnachweis (z.B. Meisterprüfung) das Handwerk selbständig ausgeübt werden.

Zu den Handwerken zählen:

- Bandagist
- Orthopädietechniker
- Zahntechniker
- Schädlingsbekämpfer
- Augenoptiker
- Hörgeräteakustiker.

c) Freie Gewerbe

Zur Berufsausübung müssen lediglich allgemeine Voraussetzungen, insbesondere die volle Geschäftsfähigkeit, vorliegen. Eine zusätzliche besondere Qualifikation oder ein besonderer Befähigungsnachweis muss nicht erbracht werden, z.B. Fitnesscenter, Tennisschule.

2. Ausgewählte gewerbliche Berufe im Gesundheitswesen

a) Drogist, Drogistin

Das Berufsbild umfasst den An- und Verkauf von festgelegten Arzneimitteln und Kosmetika, die Herstellung, Vermengung und den Verkauf von Teemischungen und Hautsalben, denen keine wissenschaftlich anerkannte Heilwirkung zukommt. Die Ausübung des Gewerbes kann beschränkt oder unbeschränkt auf den Kleinhandel mit Giften ausgedehnt werden.

b) Gewerblicher Masseur, Masseurin

Das Berufsbild umfasst die Anwendung von Stricharten und Handgriffe der Massage (Streichen, Vibrieren, Reiben, Kneten, Hacken, Klopfen, Pressen, Rollen, Schütteln, Bürsten), sowie allgemeiner und spezieller Massagearten (Lymphdrainage, Bindegewebsmassage, Segmentmassage). Zum Tätigkeitsbereich gehören auch die Vorbereitung und das Aufbereiten von Packungen, Wickeln und Kompressen, sowie die Handhabung und Instandhaltung aller dabei verwendeter Instrumente, Geräte und Apparate. Bei seiner Arbeit hat er die in der Ausbildung zum Masseur erworbenen Kenntnisse über Kräuter, hygienische Badezusätze, Massagemittel, Somatologie, Anatomie, spezielle Dermatologie und Histologie, Physiologie, allgemeine Physiologie und der Hygiene anzuwenden und zu berücksichtigen.

Therapeutische Heilbehandlungen – wie etwa der Physiotherapeut und der Heilmasseur – darf der **gewerbliche Masseur nicht** vornehmen.

c) Kosmetiker, Kosmetikerin

Das Berufsbild umfasst die Anwendung von physikalischen Schönheitspflegetechniken, die Hals-, Nasen- und Dekolletepflege, das Verabreichen von Packungen, Masken und Ampullen, die Hand- und Nagelpflege; sowie Kosmetik bei Schlankheits- und Celluliteproblemen.

Kenntnisse der Gesichtsmassage, des Färbens, Fassonierens und Pflegen der Augenbrauen und Wimpern, der Farbenlehre und der optischen Wirkung von Farben sind dafür erforderlich.

d) Bandagist, Bandagistin

Das Berufsbild umfasst die Anpassung und Reparatur von Krankenfahrstühlen und Hilfsmitteln zur Rehabilitation.

e) Orthopädietechniker, -technikerin

Das Berufsbild umfasst die Herstellung von Prothesen, Schienen und Einlagen. Diese Tätigkeit erfolgt meist auf Anordnung des Arztes. Darüber hinaus ist man berechtigt, das Handwerk des Schuhmachers auszuführen.

f) Zahntechniker, -technikerin

Das Berufsbild umfasst die Herstellung von Ober- und Unterkieferprothesen, kieferorthopädischen Geräten, Zahnkronen, von Brücken und partiellen Modellgussprothesen für die zahnärztliche Behandlung. Zahnärztliche Tätigkeiten, wie die Anpassung, sind jedoch ausgeschlossen.

g) Schädlingsbekämpfer, -bekämpferin

Das Berufsbild umfasst die Bekämpfung und Vertilgung von tierischen und pflanzlichen Schädlingen mittels (oder auch ohne) giftiger Gase und Chemikalien.

h) Augenoptiker, -optikerin

Das Berufsbild umfasst das Anpassen und die Abgabe von Korrekturbrillen einschließlich der Brillenglasbestimmung.

i) Hörgeräteakustiker, -akustikerin

Das Berufsbild umfasst das Herstellen, die Reparatur und die Wartung von Hörgeräten und Hörprothesen.

L. Psychologen

Rechtsgrundlage für die Ausübung des Berufes eines Gesundheitspsychologen oder eines Klinischen Psychologen ist das **Psychologengesetz** aus dem Jahr **2013**.

1. Berufsbild

Die Ausübung der **Gesundheitspsychologie** und der **Klinischen Psychologie** umfasst die durch den Erwerb fachlicher Kompetenz erlernte Anwendung von gesundheitspsychologischen und klinisch-psychologischen Erkenntnissen und Methoden bei der

- **Untersuchung,**
- **Behandlung,**
- **Auslegung,**
- **Änderung** und
- **Vorhersage**

des **Erlebens** und **Verhaltens von Menschen** und ihrer **Lebensbedingungen** einschließlich der Prävention, Gesundheitsförderung, Rehabilitation und Evaluation unter Anwendung **wissenschaftlich-psychologischer Erkenntnisse und Methoden.**

Die Ausübung des psychologischen Berufes umfasst *insbesondere*

- die **klinisch-psychologische Diagnostik** hinsichtlich Leistungsfähigkeit, Persönlichkeitsmerkmalen, Verhaltensstörungen, psychischen Veränderungen und Leidenszuständen sowie sich darauf gründende Beratungen, Prognosen, Zeugnisse und Gutachten,
- die **Anwendung psychologischer Behandlungsmethoden** zur Prävention, Behandlung und Rehabilitation von Einzelpersonen und Gruppen oder die Beratung von juristischen Personen sowie die Forschungs- und Lehrtätigkeit auf den genannten Gebieten und
- die **Entwicklung gesundheitsfördernder Maßnahmen** und **Projekte.**

Die **selbständige Ausübung** des psychologischen Berufes besteht nach dem Erwerb fachlicher Kompetenz in der **eigenverantwortlichen** Ausführung der oben angeführten Tätigkeiten, unabhängig davon, ob diese Tätigkeiten **freiberuflich** oder im Rahmen eines **Dienstverhältnisses** ausgeführt werden.

2. Psychologen im Gesundheitswesen

Wer zur selbständigen Ausübung des psychologischen Berufes berechtigt ist, hat im Zusammenhang mit der Ausübung seines Berufes entsprechend den nachweislich erworbenen ausreichenden Kenntnissen und Erfahrungen die Berufsbezeichnung

- **„Gesundheitspsychologe“** oder **„Gesundheitspsychologin“** oder auch
- **„klinischer Psychologe“** oder **„klinische Psychologin“**

zu führen.

a) Gesundheitspsychologen

Der den Gesundheitspsychologen vorbehaltene Tätigkeitsbereich umfasst

- die mit gesundheitspsychologischen Mitteln durchgeführte Analyse von Personen aller Altersstufen und von Gruppen, insbesondere in Bezug auf die verschiedenen Aspekte des Gesundheitsverhaltens und dessen Ursachen,
- die Erstellung von gesundheitspsychologischen Befunden und Gutachten, insbesondere in Bezug auf gesundheitsbezogenes Risikoverhalten und dessen Ursachen,
- gesundheitspsychologische Maßnahmen bei Personen aller Altersstufen und Gruppen in Bezug auf Gesundheitsverhalten, insbesondere im Hinblick auf gesundheitsbezogenes Risikoverhalten wie Ernährung, Bewegung, Rauchen, einschließlich Beratung in Bezug auf die Förderung und Aufrechterhaltung der Gesundheit sowie die Vermeidung von Gesundheitsrisiken unter Berücksichtigung der Lebens-, Freizeit- und Arbeitswelt,
- gesundheitspsychologische Analyse und Beratung von Organisationen, Institutionen und Systemen in Bezug auf gesundheitsbezogene Rahmenbedingungen und Maßnahmen der Gesundheitsförderung, Gesundheitsvorsorge und Rehabilitation sowie
- die gesundheitspsychologische Entwicklung, Durchführung und Evaluation von Maßnahmen und Projekten, insbesondere im Bereich der Gesundheitsförderung.

b) Klinische Psychologen

Der den Klinischen Psychologinnen und Klinischen Psychologen vorbehaltene Tätigkeitsbereich umfasst

- die klinisch-psychologische Diagnostik in Bezug auf gesundheitsbezogenes und gesundheitsbedingtes Verhalten und Erleben sowie auf Krankheitsbilder und deren Einfluss auf das menschliche Erleben und Verhalten sowie
- die Erstellung von klinisch-psychologischen Befunden und Gutachten hinsichtlich der Leistungsfähigkeit, Persönlichkeitsmerkmale oder Verhaltensformen in Bezug auf psychische Störungen sowie in Bezug auf Krankheitsbilder, die das menschliches Erleben und Verhalten beeinflussen sowie in Bezug auf Krankheitsbilder, die durch menschliches Erleben und Verhalten beeinflusst werden.

Darüber hinaus umfasst der Tätigkeitsbereich der Klinischen Psychologinnen und Klinischen Psychologen *insbesondere*

- die Anwendung klinisch-psychologischer Behandlungsmethoden bei Personen aller Altersstufen und Gruppen, die aufbauend auf klinisch-psychologische Diagnostik fokussiert, ziel- und lösungsorientiert ist,

- klinisch-psychologische Begleitung von Betroffenen und Angehörigen in Krisensituationen,
- klinisch-psychologische Beratung in Bezug auf verschiedene Aspekte gesundheitlicher Beeinträchtigungen, ihrer Bedingungen und Veränderungsmöglichkeiten sowie
- die klinisch-psychologische Evaluation.

3. Berufspflichten

a) Allgemeine Berufspflichten

Klinische Psychologen und Gesundheitspsychologen haben ihren Beruf nach bestem Wissen und Gewissen und unter Beachtung der Entwicklung der Erkenntnisse der Wissenschaft auszuüben. Diesem Erfordernis ist insbesondere durch den regelmäßigen Besuch von in- oder ausländischen Fortbildungsveranstaltungen zu entsprechen.

Klinische Psychologen und Gesundheitspsychologen dürfen psychologische Tätigkeiten **nur mit** der **Zustimmung** des Behandelten oder seines gesetzlichen Vertreters anwenden.

Klinische Psychologen und Gesundheitspsychologen haben sich bei der Ausübung ihres Berufes auf jene psychologischen **Arbeitsgebiete** und **Behandlungsmethoden** zu **beschränken**, auf denen sie nachweislich **ausreichende Kenntnisse** und **Erfahrungen** erworben haben.

b) Persönliche Berufsausübung

Klinische Psychologen und Gesundheitspsychologen haben ihren Beruf persönlich und **unmittelbar**, allenfalls in Zusammenarbeit mit Vertretern ihrer oder einer anderen Wissenschaft auszuüben. Zur Mithilfe können sie sich jedoch **Hilfspersonen** bedienen, wenn diese nach ihren genauen **Anordnungen** und unter ihrer **ständigen Aufsicht** handeln.

c) Aufklärungspflicht

Berufsangehörige haben vor der Erbringung von gesundheitspsychologischen oder klinisch-psychologischen Leistungen entsprechend der in Aussicht genommenen Leistung insbesondere über

- die Vorgangsweise bei der psychologischen Diagnostik und über geplante diagnostische Verfahren,
- Art, Umfang und geplanten Verlauf von Beratungen und Behandlungsmaßnahmen, die eventuellen Risiken der psychologischen Interventionen,
- die Kosten der Diagnostik und der Behandlungsmaßnahmen und allfällige Möglichkeiten der Kostenübernahme oder Kostenerstattung durch den Träger einer gesetzlichen Krankenversicherung, einer Krankenfürsorgeanstalt oder durch sonstige Kostenträger und eine damit verbundene erforderliche Datenweitergabe,
- die möglichen Folgen der Behandlung oder eines Unterbleibens einer Behandlung,
- die Gründe einer eventuell notwendigen Abänderung der geplanten Vorgehensweise während einer gesundheitspsychologischen oder klinisch-psychologischen Diagnostik oder Intervention,
- die Verarbeitung von Daten, insbesondere hinsichtlich der Übermittlung von Daten an Dritte,

zu informieren.

d) Dokumentationspflicht

Berufsangehörige haben über jede von ihnen gesetzte klinisch-psychologische und gesundheitspsychologische Maßnahme Aufzeichnungen zu führen.

Den Patienten oder deren gesetzlichen Vertretern oder deren Vorsorgebevollmächtigten sind unter besonderer Bedachtnahme auf die therapeutische Beziehung auf Verlangen alle Auskünfte über die Dokumentation sowie Einsicht in die Dokumentation zu gewähren oder gegen Kostenersatz die Herstellung von Abschriften zu ermöglichen, soweit diese das Vertrauensverhältnis zum Patienten nicht gefährden.

Die Dokumentation ist mindestens zehn Jahre aufzubewahren.

e) Auskunftspflicht

Klinische Psychologen und Gesundheitspsychologen sind verpflichtet, dem Behandelten oder seinem gesetzlichen Vertreter alle Auskünfte über die Behandlung, insbesondere über Art, Umfang und Entgelt, zu erteilen.

f) Anzeige des Rücktritts von der Behandlung

Klinische Psychologen und Gesundheitspsychologen, die von der Ausübung ihres Berufes zurücktreten wollen, haben diese Absicht dem Behandelten oder seinem gesetzlichen Vertreter so rechtzeitig mitzuteilen, dass dieser die weitere psychologische Versorgung sicherstellen kann.

g) Verschwiegenheitspflicht

Klinische Psychologen und Gesundheitspsychologen sowie ihre Hilfspersonen sind zur Verschwiegenheit über alle ihnen in Ausübung ihres Berufes anvertrauten oder bekannt gewordenen Geheimnisse verpflichtet.

Eine Entbindung (Befreiung) von der Verschwiegenheitspflicht ist als höchstpersönliches Recht nur durch den einsichts- und urteilsfähigen Patienten zulässig.

h) Werbebeschränkung

Klinische Psychologen und Gesundheitspsychologen haben sich jeder unsachlichen oder unwahren Information im Zusammenhang mit der Ausübung ihres Berufes zu enthalten.

Die Anzeige einer freiberuflichen Ausübung als klinischer Psychologe oder auch Gesundheitspsychologe darf lediglich den Namen des klinischen Psychologen oder auch Gesundheitspsychologen, seine akademischen Grade, die Berufsbezeichnung sowie seine Adresse, Telefonnummer und Sprechstunden enthalten.

i) Provisionsverbot

Klinische Psychologen und Gesundheitspsychologen dürfen keine Vergütungen für die Zuweisung von Personen zur Ausübung des psychologischen Berufes an sie oder durch sie sich oder einem anderen versprechen, geben, nehmen oder zusichern lassen. Rechtsgeschäfte, die gegen dieses Verbot verstoßen, sind nichtig. Leistungen aus solchen Rechtsgeschäften können zurückgefordert werden.

j) Berufshaftpflicht

Berufsangehörige haben vor Aufnahme ihrer eigenverantwortlichen Berufsausübung zur Deckung der aus der Berufsausübung entstehenden Schadenersatzansprüche eine Berufshaftpflichtversicherung bei einem zum Geschäftsbetrieb in Österreich berechtigten Versicherer abzuschließen und diese während der Dauer ihrer Berufsberechtigung aufrechtzuerhalten.

4. Ausbildung der Gesundheitspsychologen und klinischen Psychologen

a) Zugangsvoraussetzungen

Die Ausbildung zum Gesundheitspsychologen oder klinischen Psychologen setzt den Abschluss eines Psychologiestudiums und damit verbunden das *Recht zur Führung der Berufsbezeichnung* „Psychologe" oder „Psychologin" (Studienrichtung Psychologie mit dem akademischen Grad Magister der Philosophie oder Magister der Naturwissenschaften, Doktorat der Philosophie, Diplompsychologe oder einen in Österreich nostrifizierten Abschluss eines ordentlichen Studiums der Psychologie an einer ausländischen Hochschule) voraus und besteht im Erwerb fachlicher Kompetenz.

b) Erwerb fachlicher Kompetenz

Die selbständige Ausübung des Berufes eines Gesundheitspsychologen oder klinischen Psychologen setzt den Erwerb theoretischer und praktischer fachlicher Kompetenz voraus.

Der Erwerb der fachlichen Kompetenz erfolgt jeweils durch eine postgraduelle Ausbildung in

- **Gesundheitspsychologie** im Gesamtausmaß von **1940 Stunden** oder in
- **Klinischer Psychologie** im Gesamtausmaß von **2500 Stunden**

im Rahmen von jeweils längstens fünf Jahren ab Aufnahme in die Ausbildungseinrichtung zum

- Erwerb **theoretischer fachlicher Kompetenz** im Rahmen von zumindest zwölf Monaten im Gesamtausmaß von zumindest **340 Einheiten** durch eine allgemeine Ausbildung (Grundmodul) und eine besondere Ausbildung (**Aufbaumodul**) sowie
- Erwerb **praktischer fachlicher Kompetenz** für
  - **Gesundheitspsychologie** im Gesamtausmaß von zumindest **1628 Stunden** durch eine **praktische Fachausbildungstätigkeit** unter Anleitung von Berufsangehörigen im Rahmen von Arbeitsverhältnissen im Ausmaß von zumindest 1553 Stunden und eine gleichzeitig begleitende Supervison im Ausmaß von zumindest 100 Einheiten oder
  - Klinische **Psychologie** im Gesamtausmaß von zumindest **2188 Stunden** durch eine **praktische Fachausbildungstätigkeit** unter Anleitung von Berufsangehörigen im Rahmen von Arbeitsverhältnissen im Ausmaß von zumindest 2098 Stunden und eine gleichzeitig begleitende Supervison im Ausmaß von zumindest 120 Einheiten.
  - **76 Einheiten Selbsterfahrung** im Zusammenhang mit der Berufsausbildung

Zumindest 500 Stunden der praktischen Fachausbildungstätigkeit sind gleichzeitig begleitend zur theoretischen Ausbildung im Grundmodul sowie im Aufbaumodul zu absolvieren.

Die theoretischen Lehrinhalte sind in Lehrveranstaltungen solcher privat- oder öffentlich-rechtlicher Einrichtungen einschließlich der Universitätsinstitute und Universitätskliniken zu vermitteln, die nach Anhörung des Psychologenbeirates vom Gesundheitsminister im Einvernehmen mit dem Bundesminister für Wissenschaft und Forschung mit Bescheid anerkannt worden sind.

Die Supervision darf nur von klinischen Psychologen oder Gesundheitspsychologen durchgeführt werden, die zumindest fünf Jahre den Beruf ausgeübt haben.

5. Berufsausübung

a) Allgemeine Erfordernisse für die Berufsausübung

Für die Berufsausübung als klinischer Psychologe oder Gesundheitspsychologe in Österreich sind folgende Voraussetzungen notwendig:

- Recht zur Führung der Berufsbezeichnung Psychologe oder Psychologin;
- nachweislicher Erwerb der fachlichen Kompetenz;
- Eigenberechtigung;
- Vertrauenswürdigkeit;
- gesundheitliche Eignung;
- Bekanntgabe eines Berufssitzes oder Dienstortes;
- Eintragung in die Liste der klinischen Psychologen und Gesundheitspsychologen beim Gesundheitsministerium.

b) Art der Berufsausübung

Der Beruf eines klinischen Psychologen oder Gesundheitspsychologen kann

- im **Rahmen eines Dienstverhältnisses** oder
- **freiberuflich** ausgeübt werden.

Voraussetzung für jede Art der Berufsausübung als klinischer Psychologe oder Gesundheitspsychologe ist das Recht zur selbständigen Berufsausübung nach Erwerb der fachlichen Kompetenz. Eine gesonderte Niederlassungsbewilligung ist nicht erforderlich.

6. Psychologenbeirat

Zur Beratung des Gesundheitsministers in sämtlichen Angelegenheiten der klinischen Psychologen und Gesundheitspsychologen ist ein Psychologenbeirat beim Gesundheitsministerium eingerichtet.

Mitglieder des Psychologenbeirates sind dabei der Gesundheitsminister, mehrere Vertreter fachlich zuständiger oder fachnaher Universitätsinstitute und Universitätskliniken und der Psychologischen Berufsverbände, ein Vertreter der Österreichischen Ärztekammer und ein Vertreter des beim Gesundheitsministerium eingerichteten Psychotherapiebeirates.

Aufgaben des Psychologenbeirates sind neben der Beratung des Gesundheitsministers in grundsätzlichen Fragen insbesondere die Erstattung von Gutachten in allen Angelegenheiten der klinischen Psychologen und Gesundheitspsychologen sowie der psychosozialen Versorgung Österreichs, sowie zu Fragen der Ausbildung.

Der Psychologenbeirat hat aus seinen stimmberechtigten Mitgliedern für die Dauer von fünf Jahren einen Ausschuss, bestehend aus fünf Mitgliedern samt Ersatzmitgliedern sowie eine der fünf Personen als Vorsitzende (Vorsitzenden) und eine als Vertreterin (Vertreter) zu wählen.

Die Aufgaben des Ausschusses sind fachliche Stellungnahmen zur Qualifikation von Ausbildungseinrichtungen sowie erforderlichenfalls die fachliche Mitwirkung an Verfahren in Zusammenhang mit Eintragungen in die Berufslisten, mit Verletzungen der Berufspflichten und mit dem Erlöschen der Berufsberechtigung.

M. Psychotherapeuten

Rechtsgrundlage für die Ausübung des Psychotherapeutenberufes ist das **Psychotherapiegesetz** aus dem Jahr 1990.

1. Inhalt der psychotherapeutischen Tätigkeit

Die Ausübung des psychotherapeutischen Berufes ist die nach einer allgemeinen und besonderen Ausbildung erlernte, umfassende, bewusste und geplante

- **Behandlung** von **psychosozial** oder auch **psychosomatisch** bedingten **Verhaltensstörungen** und **Leidenszuständen** mit wissenschaftlich-psychotherapeutischen Methoden in einer Interaktion zwischen einem oder mehreren Behandelten und einem oder mehreren Psychotherapeuten mit dem
- **Ziel**, bestehende Symptome zu mildern oder zu beseitigen, gestörte Verhaltensweisen und Einstellungen zu ändern und die Reifung, Entwicklung und Gesundheit des Behandelten zu fördern.

Die **selbständige** Ausübung der Psychotherapie besteht in der **eigenverantwortlichen** Ausführung der oben angeführten Tätigkeiten, unabhängig davon, ob diese Tätigkeiten **freiberuflich** oder im Rahmen eines **Dienstverhältnisses** ausgeübt werden.

2. Berufspflichten

a) Allgemeine Berufspflichten

Psychotherapeuten haben ihren Beruf nach bestem Wissen und Gewissen und unter Beachtung der Entwicklung der Erkenntnisse der Wissenschaft auszuüben. Diesem Erfordernis ist insbesondere durch den regelmäßigen Besuch von in- oder ausländischen Fortbildungsveranstaltungen zu entsprechen.

Psychotherapeuten dürfen Psychotherapie **nur mit** der **Zustimmung** des Behandelten oder seines gesetzlichen Vertreters anwenden.

Psychotherapeuten haben sich bei der Ausübung ihres Berufes auf jene psychotherapeutischen Arbeitsgebiete und Behandlungsmethoden zu **beschränken**, auf denen sie nachweislich ausreichende Kenntnisse und Erfahrungen erworben haben.

b) Persönliche Berufsausübung

Psychotherapeuten haben ihren Beruf **persönlich** und **unmittelbar**, allenfalls in Zusammenarbeit mit Vertretern ihrer oder einer anderen Wissenschaft auszuüben. Zur Mithilfe können sie sich jedoch **Hilfspersonen** bedienen, wenn diese nach ihren genauen **Anordnungen** und unter ihrer **ständigen Aufsicht** handeln.

c) Auskunftspflicht

Psychotherapeuten sind verpflichtet, dem Behandelten oder seinem gesetzlichen Vertreter alle **Auskünfte** über die **Behandlung**, insbesondere über **Art**, **Umfang** und Entgelt, zu erteilen.

Anmerkung:
Obwohl eine Dokumentationspflicht für Psychotherapeuten nicht ausdrücklich gesetzlich vorgeschrieben ist, bedingt die Auskunftspflicht ein Mindestmaß an entsprechender Dokumentation.

d) Anzeige des Rücktritts von der Behandlung

Psychotherapeuten, die von der Ausübung ihres Berufes zurücktreten wollen, haben diese Absicht dem Behandelten oder seinem gesetzlichen Vertreter so rechtzeitig mitzuteilen, dass dieser die weitere psychotherapeutische Versorgung sicherstellen kann.

e) Verschwiegenheitspflicht

Psychotherapeuten sowie ihre Hilfspersonen sind zur Verschwiegenheit über alle ihnen in Ausübung ihres Berufes anvertrauten oder bekannt gewordenen Geheimnisse verpflichtet.

Eine **Entbindung** (Befreiung) von der Verschwiegenheitspflicht ist im Psychotherapiegesetz nicht ausdrücklich vorgesehen, die Möglichkeit dazu ist aber im Regelfall anzunehmen.

f) Werbebeschränkung

Psychotherapeuten haben sich jeder unsachlichen oder unwahren Information im Zusammenhang mit der Ausübung ihres Berufes zu enthalten.

Die Anzeige einer freiberuflichen Ausübung der Psychotherapie darf lediglich den Namen des Psychotherapeuten, seine akademischen Grade, die Berufsbezeichnung sowie seine Adresse, Telefonnummer und Sprechstunden enthalten.

g) Provisionsverbot

Psychotherapeuten dürfen keine Vergütungen für die Zuweisung von Personen zur Ausübung der Psychotherapie an sie oder durch sie sich oder einem anderen versprechen, geben, nehmen oder zusichern lassen. Rechtsgeschäfte, die gegen dieses Verbot verstoßen, sind nichtig. Leistungen aus solchen Rechtsgeschäften können zurückgefordert werden.

3. Ausbildung

Die selbständige Ausübung der Psychotherapie setzt die Absolvierung einer

- **allgemeinen Ausbildung** (psychotherapeutisches **Propädeutikum**) und einer
- **besonderen Ausbildung** (psychotherapeutisches **Fachspezifikum**) voraus.

Sowohl der allgemeine Teil als auch der besondere Teil bestehen aus einer theoretischen und praktischen Ausbildung.

Zum psychotherapeutischen Propädeutikum dürfen nur Personen zugelassen werden, die

- eigenberechtigt sind und entweder eine
- Reifeprüfung, eine Studienberechtigungsprüfung für ein Hochschulstudium, das Gesundheits- und Krankenpflegediplom, das Diplom eines gehobenen MTD oder das MTF-Diplom haben oder aufgrund persönlicher Eignung nach Einholung eines entsprechenden Gutachtens des Psychotherapiebeirates durch den Gesundheitsminister zugelassen wurden.

Zum psychotherapeutischen Fachspezifikum dürfen nur Personen zugelassen werden, die

- eigenberechtigt sind und
- das 24. Lebensjahr vollendet haben und
- die schriftliche Erklärung einer psychotherapeutischen Ausbildungseinrichtung vorlegen, dass eine Ausbildungsstelle für die Absolvierung des psychotherapeutischen Fachspezifikums, einschließlich des Praktikums, zur Verfügung gestellt werden wird sowie
- das psychotherapeutische Propädeutikum erfolgreich absolviert haben.

Als *Vorbildung* („Quellenberufe") ist darüber hinaus nachzuweisen entweder

- Gesundheits- und Krankenpflegediplom, das Diplom eines gehobenen MTD oder das MTF-Diplom oder Zulassung durch den Gesundheitsminister aufgrund persönlicher Eignung nach Einholung eines entsprechenden Gutachtens des Psychotherapiebeirates, oder
- eine abgeschlossene Ausbildung an einer Akademie für Sozialarbeit, an einer ehemaligen Lehranstalt für gehobene Sozialberufe, an einer Pädagogischen Akademie oder an einer mit Öffentlichkeitsrecht ausgestatteten Lehranstalt für Ehe- und Familienberater oder das Kurzstudium Musiktherapie oder ein Hochschullehrgang für Musiktherapie oder
- abgeschlossenes Studium der Medizin, der Pädagogik, der Philosophie, der Psychologie, der Publizistik- und Kommunikationswissenschaft oder der Theologie oder abgeschlossenes Studium für das Lehramt an höheren Schulen.

a) Psychotherapeutisches Propädeutikum

Das Psychotherapeutische Propädeutikum (Allgemeiner Teil der Psychotherapieausbildung) besteht aus einem theoretischen und einem praktischen Teil.

Der **theoretische Teil** hat in einer Gesamtdauer von zumindest **765 Stunden** jedenfalls

- die Grundlagen und Grenzbereiche der Psychotherapie einschließlich der Supervision,
- die Grundlagen der Somatologie und Medizin, insbesondere eine Einführung in die medizinische Terminologie, in die klinischen Sonderfächer der Medizin unter besonderer Berücksichtigung der Psychiatrie, der Psychopathologie und der Psychosomatik aller Altersstufen, in die Pharmakologie unter besonderer Berücksichtigung der Psychopharmakologie und der psychotropen Wirkung von Pharmaka und in die Erste Hilfe,

- die Grundlagen der Forschungs- und Wissenschaftsmethodik,
- Fragen der Ethik und
- die institutionellen, gesundheitsrechtlichen und psychosozialen Rahmenbedingungen für die Ausübung der Psychotherapie

zu umfassen.

Der **praktische Teil** hat in einer Gesamtdauer von zumindest **550 Stunden** jedenfalls zu umfassen:

- Einzel- oder Gruppenselbsterfahrung;
- Praktikum im Umgang mit verhaltensgestörten oder leidenden Personen in einer im psychosozialen Feld bestehenden Einrichtung des Gesundheits- oder Sozialwesens unter fachlicher Anleitung und Aufsicht des Leiters dieser Einrichtung oder eines Stellvertreters samt
- begleitender Teilnahme an einer Praktikumssupervision.

b) Psychotherapeutisches Fachspezifikum

Das Psychotherapeutische Fachspezifikum (Besonderer Teil der Psychotherapieausbildung) besteht aus einem theoretischen und einem praktischen Teil.

Der **theoretische Teil** hat in einer Gesamtdauer von zumindest **300 Stunden** jedenfalls folgende Inhalte zu umfassen:

- Theorie der gesunden und der psychopathologischen Persönlichkeitsentwicklung;
- Methodik und Technik;
- Persönlichkeits- und Interaktionstheorien;
- psychotherapeutische Literatur.

Der **praktische Teil** hat in einer Gesamtdauer von zumindest **1600 Stunden** jedenfalls folgende Inhalte zu umfassen:

- Lehrtherapie, Lehranalyse, Einzel- oder Gruppenselbsterfahrung;
- Erwerb praktischer psychotherapeutischer Kenntnisse im Umgang sowohl mit verhaltensgestörten als auch leidenden Personen unter fachlicher Anleitung eines zur selbständigen Ausübung der Psychotherapie berechtigten Psychotherapeuten durch ein Praktikum in einer im psychotherapeutisch-psychosozialen Feld bestehenden Einrichtung des Gesundheits- oder Sozialwesens, samt
- begleitender Teilnahme an einer **Praktikumssupervision**;
- psychotherapeutische Tätigkeit mit verhaltensgestörten oder leidenden Personen, die teilweise auch unter begleitender Supervision zu erfolgen hat.

Das psychotherapeutische Propädeutikum und Fachspezifikum sind in Lehrveranstaltungen solcher privat- oder öffentlich-rechtlicher Einrichtungen einschließlich der Universitätsinstitute und Universitätskliniken zu vermitteln, die vom Gesundheitsminister nach Anhörung des Psychotherapiebeirates als psychotherapeutische Ausbildungseinrichtungen anerkannt worden sind.

Die Anerkennung ist zu erteilen, wenn die Erreichung der Ausbildungsziele, ausgenommen des Praktikums, durch Inhalt und Umfang des Ausbildungscurriculums sowie durch die Kenntnisse und Fähigkeiten des Lehrpersonals gewährleistet ist. Die jeweilige methodenspezifische

Ausrichtung des Ausbildungscurriculums hat sich dabei auf eine wissenschaftlich-psychotherapeutische Theorie des menschlichen Handelns, verbunden mit einer eigenständigen, in der praktischen Anwendung mehrjährig erprobten Methodik, zu gründen.

Jede anerkannte psychotherapeutische Ausbildungseinrichtung ist in ein beim Gesundheitsministerium geführtes öffentliches Verzeichnis einzutragen. Die Einsichtnahme sowie die Anfertigung von Abschriften ist jedermann gestattet.

Für die Organisation und Durchführung des Praktikums haben die psychotherapeutischen Ausbildungseinrichtungen im Zusammenwirken mit den Trägern einer als Ausbildungsstätte anerkannten Krankenanstalt oder Universitätsklinik oder einer anderen Einrichtung des Gesundheits- oder Sozialwesens, die der psychotherapeutischen Versorgung der Bevölkerung dient und der neben dem Leiter noch mindestens zwei weitere fachlich qualifizierte Mitarbeiter angehören, zu sorgen.

4. Berufsausübung

a) Allgemeine Erfordernisse für die Berufsausübung

Für die Berufsausübung als Psychotherapeut in Österreich sind folgende Voraussetzungen notwendig:

- nachweisliche erfolgreiche Absolvierung des psychotherapeutischen Propädeutikums und des psychotherapeutischen Fachspezifikums;
- Eigenberechtigung;
- gesundheitliche Eignung;
- Vertrauenswürdigkeit;
- Bekanntgabe eines Berufssitzes oder Dienstortes;
- Eintragung in die Psychotherapeutenliste beim Gesundheitsministerium.

b) Art der Berufsausübung

Der Beruf eines Psychotherapeuten kann

- im **Rahmen eines Dienstverhältnisses** oder
- **freiberuflich** ausgeübt werden.

Voraussetzung für jede Art der Berufsausübung als Psychotherapeut ist das Recht zur selbständigen Berufsausübung nach nachweislich erfolgreicher Absolvierung des psychotherapeutischen Propädeutikums und des psychotherapeutischen Fachspezifikums. Eine gesonderte Niederlassungsbewilligung ist nicht erforderlich.

5. Psychotherapiebeirat

Zur Beratung des Gesundheitsministers in sämtlichen Angelegenheiten der Psychotherapeuten ist ein Psychotherapiebeirat beim Gesundheitsministerium eingerichtet.

Mitglieder des Psychotherapiebeirates sind dabei der Gesundheitsminister, ein Vertreter des Wissenschaftsministeriums, mehrere Vertreter fachlich zuständiger oder fachnaher Universitätsinstitute, je ein Vertreter einer anerkannten psychotherapeutischen Ausbildungseinrichtung, ein Vertreter der Österreichischen Ärztekammer, ein Vertreter des Hauptverbandes der

Österreichischen Sozialversicherungsträger, je ein Vertreter der Sozialpartner und ein Vertreter des beim Gesundheitsministerium eingerichteten Psychologenbeirates.

Aufgaben des Psychotherapiebeirates sind neben der Beratung des Gesundheitsministers in grundsätzlichen Fragen insbesondere die Erstattung von Gutachten in allen Angelegenheiten der Psychotherapeuten sowie der psychosozialen Versorgung Österreichs, insbesondere der Finanzierungsfragen, der wissenschaftlichen Forschung, des Konsumentenschutzes, insbesondere der an den Psychotherapiebeirat herangetragenen Konsumentenbeschwerden und der Ausarbeitung von Honorarrichtlinien.

Das Büro des Psychotherapiebeirates ist eine eigene Organisationseinheit des Gesundheitsministeriums, führt die Geschäfte des Psychotherapiebeirates und wird von einem rechtskundigen Beamten geleitet.

N. Musiktherapeuten

Rechtsgrundlage für die Ausübung des **Musiktherapeutenberufes** ist das Musiktherapiegesetz aus dem Jahr 2008.

1. Berufsbild

Die Musiktherapie ist eine eigenständige, wissenschaftlich-künstlerisch-kreative und ausdrucksfördernde Therapieform. Sie umfasst die bewusste und geplante Behandlung von Menschen, insbesondere mit emotional, somatisch, intellektuell oder sozial bedingten Verhaltensstörungen und Leidenszuständen, durch den Einsatz musikalischer Mittel in einer therapeutischen Beziehung mit dem Ziel:

- Symptomen vorzubeugen, diese zu mildern oder zu beseitigen oder
- behandlungsbedürftige Verhaltensweisen und Einstellungen zu ändern oder
- die Entwicklung, Reifung und Gesundheit der/des Behandelten zu fördern und zu erhalten oder wiederherzustellen.

Die Ausübung des musiktherapeutischen Berufes besteht in der berufsmäßigen Ausführung der zuvor umschriebenen Tätigkeiten, insbesondere zum Zweck der

- Prävention einschließlich Gesundheitsförderung
- Behandlung von akuten und chronischen Erkrankungen
- Rehabilitation
- Förderung von sozialen Kompetenzen einschließlich Supervision sowie
- Lehre und Forschung

Die berufsmäßige Ausübung der Musiktherapie und die Führung der Berufsbezeichnung **Musiktherapeut/in** ist den Musiktherapeuten und Musiktherapeutinnen vorbehalten.

Der Beruf des Musiktherapeuten kann eigenverantwortlich oder mitverantwortlich ausgeübt werden.

2. Ausbildung

Die Ausbildung hat die für eine Berufsausübung der Musiktherapie nach bestem Wissen und Gewissen erforderlichen theoretischen und praktischen Ausbildungsinhalte einschließlich des Erwerbs von klinischer Krankenbehandlungserfahrung unter besonderer Berücksichtigung der klinisch-psychologischen, medizinischen und psychotherapeutischen wissenschaftlichen Grundlagen zu umfassen.

a) Ausbildung für die mitverantwortliche Berufsausübung der Musiktherapie

Wer die mitverantwortliche Berufsausübung der Musiktherapie beabsichtigt, hat nach Erlangung der Universitätsreife als Ausbildung entweder

- ein Bachelorstudium der Musiktherapie an einer österreichischen Universität oder
- einen Fachhochschul-Bachelorstudiengang der Musiktherapie an einer österreichischen Fachhochschule erfolgreich zu absolvieren.

  Im Rahmen der Ausbildung sind jedenfalls
- Selbsterfahrung im Umfang von zumindest 200 Einheiten,
- Rahmenbedingungen für die Berufsausübung der Musiktherapie, insbesondere eine Einführung in die institutionellen, gesundheitsrechtlichen und psychosozialen Rahmenbedingungen, von zumindest 30 Einheiten sowie
- Fragen der Ethik im Umfang von zumindest 30 Einheiten vorzusehen.

b) Ausbildung für die eigenverantwortliche Berufsausübung der Musiktherapie

Wer die eigenverantwortliche Berufsausübung der Musiktherapie beabsichtigt, hat nach Erlangung der Universitätsreife als Ausbildung entweder

- ein Diplomstudium der Musiktherapie an einer österreichischen Universität oder
- einen Fachhochschul-Diplomstudiengang der Musiktherapie an einer österreichischen Fachhochschule

oder nach Erfüllung der Ausbildungsvoraussetzungen für die mitverantwortliche Berufsausübung der Musiktherapie

- ein Masterstudium der Musiktherapie an einer österreichischen Universität oder
- einen Fachhochschul-Masterstudiengang der Musiktherapie an einer österreichischen Fachhochschule erfolgreich zu absolvieren.

  Im Rahmen des Diplomstudium sind jedenfalls
  - Selbsterfahrung im Umfang von zumindest 200 Einheiten,
  - Rahmenbedingungen für die Berufsausübung der Musiktherapie, insbesondere eine Einführung in die institutionellen, gesundheitsrechtlichen und psychosozialen Rahmenbedingungen, von zumindest 60 Einheiten sowie
  - Fragen der Ethik im Umfang von zumindest 60 Einheiten vorzusehen.

Im Rahmen des Masterstudiums sind jedenfalls

- Rahmenbedingungen für die Berufsausübung der Musiktherapie, insbesondere eine Einführung in die institutionellen, gesundheitsrechtlichen und psychosozialen Rahmenbedingungen, von zumindest 30 Einheiten sowie
- Fragen der Ethik im Umfang von zumindest 30 Einheiten vorzusehen.

3. Berufspflichten

a) Allgemeine Berufspflichten

Musiktherapeuten (Musiktherapeutinnen) haben ihren Beruf mit musiktherapeutisch-wissenschaftlichen Methoden nach bestem Wissen und Gewissen und unter Beachtung der Entwicklung der Erkenntnisse der Wissenschaft auszuüben. Sie haben das Wohl der Kranken und den Schutz der Gesunden unter Einhaltung der bestehenden Vorschriften zu wahren. Der Berufspflicht zur Berufsausübung nach bestem Wissen und Gewissen haben Musiktherapeuten (Musiktherapeutinnen) insbesondere durch den regelmäßigen Besuch von in- oder ausländischen Fortbildungsveranstaltungen über aktuelle Entwicklungen und Erkenntnisse der musiktherapeutischen und anderer berufsrelevanter Wissenschaften sowie durch die Inanspruchnahme von Supervision, insgesamt zumindest im Ausmaß von 90 Einheiten innerhalb eines Zeitraumes von drei Jahren, zu entsprechen.

b) Persönliche Berufsausübung

Musiktherapeuten (Musiktherapeutinnen) haben ihren Beruf persönlich und unmittelbar, allenfalls in Zusammenarbeit mit Vertretern (Vertreterinnen) ihrer oder einer anderen Wissenschaft oder Berufes, auszuüben. Sie können sich jedoch Hilfspersonen, insbesondere Studierender der Musiktherapie, bedienen, wenn diese nach ihren genauen Anordnungen und unter ihrer Aufsicht handeln.

c) Aufklärungspflicht

Musiktherapeuten (Musiktherapeutinnen) haben klare Informationen über

- den geplanten Behandlungsablauf,
- die Risiken der Behandlung,
- die Alternativen der bzw. zur musiktherapeutischen Behandlung sowie
- die Preise der von ihnen zu erbringenden Leistungen, sofern nicht eine direkte Abrechnung mit einem inländischen Träger der Sozialversicherung oder der Krankenfürsorge erfolgt,

zur Verfügung zu stellen.

d) Dokumentationspflicht und Auskunftserteilung

Die gesetzten musiktherapeutischen Maßnahmen sind zu dokumentieren. Den Patienten oder deren gesetzlichen Vertretern bzw. den von den Patienten benannten Auskunftspersonen haben sie über diese Maßnahmen auf Verlangen Auskunft zu geben. Auch den übrigen für den Patienten zuständigen Mitarbeitern von Gesundheitsberufen sind die notwendigen Auskünfte zu geben.

- Die Aufzeichnungen sowie die sonstigen der Dokumentation dienlichen Unterlagen sind (von der niedergelassenen Pflegeperson) **mindestens zehn Jahre aufzubewahren.**

e) Verschwiegenheitspflicht

Musiktherapeuten sowie ihre Hilfspersonen einschließlich Studierende der Musiktherapie sind zur Verschwiegenheit über alle ihnen in Ausübung ihres Berufes oder ihrer praktischen musiktherapeutischen Ausbildung anvertrauten oder bekannt gewordenen Geheimnisse verpflichtet.

Eine Entbindung von der Verschwiegenheitspflicht zum Zweck einer Zeugenaussage vor einem Gericht oder einer Verwaltungsbehörde ist als höchstpersönliches Recht nur durch die einsichts- und urteilsfähige behandelte Person zulässig.

f) Werbebeschränkung

Musiktherapeuten ist jede unsachliche und unwahre Information im Zusammenhang mit ihrer Berufsausübung untersagt.

g) Provisionsverbot

Musiktherapeuten dürfen keine Vergütungen für die Zuweisung oder Empfehlung von Personen zur Musiktherapie geben, nehmen oder sich zusichern lassen. Rechtsgeschäfte, die gegen dieses Verbot verstoßen, sind nichtig. Leistungen aus solchen Rechtsgeschäften können zurückgefordert werden.

h) Haftpflichtversicherung

Die **eigenverantwortlich berufsberechtigten Musiktherapeuten** haben zur Deckung der aus der Berufsausübung entstehenden Schadenersatzansprüche eine Haftpflichtversicherung bei einem zum Geschäftsbetrieb in Österreich berechtigten Versicherer abzuschließen und diese während der Dauer ihrer Berufsberechtigung aufrecht zu erhalten.

- Die Mindestversicherungssumme hat 400 000 Euro für jeden Versicherungsfall zu betragen.
- Der Ausschluss oder eine zeitliche Begrenzung der Nachhaftung des Versicherers ist unzulässig.

4. Berufsausübung

a) eigenverantwortliche Berufsausübung

Die eigenverantwortliche Berufsausübung der Musiktherapie kann freiberuflich oder im Rahmen eines Arbeitsverhältnisses ausgeübt werden.

Sofern die Berufsausübung der Musiktherapie zum Zweck der Behandlung von akuten und chronischen Erkrankungen oder der Rehabilitation erfolgt, hat nachweislich vor oder nach der ersten, jedenfalls vor der zweiten musiktherapeutischen Behandlung eine Zuweisung durch

- einen Arzt oder
- einen klinischen Psychologen oder
- einen Psychotherapeuten oder
- einen Zahnarzt

statt zu finden.

b) mitverantwortliche Berufsausübung

Die mitverantwortliche Berufsausübung der Musiktherapie besteht in der Ausführung von Tätigkeiten im Rahmen eines Arbeitsverhältnisses nach Anordnung durch

- einen Arzt oder
- einen klinischen Psychologen oder
- einen eigenverantwortlich berufsberechtigten Musiktherapeuten oder
- einen Psychotherapeuten oder
- einen Zahnarzt und

unter regelmäßiger Supervision durch einen eigenverantwortlich berufsberechtigten Musiktherapeuten im fachlich erforderlichen Ausmaß.

5. Musiktherapeutenliste

Das Bundesministerium für Gesundheit führt die Musiktherapeutenliste und hat jede Anmeldung ohne unnötigen Aufschub, spätestens jedoch binnen vier Monaten nach Einlangen der vollständigen Unterlagen, zu erledigen.

- Wer die allgemeinen und besonderen Voraussetzungen für die eigenverantwortliche Berufsausübung der Musiktherapie erfüllt, ist, erforderlichenfalls nach Einholung eines Sachverständigengutachtens, als **„Musiktherapeut"** (**„Musiktherapeutin"**) **mit der auf die Berechtigung zur eigenverantwortlichen Berufsausübung** der Musiktherapie hinweisenden Zusatzbezeichnung einzutragen.
- Wer die allgemeinen und besonderen Voraussetzungen für die mitverantwortliche Berufsausübung der Musiktherapie erfüllt, ist, erforderlichenfalls nach Einholung eines Sachverständigengutachtens, als **„Musiktherapeut"** (**„Musiktherapeutin"**) **mit der auf die Berechtigung zur mitverantwortlichen Berufsausübung** der Musiktherapie hinweisenden Zusatzbezeichnung einzutragen.

Die Berufsausübung der Musiktherapie darf erst nach Eintragung in die Musiktherapeutenliste aufgenommen werden.

IV. Wesentliche privatrechtliche Bestimmungen für Gesundheitsberufe und Datenschutz

Vertragsrecht

A. Das Rechtsgeschäft

Das Rechtsgeschäft besteht aus **Willenserklärungen**, die auf die **Herbeiführung von Rechtsfolgen** gerichtet sind.

Die Rechtsfolgen können entweder durch

- **eine Willenserklärung oder**

  (z.B. ein Mieter übt das ihm zustehende Kündigungsrecht aus und erklärt einseitig die Kündigung seines Mietvertrages, wodurch das Mietverhältnis beendet wird)

- **zwei oder mehrere Willenserklärungen** eintreten.

  In der Regel werden Rechtsfolgen nur im Zusammenhang mit einer zweiten Willenserklärung herbeigeführt. Die Erklärung des A, eine Sache von B um € 100,– kaufen zu wollen, führt noch zu keiner Verpflichtung des B, sie zu liefern. B wird nur dann verpflichtet, wenn er sich bereit erklärt, die Sache zu diesem Preis an A zu verkaufen. Eine Vereinbarung, die durch zwei übereinstimmende Willenserklärungen zustande kommt, heißt Vertrag.

B. Der Vertrag

Ein Vertrag kommt durch zwei (oder mehrere) übereinstimmende Willenserklärungen zustande. Die Voraussetzungen für seine Gültigkeit sind:

- **Geschäftsfähigkeit der Vertragspartner**

  Diese richtet sich je nach Rechtsgeschäft und Vertragspartnern.

- **Möglichkeit des Inhalts**

  Was geradezu unmöglich ist, kann nicht Gegenstand eines gültigen Vertrages sein.

Beispiel:

Ein Arzt verpflichtet sich zur Wiederbelebung eines bereits seit einiger Zeit verstorbenen und begrabenen Menschen.

- **Erlaubtheit des Inhalts**

  Ein Vertrag, der gegen ein gesetzliches Verbot oder gegen die guten Sitten verstößt, ist nichtig.

Beispiele:

Eine Frau verpflichtet sich zur Leihmutterschaft und anschließender Herausgabe des Kindes an die Auftraggeberin; ein Vater verspricht seiner Tochter eine Belohnung dafür, dass sie das nicht erwünschte Enkelkind abtreiben lässt.

- **Freiheit der Willenserklärungen**

  Die Willenserklärungen müssen ohne List, Zwang oder Irrtum zustande gekommen sein.

Mit List oder Zwang zustande gekommene Verträge sind nichtig, das heißt, der Betrogene oder Erpresste muss sie nicht einhalten. Irrtümlich zustande gekommene Verträge können vom Irrenden angefochten werden. Wer List oder Zwang angewendet oder den Irrtum herbeigeführt hat, kann sich aber darauf nicht berufen.

- **Einwilligung**

  Die Willenserklärung muss frei, ernstlich, bestimmt und verständlich sein. Sie kann ausdrücklich durch Wort oder Schrift oder schlüssig erfolgen. Stillschweigen gilt nur dann als Zustimmung, wenn innerhalb einer bestimmten Frist eine Pflicht zur Äußerung besteht. Die Einhaltung einer bestimmten Form ist nur dort nötig, wo dies vom Gesetz ausdrücklich vorgesehen ist.

Beispiele:

Beim Kaufvertrag muss immer Einigung über eine bestimmte Ware und einen bestimmten Kaufpreis erzielt werden;

Scherzerklärungen wie „Ich schenke Dir den Mond“ begründen keine Verpflichtung;

Kaufvertrag per Handschlag – Schriftlichkeit hat oft nur Beweiszwecke;

schlüssiger Kaufvertrag beim Kaffeeautomaten.

- **Willenseinigung**

  Ein Vertrag kommt erst zustande, wenn übereinstimmende Willenserklärungen vorliegen (Antrag und Annahme). Die Annahme muss unter Anwesenden (auch am Telefon) sofort erfolgen, sonst nach einer angemessenen Überlegungsfrist (einschließlich der Zeit des Postlaufes) oder innerhalb der vom Anbietenden selbst bestimmten Zeit. Wurde der Antrag nicht rechtzeitig angenommen, ist der Anbietende nicht mehr daran gebunden.

  Bloße Vorverhandlungen oder Vorbesprechungen begründen keinen Vertrag.

  Die Vertragsfreiheit

  Jedermann kann darüber entscheiden, ob, mit wem, wann, wo, in welcher Form und mit welchem Inhalt er einen Vertrag abschließen will. Die Vertragsfreiheit bedeutet daher die freie Wahl von Beginn, Inhalt, Form und Beendigung eines Vertrages. Diese Regel erhält aus öffentlichen Interessen nachstehende Einschränkungen:

- Kontrahierungszwang:

  lebenswichtige Verkehrs- (Eisenbahn und Post) und Versorgungsunternehmungen (Gas, Wasser, Strom) müssen mit jedem Verträge schließen, der sich ihren Bedingungen (meist: Allgemeine Geschäftsbedingungen) unterwirft. Öffentliche Krankenanstalten müssen unabweisbare Patienten stationär aufnehmen und in Anstaltsambulatorien Erste Hilfe leisten.

- besondere Formvorschriften:

  bestehen für manche Rechtsgeschäfte (Eheschließung, Testamente, Gesellschaftsverträge, Zustimmung zu Behandlungen, Heimvertrag etc.).

- Beschränkungen für den Vertragsinhalt:

  werden durch Gesetz – vor allem im Interesse des sozial Schwächeren – festgesetzt: z.B. im Mietrecht, im Konsumentenschutzgesetz oder im Arbeitsrecht.

C. Der Behandlungsvertrag

Der Behandlungsvertrag ist privatrechtlich ein Vertrag, in dem sich ein Angehöriger eines niedergelassenen Gesundheitsberufes oder eine Einrichtung des Gesundheitswesens zur Behandlung einer Person verpflichtet. Dementsprechend schuldet der frei praktizierende Arzt bzw. der Rechtsträger einer Krankenanstalt dem Patienten eine **Behandlung nach Maßgabe der ärztlichen Wissenschaft und Erfahrung**, nicht jedoch einen bestimmten Behandlungserfolg im Sinne einer Wiederherstellung der Gesundheit. Behandlung umfasst nicht nur die Behandlung zu Heilzwecken, sondern auch jede Behandlung zu diagnostischen, therapeutischen, prophylaktischen oder schmerzlindernden Zwecken.

Bei der Aufnahme in eine Krankenanstalt kommt der Behandlungsvertrag zwischen dem Rechtsträger der Krankenanstalt und dem Patienten zustande. Ärzte und Pflegepersonen sind dann Erfüllungsgehilfen des Rechtsträgers der Krankenanstalt.

Der Behandlungsvertrag kommt wie jedes andere zweiseitige Rechtsgeschäft durch übereinstimmende Willenserklärungen der Vertragspartner zustande. Grundsätzlich herrscht Formfreiheit, dh er kann mündlich, schriftlich oder durch schlüssiges Verhalten (konkludent) abgeschlossen werden.

Bei Vertragsschluss ist besonders auf Beschränkungen der Geschäftsfähigkeit (Sachwalter, beschränkte Urteilsfähigkeit durch Alkohol) des zu Behandelnden bzw. auch auf bestehende Fälle des Kontrahierungszwanges oder allfällige Formvorschriften zu achten. Aufgrund der besonderen Vertragsinhalte und des hohen Gefälles im Wissensstand der Vertragsparteien kommt der **Aufklärung** bzw. der ausdrücklichen **Zustimmung** zur Behandlung stets große Bedeutung zu.

Keine Behandlung ohne Zustimmung,
keine Zustimmung ohne vorherige Aufklärung

Alle Heilbehandlungen einschließlich operativer Eingriffe dürfen **nur mit Zustimmung** des vorher über die Behandlung aufgeklärten Patienten durchgeführt werden. Verweigert der (orientierte) Patient die Zustimmung zur Behandlung, so hat die Behandlung zu unterbleiben, selbst wenn dies eine schwere Gesundheitsstörung oder den Tod des Patienten nach sich zieht.

Beispiel:

Wenn ein erwachsener, voll orientierter Zeuge Jehovas aus religiösen Gründen eine Bluttransfusion verweigert, so hat diese zu unterbleiben, selbst wenn der Patient dadurch eine schwere Gesundheitsstörung erleidet oder stirbt.

1. Aufklärung

Die Aufklärungspflicht ist nach Art und Umfang nicht gesetzlich definiert. Das ABGB geht von der **Selbstbestimmung** und **Entscheidungsfreiheit** jedes Vertragspartners aus. Dies setzt ein gewisses Maß an Information voraus, um sich mit Anleitung des anderen seines eigenen Verstandes bedienen zu können. Aufklärung setzt daher einen vernünftigen und einsichtigen Menschen voraus. Aufklärung ist naturgemäß von Mensch zu Mensch verschieden (individuell), weshalb dem Gespräch bzw. auch dem Dialog mit dem zu Behandelnden großes Augenmerk gilt.

Jeder Patient hat ein Recht auf Aufklärung. Der behandelnde Arzt ist zur Aufklärung ohne Aufforderung durch den Patienten verpflichtet. *Die Grenze der Aufklärungspflicht ist der mögliche Schaden des Patienten. Überwiegt dieser Schaden, so darf im Ausnahmefall die Aufklärung unterbleiben (z.B. schwere Depression, Selbstmordgefahr).*

Für eine gute Aufklärung gibt es teilweise schriftliche Unterlagen, welche im Fachhandel erhältlich sind und aus Beweisgründen zu empfehlen sind.

Eine **umfassende Aufklärung** (nicht in allen Fällen möglich) klärt Folgendes:

- Art der **Erkrankung (Diagnose)**
- Art der **Behandlung** (konservativ, operativ, medikamentös)
- die jeweiligen **Erfolgsaussichten** und **Risken** einer **beabsichtigten Behandlung**; ist Heilung oder nur Besserung möglich, gibt es Nachteile (insb. Gesundheitsschaden oder Lebensgefahr)?
- **Möglichkeit anderer Behandlungen** und deren Erfolgsaussichten und Risken;
- Gefahren einer Behandlung: es ist immer über die **häufigen** (etwa ab 0,5%) und alle **typischen und unmittelbaren Risken** aufzuklären, auch wenn diese äußerst selten vorkommen (z.B. Narkoserisiko);
- je dringender die Behandlung ist, **desto** oberflächlicher kann die Aufklärung sein, **je** weniger dringend die Behandlung ist, **desto** genauer muss die Aufklärung sein;
- ist die Behandlung überhaupt **nicht medizinisch indiziert**, muss über **alle möglichen Risken aufgeklärt** werden (z.B. reine „Schönheitsoperation").

Der **Patient kann** ausdrücklich auf die Aufklärung verzichten.

2. Zustimmung

Für die **Zustimmung** zu jeder Behandlung gilt Folgendes:

- Die Zustimmung ist nur wirksam, wenn der Patient vorher über die Behandlung **aufgeklärt** wurde.
- Die Zustimmung muss **ausdrücklich** zu einer bestimmten Behandlung erfolgen.
- Die **pauschale Zustimmung** „zu jeder Behandlung" ist **unwirksam**.
- Die Zustimmung muss **nachweislich** und **grundsätzlich schriftlich** erfolgen.

Die Zustimmung kann bei jedem Patienten entfallen, wenn die Behandlung wegen **Lebensgefahr** oder der **Gefahr einer schweren Gesundheitsschädigung** so dringend notwendig ist, dass eine Zustimmung nicht mehr eingeholt werden kann (z.B. wegen Bewusstlosigkeit oder tiefgreifender Bewusstseinsstörung). Über die Notwendigkeit und Dringlichkeit der Behandlung entscheidet der ärztliche Leiter der Krankenanstalt oder der Abteilungsvorstand.

Ist der zu Behandelnde **minderjährig** oder **mangelt** es ihm an **geistiger Reife**, so gilt zusätzlich Folgendes:

- **Einwilligungen** in medizinische Behandlungen kann das **einsichts- und urteilsfähige Kind** nur **selbst erteilen.**
- **Im Zweifel** wird das Vorliegen dieser **Einsichts- und Urteilsfähigkeit** bei **mündigen** Minderjährigen **vermutet.**

- Soweit der **unmündige** Minderjährige oder **geistig Behinderte einsichtsfähig** ist, ist er in den Aufklärungs- und Zustimmungsprozess immer mit **einzubinden**. Eine **untere Altersgrenze** ist dabei nicht vorgegeben.
- **Mangelt** es an der notwendigen **Einsichts- und Urteilsfähigkeit**, so ist die **Zustimmung** der Person erforderlich, die mit **Pflege und Erziehung** betraut ist.
- Willigt ein einsichts- und urteilsfähiges minderjähriges Kind in eine Behandlung ein, die gewöhnlich mit einer **schweren** oder **nachhaltigen Beeinträchtigung** der körperlichen Unversehrtheit oder der Persönlichkeit verbunden ist, so darf die Behandlung nur vorgenommen werden, wenn auch die Person **zustimmt**, die mit der **Pflege und Erziehung** betraut ist.
- Bei **widersprüchlichen Erklärungen** zwischen Minderjährigem oder geistig Behindertem und seinem gesetzlichen Vertreter ist, sofern genügend Zeit vorhanden ist, die Entscheidung des **Pflegschaftsgerichtes** einzuholen.
- Die **Einwilligung** des einsichts- und urteilsfähigen Kindes sowie die Zustimmung der Person, die mit Pflege und Erziehung betraut ist, sind **nicht erforderlich**, wenn die Behandlung **so dringend notwendig** ist, dass der mit der Einholung der Einwilligung oder der Zustimmung verbundene Aufschub das **Leben** des Kindes gefährden würde oder mit der Gefahr einer schweren Schädigung der **Gesundheit** verbunden wäre.

D. Die Patientenverfügung

Eine Patientenverfügung ist eine Willenserklärung, mit der ein **Patient** eine **medizinische Behandlung ablehnt** und die dann wirksam werden soll, wenn er im Zeitpunkt der Behandlung nicht einsichts-, urteils- oder äußerungsfähig ist.

Eine Patientenverfügung kann **verbindlich** oder **für die Ermittlung des Patientenwillens beachtlich** sein. **Patient** ist jede Person, die eine Patientenverfügung errichtet, gleichgültig, ob sie im Zeitpunkt der Errichtung erkrankt ist oder nicht.

Eine Patientenverfügung kann nur **höchstpersönlich errichtet** werden. Der Patient muss bei Errichtung einer Patientenverfügung einsichts- und urteilsfähig sein.

Der aufklärende und der behandelnde **Arzt** haben Patientenverfügungen in die **Krankengeschichte** oder, wenn sie außerhalb einer Krankenanstalt errichtet wurden, in die ärztliche **Dokumentation** aufzunehmen.

Jede Patientenverfügung **verliert ihre Wirksamkeit**, wenn sie der **Patient** selbst **widerruft** oder zu erkennen gibt, dass sie nicht mehr wirksam sein soll.

Eine Patientenverfügung **bleibt** auch dann **wirksam**, wenn darin weitere Anmerkungen des Patienten, insbesondere die Benennung einer konkreten Vertrauensperson, die Ablehnung des Kontakts zu einer bestimmten Person oder die Verpflichtung zur Information einer bestimmten Person, enthalten sind.

1. Verbindliche Patientenverfügung

In einer **verbindlichen Patientenverfügung** müssen die medizinischen Behandlungen, die Gegenstand der **Ablehnung** sind, konkret beschrieben sein oder eindeutig aus dem Gesamtzusammenhang der Verfügung hervorgehen. Aus der Patientenverfügung muss zudem hervorgehen, dass der Patient die Folgen der Patientenverfügung zutreffend einschätzt.

- Der Errichtung einer verbindlichen Patientenverfügung muss eine umfassende **ärztliche Aufklärung** einschließlich einer Information über Wesen und Folgen der Patientenverfügung für die medizinische Behandlung vorangehen. Der aufklärende Arzt hat die Vornahme der Aufklärung und das Vorliegen der Einsichts- und Urteilsfähigkeit des Patienten unter Angabe seines Namens und seiner Anschrift durch eigenhändige Unterschrift zu dokumentieren und dabei auch darzulegen, dass und aus welchen Gründen der Patient die Folgen der Patientenverfügung zutreffend einschätzt, etwa weil sie sich auf eine Behandlung bezieht, die mit einer früheren oder aktuellen Krankheit des Patienten oder eines nahen Angehörigen zusammenhängt.
- Eine Patientenverfügung ist verbindlich, wenn sie **schriftlich** unter Angabe des **Datums** vor einem **Rechtsanwalt**, einem **Notar** oder einem **rechtskundigen Mitarbeiter** der **Patientenvertretungen** errichtet worden ist und der Patient über die Folgen der Patientenverfügung sowie die Möglichkeit des jederzeitigen **Widerrufs** belehrt worden ist.
- Eine Patientenverfügung verliert nach Ablauf von **fünf Jahren** ab der Errichtung ihre Verbindlichkeit, sofern der Patient nicht eine kürzere Frist bestimmt hat. Sie kann unter Einhaltung der Formerfordernisse nach entsprechender **ärztlicher Aufklärung erneuert** werden; damit beginnt die Frist von fünf Jahren neu zu laufen.
- Eine Patientenverfügung verliert nicht ihre Verbindlichkeit, solange sie der Patient mangels Einsichts-, Urteils- oder Äußerungsfähigkeit nicht erneuern kann.

2. Beachtliche Patientenverfügung

Eine Patientenverfügung, die nicht alle Voraussetzungen einer verbindlichen Patientenverfügung erfüllt, ist dennoch für die Ermittlung des Willens des Patienten beachtlich.

- Eine beachtliche Patientenverfügung ist bei der Ermittlung des Patientenwillens umso mehr zu beachten, je eher sie die Voraussetzungen einer verbindlichen Patientenverfügung erfüllt. Dabei ist insbesondere zu berücksichtigen, inwieweit der Patient die Krankheitssituation, auf die sich die Patientenverfügung bezieht, sowie deren Folgen im Errichtungszeitpunkt einschätzen konnte, wie konkret die medizinischen Behandlungen, die Gegenstand der Ablehnung sind, beschrieben sind, wie umfassend eine der Errichtung vorangegangene ärztliche Aufklärung war, inwieweit die Verfügung von den Formvorschriften für eine verbindliche Patientenverfügung abweicht, wie häufig die Patientenverfügung erneuert wurde und wie lange die letzte Erneuerung zurückliegt.

3. Notfälle

Die medizinische **Notfallversorgung** hat jedenfalls zu **erfolgen**, wenn der mit der Suche nach einer Patientenverfügung verbundene **Zeitaufwand** das **Leben** oder die Gesundheit des Patienten ernstlich **gefährdet**.

Durch eine Patientenverfügung kann ein Patient die ihm allenfalls aufgrund besonderer Rechtsvorschriften auferlegten Pflichten, sich einer Behandlung zu unterziehen, nicht einschränken (z.B. Behandlungspflicht bei TBC und Geschlechtskrankheiten, Mitwirkungspflicht des Versicherten im Rahmen der Sozialversicherung).

Schadenersatz

I. Allgemeines

Erleidet jemand einen Schaden, so hat er ihn grundsätzlich selbst zu tragen. Jeden trifft das Risiko bezüglich seiner eigenen Güter. Der Geschädigte hat einen **Anspruch** gegen den Schädiger auf Ersatz seines Schadens, wenn folgende **Voraussetzungen** vorliegen:

• Eintritt des Schadens	• Rechtswidrigkeit
• Kausalität	• Verschulden

A. Voraussetzungen für Schadenersatz

1. Schaden

Schaden heißt **jeder Nachteil**, der jemandem an **Vermögen, Rechten** oder seiner **Person** zugefügt worden ist.

Zu unterscheiden ist dabei zwischen

- **materiellem** Schaden (Vermögensschaden) und
- **immateriellem** Schaden (Nichtvermögensschaden) einerseits sowie
- **unmittelbarem** und
- **mittelbarem** Schaden andererseits.

Grundsätzlich werden nur materielle unmittelbare Schäden ersetzt.

Materielle Schäden sind alle Schäden am Vermögen, immaterielle Schäden sind Schäden, die nicht das Vermögen einer Person betreffen, wie zum Beispiel **Schäden an der körperlichen Integrität**, Kränkungen oder Verletzungen der Ehre. Der einzige immaterielle Schaden, der **zu ersetzen** ist, ist das **Schmerzengeld**.

Anmerkung:

Die Behauptung, ein Arzt könne überhaupt nichts und habe bereits viele Patienten vor der Zeit ins Grab gebracht, ist eine Ehrenbeleidigung. Der Schaden, der aus so einer Behauptung dem Arzt entsteht, ist aber nicht immateriell, sondern ein ganz massiver Vermögensschaden, der sich aus dieser Kreditschädigung ergibt. Patienten werden diesen Arzt meiden, wodurch dem Arzt in Zukunft massive Einkommenseinbußen entstehen.

Unmittelbare Schäden sind alle Schäden, die durch das **erste schädigende Ereignis** entstanden sind, **mittelbare** Schäden sind Schäden, die durch den **ersten Schaden** entstanden sind.

Beispiel:

Ein Auto fährt gegen einen Lichtmast und knickt diesen. Aufgrund des darauf erfolgenden Stromausfalles verdirbt das Kühlgut in den Eiskästen und Tiefkühltruhen. Die Gastronomie des Ortes hat daraufhin Verdienstentgang etc. Ersetzt wird nur der Schaden des E-Werkes, alle weiteren Schäden werden vom schuldigen Autolenker nicht ersetzt.

Nur in **Ausnahmefällen** ist der **mittelbare** Schaden **zu ersetzen**, so zum Beispiel der Schaden, den die Angehörigen bei Tötung eines Menschen erleiden (entgangener Unterhalt, Rentenansprüche, entgangene Haushaltsführung etc.) oder der vom Dienstgeber nach einer schuldhaften Verletzung des Arbeitnehmers weitergezahlte Lohn, der aufgrund der gesetzlichen oder vertraglichen Entgeltfortzahlungspflicht unabhängig von der Ursache der Erkrankung zu bezahlen ist. In diesem Fall ist die Entgeltfortzahlung ein mittelbarer Schaden des Arbeitgebers, der dennoch vom Schädiger zu ersetzen ist.

Eine weitere – selbstverständliche – Voraussetzung ist, dass überhaupt ein **Schaden entstanden** ist. Ein bloß möglicher, tatsächlich aber nicht eingetretener Schaden ist daher nur immateriell (Ärger des „Geschädigten“) und nicht ersatzfähig.

Beispiel:

Der Lieferant eines technischen Gerätes verpflichtet sich zur regelmäßigen Wartung des gelieferten Gerätes, da dieses ohne regelmäßige Wartung nicht funktionstüchtig ist. Ohne weitere Begründung stellt der Lieferant seine Tätigkeit ein. Das nunmehr beigezogene Ersatzunternehmen ist preislich höher. Der Schaden besteht in der Differenz der ursprünglich vereinbarten und der nunmehr zu bezahlenden Servicekosten.

Ist hingegen das Ersatzunternehmen preisgünstiger, so ist kein Schaden entstanden und auch nichts zu ersetzen.

Daneben sind selbstverständlich in beiden Fällen die mit der Suche nach einem Ersatzunternehmen angefallenen Kosten (Telefonate, Porti, Arbeitszeit des Sekretariats etc.) ein materieller Schaden, der zu ersetzen ist.

2. Kausalität

Unter Kausalität versteht man den **ursächlichen Zusammenhang** zwischen dem Verhalten des Schädigers und dem Eintritt des Schadens. Das Verhalten kann eine Handlung oder Unterlassung sein.

Es ist zu prüfen, ob der Schaden entfiele, wenn man sich das Ereignis, dessen Ursächlichkeit geprüft werden soll, wegdenkt. Ist das der Fall, so war das Ereignis ursächlich. Auf diese Weise wird der Bedingungszusammenhang ermittelt, dh die Frage entschieden, ob das Ereignis, „**conditio sine qua non**“ (notwendige Bedingung) für den schädigenden Erfolg war.

Steht die Kausalität eines positiven Tuns infrage, so wird geprüft, ob der Schaden entfällt, wenn man sich eben dieses Tun wegdenkt. Kommt eine Schädigung durch Unterlassen in Betracht (beispielsweise unterlassene Hilfeleistung), so ist zu fragen, ob der Schaden auch bei pflichtgemäßem Verhalten eingetreten wäre. Wäre der Schaden bei pflichtgemäßem Verhalten nicht eingetreten, so ist die Unterlassung ursächlich.

Bei Schäden, die aus einem *positiven Tun* entstanden sind, ist die Ursächlichkeit durch *„Hinwegdenken"* des fraglichen Verhaltens des potentiell Haftpflichtigen zu ermitteln, bei Schäden aus einer *Unterlassung* durch *„Hinzudenken"* der pflichtgemäßen Handlung.

Die Bedingungstheorie (Äquivalenztheorie) zieht die äußerste Grenze der Zurechenbarkeit. Ist der Bedingungszusammenhang zu verneinen, so kommt eine Ersatzpflicht nicht in Betracht.

Es wird aber nicht jeder verantwortlich, der eine conditio sine qua non gesetzt hat: Der Schädiger haftet nur für adäquat herbeigeführte Schäden (Adäquanztheorie). Ein Schaden ist adäquat herbeigeführt, wenn seine Ursache ihrer allgemeinen Natur nach für die Herbeiführung eines derartigen Erfolges nicht als völlig ungeeignet erscheinen muss und nicht nur infolge einer ganz außergewöhnlichen Verkettung von Umständen zu einer Bedingung des Schadens wurde. Diese Begrenzung ist notwendig, weil die Haftung für alle verursachten Schäden die Ersatzpflicht sonst uferlos machen würde.

Beispiele:

Jemand wirft ein Messer gegen einen Widersacher (Handlung).

Der Weichensteller unterlässt es, die Weiche zu stellen, worauf zwei Züge zusammenstoßen (Unterlassung).

In beiden Fällen ist die Bedingung für den Schadenseintritt auch geeignet, nach dem gewöhnlichen Lauf der Dinge den Schaden herbeizuführen, mithin für den Schaden **adäquat**.

Ein Arzt spritzt einem Patienten intravenös ein Medikament, das aus einer Originalverpackung entnommen wurde, worauf dieser sofort verstirbt. In weiterer Folge stellt sich heraus, dass seitens der Erzeugerfirma irrtümlich die nunmehr tödliche Substanz in die falsche Verpackung gegeben wurde. Das Verhalten des Arztes ist zwar die conditio sine qua non für den Schadenseintritt, es ist aber **nicht adäquat**, da der Arzt nach dem normalen Lauf der Dinge niemals damit rechnen konnte, dass in der Fabrik die Substanzen vertauscht wurden.

3. Rechtswidrigkeit

Rechtswidrig ist ein Verhalten, das gegen ein Gebot oder Verbot der Rechtsordnung oder gegen die guten Sitten verstößt.

Rechtswidrig kann nur ein menschliches Verhalten, nicht aber ein tierisches Verhalten oder ein Naturereignis sein.

Beispiel:

Ein frei herumlaufender Hund beißt einen Passanten und verletzt ihn. Das Verhalten des Hundes ist nicht rechtswidrig, wohl aber hat sein Halter gegen das Gebot der Aufsichtspflicht verstoßen.

Je nachdem, ob ein Verstoß gegen ein Gebot, Verbot oder die guten Sitten vorliegt oder nicht, ist ein und dasselbe Verhalten rechtmäßig oder rechtswidrig. So ist die Operation oder die besondere Heilbehandlung eines Patienten mit dessen Zustimmung nach gehöriger Aufklärung rechtmäßig, ohne dessen Zustimmung oder ohne gehörige Aufklärung hingegen rechtswidrig. Die Zustimmung nach gehöriger Aufklärung stellt mithin einen **Rechtfertigungsgrund** für die nachfolgende Tätigkeit dar. Die Grenzen der Möglichkeit einer wirksamen Zustimmung des Patienten sind im **Strafgesetz** einerseits und in den **guten Sitten** andererseits gelegen. So bleibt zum Beispiel eine Tötung auf Verlangen trotz ausdrücklicher Zustimmung rechtswidrig oder wäre jede nicht medizinisch indizierte Amputation von Gliedmaßen trotz ausdrücklicher Zustimmung zumindest sittenwidrig und damit rechtswidrig.

Der wesentlichste Rechtfertigungsgrund außer der vorherigen Zustimmung des Betroffenen ist im allgemeinen Privatrecht – ebenso wie im Strafrecht – die **Notwehr** und bestimmte **Notstandshandlungen**, die im Bereich des Sanitätsrechts die sofortige Behandlung bei Gefahr einer **schweren Gesundheitsschädigung** und bei unmittelbarer **Lebensgefahr** ermöglichen, wenn die Zustimmung des Patienten nicht mehr rechtzeitig eingeholt werden kann, etwa weil der Patient bewusstlos oder so schwer schockiert ist, dass eine vernünftige Erklärung seitens des Patienten in diesem Zustand nicht abgegeben werden kann.

- **Notwehr** ist die Abwehr eines gegenwärtigen rechtswidrigen Angriffes auf Leben, Freiheit oder Vermögen durch maßvolle Verteidigung.

Beispiel:

Eine Krankenpflegerin wird im Nachtdienst von einem Rauschgiftsüchtigen überfallen, weil dieser unbedingt Rauschgift aus dem Suchtgiftschrank an sich bringen will. Der Pflegerin gelingt es, den schon leicht benommenen Süchtigen niederzuschlagen und zu fesseln. Der Süchtige wird dabei verletzt. In diesem Fall ist die Pflegerin gerechtfertigt. Verabreicht sie jedoch dem bereits kampfunfähigen Angreifer eine Beruhigungsspritze, so liegt eine rechtswidrige **Notwehrüberschreitung** vor, für deren Folgen sie auch haftet.

- **Notstand** ist die Abwehr einer unmittelbaren Gefahr durch Verletzung von Rechtsgütern eines anderen, der nicht Angreifer ist.

Beispiele:

Ein dem Erfrieren naher Bergsteiger bricht in eine Almhütte ein.

Eine Hebamme verrichtet bei unvermutet aufgetretenen Komplikationen anlässlich einer Hausgeburt in einem Bergbauernhof ausdrücklich einem Arzt vorbehaltene Tätigkeiten, da der Arzt zufolge der schlechten Witterung nicht rechtzeitig eintreffen kann und unmittelbare Lebensgefahr für die Patientin besteht. Die trotz des ausdrücklichen gesetzlichen Verbotes durchgeführte medizinische Tätigkeit ist durch die besonderen Umstände gerechtfertigt.

4. Verschulden

Verschulden ist die persönliche **Vorwerfbarkeit** rechtswidrigen Verhaltens. Schuldhaft handelt, wer ein Verhalten setzt, das er hätte vermeiden sollen und auch hätte vermeiden können.

Weil das Verschulden auf die persönliche Eigenart des Täters abstellt, kann diesem nur dann ein Vorwurf gemacht werden, wenn er nach seinen subjektiven Fähigkeiten in der Lage war, die Rechtswidrigkeit seines Verhaltens zu erkennen und sich dementsprechend zu verhalten. Damit hängt zusammen, dass nach dem Gesetz die **Deliktsfähigkeit** erst mit dem 14. Lebensjahr eintritt bzw. Geisteskranke gar nicht oder nur eingeschränkt deliktsfähig sind.

Bei der Beurteilung des Grades der Aufmerksamkeit und des Fleißes ist allerdings ein **objektiver Maßstab** anzulegen.

- **Arten des Verschuldens**

Das Gesetz unterscheidet zwischen **Vorsatz** und **Fahrlässigkeit**. Vorsatz liegt vor, wenn der Täter bewusst rechtswidrig handelt, den schädlichen Erfolg vorhersieht und seinen Eintritt billigt. Liegen nicht alle diese Voraussetzungen vor, so spricht man von Fahrlässigkeit.

a) Vorsatz

Das **Bewusstsein der Rechtswidrigkeit** ist für den **Vorsatz** wesentlich. Es kommen *mehrere Arten* des Vorsatzes in Betracht, welche aber die *gleichen Rechtsfolgen* auslösen.

Der Täter kann in der Absicht handeln, den Erfolg herbeizuführen (dolus specialis), er kann mit dem sicheren Wissen handeln, dass der Erfolg eintreten werde (dolus principalis), er kann aber auch den Erfolg nur für möglich halten und die mögliche Verwirklichung billigend in Kauf nehmen (dolus eventualis).

Die **bewusste Fahrlässigkeit** unterscheidet sich vom dolus eventualis dadurch, dass der Täter den Erfolg zwar für möglich hält, aber darauf vertraut, dass er nicht eintreten werde.

b) Fahrlässigkeit

Von **Fahrlässigkeit** wird gesprochen, wenn der Täter die **gehörige Sorgfalt** außer Acht lässt:

Wenn der Täter ein Verhalten für erlaubt hält, das erkennbar rechtswidrig ist; wenn er meint, dass ohnehin aus seinem Verhalten kein Schaden entstehen werde, er aber bei **gehöriger Aufmerksamkeit** mit dessen Eintritt hätte rechnen müssen.

Je nach dem Grad der Sorglosigkeit wird zwischen grober und leichter Fahrlässigkeit unterschieden.

Ein Verhalten ist **leicht fahrlässig**, wenn es auf einem Fehler beruht, den gelegentlich auch ein sorgfältiger Mensch macht.

Beispiel:

Ein Sanitäter übersieht bei einem Einsatz anlässlich einer Massenkarambolage, dass eine weitere Person schwer verletzt ist und verständigt zu spät seinen Rettungsarzt von der

Dringlichkeit der Behandlung. Dadurch kommt es beim Verletzten zu einer verzögerten Heilung.

Grobe Fahrlässigkeit liegt vor, wenn eine so schwere Sorgfaltswidrigkeit gesetzt wird, wie sie einem ordentlichen Menschen in dieser Situation keinesfalls unterlaufen würde.

Beispiel:

Ein Chirurg führt eine geplante Operation ohne internistische Untersuchung und Freigabe durch, in weiterer Folge erleidet der Patient dadurch einen Schaden.

Die Unterscheidung ist wegen der unterschiedlichen Rechtsfolgen, insbesondere was den Umfang der Schadenersatzpflicht und die Verjährungsfristen betrifft, bedeutsam.

B. Vertragshaftung und Deliktshaftung

Im Zweifel gilt die Vermutung, dass ein Schaden ohne Verschulden eines anderen entstanden ist.

Diese Regel gilt uneingeschränkt im Rahmen der **Deliktshaftung**. Wer daher ohne Beziehung auf einen Vertrag einen Schaden erleidet, beispielsweise durch einen Verkehrsunfall, der muss jedenfalls ein Verschulden des Schädigers (Unfallgegners) behaupten und unter Beweis stellen.

Beispiel:

Ein Fußgänger wird am Weg von der Arbeit von einem Auto niedergestoßen und verletzt. Der Fußgänger (Geschädigte) hat zu beweisen, dass den Schädiger (Autofahrer) ein Verschulden am Zustandekommen des Unfalls trifft.

Anders gelagert ist die Beweislast im Rahmen der **Vertragshaftung**. Entsteht ein Schaden im Zuge der Erfüllung eines Vertrages, so hat der Schädiger (Vertragspartner) zu behaupten und zu beweisen, dass ihn an der Entstehung des Schadens kein Verschulden trifft.

Beispiel:

Ein Patient kommt durch eine ärztliche Behandlung zu Schaden. Der Patient als Geschädigter hat den Schaden zu beweisen. Der Arzt als Schädiger (Vertragspartner) hat, um einen Schadenersatzanspruch abzuwehren, zu beweisen, dass ihn kein Verschulden trifft, das heißt, dass die Aufklärung ausreichend und die von ihm gewählte Behandlungsmethode lege artis war. Überdies hat er eine ordnungsgemäße Dokumentation nachzuweisen.

C. Art der Schadenersatzpflicht

Um den Ersatz eines verursachten Schadens zu leisten, muss alles in den vorigen Stand zurückversetzt werden (**Naturalersatz**). Nur wenn ein Naturalersatz nicht tunlich (zweckmäßig) ist, so muss der Schätzwert vergütet werden (**Geldersatz**).

Da ein Naturalersatz äußerst selten vorkommt, ist der Schadenersatzanspruch in der Regel ein Geldanspruch.

Für einzelne Arten von Schäden und für bestimmte Personenkreise hat das Gesetz Sonderregelungen getroffen, deren wichtigsten in weiterer Folge dargestellt werden.

1. Körperverletzungen und Tötung

Wer jemanden an seinem Körper verletzt, bestreitet die **Heilungskosten** des Verletzten, ersetzt ihm den **entgangenen**, oder, wenn der Geschädigte zum Erwerb unfähig wird, auch den **künftig entgehenden Verdienst** und bezahlt ihm auf Verlangen überdies ein den erhobenen Umständen **angemessenes Schmerzengeld.**

Ist eine **Verunstaltung** die Folge der Verletzung, so ist darüber hinaus eine **Verunstaltungsentschädigung** als **Ersatz für die Verhinderung des besseren Fortkommens** (z.B. verminderte Berufsaussichten wegen der Verunstaltung, verminderte Chancen bei der Partnerwahl, selbst wenn derzeit ein Lebenspartner vorhanden ist etc.) zu leisten.

Erfolgt aus einer körperlichen Verletzung der Tod, so müssen nicht nur **alle Kosten**, wie zum Beispiel die bis zum Tod entstandenen Heilungskosten, Verdienstentgang und Schmerzengeld sowie die Begräbniskosten, sondern auch den **Hinterbliebenen**, für deren Unterhalt der Getötete nach dem Gesetz zu sorgen hatte, das, was ihnen dadurch entgangen ist, ersetzt werden. Darüber hinaus ist den nahen Angehörigen der durch den Tod des Verletzten entstandene **„Trauerschaden“** zu ersetzen. Der Trauerschaden kann aus den seelischen Schmerzen, hervorgerufen durch den Verlust des nahestehenden Menschen, den zur Aufarbeitung der Trauer notwendigen Therapiekosten (z.B. bei Somatisierung ärztliche Behandlung, in den meisten Fällen Psychotherapie) oder auch im Verdienstentgang, hervorgerufen durch die aus der Tötung resultierende vorübergehende oder dauernde Arbeitsunfähigkeit, bestehen.

Anmerkung:

Der entgangene Unterhalt ist das typische Beispiel eines mittelbaren Schadens. Die Zahlung dieses Unterhalts erfolgt teilweise durch die Sozialversicherung in Form der Witwen- und Waisenpensionen, wobei der Schädiger sowohl der Sozialversicherung die Zahlungen im Regressweg zu ersetzen hat, als auch für einen allfälligen Differenzbetrag auf den tatsächlich höheren entgangenen Unterhalt aufzukommen hat. Darüber hinaus zählt nicht nur die Geldleistung des Erwerbstätigen zum Unterhalt, sondern auch die Haushaltsführung. Wird daher der haushaltsführende Teil verletzt oder getötet, so hat der Schädiger die Kosten der Haushaltsführung zu ersetzen.

Da der Schädiger selten diese sehr hohen Ansprüche aus seinem eigenen Vermögen oder seinem Einkommen befriedigen kann, werden diese Kosten häufig von einer (abgeschlossenen) **Haftpflichtversicherung** getragen. Der Abschluss einer Haftpflichtversicherung erfolgt zumeist freiwillig, lediglich beim Betrieb von Kraftfahrzeugen ist der Abschluss einer Haftpflichtversicherung zwingend und Voraussetzung für die Zulassung dieses Fahrzeuges. In allen Fällen sollte die Versicherungssumme niemals zu niedrig angesetzt werden.

2. Freiheitsberaubung

Wurde jemand widerrechtlich seiner Freiheit beraubt, so hat er Anspruch auf Wiedergewährung der Freiheit und volle Genugtuung. Diese Bestimmung ist im Zusammenhang mit **Zwangseinweisungen** und **Zwangsbehandlungen** von Bedeutung.

3. Ehrenbeleidigungen

Der Beleidiger hat nur den **Vermögensschaden**, nicht aber einen Schaden für die erlittene Kränkung zu ersetzen. Im Hinblick auf die **Kreditschädigung** kann der Vermögensschaden aber beträchtlich sein.

4. Haftung von Sachverständigen und Ratgebern

Wer sich zu einem Amte, zu einer Kunst, zu einem Gewerbe oder Handwerke öffentlich bekennt oder wer ohne Not freiwillig ein Geschäft übernimmt, dessen Ausführung eigene Kunstkenntnisse oder einen nicht gewöhnlichen Fleiß erfordert, gibt dadurch zu erkennen, dass er sich den notwendigen Fleiß und die erforderlichen, nicht gewöhnlichen Kenntnisse zutraue; er muss daher den Mangel derselben vertreten.

Die Haftung des Sachverständigen geht daher wegen seiner besonderen Kenntnisse über die Haftung eines Durchschnittsmenschen hinaus, er **haftet** voll **für alle Kenntnisse seines Wissensgebietes.**

Hat derjenige, der dem Sachverständigen das Geschäft überließ, die Unerfahrenheit desselben gewusst oder bei gewöhnlicher Aufmerksamkeit wissen können, so fällt zugleich dem Letzteren ein Versehen zur Last. Der Besteller eines Sachverständigen hat sich daher von dessen Kenntnissen zu überzeugen, widrigenfalls ihn ein **Auswahlverschulden** trifft.

Ein Sachverständiger ist auch dann verantwortlich, wenn er **gegen Entgelt** in Angelegenheiten seiner Kunst oder Wissenschaft **aus Versehen** einen nachteiligen Rat erteilt.

Bei **Unentgeltlichkeit** haftet ein Ratgeber nur für den Schaden, welchen er **wissentlich** durch Erteilung des Rates dem andern verursacht hat.

D. Haftung mehrerer Schädiger

1. Haftung mehrerer Mittäter

Mehrere Personen können gemeinschaftlich einen Schaden herbeiführen. Das ABGB fasst den **Mittäterbegriff** sehr weit. § 1301 lautet:

Für einen widerrechtlich zugefügten Schaden können mehrere Personen verantwortlich werden, indem sie gemeinschaftlich, unmittelbarer oder mittelbarer Weise durch Verleiten, Drohen, Befehlen, Helfen, Verhehlen u.dgl.; oder, auch nur durch Unterlassung der besonderen Verbindlichkeit das Übel zu verhindern, dazu beigetragen haben.

Ist der Schaden **fahrlässig** zugefügt worden und lassen sich die Anteile bestimmen, verantwortet jeder nur den durch sein Versehen verursachten Schaden.

Wenn der Schaden **vorsätzlich** zugefügt worden ist oder wenn die Anteile der Einzelnen an der Beschädigung sich nicht bestimmen lassen, so haften alle Mittäter **solidarisch**, das heißt, jeder für den ganzen Schaden.

Derjenige, der den Schaden ersetzt hat, hat einen Rückersatzanspruch gegen die anderen Mittäter (**Regress**).

2. Mitverschulden des Geschädigten

Wenn bei einer Beschädigung auch ein Verschulden des Beschädigten (Mitverschulden) vorliegt, so trägt er mit dem Beschädiger den Schaden verhältnismäßig und, wenn sich das Verhältnis nicht bestimmen lässt, zu gleichen Teilen.

Beispiel:

Der Arzt hat den Patienten nicht ordentlich aufgeklärt, der Patient hat den Arzt nicht voll über seine Vorgeschichte informiert, bei der Behandlung kommt der Patient zu Schaden. Sowohl den Arzt als auch den geschädigten Patienten selbst trifft ein Verschulden an der Entstehung des Schadens. Der Patient muss sich sein eigenes Verschulden als Mitverschulden bei der Ermittlung seiner Schadenersatzansprüche **dem Grunde nach** anrechnen lassen. Auf die Höhe der Schadenersatzansprüche hat dieses Mitverschulden keinen Einfluss, der Geschädigte erhält einen der Mitverschuldensquote entsprechenden Schadenersatz in voller Höhe:

Beträgt daher das Schmerzengeld € 10.000,– und das Verschulden je 50%, so erhält der Geschädigte € 5.000,–.

E. Haftung für eigenes Verschulden

Jedermann ist berechtigt, vom Schädiger den Ersatz des Schadens zu fordern, den ihm dieser aus Verschulden zugefügt hat. Grundsätzlich setzt ein Schadenersatzanspruch ein **Verschulden** des Schädigers voraus, *ausnahmsweise* gibt es auch eine Haftung für *eigenes schuldloses Handeln*, für **fremdes Verschulden** und für *gefährliche Sachen*. Auch die Haftung für Zufall ist nur gegeben, wenn eine schuldhafte Verletzung einer Schutznorm vorliegt (z.B. Geschwindigkeitsbeschränkung in der Straßenverkehrsordnung).

Zum eigenen Verschulden zählen auch das **Übernahmeverschulden** und die **Einlassungsfahrlässigkeit**.

Besteht eine Aufsichtspflicht und delegiert beispielsweise ein Arzt eine ärztliche Tätigkeit, so hat er sich zu vergewissern, ob die betreffende Person die erforderlichen Kenntnisse und Fähigkeiten zur Durchführung der angeordneten Tätigkeit besitzt. Umgekehrt kann die angewiesene Person grundsätzlich auf die Richtigkeit der ärztlichen Anordnung vertrauen. Im Falle einer eindeutig erkennbaren falschen Anordnung gilt dieser Vertrauensgrundsatz nicht. Überschreitet eine angeordnete ärztliche Maßnahme den Wissens- und Ausbildungsstand der angewiesenen Person, so hat diese sofort Rücksprache mit dem Arzt zu halten bzw. die Maßnahme zu unterlassen. In beiden Fällen spricht man von Übernahmeverschulden bzw. Einlassungsfahrlässigkeit, dh ein objektiv durchschnittlicher Mensch in diesem Beruf hätte den Fehler des Arztes erkannt oder erkennen müssen bzw. hätte sich auf eine weitere Durchführung von Maßnahmen nicht eingelassen.

Gleiches gilt für Delegierungen seitens der diplomierten Dienste im Rahmen der Durchführung von ärztlich angeordneten Maßnahmen an Schülerinnen und Schüler, Studierende, Pflegehelferinnen und Pflegehelfer oder Sanitäter/innen während des Spitalspraktikums.

F. Haftung für fremdes Verhalten

Jeder haftet grundsätzlich nur für das eigene, nicht aber für ein fremdes Verhalten. Ausnahmsweise hat das Gesetz jedoch die Haftung eines Dritten neben dem Schädiger festgesetzt, nämlich die Haftung des Geschäftsherrn für seinen Gehilfen, die Haftung des öffentlichen Rechtsträgers für seine Bediensteten bei Schadenszufügungen im Rahmen der Hoheitsverwaltung und die Haftung des Wohnungsinhabers für das Verhalten von Personen, die sich in der Wohnung befinden.

Der haftpflichtige Dritte hat dabei einen Regressanspruch gegen den Schuldtragenden, wobei das Ausmaß dieses Rückersatzanspruchs vom Grad des Verschuldens des Schädigers abhängen kann.

1. Gehilfenhaftung

Das Gesetz unterscheidet zwischen Erfüllungsgehilfen und Besorgungsgehilfen.

a) Erfüllungsgehilfe

Erfüllungsgehilfe ist eine Person, der sich ein Geschäftsherr zur Erfüllung einer vertraglichen Verpflichtung bedient. Wer einem andern zu einer Leistung verpflichtet ist, **haftet** ihm für das Verschulden seines gesetzlichen Vertreters sowie der Personen, deren er sich zur Erfüllung bedient, **wie für sein eigenes.**

Der Erfüllungsgehilfe und die Haftung für den Erfüllungsgehilfen sind aus der arbeitsteiligen Wirtschaft nicht wegzudenken. Nur in den seltensten Fällen (allerdings häufig im Bereich der niedergelassenen Sanitätsberufe) ist der Vertragspartner zur höchstpersönlichen Erbringung einer Leistung verpflichtet. Die meisten Betriebe beschäftigen Arbeitnehmer. Der Vertragsabschluss erfolgt mit dem Eigentümer des Betriebes, den auch die wirtschaftlichen Folgen des Vertrages treffen. Oft bekommt der Vertragspartner den Eigentümer des Betriebes überhaupt nicht zu Gesicht, sondern ein Angestellter schließt den Vertrag im Namen des Geschäftsherrn ab, ein anderer Angestellter erbringt die vereinbarte Leistung und ein dritter Angestellter nimmt die Zahlung entgegen. All dieser Angestellten hat sich der Geschäftsherr zur Erfüllung eines Vertrages bedient. Wird dem Geschäftspartner im Zuge des Vertragsabschlusses oder der Vertragsabwicklung von den Angestellten des Geschäftsherrn ein Schaden zugefügt, so haftet – neben dem Schädiger – zumeist der Geschäftsherr wie für sein eigenes Verschulden. Die Begründung dafür ist darin gelegen, dass der Geschäftsherr üblicherweise wirtschaftlich stärker ist als seine Angestellten und damit dem Geschädigten auch größere Sicherheiten für die Befriedigung seiner Schadenersatzansprüche gegeben werden sollen und überdies ja die wirtschaftlichen Folgen des Vertrages nicht den Angestellten, sondern den Geschäftsherrn treffen.

Beispiele:

Eine Krankenanstalt beschäftigt Ärzte, Krankenpflegepersonal, medizinisch-technisches Personal, Verwaltungspersonal und viele andere. Kommt ein Patient (**Krankenhausaufnahmevertrag**) durch das Verschulden eines Bediensteten zu Schaden, so haftet ihm der Rechtsträger für den Ersatz.

Ein niedergelassener Arzt beschäftigt eine Gesundheits- und Krankenpflegerin. Diese verabreicht einem Patienten auf seine Anordnung hin ein Medikament, irrt sich jedoch in der Dosierung. Der Arzt haftet dem Patienten für den Schaden.

Ein niedergelassener Arzt beschäftigt in seiner Ordination einen Vertreter auf Werkvertragsbasis. Durch eine falsche Behandlung kommt ein Patient zu Schaden. Der vertretene Arzt als Vertragspartner haftet dem Patienten.

Der schadenersatzpflichtige Geschäftsherr hat gegen den Schädiger einen **Regressanspruch,** wobei sich im *Rahmen von Dienstverträgen* das Ausmaß des Rückgriffanspruches nach dem **Dienstnehmerhaftpflichtgesetz** richtet und vom Verschulden abhängt (vgl. dazu die Ausführungen im Arbeitsrecht).

b) Besorgungsgehilfe

Besorgungsgehilfe ist eine Person, der sich ein Geschäftsherr zur Besorgung seiner Tätigkeiten bedient. Es haftet derjenige, der sich einer **untüchtigen** oder **wissentlich einer gefährlichen Person** zur Besorgung seiner Angelegenheiten bedient, für den Schaden, den der Gehilfe in dieser Eigenschaft **einem Dritten zufügt.**

Der Besorgungsgehilfe fügt ebenso wie der Erfüllungsgehilfe einem Dritten einen Schaden zu. Während der Erfüllungsgehilfe dies im Zusammenhang mit der Erfüllung eines Vertrages tut, fügt der Besorgungsgehilfe jemandem einen Schaden zu, der **nicht Vertragspartner** des Geschäftsherrn ist. Je nachdem, wer der Geschädigte ist und in welchem Zusammenhang der Schaden zugefügt wurde, kann ein und dieselbe Person einmal Erfüllungsgehilfe und ein anderes Mal Besorgungsgehilfe sein.

Beispiele:

Ein Installateur wird beauftragt, bei einem Kunden eine Wasserleitung zu reparieren. Der Installateur schickt seinen Gesellen und einen Lehrling zu dem Kunden. Aus Ungeschicklichkeit fällt dem Lehrling im Zuge der Arbeit das Werkzeug aus der Hand und beschädigt den Fliesenboden. Die **Schadenszufügung** durch den Lehrling erfolgte **im Zusammenhang mit der Erfüllung eines Vertrages**, der Lehrling ist **Erfüllungsgehilfe** des Installateurs, dieser **haftet** daher dem Kunden als Vertragspartner für das Verschulden des Lehrlings **wie für sein eigenes Verschulden.**

Am Heimweg von obigem Kunden ist der Lehrling ob seines Missgeschicks derart unkonzentriert, dass er mit seiner Werkzeugtasche an der Auslagenscheibe eines Spielzeuggeschäftes ankommt und diese zertrümmert. Der Installateur steht mit dem Spielzeughändler in keinerlei vertraglicher Beziehung, die Schadenszufügung durch den Lehrling erfolgte **ohne Beziehung auf einen Vertrag**. Der Lehrling ist hier nur jemand, dessen sich der Installateur zur Besorgung seiner Geschäfte bediente, also **Besorgungsgehilfe**. Der Installateur haftet nur, wenn er sich beim Lehrling einer **untüchtigen** oder **wissentlich einer gefährlichen Person** zur **Besorgung** seiner Angelegenheiten bediente, was in der Regel nicht der Fall sein wird.

Eine Krankenanstalt beschäftigt einen Hausarbeiter zur Schneeräumung. Entgegen dem Auftrag säubert und enteist dieser den Gehsteig nicht ordentlich. Aufgrund des Glatteises kommen ein Anstaltsarzt, ein Anstaltspatient und ein Spaziergänger zu Sturz und brechen sich je das Bein. Gegenüber dem Arzt (Dienstvertrag) und dem Patienten (Krankenhausaufnahmevertrag) ist die Krankenanstalt Vertragspartner und daher in Erfüllung ihrer vertraglichen Pflichten als Nebenpflicht verpflichtet, den Zugang zur Anstalt zu ermöglichen, der Hausarbeiter ist in Bezug auf den Arzt und den Patienten **Erfüllungsgehilfe** der Anstalt. Gegenüber dem Passanten besteht eine derartige Verpflichtung nicht, da überhaupt kein Vertrag besteht, der Hausarbeiter ist in Bezug auf den Passanten bloß **Besorgungsgehilfe** der Anstalt. Die Anstalt haftet nur, wenn sie sich beim Hausarbeiter einer **untüchtigen** oder **wissentlich einer gefährlichen Person** zur **Besorgung** ihrer Angelegenheiten bediente, was dann der Fall sein könnte, wenn im Laufe der Zeit bereits mehrere solche Pflichtwidrigkeiten zu Unfällen geführt hätten.

Die Haftung für den Besorgungsgehilfen ist daher nur eine ausnahmsweise und kommt relativ **selten** zum Tragen. Die Rückgriffsrechte sind dieselben wie beim Erfüllungsgehilfen.

2. Amtshaftung und Organhaftung

Nach dem Amtshaftungsgesetz haftet der Rechtsträger, nämlich, Bund, Länder, Gemeinden, Bezirke, sonstige Körperschaften des öffentlichen Rechts (Kammern) und Sozialversicherungen für den Schaden, den seine Organe in Vollziehung der Gesetze jemandem rechtswidrig und schuldhaft zugefügt haben.

Ein Ersatzanspruch besteht dann nicht, wenn der Geschädigte den Schaden durch ein Rechtsmittel hätte abwenden können.

Beispiele:

Ein vorschriftswidrig abgestelltes Auto wird von der Behörde abgeschleppt und dabei beschädigt: **Amtshaftungsanspruch** gegeben.

Einer Krankenpflegerin wird trotz Vorliegen der gesetzlichen Voraussetzungen die freiberufliche Tätigkeit untersagt: **Kein Amtshaftungsanspruch**, da sie bei Erhebung einer **Berufung** die Bewilligung erlangt hätte.

Ein Soldat verletzt bei einer Übung einen anderen Soldaten: **Amtshaftungsanspruch** gegeben.

Regressansprüche des Rechtsträgers sind nur bei Vorsatz oder grober Fahrlässigkeit des Organs gegeben.

Nach dem **Organhaftpflichtgesetz** haftet das Organ dem Rechtsträger für den Schaden, den dieses in Vollziehung der Gesetze dem Rechtsträger rechtswidrig und schuldhaft zugefügt hat.

Beispiel:

Ein Rettungsfahrer fährt außerhalb eines Einsatzes mit überhöhter Geschwindigkeit gegen einen Baum und beschädigt dabei das Rettungsauto: Organhaftungsanspruch gegeben.

Regressansprüche des Rechtsträgers nach dem Amtshaftungsgesetz und Ansprüche des Rechtsträgers nach dem Organhaftpflichtgesetz sind nur bei Vorsatz oder grober Fahrlässigkeit des Organs gegeben.

3. Regressansprüche des Mithaftenden (zumeist Arbeitgebers)

Der Arbeitgeber hat für Schäden, die von seinem Arbeitnehmer einem Dritten zugefügt werden, im Rahmen der Gehilfenhaftung einzustehen. Die **Schadenersatzpflicht** aller Arbeitnehmer mit Ausnahme der Hoheitsverwaltung ist im **Dienstnehmerhaftpflichtgesetz** geregelt. Der Arbeitnehmer haftet für den Schaden, den er entweder dem Arbeitgeber oder einem Dritten zugefügt hat. Das Ausmaß der Schadenersatzpflicht richtet sich nach dem Grad des Verschuldens des Arbeitnehmers (Vorsatz, grobe Fahrlässigkeit, leichte Fahrlässigkeit, entschuldbare Fehlleistung).

<table>
<tr><th>Schädiger</th><th colspan="2">Schadenszufügung</th></tr>
<tr><td>(bei Erbringung der Dienstleistung)</td><td>dem Dienstgeber selbst</td><td>dritten, außenstehenden Personen</td></tr>
<tr><td>Arbeitnehmer in privatrechtlich organisierten Unternehmen</td><td>Dienstnehmerhaftpflichtgesetz</td><td>Dienstnehmerhaftpflichtgesetz</td></tr>
<tr><td></td><td colspan="2"><ul><li>Bei Vorsatz Haftung nach ABGB (unbegrenzt).</li><li>Bei Fahrlässigkeit kann das Gericht die Ersatzpflicht mäßigen oder erlassen („minderer Grad des Versehens“).</li><li>Ansprüche nach DHG erlöschen binnen 6 Monaten.</li><li>Bei „entschuldbarer Fehlleistung“ haftet der Arbeitnehmer überhaupt nicht.</li><li>(„Wenn der Eintritt des Schadens lediglich bei außerordentlicher Aufmerksamkeit des Arbeitnehmers vorhersehbar gewesen wäre.“)</li></ul></td></tr>
</table>

Beispiele:

Nach einem Streit wegen eines Urlaubes verprügelt ein Dienstnehmer seinen Arbeitskollegen spitalsreif. Der Verletzte fällt für zwei Wochen aus, der Arbeitgeber muss diesem das Entgelt fortzahlen und gleichzeitig das Entgelt der Überstundenzuschläge für die Vertretung leisten. Der Schaden besteht im Mehraufwand des Arbeitgebers (volle Kosten des Vertreters). Da der Schaden vorsätzlich zugefügt wurde, hat der Arbeitgeber gegen seinen Arbeitnehmer den vollen Regressanspruch.

Eine Kinderkrankenpflegerin versorgt ein 5 Monate altes Kleinkind am Wickeltisch. Das Telefon läutet, die Pflegerin, die alleine Dienst macht, hebt ab und lässt das Kind für eine Minute unbeaufsichtigt. Das Kind bewegt sich, fällt vom Wickeltisch und muss wegen seiner Verletzungen eine Woche länger im Spital bleiben. Der Rechtsträger des Spitals haftet für die Folgen. Die Pflegerin hat den Schaden grob fahrlässig herbeigeführt, da sie damit rechnen konnte, dass sich ein 5-monatiges Kind bereits soweit bewegen kann, dass es unbeaufsichtigt von einem Wickeltisch fallen kann. Der Arbeitgeber kann einen verhältnismäßig großen Teil seines Schadens regressieren, es besteht nur ein relativ geringes richterliches Mäßigungsrecht.

Einer Patientin wird nach einer Operation strenge Bettruhe verordnet. Trotzdem verlässt sie ihr Bett, wobei sie am Gang der sie pflegenden Gesundheits- und Krankenpflegerin begegnet. Da die Patientin aus der Nase blutet und ihr Nachthemd beschmutzt, eilt die Pflegerin zum Wäschekasten, um ein frisches Nachthemd zu holen. Währenddessen kollabiert die Patientin und schlägt sich einen Eckzahn aus. Das Spital muss den Schaden ersetzen. Das Verhalten der Pflegerin war leicht fahrlässig (Sicherheit vor Sauberkeit), der Arbeitgeber kann nur einen kleinen Teil seines Schadens regressieren, es besteht ein relativ großes richterliches Mäßigungsrecht.

Am Nachtkästchen des Patienten steht dessen CD-Player. Durch eine ungeschickte Bewegung der Pflegerin beim Anhängen einer Infusion fällt der CD-Player zu Boden und zerschellt. Der Patient erhält vom Spital das Gerät ersetzt, der Dienstgeber hat keinen Regress, da das Verhalten der Pflegerin jedem anderen achtsamen Menschen genauso passieren könnte. Es liegt eine entschuldbare Fehlleistung vor.

Exkurs:

Verhalten im Schadensfall

„Der juristische Notfallkoffer"

Schadensfälle, die in Krankenhäusern auftreten, sind nicht selten Gegenstand medialer Berichterstattung, wobei leider allzu oft nicht nach den wahren Ursachen gefragt wird, sondern gerne ein „Schuldiger" gesucht wird.

Die Personen, die am unmittelbaren Schadensereignis beteiligt sind, werden so leicht zum „zweiten Opfer". Das kann neben allfälligen strafrechtlichen Konsequenzen auch finanzielle Nachteile und Knicks in der Karriere bedeuten.

Untersuchungen haben gezeigt, dass ca. 80% der Schadensfälle nicht auf mangelndes Sachwissen oder unzureichende Kenntnisse zurückzuführen sind, sondern auf „menschliche Faktoren", also Übermüdung, mangelnde Kommunikation, Konfliktsituationen udgl.

Zudem haben gerade in komplexen Arbeitswelten nahezu alle Fehlleistungen einer Person auch eine sogenannte systemische Komponente, was konkret bedeutet, dass das System „Krankenhaus" den Schaden mitverursacht hat.

Interessanterweise passieren nach ca. 20 Jahren Berufserfahrung manche „Anfängerfehler" wieder, weil sich die bereits routinierten Mitarbeiter allzu sicher fühlen.

In einem konkreten Schadensfall, der eine Schadenersatzleistung zur Folge haben könnte, sind daher einige Grundregeln zu beachten:

Der Sachverhalt sollte (ohne voreilige Schuldzuweisung) vollständig geklärt werden.

Der betroffene Patient ist über das Vorkommnis zu informieren, sollte er nicht ansprechbar sein, so ist seinen Angehörigen die nötige Information zu geben.

Die beteiligten Personen sollten die Klärung der Schuldfrage den Sachverständigen und Juristen überlassen. Selbstverständlich ist ein Ausdruck des Bedauerns über den Vorfall nicht nur möglich, sondern sogar höchst wünschenswert, wobei aber keinerlei Schuldzuweisungen erfolgen dürfen.

Die Vorgesetzten sind umgehend vom Schadensereignis in Kenntnis zu setzen, und zwar nach Dringlichkeit des Falles auch außerhalb der Dienstzeiten, etwa am Wochenende. Je rascher ein Schadensfall in Bearbeitung genommen wird, desto wahrscheinlicher ist eine faire Lösung des Falls ohne ein langes Verfahren.

Der Schadensfall sollte zu Analysen und Änderungen der Verhaltensweisen führen, um eine Wiederholung möglichst auszuschließen.

Jede Vorverurteilung von Mitarbeitern ist tunlichst zu vermeiden.

Dem Schadensverursacher ist vonseiten des Dienstgebers psychologische Unterstützung anzubieten, insbesondere, wenn es sich um einen schweren Zwischenfall handelt.

Durch genaue Betrachtung der Fehlerumstände können nicht nur strukturell vorhandene Gefahren erkannt werden, sondern auch aktive Gegenmaßnahmen ergriffen werden.

Die so gewonnenen Erkenntnisse dürfen aber nicht beim betroffenen Team bleiben, sondern sind allen in Betracht kommenden Einrichtungen zu kommunizieren, um so Wiederholungsfälle zu vermeiden.

Zentrale Bedeutung kommt der Schulung der Mitarbeiter zu, wobei auf eine möglichst interdisziplinäre Vorgehensweise zu achten ist. Da Krankenhausleistungen Teamarbeit verlangen, müssen auch die Schulungen darauf Rücksicht nehmen.

Das richtige Verhalten im Schadensfall ist im AKH Wien jedem Mitarbeiter anhand einer Checkliste, die in einem kleinen Plastikkoffer („juristischer Notfallkoffer") vorhanden ist und an allen Arbeitsplätzen verfügbar ist, erleichtert. Freilich sollte schon vor einem eventuellen Schadensereignis der Ablauf trainiert worden sein bzw. bekannt sein.

Gezielte Maßnahmen zur Schadensvermeidung helfen mit, das Krankenhaus sicherer zu machen und dienen nicht nur den Patienten, sondern auch den Mitarbeitern. Da jeder Schadensfall auch einen wirtschaftlichen Nachteil nach sich zieht, ist eine Verringerung der Schadensfälle auch von ökonomischem Interesse.

Gezielte Fehlerreduktion und damit Schadensvermeidung setzt allerdings voraus, dass im Krankenhaus eine gelebte Fehlerkultur existiert und die Meldung von „Beinahezwischenfällen", die gar keinen Schaden verursacht haben, gefördert wird, indem man nicht nur keine Sanktionen setzt, sondern bewusst belohnt.

Datenschutz

A. Vorbemerkung

Es gibt keinen Bereich in dem täglich derart viele sensible personenbezogene Daten erfasst und weiterverarbeitet werden wie im Gesundheitsbereich, egal ob im Großkrankenhaus oder in einer Arztordination. Gelangen Gesundheitsdaten in falsche Hände, kann ein unabsehbarer und nachhaltiger Schaden für die betroffene Person entstehen, der nicht bloß finanzielle Nachteile nach sich ziehen, sondern auch tiefe und irreversible Eingriffe in die Persönlichkeitsrechte zur Folge haben kann.

Umso wichtiger ist es, dass alle Angehörige von Gesundheitsberufen nicht nur über den richtigen Umgang mit personenbezogenen Daten Bescheid wissen, sondern dieses Wissen auch in ihrer täglichen Arbeit entsprechend anwenden.

Der nachfolgende Text gibt einen Überblick über die wichtigsten Rechtsvorschriften im Datenschutzrecht.

B. Rechtsgrundlagen

Das aktuelle Datenschutzrecht, das 2018 in Kraft getreten ist, besteht aus zwei bedeutenden Regelwerken: dem neuen Datenschutzgesetz (DSG), das wesentliche Änderungen zum alten Datenschutzgesetz 2000 (DSG 2000) enthält, sowie der seit 25. Mai 2018 EU-weit geltenden Datenschutz-Grundverordnung (DSGVO), die als EU-Verordnung unmittelbar, also ohne weitere Maßnahme des österreichischen Gesetzgebers, anwendbar ist.

Die DSGVO ermöglicht es dem nationalen Gesetzgeber, durch sogenannte „Öffnungsklauseln", bestimmte Materien des Datenschutzrechts eingehender zu regeln. Selbstverständlich dürfen dadurch die europarechtlichen Vorgaben nur konkretisiert, keineswegs aber verwässert werden.

Das Ziel der DSGVO ist ein europaweit einheitliches Regelwerk für Datenverarbeitungen sowie ein ebenso einheitlicher Rechtsschutz für alle Betroffenen.

Die DSGVO regelt die ganz oder teilweise automatisierte Verarbeitung personenbezogener Daten sowie die nicht automatisierte Verarbeitung von personenbezogenen Daten, die in einem Dateisystem gespeichert sind oder gespeichert werden sollen. Die DSGVO findet keine

Anwendung auf Datenverwendung im Rahmen ausschließlich persönlicher oder familiärer Tätigkeit.

Das Verarbeiten von Daten ist unzulässig, wenn kein Rechtfertigungsgrund vorliegt („Verbot mit Ausnahmen"). Der sogenannte „Zweckbindungsgrundsatz", der eine zentrale Norm des Datenschutzrechts darstellt, bedeutet, dass Daten grundsätzlich nur für jenen Zweck verwendet werden dürfen, für welchen sie ursprünglich erhoben wurden. Für den Gesundheitsbereich bedeutet dies, dass eine Datenverwendung, die nicht in einem Zusammenhang mit einem Behandlungsvertrag steht, rechtswidrig wäre.

Die DSGVO schafft auf Seiten derer, die Daten verarbeiten („Verantwortlicher"), neue Pflichten und stärkt gleichzeitig die Rechte derer, deren personenbezogene Daten verarbeitet werden („betroffene Personen"). Die individuellen Datenschutzrechte sind durch die DSGVO nicht nur erheblich erweitert, sondern für die betroffenen Personen auch besser einforderbar.

C. Grundrecht auf Datenschutz

Jedermann hat, insbesondere auch im Hinblick auf die Achtung seines Privat- und Familienlebens, Anspruch auf Geheimhaltung der ihn betreffenden personenbezogenen Daten, soweit ein schutzwürdiges Interesse daran besteht. Das Bestehen eines solchen Interesses ist ausgeschlossen, wenn Daten infolge ihrer allgemeinen Verfügbarkeit oder wegen ihrer mangelnden Rückführbarkeit auf den Betroffenen einem Geheimhaltungsanspruch nicht zugänglich sind.

Voraussetzung ist daher, dass überhaupt personenbezogene Daten vorhanden sind, die auf eine in ihrer Identität bestimmte (oder zumindest bestimmbare) Person zurückgeführt werden können. Mangelnde Rückführbarkeit liegt vor, wenn aus dem Datenmaterial kein Bezug auf eine Person hergestellt werden kann.

Wie jedes andere Grundrecht ist das auf Datenschutz nicht absolut, sondern es kann durch bestimmte rechtlich definierte Eingriffe beschränkt werden.

Das Grundrecht auf Datenschutz gilt auch für Daten, die nicht automationsunterstützt (also manuell) verarbeitet werden.

D. Datengeheimnis

Personen, denen in Rahmen ihrer Berufstätigkeit personenbezogene Daten anvertraut oder zugänglich gemacht werden, müssen diese – unabhängig von sonstigen bestehenden gesetzlichen Verschwiegenheitspflichten – geheim halten, soweit kein rechtlich zulässiger Grund für eine Übermittlung der anvertrauten oder zugänglich gemachten personenbezogenen Daten besteht.

Die Angehörigen von Gesundheitsberufen haben bereits in ihren Berufsgesetzen eine Verschwiegenheitspflicht normiert. Die Verschwiegenheitspflicht umfasst nicht bloß Gesundheitsdaten im engeren Sinn (Diagnosen, Therapien udgl.), sondern auch die im Rahmen der Behandlung bekannt gewordenen Adressen, Telefonnummern, Vertrauenspersonen usw. Das Datenschutzrecht ergänzt die in den Berufsgesetzen verankerte Verschwiegenheitspflicht und steht damit nicht in Konkurrenz.

Auch Personen, die nicht in einen Betrieb eingegliedert sind, wie etwa Wartungstechniker von IT-Unternehmen oder Fremdprogrammierer, müssen von ihrem Arbeitgeber schriftlich auf die Verschwiegenheitspflicht hingewiesen werden, der sich seinerseits wieder gegenüber dem Auftragnehmer zur Wahrung der datenschutzrechtlichen Bestimmungen verpflichten muss.

Von den erforderlichen Datensicherheitsmaßnahmen sind auch Aufzeichnungen auf Papier umfasst. Daher sind Archivräume für unberechtigte Personen zu versperren, Aktenschränke sind zu versperren und es ist ferner sicherzustellen, dass Papierausdrucke oder Notizzettel ordnungsgemäß entsorgt werden, etwa durch einen Shredder vor Ort oder aber durch einen Entsorger von Datenschutzpapier.

So wichtig die Geheimhaltung von personenbezogenen Daten im Gesundheitswesen auch einzustufen sein mag, ist dennoch immer darauf zu achten, dass durch die Einhaltung von datenschutzrechtlichen Vorschriften nicht doch ein unerwünschtes Ergebnis eintritt.

Dies wurde in der DSGVO auch entsprechend berücksichtigt: Ist eine Verwendung von Daten zum Schutz lebenswichtiger Interessen der betroffenen Person erforderlich und ist diese aus körperlichen oder rechtlichen Gründen außerstande, ihre Einwilligung zu geben, so dürfen die Daten weitergegeben werden.

Beispiel:

Ein in ständiger Behandlung eines Krankenhauses befindlicher Mann wird in einem anderen Bundesland bewusstlos und in Lebensgefahr in ein Krankenhaus eingeliefert, das über keinerlei Vorinformationen zu seinem bisherigen Krankheitsverlauf verfügt. Seine Frau teilt der behandelnden Ärztin mit, dass das andere Krankenhaus über umfangreiche sachdienliche Informationen zum Patienten verfügt. Die Ärztin fordert sogleich diese Daten an, um den Patienten bestmöglich behandeln zu können. Ohne die rasche Übermittlung hätte der Patient mitunter einen gesundheitlichen Nachteil erlitten, im Extremfall sogar sterben können.

Auch in solchen Fällen sind gewisse datenschutzrechtliche Mindeststandards einzuhalten: so muss sich die Person, welche die Daten übermittelt, von der Richtigkeit der Empfangsadresse überzeugen (etwa die Telefonnummer im Internet nachprüfen) und sich auch davon überzeugen, dass die Information an der richtigen Stelle angekommen ist (etwa Bestätigung des Fax-Empfangs).

Eine durch falsch verstandenen Datenschutz schuldhaft verzögerte Behandlung kann seitens des geschädigten Patienten zu einer berechtigten Schadenersatzforderung führen.

E. Datenschutzbeauftragter

Ein Datenschutzbeauftragter ist immer dann zu bestellen, wenn die Kerntätigkeit des Verantwortlichen in der Durchführung von Verarbeitungsvorgängen besteht, welche aufgrund ihrer Art, ihres Umfangs und/oder ihrer Zwecke eine umfangreiche regelmäßige und systematische Überwachung von betroffenen Personen erforderlich machen. Diese Person kann ein Arbeitnehmer sein, aber auch eine externer Experte.

Der Datenschutzbeauftragte ist im öffentlichen und im privaten Bereich immer weisungsfrei, um eine möglichst rechtskonforme Vollziehung der Vorschriften zu gewährleisten.

Der Datenschutzbeauftragte muss vom Verantwortlichen frühzeitig in alle mit dem Schutz personenbezogener Daten zusammenhängende Fragen eingebunden werden. Es sind ihm für die Erfüllung seiner Aufgaben ausreichende Ressourcen zur Verfügung zu stellen.

In der Ausübung der Funktion ist der Datenschutzbeauftragte an die Wahrung der Geheimhaltung gebunden, sie wirkt auch nach der Beendigung der Funktion fort. Die Verschwiegenheitspflicht besteht jedoch nicht gegenüber der Datenschutzbehörde.

Obwohl wegen mangelnden Umfangs der Datenverarbeitung für die meisten Einrichtungen und Unternehmungen ein (eigener) Datenschutzbeauftragter gar nicht nötig sein wird, wird es dennoch sinnvoll sein, eine Person für die Einhaltung des Datenschutzes zu bestimmen.

F. Datenschutzrechte

Die DSGVO hat im Bereich der einer Einzelperson zustehenden Datenschutzrechte weitreichende Veränderungen gebracht. Jedermann hat das Recht zu erfahren, wer auf welcher Rechtsgrundlage und zu welchem Zweck seine Daten verarbeitet und an wen diese übermittelt werden bzw. wurden.

Neben diesem Recht auf Information gibt es das Recht auf Auskunft, Berichtigung, Löschung sowie auf Einschränkung der Datenverarbeitung.

1. Recht auf Information

Wenn personenbezogene Daten von einer Person erhoben (dh erfasst und gespeichert) werden, müssen zum Zeitpunkt der Erhebung ua die Kontaktdaten des Verantwortlichen (jener Person, die die Daten verarbeitet), gegebenenfalls die Kontaktdaten des Datenschutzbeauftragten (falls ein solcher bestellt ist), die Zwecke, für die die personenbezogenen Daten verarbeitet werden sollen sowie die Rechtsgrundlage für die Bearbeitung mitgeteilt werden.

2. Recht auf Auskunft

Die betroffene Person hat das Recht, von dem Verantwortlichen eine Bestätigung darüber zu verlangen, ob sie betreffende personenbezogene Daten verarbeitet werden. Ist dies der Fall, so hat sie ua ein Recht auf Auskunft

- über diese personenbezogenen Daten;
- über die Verarbeitungszwecke;
- über die Kategorien personenbezogener Daten, die verarbeitet werden;
- falls möglich über die geplante Dauer, für die die personenbezogenen Daten gespeichert werden;
- über das Bestehen eines Beschwerderechts bei einer Aufsichtsbehörde;
- über alle verfügbaren Informationen über die Herkunft von Daten, wenn die personenbezogenen Daten nicht bei der betroffenen Person erhoben werden.

3. Recht auf Berichtigung

Die betroffene Person hat das Recht, von dem Verantwortlichen unverzüglich die Berichtigung sie betreffender unrichtiger personenbezogener Daten zu verlangen. Unter Berücksichtigung der Zwecke der Verarbeitung hat die betroffene Person das Recht, die Vervollständigung unvollständiger personenbezogener Daten – auch mittels einer ergänzenden Erklärung – zu verlangen.

4. Recht auf Löschung („Recht auf Vergessenwerden")

Die betroffene Person hat das Recht, von dem Verantwortlichen zu verlangen, dass sie betreffende personenbezogene Daten unverzüglich gelöscht werden. Der Verantwortliche ist verpflichtet, personenbezogene Daten unverzüglich zu löschen, wenn folgende Gründe zutreffen:

- Die personenbezogenen Daten sind für die Zwecke, für die sie erhoben oder auf sonstige Weise verarbeitet werden, nicht mehr notwendig.
- Die betroffene Person widerruft ihre Einwilligung, auf die sich die Verarbeitung stützte, und es fehlt an einer anderweitigen Rechtsgrundlage für die Verarbeitung.
- Die betroffene Person legt Widerspruch gegen die Verarbeitung ein und es liegen keine vorrangigen berechtigten Gründe für die Verarbeitung vor, oder die betroffene Person legt Widerspruch gegen die Verarbeitung ein.
- Die personenbezogenen Daten wurden unrechtmäßig verarbeitet.
- Die Löschung der personenbezogenen Daten ist zur Erfüllung einer rechtlichen Verpflichtung nach dem Unionsrecht oder dem Recht des Mitgliedsstaates erforderlich, dem der Verantwortliche unterliegt.

Hat der Verantwortliche die personenbezogenen Daten öffentlich gemacht und ist er zu deren Löschung verpflichtet, so hat er unter Berücksichtigung der verfügbaren Technologie und der Implementierungskosten angemessene Maßnahmen, auch technischer Art, zu treffen, um für die Datenverarbeitung Verantwortliche, die die personenbezogenen Daten verarbeiten, zu informieren, dass eine betroffene Person von ihnen die Löschung aller Links zu diesen personenbezogenen Daten oder Kopien dieser personenbezogenen Daten verlangt hat.

5. Recht auf Einschränkung der Datenverarbeitung

Die betroffene Person hat das Recht, von dem Verantwortlichen die Einschränkung der Verarbeitung zu verlangen, wenn eine der folgenden Voraussetzungen gegeben ist:

- Die Richtigkeit der personenbezogenen Daten von der betroffenen Person bestritten wird, und zwar für eine Dauer, die es dem Verantwortlichen ermöglicht, die Richtigkeit der personenbezogenen Daten zu überprüfen;
- die Verarbeitung unrechtmäßig ist und die betroffene Person die Löschung der personenbezogenen Daten ablehnt und stattdessen die Einschränkung der Nutzung der personenbezogenen Daten verlangt;
- der Verantwortliche die personenbezogenen Daten für die Zwecke der Verarbeitung nicht länger benötigt, die betroffene Person sie jedoch zur Geltendmachung, Ausübung oder Verteidigung von Rechtsansprüchen benötigt oder
- die betroffene Person Widerspruch gegen die Verarbeitung eingelegt hat, solange noch nicht feststeht, ob die berechtigten Gründe des Verantwortlichen gegenüber denen der betroffenen Person überwiegen.

Wurde die Verarbeitung eingeschränkt, so dürfen die personenbezogenen Daten – von ihrer Speicherung abgesehen – nur mit Einwilligung der betroffenen Person oder zur Geltendmachung, Ausübung oder Verteidigung von Rechtsansprüchen oder zum Schutz der Rechte einer anderen natürlichen oder juristischen Person oder aus Gründen eines wichtigen öffentlichen Interesses der Union oder eines Mitgliedsstaates verarbeitet werden.

G. Aufgaben und Befugnisse der Datenschutzbehörde

Durch die DSGVO wurde allen Mitgliedsstaaten der Europäischen Union die Schaffung bzw. Neuordnung der Datenschutzbehörden aufgetragen.

Die österreichische Datenschutzbehörde, die früher dem Bundeskanzleramt zugeordnet war, ist jetzt im Bundesministerium für Verfassung, Reformen, Deregulierung und Justiz angesiedelt und hat ihren Sitz in Wien (Näheres unter www.dsb.gv.at).

Die Datenschutzbehörde ist aufgrund der Vorgaben der DSGVO eine unabhängige Aufsichtsbehörde, die Organe der Datenschutzbehörde unterliegen bei der Erfüllung ihrer Aufgaben keiner Beeinflussung von außen und sind weisungsfrei.

Der Leiter der Datenschutzbehörde wird vom Bundespräsidenten auf Vorschlag der Bundesregierung auf die Dauer von fünf Jahren bestellt.

Die Aufgaben der Datenschutzbehörde ergeben sich unmittelbar aus der DSGVO. So hat sie ua die Öffentlichkeit für die Risiken, Vorschriften, Garantien und Rechte im Zusammenhang mit der Datenverarbeitung zu sensibilisieren und sie darüber aufzuklären.

Der Datenschutzbehörde steht im Rahmen ihrer Kontrolltätigkeit eine Fülle von Befugnissen zu, so kann sie vom Verantwortlichen der überprüften Datenverarbeitung alle notwendigen Aufklärungen verlangen und Einschau in Datenverarbeitungen und Unterlagen begehren. Die Kontrolltätigkeit muss unter möglichster Schonung der Rechte des Verantwortlichen und Dritter (Kunden, aber auch Patienten) ausgeübt werden. Der Verantwortliche hat die notwendige Unterstützung zu leisten. Im Rahmen der Kontrolle dürfen von der Datenschutzbehörde Räumlichkeiten, in denen Datenverarbeitungen stattfinden, betreten werden. Die Datenschutzbehörde kann Datenverarbeitungsanlagen in Betrieb setzen, die zu überprüfenden Verarbeitungen durchführen sowie Kopien von Datenträgern in dem für die Ausübung der Kontrollbefugnisse unbedingt erforderlichen Ausmaß herstellen.

Informationen, die der Datenschutzbehörde bei der Kontrolltätigkeit zukommen, dürfen ausschließlich für die Vollziehung datenschutzrechtlicher Vorschriften verwendet werden, es besteht die Pflicht zur Verschwiegenheit auch gegenüber Gerichten und Verwaltungsbehörden. Ausgenommen von der Verschwiegenheitspflicht sind „Computerdelikte" (so etwa der widerrechtliche Zugriff auf ein Computersystem, missbräuchliches Abfangen von Daten, Datenbeschädigung usw.). Ferner besteht die Verschwiegenheitspflicht nicht bei schweren Straftaten, bei denen die Höchststrafe das Ausmaß von fünf Jahren übersteigt.

1. Meldung von Verletzungen des Schutzes personenbezogener Daten an die Datenschutzbehörde

Im Fall einer Verletzung des Schutzes personenbezogener Daten muss der Verantwortliche unverzüglich und möglichst binnen 72 Stunden, nachdem ihm die Verletzung bekannt wurde, diese der Datenschutzbehörde melden, es sei denn, dass die Verletzung des Schutzes personenbezogener Daten voraussichtlich nicht zu einem Risiko für die Rechte und Freiheiten natürlicher Personen führt. Erfolgt die Meldung nicht binnen 72 Stunden, so ist ihr eine Begründung für die Verzögerung beizufügen.

Die Meldung hat folgende Informationen zu enthalten:

- Eine Beschreibung der Art der Verletzung des Schutzes personenbezogener Daten und der ungefähren Zahl der betroffenen personenbezogenen Daten;
- den Namen und die Kontaktdaten des Datenschutzbeauftragten oder einer sonstigen Anlaufstelle für weitere Informationen;
- eine Beschreibung der wahrscheinlichen Folgen der Verletzung des Schutzes personenbezogener Daten;
- eine Beschreibung der von dem Verantwortlichen ergriffenen oder vorgeschlagenen Maßnahmen zur Behebung der Verletzung des Schutzes personenbezogener Daten und gegebenenfalls Maßnahmen zur Abmilderung ihrer möglichen nachteiligen Auswirkungen.

Eine zusätzliche Anzeige bei der Polizei ist aus datenschutzrechtlichen Überlegungen nicht nötig, ist aber aus versicherungsrechtlicher Sicht zu empfehlen.

2. Strafen

Durch die DSGVO wurden nicht nur neue Straftatbestände betreffend Datenschutzverletzungen eingeführt, sondern auch Strafen bis zu 20 Millionen Euro bzw. bis zu 4% des weltweiten Jahresumsatzes (sofern dieser Wert höher ist) möglich. Diese drakonischen Strafhöhen werden aber nur bei schweren Verstößen von weltweit tätigen Unternehmen schlagend werden, die durch geringe Strafhöhen nicht wirklich zur effektiven Einhaltung von Datenschutzvorschriften gezwungen werden könnten.

H. Verzeichnis von Verarbeitungstätigkeiten

Jeder Verantwortliche hat ein Verzeichnis aller Verarbeitungstätigkeiten zu führen, welches ua

- den Namen und die Kontaktdaten des Verantwortlichen (und eines allenfalls bestellten Datenschutzbeauftragten);
- die Zwecke der Verarbeitung;
- eine Beschreibung der Kategorien betroffener Personen und der Kategorien personenbezogener Daten enthält.

Das Verzeichnis muss der Datenschutzbehörde auf deren Verlangen vorgelegt werden und sollte daher stets aktualisiert sein. Ein gut geführtes Verzeichnis dient aber neben der leichteren Überprüfbarkeit durch die Datenschutzbehörde auch der eigenen Übersicht und erleichtert so den Umgang mit Daten, sowohl bei Fragen der Datensicherheit als auch bei Einhaltung der Löschfristen und der Beantwortung von Auskunftsbegehren.

Praxistipps für freiberufliche Gesundheitsberufe

Der Umgang mit Patienten sollte so diskret wie möglich erfolgen, andere Patienten sollten unter keinen Umständen personenbezogene Daten erfahren. Die Erfassung und Verarbeitung von personenbezogenen Daten sollte in einer diskreten Atmosphäre erfolgen.

Die Mitarbeiter sollten einmal jährlich unterschreiben, dass ihnen die wichtigsten Regeln des Datenschutzes zur Kenntnis gebracht wurden und sie diese anzuwenden haben.

Die EDV-Ausstattung der Praxis sollte technisch jederzeit den Anforderungen des Datenschutzes entsprechen. Der technische Dienstleister sollte dies nach jeder Wartung bestätigen. Ein Versicherungsschutz für die allenfalls nötige Wiederherstellung von Daten nach Cyber-Attacken sollte vorhanden sein.

Ein Verarbeitungsverzeichnis sollte stets in aktualisierter Form vorhanden sein und die Namen aller Personen enthalten, von denen zum Zweck der Erfüllung eines Behandlungsvertrags personenbezogene Daten gespeichert sind.

Nicht mehr benötigte schriftliche Aufzeichnungen oder Notizen auf Papier sollten unbedingt mit Hilfe eines Shredders vernichtet werden oder als Datenschutzpapier einem befugten Entsorger übergeben werden.

Sensible Unterlagen sollten nach Betriebsende unbedingt in einem versperrten Kasten oder Schrank verwahrt werden, der Raum ist nach Betriebsende zu versperren.

Alle Vertragspartner, die mit personenbezogenen Daten in Kontakt kommen können (EDV-Dienstleister, Steuerberater usw.), sollten eine schriftliche Erklärung abgeben, dass sie die Regeln des Datenschutzrechts genauestens einhalten.

Der allfällige Verlust von Daten an Endgeräten, aber auch USB-Sticks udgl. ist umgehend nach Bekanntwerden der Datenschutzbehörde zu melden. Die Meldepflicht entfällt jedoch, wenn der Vorfall voraussichtlich nicht zu einem Risiko für die Betroffenen, deren Daten auf dem verlorenen Gerät gespeichert sind, führt.

Der Versand von Newslettern, Einladungen und allen anderen Formen von Verständigungen, die nicht in einem unmittelbaren Zusammenhang mit einem Behandlungsvertrag stehen, bedürfen der ausdrücklichen Zustimmung der betroffenen Personen. Diese Zustimmung kann jederzeit ohne Angabe von Gründen widerrufen werden.

Bei Bestehen einer Praxisgemeinschaft sollte auch zwischen den Partnern schriftlich vereinbart werden, dass sämtliche personenbezogenen Daten, die sich auf jeweils andere Partner beziehen (etwa Terminvereinbarungen in gemeinsam geführten Kalendern udgl.) vertraulich zu behandeln sind.

V. Einrichtungen des Gesundheitswesens

Die Gesundheitsversorgung der Bevölkerung erfolgt einerseits durch Ärzte und andere Gesundheitsberufe im niedergelassenen Sektor (Arztpraxis, Hebammenpraxis, Praxis einer Physiotherapeutin etc.) und wird andererseits **institutionell** im Wesentlichen von Krankenanstalten, Primärversorgungszentren (PHC), Rettungs- und Krankenbeförderungsdiensten, Apotheken, Kuranstalten, sowie im weiteren Sinne auch von Seniorenpflege- und -wohnheimen getragen.

A. Krankenanstalten (Heil- und Pflegeanstalten)

Rechtsgrundlage für die Errichtung, den Betrieb und die Finanzierung von Krankenanstalten ist das (Bundes)**Krankenanstalten- und Kuranstaltengesetz (KAKuG)**. Zu diesem Grundsatzgesetz haben die Bundesländer **jeweils eigene Landesgesetze** zu erlassen, die das Bundesgesetz näher ausführen.

Es gibt daher ein Burgenländisches, ein Niederösterreichisches, ein Oberösterreichisches, ein Salzburger, ein Steiermärkisches, ein Tiroler und ein Wiener Krankenanstaltengesetz, eine Kärntner Krankenanstaltenordnung sowie ein Vorarlberger Spitalsgesetz.

Unmittelbar anwendbares Bundesrecht sind im Wesentlichen die Bestimmungen für **Universitätskliniken** (AKH Wien, LKH Graz, LKH Innsbruck und Kepler Universitätsklinikum Linz), die **sanitäre Aufsicht** und die **Organentnahme an Verstorbenen**.

1. Begriff der Krankenanstalt

Krankenanstalten (Heil- und Pflegeanstalten) sind Einrichtungen zur

- **Feststellung** und **Überwachung** des **Gesundheitszustandes** durch **Untersuchung**,
- **Vornahme operativer Eingriffe**,
- **Vorbeugung, Besserung** und **Heilung** von **Krankheiten** durch **Behandlung**,
- **Entbindung** oder zur Durchführung von **Maßnahmen medizinischer Fortpflanzungshilfe**,
- zur Bereitstellung von **Organen** zum Zweck der **Transplantation** sowie
- **zur ärztlichen Betreuung und besonderen Pflege von chronisch Kranken** (diese Anstalten werden aber in der Sozialversicherung unterschiedlich behandelt).

Pflegeheime sind **keine Krankenanstalten**, sondern Einrichtungen der **Sozialhilfe**.

2. Arten von Krankenanstalten

Krankenanstalten kann man nach verschiedenen Gesichtspunkten einteilen:

a) Einteilung der Krankenanstalten nach dem Anstaltszweck

Dabei wird unterschieden in

- **Allgemeine Krankenanstalten** für Personen *ohne Unterschied* des Geschlechts, des Alters oder der Krankheit,
- **Sonderkrankenanstalten** für Personen mit *bestimmten* Krankheiten oder *bestimmter* Altersstufen oder für *bestimmte* Zwecke (z.B.: psychiatrische Krankenanstalten, Kinderkrankenanstalten);

  diese weiters in

  - **Heime für Genesende** (Rehabilitationszentren),
  - **Pflegeanstalten** für chronisch Kranke,
  - **Gebäranstalten** und Entbindungsheime,
  - **Sanatorien**,
  - **selbständige Ambulatorien** (z.B.: Röntgeninstitute, Zahnambulatorien).

b) Einteilung der Krankenanstalten nach der Versorgungsfunktion

Allgemeine Krankenanstalten sind nach ihrer Versorgungsfunktion einzurichten als

- **Standardkrankenanstalten** mit bettenführenden Abteilungen zumindest für Chirurgie, Frauenheilkunde und Geburtshilfe, innere Medizin und Kinderheilkunde.

> **Anmerkung:**
> Nach dem KAKuG sind die Landesgesetzgeber ermächtigt, Standardkrankenanstalten mit bloß bettenführenden Abteilungen für Chirurgie und innere Medizin zu errichten.

- **Schwerpunktkrankenanstalten** mit bettenführenden Abteilungen zumindest für Augenheilkunde, Chirurgie, Frauenheilkunde und Geburtshilfe einschließlich Perinatologie, Hals-, Nasen- und Ohrenkrankheiten, Haut- und Geschlechtskrankheiten, Innere Medizin, Kinderheilkunde einschließlich Neonatologie, Neurologie und Psychiatrie, Orthopädie, Unfallchirurgie und Urologie.

> **Anmerkung:**
> Die Bildung eines Schwerpunktes in der Versorgung erfolgt nach geographischen (= Erreichbarkeit) und nach demographischen (= Bevölkerungsdichte) Kriterien, z.B. im Krankenhaus Zell am See wegen der notwendigen unfallchirurgischen Versorgung der Wintersportorte in der Region Pinzgau.

- **Zentralkrankenanstalten** mit grundsätzlich allen dem jeweiligen Stand der medizinischen Wissenschaft entsprechenden spezialisierten Einrichtungen.
- **Universitätskliniken** mit identem Ausstattungstandard wie Zentralkrankenanstalten, sowie zusätzlich allen Ausbildungs- und Unterrichtseinrichtungen für eine medizinische Universität.

> **Anmerkung:**
> Universitätskliniken und Klinische Institute haben ihre Aufgaben einerseits in der Krankenbehandlung und andererseits in der medizinischen Forschung und Lehre.

3. Rechtsträger von Krankenanstalten

Als Rechtsträger von Krankenanstalten kommen in Betracht:

Rechtsträger:	Beispiele:
• Gebietskörperschaften	
• Bund	Sanitätszentrum Ost (früher Heeresspital Wien), Sanitätszentrum Süd und West (früher Militärspital Graz bzw. Innsbruck)
• Länder	Landeskliniken Graz, Linz, Innsbruck, Salzburg
• Gemeinden	AKH Wien

Sozialversicherungsträger	AUVA Unfallkrankenhaus Meidling, UKH Linz, UKH Graz, Hanusch KH der Wiener Gebietskrankenkasse
kirchliche Rechtsträger	Barmherzige Brüder bzw. Schwestern, Diakonie
natürliche und juristische Personen	PremiQaMed, Rudolfinerhaus, Tauernkliniken GmbH

4. Leitung von Krankenanstalten

a) Ärztlicher Leiter

Dem ärztlichen Leiter obliegt die Organisation des gesamten medizinischen Betriebes einer Krankenanstalt. Ihm sind personell insbesondere sämtliche Ärzte, die Apotheker, der gesamte medizinisch-technische Dienst und die meisten medizinischen Assistenzberufe (MAB) unterstellt.

b) Leiter des Pflegedienstes

Für Krankenanstalten mit **bettenführenden Abteilungen** ist eine zur Leitung (Organisation, Personalführung) geeignete diplomierte Gesundheits- und Krankenpflegeperson als Leiter des Pflegedienstes zu bestellen. Ihr sind personell sämtliche diplomierten Gesundheits- und Krankenpflegepersonen, die Pflegeassistenten, die Pflegefachassistenten, die Hebammen und die Abteilungshelfer unterstellt.

c) Verwalter

Als Leiter der administrativen, wirtschaftlichen und *in Krankenanstalten mit* **bis zu 800 Betten** *auch der technischen* Angelegenheiten ist eine auf dem Gebiet der Betriebsführung ausgebildete und erfahrene sowie zur Leitung (Organisation, Personalführung) geeignete Person zum Verwalter zu bestellen.

d) Technischer Leiter

In Krankenanstalten mit **mehr als 800 Betten** ist für die technischen Angelegenheiten eine auf dem Gebiet der Betriebsführung ausgebildete und erfahrene sowie zur Leitung (Organisation, Personalführung) geeignete Person zu bestellen (Leiter der technischen Angelegenheiten). Ist ein solcher technischer Leiter bestellt, ist der Verwalter nur für die administrativen und wirtschaftlichen Angelegenheiten zuständig.

e) Kollegiale Führung

Die oben genannten Personen bilden gemeinsam die Kollegiale Führung eines Krankenhauses.

Anmerkung:

In den einzelnen Bundesländern ist die konkrete Funktionsbezeichnung unterschiedlich. So führen die genannten Personen in den Wiener städtischen Krankenanstalten die Funktionsbezeichnungen Ärztlicher Direktor, Direktor des Pflegedienstes, Verwaltungsdirektor und Technischer Direktor; in Niederösterreich und Oberösterreich führen sie die Funktionsbezeichnungen Ärztlicher Direktor, Pflegedirektor und Kaufmännischer Direktor, in der Steiermark führen sie die Funktionsbezeichnungen Ärztlicher Direktor, Pflegedirektor und Betriebsdirektor.

- Alle Funktionsträger haben in ihren Aufgabenbereichen **alleinverantwortlich** die erforderlichen Maßnahmen zu setzen.
- Sind allgemeine und grundsätzliche Fragen der Krankenanstalt zu entscheiden, so haben die Funktionsträger diese als **Kollegiale Führung** zu beraten und gemeinsam zu entscheiden.

  Folgende weitere Einrichtungen der Krankenanstalt unterstützen die (Kollegiale) Führung bzw. wirken an der Krankenhausführung mit:

- Krankenhaushygiene

  Jede Krankenanstalt braucht für Angelegenheiten der Hygiene einen geeigneten Arzt als **Krankenhaushygieniker**. In bettenführenden Krankenanstalten ist zu seiner Unterstützung mindestens eine qualifizierte diplomierte Krankenpflegeperson als **Hygienefachkraft** zu bestellen.

  Krankenhaushygieniker und Hygienefachkraft(-kräfte) bilden gemeinsam ein **Hygieneteam.**

  Zu den Aufgaben des Hygieneteams gehören:

  - Maßnahmen zur **Erkennung, Verhütung** und Bekämpfung von **Krankenhausinfektionen** und
  - Maßnahmen zur **Gesunderhaltung**;
  - Mitwirkung bei allen **Planungen für Neu-**, **Zu-** und **Umbauten** in der Krankenanstalt;
  - Mitwirkung bei der **Anschaffung von Geräten** und **Gütern**, durch die eine Infektionsgefahr besteht.

- Sicherheitstechnischer Dienst

  Jede Krankenanstalt braucht außerdem zur Wahrnehmung der technischen Sicherheit und des Funktionierens der medizinisch-technischen Geräte eine fachlich geeignete Person als technischen Sicherheitsbeauftragten.

  Zu den Aufgaben des **technischen Sicherheitsbeauftragten** gehören:

  - regelmäßige **Überprüfung** der **medizinisch-technischen Geräte** und **technischen Einrichtungen** der Krankenanstalt;
  - **Beseitigung von Gefahren** und **Mängelbehebung**;
  - **Beratung** der Mitglieder der Kollegialen Führung in **Fragen der Betriebssicherheit**;
  - Mitwirkung bei allen **Planungen für Neu-**, **Zu-** und **Umbauten** der Krankenanstalt und **Anschaffung der medizinisch-technischen Geräte** und **technischen Einrichtungen.**

- Qualitätssicherung

  Zur Sicherung der Qualität aller in der Krankenanstalt erbrachten Leistungen sind organisatorische Einrichtungen zu schaffen, die den wissenschaftlich anerkannten Maßstäben der Qualitätssicherung entsprechen und regelmäßig vergleichende Prüfungen der Leistungsqualität ermöglichen.

5. Anstaltsordnung und Patientenrechte

Die Anstaltsordnung regelt die **Aufbauorganisation** und den **inneren Betrieb** der Krankenanstalt.

Die jeweils geltende Anstaltsordnung ist den in der Krankenanstalt beschäftigten Personen zur Kenntnis zu bringen.

Für Patienten und Besucher gilt eine **„Hausordnung"**.

Die Anstaltsordnung darf keine Bestimmungen enthalten, die die Durchführung eines straflosen **Schwangerschaftsabbruches** oder die Mitwirkung daran verbieten oder die Weigerung, einen solchen Schwangerschaftsabbruch durchzuführen oder daran mitzuwirken, mit nachteiligen Folgen verbinden. Gleiches gilt für die Durchführung der **medizinisch unterstützten Fortpflanzung.**

- Die Bestimmungen der Anstaltsordnung haben auf die Patientenrechte besonders Bedacht zu nehmen. Die **Patientenrechte** wurden nicht erst durch die Krankenanstaltengesetze neu geschaffen, sondern sind ein **Ausfluss der Grundrechte** und damit die Umsetzung der verfassungsgesetzlich gewährleisteten Grund- und Freiheitsrechte auf **Krankenhausebene**.

6. Ethikkommission

Für alle Krankenanstalten, in denen **klinische Prüfungen** von Arzneimitteln nach dem **Arzneimittelgesetz** oder Medizinprodukten nach dem **Medizinproduktegesetz** durchgeführt werden, ist mindestens eine Ethikkommission einzurichten. Diese hat die Aufgabe die klinischen Prüfungen aus **ethischer Sicht** zu beurteilen. Dabei geht es vor allem um die

- **Gefahren** und
- **Risken**, aber auch
- **Schmerzen** oder
- **Unannehmlichkeiten** für die **Versuchspersonen** im **Verhältnis** zum erwarteten
- **Nutzen** eines neuen **Arzneimittels** oder **Medizinproduktes** für die Menschen.

Diese Ethikkommission besteht aus mindestens zwei Ärzten, einer Angehörigen des gehobenen Dienstes für Gesundheits- und Krankenpflege, einem Juristen, einem Pharmazeuten, einem Patientenvertreter, einer weiteren Person, die mit der Wahrnehmung seelsorgerischer Angelegenheiten in der Krankenanstalt betraut ist (Krankenhausseelsorger) oder sonst über die entsprechende ethische Kompetenz verfügt und einem Mitglied der Personalvertretung der Krankenanstalt.

Die Mitglieder der Ethikkommission sind in Ausübung ihrer Funktion **unabhängig** (weisungsfrei) und unterliegen der **Verschwiegenheitspflicht**.

7. Verschwiegenheitspflicht

Der Patient hat das **Recht auf Vertraulichkeit und Datenschutz**. Es besteht daher für alle in Krankenanstalten beschäftigten Personen Verschwiegenheitspflicht.

Die Verschwiegenheitspflicht erstreckt sich auf alle die

- **Krankheit** betreffenden Umstände sowie auf die
- **persönlichen, wirtschaftlichen** und **sonstigen Verhältnisse** der **Patienten**,
- bei **Organentnahmen** und **Transplantationen** auch auf die Person des **Spenders** und des **Empfängers**.

Die Verschwiegenheitspflicht besteht Behörden gegenüber nicht, wenn die Offenbarung des Geheimnisses durch öffentliches Interesse gerechtfertigt ist.

Verletzungen der Verschwiegenheitspflicht sind strafbar und stellen, sofern ein Dienstverhältnis der Beschäftigung zugrunde liegt, einen Kündigungs- oder Entlassungsgrund dar.

8. Ärztlicher Dienst und Behandlungen in Krankenanstalten

Als verantwortlicher Leiter des ärztlichen Dienstes in der Krankenanstalt ist ein fachlich geeigneter Arzt zu bestellen. Im Falle seiner Verhinderung muss er durch einen geeigneten Arzt vertreten werden.

Mit der Führung von Abteilungen, Departments (Unterabteilungen), Laboratorien, Ambulatorien oder Prosekturen von Krankenanstalten dürfen nur Fachärzte des einschlägigen medizinischen Faches bzw. fachlich qualifizierte Ärzte betraut werden, die zur Leitung (Organisation, Personalführung) geeignet sind.

Ärztliche Hilfe muss in Krankenanstalten jederzeit sofort erreichbar sein.

Der ärztliche Dienst in jeder Krankenanstalt muss daher so eingerichtet sein, dass zu **jeder Tages- und Nachtzeit** an **jedem Tag der Woche** eine **anstaltseigene ärztliche** Hilfe sofort erreichbar ist und auch kommt. Das Verschreiben von Medikamenten für den Fall eines besonderen Bedarfes des Patienten (sog. **Bedarfsmedikation**) ist unzulässig, da die Beurteilung des Bedarfes eine Diagnosestellung ist und daher zu den ärztlichen Tätigkeiten gehört, die nicht an Angehörige anderer Gesundheitsberufe delegiert werden darf.

Das KAKuG sieht die Möglichkeit einer sogenannten „**Rufbereitschaft**" vor. Das bedeutet, dass bestimmte Fachärzte in Standard- und Schwerpunktkrankenanstalten in der Nacht, zum Wochenende und an Feiertagen nicht ständig anwesend, sondern nur erreichbar sein müssen. Allerdings müssen für Notfälle wichtige Fachärzte, wie z.B. für Anästhesiologie und Intensivmedizin, Chirurgie, Unfallchirurgie bzw. Innere Medizin immer anwesend sein. Diese Regelungen des Bundes über die Rufbereitschaft wurden nicht in allen Bundesländern übernommen (so z.B. nicht im Wiener Krankenanstaltengesetz).

Die Patienten dürfen nur nach den Grundsätzen und **anerkannten Methoden der medizinischen Wissenschaft ärztlich** behandelt werden. Sie haben das Recht auf **fachgerechte** und **möglichst schmerzarme Behandlung und Pflege.** Den Ärzten und allen anderen Angehörigen der Gesundheitsberufe muss die Möglichkeit gegeben werden, sich

fortbilden zu können. Insbesondere haben die Krankenanstalten die Verpflichtung, regelmäßig **innerbetriebliche Fortbildungen** zu veranstalten.

Dieses Patientenrecht bedeutet, dass die Angehörigen der Gesundheitsberufe nicht nur das Recht haben, sich fortzubilden, sondern dass den Patienten gegenüber die Verpflichtung zur Fortbildung und zum **lebenslangen Lernen** besteht. Fachgerecht und daher **lege artis** kann eine Behandlung und Pflege nur dann sein, wenn sich der Angehörige des Gesundheitsberufes auf dem aktuellen Stand der wissenschaftlichen Entwicklung befindet.

9. Krankengeschichten

a) Inhalt von Krankengeschichten

In der Krankengeschichte sind neben den Personaldaten des Patienten, der Bezeichnung der Krankheit, dem Aufnahmetag und dem Entlassungstag, sowie allenfalls dem Todestag und der Todesursache *insbesondere* darzustellen:

- die **Vorgeschichte** der Erkrankung **(Anamnese)**,
- der **Zustand** des Patienten bei der **Aufnahme (status praesens)**,
- der **Krankheitsverlauf (decursus morbi)**

  sowie des Weiteren

- die **angeordneten Maßnahmen**,
- die **ärztlichen Leistungen** einschließlich der Medikation (Name, Dosis und Verordnungsform des Arzneimittels),
- die **Aufklärung** des Patienten,
- die wesentlichen **weiteren Leistungen** (Pflege, medizinisch-technische Dienste etc.) und
- der Zustand und die Art der Behandlung beim Abgang aus der Krankenanstalt; allenfalls auch
- die Durchführung von **Transplantationen** mit Hinweis auf Organspender.

Beizulegen sind:

immer

- die über Maßnahmen der Pflege und deren Verlauf zu führenden Dokumentationsblätter **(Pflegedokumentation)**, sowie

allenfalls, soweit Derartiges angefertigt wurde bzw. vorgekommen ist,

- die **Röntgenbilder**,
- die **Operationsniederschrift**,
- die Abschrift des **Obduktionsprotokolls**,
- die Niederschrift über allfällige **Organentnahme** ohne Hinweis auf den Organempfänger,

- Verfügungen des Patienten, der für den Fall, dass er handlungsunfähig wird, wünscht, dass bestimmte Behandlungsmethoden unterbleiben (auch als **Patientenverfügung**[24] oder fälschlich als „Patiententestament" bezeichnet),
- **Widersprüche** des Patienten gegen **Organentnahmen**.[25]

Vor allem zu Beweiszwecken ist es für alle mit der gesundheitlichen Betreuung des Patienten befassten Personen empfehlenswert, alle **Belehrungen** und **Zustimmungserklärungen** genauestens in der Krankengeschichte festzuhalten.

b) Aufbewahrung von Krankengeschichten

Krankengeschichten sind so zu verwahren, dass **unbefugte Personen keine Einsicht** nehmen können. Die Krankengeschichten von stationär aufgenommenen Patienten sind **vom behandelnden Arzt** und vom Abteilungsvorstand zu **unterfertigen**.

Krankengeschichten sind nach ihrem Abschluss von der **Krankenanstalt** mindestens **30 Jahre**, von einem **Ambulatorium** mindestens **10 Jahre**, allenfalls in Form von Mikrofilmen oder in gleichwertiger Weise in doppelter Ausfertigung (z.B. digitale Archivierung, Speicherung auf WORM-Medien = write once, read multiple) aufzubewahren.

Röntgenbilder und andere Bestandteile von Krankengeschichten, deren volle Beweiskraft nicht 30 Jahre hindurch gegeben ist, sind mindestens 10 Jahre aufzubewahren.

c) Abschriften von Krankengeschichten

Nach allen österreichischen Krankenanstaltengesetzen ist das Recht auf Einsichtnahme in die Krankengeschichte und Erhalt einer Abschrift der Krankengeschichte ein **Patientenrecht**.

Bei **medizinischen Bedenken** (z.B. aus **therapeutischen** Gründen) kann die Einsichtnahme in eine Krankengeschichte **während laufender Behandlung** (*niemals aber in eine abgeschlossene Krankengeschichte*) vorübergehend teilweise oder zur Gänze **verweigert** werden.

Bei der Ausfolgung von Abschriften (Ablichtungen) der Krankengeschichte kann an den Patienten ein **Kostenersatz** verrechnet werden.

Mit Zustimmung des Patienten (Versicherten) sind Abschriften von Krankengeschichten auch sonstigen Versicherungsunternehmen (Privatversicherungen) **gegen Kostenersatz** zu übermitteln.

Das Recht solche Abschriften (Ablichtungen) **kostenlos** zu erhalten, haben:

- Gerichte (bei Vorliegen von öffentlichem Interesse)
- Verwaltungsbehörden (bei Vorliegen von öffentlichem Interesse)
- Patientenanwaltschaft bzw. Patientenvertretung
- Sozialversicherungsträger
- Krankenanstaltenfinanzierungsfonds
- Privatkrankenanstaltenfinanzierungsfonds

---

24 Siehe dazu auch das Kapitel Patientenverfügung im Abschnitt IV. Vertragsrecht Punkt D.

25 Siehe dazu auch die Ausführungen im Abschnitt VII. Punkt H. Organtransplantation.

- Sozialhilfeträger (hinsichtlich öffentlicher Krankenanstalten)
- einweisende oder behandelnde Ärzte des Patienten.

10. Aufnahme und Entlassung von Patienten in öffentlichen Krankenanstalten

a) Aufnahme

1. Aufnahme von Patienten

Patienten können nur durch die Anstaltsleitung aufgrund der Untersuchung durch den hiezu bestimmten Anstaltsarzt aufgenommen werden. Bei der Aufnahme ist auf den Zweck der Krankenanstalt und auf den Umfang der Anstaltseinrichtungen Bedacht zu nehmen. **Erste ärztliche Hilfe** darf dabei in Krankenanstalten **niemandem** verweigert werden.

Die Aufnahme von Patienten in öffentliche Krankenanstalten kann auf Personen beschränkt werden, die ihren Hauptwohnsitz im jeweiligen Bundesland haben, sofern sie anstaltsbedürftig sind oder sich einem operativen Eingriff unterziehen.

Anstaltsbedürftig sind:

- Personen, deren **geistiger** oder **körperlicher Zustand** die stationäre Aufnahme **erfordert**,
- Personen, die ein **Sozialversicherungsträger** oder ein **Gericht** im Zusammenhang mit einem *Verfahren über Leistungssachen* (z.B. Gewährung einer Invaliditätspension oder einer Versehrtenrente, siehe Sozialversicherung) zum Zweck einer **Befundung** oder einer **Begutachtung** in die Krankenanstalt **einweist**,
- Personen, die der Aufnahme in die Krankenanstalt zur Vornahme von **Maßnahmen der Fortpflanzungsmedizin** bedürfen; weiters
- **gesunde** Personen, die zur Vornahme einer **klinischen Prüfung** eines **Arzneimittels** oder eines **Medizinprodukts** in einer Krankenanstalt aufgenommen werden.

Unabweisbar sind:

- Personen, deren geistiger oder körperlicher Zustand wegen **Lebensgefahr** oder wegen Gefahr einer sonst nicht vermeidbaren **schweren Gesundheitsschädigung** sofortige Anstaltsbehandlung erfordert, sowie
- **Frauen**, wenn die **Entbindung** unmittelbar bevorsteht, und
- Personen, die aufgrund besonderer Vorschriften **von einer Behörde eingewiesen** werden (Quarantäne nach dem Epidemiegesetz sowie Zwangseinweisung nach dem Unterbringungsgesetz, TBC-Gesetz und Geschlechtskrankheitengesetz).

Unabweisbare Kranke müssen immer in Anstaltspflege genommen werden.

2. Aufnahme von Begleitpersonen

Säuglinge und ihre Mütter sind, wenn erforderlich, **gemeinsam** in Anstaltspflege zu nehmen.

In allen sonstigen Fällen (auch Eltern von Kleinkindern) richtet sich die Aufnahme von Begleitpersonen nach den **Unterbringungsmöglichkeiten** der Anstalt und bedarf der Bewilligung des ärztlichen Leiters der Krankenanstalt.

Die **Begleitperson** hat für die Aufnahme in das Krankenhaus eine **Gebühr** zu bezahlen, je nach Länderrecht kann aus sozialen Gründen eine Ermäßigung oder gar Unentgeltlichkeit beantragt werden; so erfolgt beispielsweise die Aufnahme von Begleitpersonen von Kindern bis zum vollendeten 3. Lebensjahr in Wien unentgeltlich.

b) Entlassung

Patienten, die nicht mehr der Anstaltspflege bedürfen – was aufgrund einer ärztlichen Untersuchung festzustellen ist –, sind zu entlassen. Dabei sind Patienten, die nicht sich selbst überlassen werden können und deren Betreuung zu Hause nicht sichergestellt ist, rechtzeitig dem Sozialhilfeträger (Sozialamt) zu melden.

Anstaltsbedürftige Personen sind, wenn sie in eine andere Krankenanstalt überstellt werden, in der *bisherigen Krankenanstalt zu entlassen* und in der *anderen Krankenanstalt neu aufzunehmen* (Transferierung).

Die **vorzeitige Entlassung** auf Wunsch des orientierten Patienten ist ein **Patientenrecht.** Dabei ist der Patient *vom Arzt auf nachteilige Folgen für seine Gesundheit aufmerksam* zu machen. Diese Belehrung ist in einer Niederschrift **(Revers)** festzuhalten. Die Unterschrift des Revers durch den Patienten ist keine Voraussetzung für die vorzeitige Entlassung, jedoch ist eine allfällige Verweigerung der Unterschrift durch den Patienten mit Zeugen (z.B. die diensthabende Gesundheits- und Krankenpflegerin) zu dokumentieren.

Eine vorzeitige Entlassung von behördlich eingewiesenen Patienten ist nicht zulässig.

c) Aufenthaltsbestätigung, Entlassungsbrief

Vor jeder Entlassung ist der Patient ärztlich zu untersuchen, um festzustellen, ob er **geheilt, gebessert** oder **ungeheilt** entlassen wird.

Auf Wunsch des Patienten wird eine **Aufenthaltsbestätigung** ausgestellt.

Bei Entlassung eines Patienten ist neben einem Entlassungsschein auch **unverzüglich** ein **Entlassungsbrief** (auch **Patientenbrief**, früher **Arztbrief**) anzufertigen. Der Entlassungsbrief ist zur Information des einweisenden oder weiterbehandelnden Arztes bestimmt und hat die für die weitere medizinische Betreuung maßgebenden Angaben und Empfehlungen zu enthalten. In einigen Bundesländern ist darüber hinaus binnen 3 Tagen ein weiterer ausführlicher Arztbrief an den einweisenden oder weiterbehandelnden Arzt zu übermitteln.

Der Patient ist berechtigt, den Entlassungsbrief zu öffnen und zu lesen (Patientenrecht) und hat das Recht zu entscheiden, ob er den Entlassungsbrief selbst übernimmt oder ob die Krankenanstalt diesen direkt an den einweisenden oder behandelnden Arzt übermittelt.

11. Öffentliche und private Krankenanstalten

a) Öffentliche Krankenanstalten

Öffentliche Krankenanstalten sind Krankenanstalten, denen das **Öffentlichkeitsrecht** verliehen wurde.

Das Öffentlichkeitsrecht besteht einerseits darin, dass die öffentlichen Krankenanstalten mehr Rechte besitzen als private Krankenanstalten, insbesondere dass nur die öffentlichen Krankenanstalten durch die leistungsorientierte Krankenanstaltenfinanzierung **(„LKF“)** finanziert werden. Andererseits haben die öffentlichen Krankenanstalten wesentlich weitergehende Verpflichtungen.

Typische Merkmale einer öffentlichen Krankenanstalt sind:

- die **allgemeine Aufnahmeverpflichtung** gegenüber allen anstaltsbedürftigen Personen;
- die Verpflichtung, **mindestens 75% der Betten in der allgemeinen Gebührenklasse** zu führen;
- **Finanzierung** über die leistungsorientierte Krankenanstaltenfinanzierung (**„LKF“**);
- die **Rechtsträgerschaft durch** eine **öffentlich-rechtliche juristische Person** (meist Länder, Gemeinden oder Sozialversicherungsträger) oder **private juristische Person** (z.B. Ordensgemeinschaft, Rotes Kreuz).

Voraussetzungen für die **Verleihung** des Öffentlichkeitsrechtes, auf das aber kein Anspruch besteht, sind *insbesondere*:

- Gewährleistung eines **sicheren Bestandes** und eines zweckmäßigen Betriebes;
- Gemeinnützigkeit: Der Betrieb der Krankenanstalt darf **nicht auf Gewinn gerichtet** sein;
- **jeder Aufnahmebedürftige** ist nach Maßgabe der Anstaltseinrichtung aufzunehmen;
- die Unterbringung und Behandlung erfolgt solange es der Gesundheitszustand erfordert;
- Pflege und Behandlung bestimmen sich nach dem Gesundheitszustand;
- Verpflegung und Unterbringung bestimmen sich in der allgemeinen Gebührenklasse nach dem Gesundheitszustand;
- die Pflegegebühren für alle Patienten derselben Gebührenklasse sind gleich;
- es erfolgt **keine Entlohnung** der Bediensteten der Anstalt **durch die Patienten** oder deren Angehörige;
- die Zahl der Sonderklassebetten darf ein Viertel der Zahl aller Betten der Anstalt nicht übersteigen.

b) Private Krankenanstalten

Typische Merkmale der privaten Krankenanstalten sind:

- Die Finanzierung über kostendeckende Pflegegebühren, welche mit der Sozialversicherung zu verrechnen sind, sowie über private Sondergebühren, welche oft von Krankenzusatzversicherungen getragen werden, Mitteln des Privatkrankenanstaltenzusammenarbeitsfonds **(PRIKRAF)** sowie über sonstige Einkünfte (z.B. Erträge aus Vermögen, Spenden etc.),
- die Rechtsträgerschaft durch eine private natürliche oder juristische Person (z.B. GesmbH).

Insbesondere

- haben sie **keine** Verpflichtung zur Führung einer allgemeinen Gebührenklasse, sondern können sogar alle Betten in der Sonderklasse führen,
- brauchen sie **keinen** permanenten fachspezifischen ärztlichen Dienst, sondern müssen diesen nur so eingerichtet haben, dass ärztliche Hilfe jederzeit sofort erreichbar ist,
- können die Patienten auch durch niedergelassene Ärzte oder Ärzte aus anderen Krankenanstalten behandelt werden, die der Patient selbst mitgebracht hat (**Belegspital**) und
- haben sie **keine** allgemeine Aufnahmeverpflichtung.

Allerdings haben auch die privaten Krankenanstalten die Pflicht zur Leistung Erster ärztlicher Hilfe.

12. Psychiatrische Krankenanstalten (und Abteilungen für Psychiatrie)

Sonderkrankenanstalten für Psychiatrie und psychiatrische Abteilungen anderer Krankenanstalten sind zur Aufnahme psychisch Kranker bestimmt.

Zweck der Aufnahme ist

- die Feststellung des Gesundheitszustandes durch **Untersuchung**;
- die **Heilbehandlung**, Besserung oder **Rehabilitation**;
- die **Behandlung** auch **unheilbarer Kranker** zur **Verhinderung einer Verschlechterung**;
- die **Betreuung** und **besondere Pflege** auch **unheilbarer Kranker**, sofern diese nur in der Krankenanstalt gewährleistet ist;
- weiters die allfällige **Abwehr von ernstlichen und erheblichen Gefahren** für das Leben oder die Gesundheit des Kranken oder anderer Personen **im Zusammenhang mit der psychischen Erkrankung.**

Psychiatrische Krankenanstalten und Abteilungen sind grundsätzlich **offen** zu führen. **Geschlossene Bereiche** dürfen geführt werden, müssen aber von offenen Bereichen unterscheidbar sein.

Die **Anhaltung** des Patienten in einem geschlossenen Bereich oder eine sonstige **Beschränkung** des Patienten in seiner **Bewegungsfreiheit** wird als **Unterbringung** bezeichnet und unterliegt den Bestimmungen des Unterbringungsgesetzes.

a) Aufnahme von Patienten

1. Freiwillige Aufnahme

Die freiwillige Aufnahme von Patienten in Psychiatrischen Krankenanstalten und Abteilungen für Psychiatrie erfolgt nach denselben Grundsätzen wie in allen anderen Krankenanstalten.

2. Unterbringung

Die Unterbringung ist eine Aufnahme auf unbestimmte Zeit in einem geschlossenen Bereich einer Psychiatrischen Krankenanstalt oder einer Abteilung für Psychiatrie. Sie kann mit Zustimmung des Patienten (freiwillige Unterbringung) oder ohne Zustimmung oder gegen den Willen des Patienten erfolgen (zwangsweise Unterbringung). Näheres dazu siehe im Kapitel Unterbringung.

b) Entlassung von Patienten

1. Freiwillig aufgenommene Patienten

Die freiwillig in Psychiatrischen Krankenanstalten und Abteilungen für Psychiatrie aufgenommenen Patienten werden nach denselben Grundsätzen wie in allen anderen Krankenanstalten entlassen (Wegfall der Anstaltsbedürftigkeit, Transferierung, vorzeitige Entlassung).

2. Unterbringung

Bei der freiwilligen Unterbringung kann der Patient bzw. sein gesetzlicher Vertreter das Verlangen auf freiwillige Unterbringung **jederzeit widerrufen.** Unmittelbar nach Widerruf der Zustimmung zur freiwilligen Unterbringung ist der Patient zu entlassen.

Bei der zwangsweisen Unterbringung **ist** der Patient zu **entlassen**, wenn die **Voraussetzungen** für die zwangsweise Unterbringung **weggefallen** sind (z.B. der psychotische Schub ist abgeklungen) oder die vom Gericht gesetzte maximale Frist zur zwangsweisen Unterbringung ohne Verlängerung abgelaufen ist. Eine **vorzeitige Entlassung** von zwangsweise untergebrachten Patienten ist **nicht zulässig.**

Eine **freiwillige Aufnahme** im **Anschluss** an die zwangsweise Unterbringung ist bei Vorliegen der Anstaltsbedürftigkeit ohne Weiteres möglich.

Exkurs:

Eingebrachte Sachen, Verwahrung, Taschengeld

Eigentum und Besitz der Patienten bzw. Klienten in Krankenanstalten sowie der Bewohner in Seniorenpflegeheimen und Behinderteneinrichtungen sind zivilrechtlich als **eingebrachte Sachen** vom eigenen Inventar zu unterscheiden. Zumeist können die eingebrachten Sachen (Bekleidung, Bücher, Radios, Ausweise, Foto, Portemonnaie) im Zimmer in einem versperrbaren Kasten selbst aufbewahrt werden. Bei Bewusstlosigkeit, Alkohol- bzw. Drogenrausch werden eingebrachte Sachen von der Station zunächst treuhändisch in die Hand genommen. Als Treuhänder ist man zur Rechenschaft verpflichtet, dh zu Transparenz und Nachvollziehbarkeit des Sach- bzw. Geldmittelflusses. Die Übernahme bei der Aufnahme bzw. die Übergabe bei der Entlassung wird jeweils in einem Hilfsverzeichnis als Beilage zur Pflegedokumentation dokumentiert.

Größere Geldbeträge und Wertsachen können bzw. müssen in der Verwaltung hinterlegt und in **Verwahrung** gegeben werden. Der Verwahrer hat für die in Verwahrung genommenen Sachen neben der Obsorge dann auch die Haftung, dh er hat sie sorgfältig aufzubewahren, geeignete Sicherungs- und Kontrollmaßnahmen zu ergreifen und haftet für den Verlust und eigenes Fehlverhalten. Bei Verwahrung hat sich der Zeichnungsberechtigte bei jeder Kontobewegung zu legitimieren und eine schriftliche Bestätigung über den Eingang (Einzahlung) bzw. Ausgang (Auszahlung) zu leisten. Ein Verwahrer ist nicht bloß zur Rechenschaft, sondern zum Verwendungsbeweis verpflichtet.

In der Sozial- und Behindertenhilfe zählt das **Taschengeld** (als Freibetrag) gegenüber Behörden und Heimträgern nicht zum Einkommen und auch nicht zum Vermögen. Finanzrechtlich gilt es als sog. Schonvermögen der Antragsteller. Taschengeld dient zur Finanzierung (meist kleinerer) persönlicher Bedürfnisse, die der Heimträger nicht im Rahmen des Grundtarifs/Pflegetarifs bereitstellt. Dazu zählen z.B. der Kauf von Hygieneartikeln, zusätzlichen Getränken, Batterien für Hörgeräte, Privatwäsche, Schreibartikel, Zeitungen und Zeitschriften; Bezahlen von Rezeptgebühren, Selbstbehalten, Versicherungen, Telefongebühren; medizinische Leistungen, Friseur und Fußpflege; Kosten für öffentliche Verkehrsmittel und Taxi, usw.

Demente Patienten, psychiatrische oder geistig behinderte Klienten, sowie gesetzliche Vertreter und Sachwalter übergeben nicht selten ein Taschengeld treuhändisch an das Pflegepersonal. Als Treuhänder ist es zur Rechenschaft und zur Nachvollziehbarkeit des Geldmittelflusses (Hilfsverzeichnis, ev. Kassabuch) verpflichtet (siehe oben).

B. Primärversorgungseinheiten

Rechtsgrundlage für die Errichtung, den Betrieb und die Finanzierung von Primärversorgungseinheiten ist das **Gesundheitsreformumsetzungsgesetz 2017 – GRUG 2017**, in dessen Rahmen das **Bundesgesetz über die Primärversorgung in Primärversorgungseinheiten** erlassen wurde.

1. Begriff der Primärversorgungseinheit

Eine Primärversorgungseinheit ist eine durch verbindliche und strukturierte Zusammenarbeit gemäß dem Versorgungskonzept nach außen, vor allem gegenüber der Bevölkerung im Einzugsgebiet, als Einheit auftretende **Erstanlaufstelle** im Gesundheitsversorgungssystem und hat als solche Angebote

- zur **Förderung von Gesundheit** und **Prävention vor Krankheiten** und
- für eine umfassende **Behandlung von Akuterkrankungen** und **chronischen Erkrankungen** zur Verfügung zu stellen sowie
- die für eine **gesamtheitliche** und **kontinuierliche Gesundheitsvorsorge** und **Krankenversorgung** erforderlichen Maßnahmen zu koordinieren.

Der Grundgedanke bei der Schaffung der Primärversorgungseinheiten ist die Entlastung der Spitalsambulanzen nach dem jeweiligen Regionalen Strukturplan Gesundheit (RSG).

2. Versorgungsumfang von Primärversorgungseinheiten

Die Primärversorgungseinheit hat jedenfalls aus einem **Kernteam**, das sich aus

- Ärzten für **Allgemeinmedizin** und
- Angehörigen des **gehobenen Dienstes für Gesundheits- und Krankenpflege** zusammensetzt, zu bestehen.
- Orts- und bedarfsabhängig sollen **Fachärzte für Kinder- und Jugendheilkunde** Teil des Kernteams sein.

Orts- und bedarfsabhängig sind **weitere Angehörige von Gesundheits- und Sozialberufen** und Einrichtungen, in denen solche Personen beschäftigt werden, von der Primärversorgungseinheit **verbindlich und strukturiert einzubinden**. Als solche kommen insbesondere

- Hebammen,
- Psychologen,
- Psychotherapeuten,
- Angehörige der Gesundheits- und Krankenpflege,
- die im Medizinische Assistenzberufe-Gesetz und im

- Medizinischer Masseur- und Heilmasseurgesetz geregelten Berufe und die
- gehobenen medizinisch-technischen Dienste in Betracht sowie
- gegebenenfalls die Kooperation mit öffentlichen Apotheken.

3. Arten von Primärversorgungseinheiten

Primärversorgungseinheiten können

- als **Zentrum** an **einem Standort** oder als **Netzwerk** an **mehreren Standorten** in Form einer **Gruppenpraxis** bzw. als Verein bestehend aus freiberuflich tätigen Ärzten als Mitglieder oder
- als **Zentrum** an **einem Standort** in Form eines Ambulatoriums geführt werden.

Wird eine Primärversorgungseinheit als Netzwerk, zB in Form eines Vereins, geführt, so kann diese nur aus freiberuflich tätigen Ärztinnen und Ärzten, Gruppenpraxen sowie anderen nichtärztlichen Angehörigen von Gesundheits- und Sozialberufen oder deren Trägerorganisationen gebildet werden.

4. Anforderungen an die Primärversorgungseinheit

Die Primärversorgungseinheit hat mit dem Ziel eines für die Patienten sowie die Gesundheitsdiensteanbieter optimierten Diagnose- und Behandlungsprozesses jedenfalls folgenden Anforderungen zu entsprechen:

- **wohnortnahe** Versorgung, gute **verkehrsmäßige Erreichbarkeit**,
- bedarfsgerechte **Öffnungszeiten** mit ärztlicher Anwesenheit jedenfalls von **Montag bis Freitag, einschließlich der Tagesrandzeiten**,
- Organisation der **Erreichbarkeit** für Akutfälle **außerhalb der Öffnungszeiten** in Absprache und Zusammenarbeit mit anderen Gesundheitseinrichtungen und gegebenenfalls unter Einbindung von Bereitschaftsdiensten,
- Einbindung von vorhandenen telemedizinischen, telefon- und internetbasierten Diensten in das Erreichbarkeitskonzept,
- Gewährleistung von **Hausbesuchen**,
- Sicherstellung der Kontinuität
  - in der Behandlung und Betreuung insbesondere von chronisch kranken und multimorbiden Patientinnen und Patienten sowie Palliativpatientinnen und -patienten,
  - der Behandlungsabläufe zwischen den Versorgungsstufen und
  - in der Betreuung in anderen Versorgungsbereichen,
- insbesondere durch Zusammenarbeit mit anderen Versorgungsbereichen,
- barrierefreier Zugang und bedarfsgerechte Sprachdienstleistungen,
- Vorhandensein der notwendigen (medizinisch-)technischen und apparativen Ausstattung,
- Teilnahme an nationalen Vorsorge- und Screeningprogrammen und an integrierten Versorgungsprogrammen.

5. Leistungsumfang der Primärversorgungseinheit

Durch die Primärversorgungseinheit ist breite diagnostische, therapeutische und pflegerische Kompetenz mit (Zusatz-)Kompetenzen insbesondere für

- die Versorgung von Kindern und Jugendlichen,
- die Versorgung älterer Personen,
- die Versorgung von chronisch kranken und multimorbiden Patientinnen und Patienten,
- die psychosoziale Versorgung,
- das Arzneimittelmanagement und
- die Gesundheitsförderung und Prävention

abzudecken. Sie hat abhängig vom Schweregrad der Erkrankung eine möglichst abschließende Akutbehandlung und Langzeittherapien bei chronischen Erkrankungen zu gewährleisten.

6. Leitung der Primärversorgungseinheit

Die Primärversorgungseinheit steht immer unter ärztlicher Leitung.

Wird die Primärversorgungseinheit in Form einer **Gruppenpraxis** geführt (Zentrum oder Netzwerk), so ist die ärztliche Leitung im Gesellschaftsvertrag zu regeln.

Wird die Primärversorgungseinheit in Form eines **Ambulatoriums** geführt, so ist ein ärztlicher Leiter zu bestellen, der diese Tätigkeit hauptberuflich auszuüben hat. In dieser Form fällt die Primärversorgungseinheit unter die Regelungen des KAKuG, eine Anstaltsordnung und eine kollegiale Führung sind jedoch nicht vorgesehen.

7. Finanzierung der Primärversorgungseinheit

Die Primärversorgungseinheit muss immer **Rechtspersönlichkeit** haben. Vertragspartner für den Behandlungsvertrag ist immer die Primärversorgungseinheit. Der **Primärversorgungsvertrag** regelt die Beziehung der Träger der Krankenversicherung zu einer Primärversorgungseinheit.

C. Rettung und Krankenbeförderung

Das Rettungswesen ist in Gesetzgebung und Vollziehung Landessache und ist daher in allen Bundesländern unterschiedlich geregelt.

1. Begriffsbestimmungen

a) Rettungsdienst

Aufgaben eines Rettungsdienstes sind:

- Personen, die eine erhebliche Gesundheitsstörung oder erhebliche Verletzung erlitten haben, Erste Hilfe zu leisten, sie transportfähig zu machen und sie erforderlichenfalls unter sachgerechter Betreuung mit geeigneten Transportmitteln in eine Krankenanstalt zu befördern oder ärztlicher Hilfe zuzuführen;
- Personen wegen unmittelbarer Lebensgefahr sofortige erste notärztliche Hilfe zu leisten, die anders nicht gewährleistet ist;

- den Transport von Personen durchzuführen, bei denen lebenswichtige Funktionen ständig überwacht oder aufrechterhalten werden müssen;
- akute Blut-, Blutprodukte- oder Organtransporte durchzuführen;
- Sanitätsdienste zur Behandlung von akuten Erkrankungen oder Verletzungen bei Veranstaltungen mit dem hiefür erforderlichen Personal, den erforderlichen Einrichtungen und erforderlichen Transportmitteln bereitzustellen;
- die Bevölkerung in Erster Hilfe zu schulen;
- im zivilen Katastrophenschutz mitzuwirken.

b) Krankenbeförderungsdienst

Aufgabe eines Krankentransportdienstes ist es, Personen, bei denen während des Transports eine Betreuung durch Sanitäter medizinisch notwendig ist und die aus medizinischen Gründen kein gewöhnliches Verkehrsmittel benützen können, unter sachgerechter Betreuung mit geeigneten Transportmitteln zu befördern.

2. Rettungs- und Krankenbeförderungsdienste

a) Öffentliche Rettungs- und Krankenbeförderungsdienste

Jede Gemeinde ist im eigenen Wirkungsbereich gesetzlich dazu verpflichtet, einen öffentlichen Rettungs- und Krankenbeförderungsdienst zu betreiben und aufrechtzuerhalten, der jedermann unter den gleichen Bedingungen zur Verfügung steht, oder dieses durch Vertrag mit einem privaten Rettungs- und Krankenbeförderungsdienst sicherzustellen.

Wien betreibt als einzige Gemeinde in Österreich die gemeindeeigene Berufsrettung der Stadt Wien, alle anderen Gemeinden haben Verträge mit privaten Rettungsorganisationen.

b) Private Rettungs- und Krankenbeförderungsdienste

Private Rettungs- und Krankenbeförderungsdienste bedürfen zu ihrer Errichtung und Aufrechterhaltung einer Bewilligung durch die Landesregierung (in Wien durch den Stadtsenat). Voraussetzungen für die Erteilung einer Bewilligung sind

- Verlässlichkeit des Bewerbers,
- ein den gesundheitlichen und technischen Anforderungen entsprechender Betrieb,
- ein entsprechender Bedarf.

Auch private Rettungs- und Krankenbeförderungsdienste sind gegenüber jedermann zur Hilfeleistung verpflichtet. Der Tarif eines privaten Rettungs- und Krankenbeförderungsdienstes bedarf der Genehmigung durch die Landesregierung (in Wien durch den Stadtsenat).

Zu nennen sind z.B. der jeweilige Landesverband des österreichischen Roten Kreuzes, der Arbeiter-Samariterbund, die Johanniter-Unfall-Hilfe oder auch der Malteser Hospital- und Rettungsdienst.

3. Entgelt für die Inanspruchnahme des Rettungs- und Krankenbeförderungsdienstes

Für die Hilfeleistung bzw. Beförderung ist, wenn es zur Ausfahrt eines Einsatzwagens kommt, eine **Gebühr** zu entrichten.

Für Sozialversicherte übernimmt die gesetzliche Krankenversicherung diese Gebühr aufgrund von Verträgen.

- Besteht keine Krankenversicherung oder
- ist die Krankenversicherung nicht zur Leistung verpflichtet (z.B. bei **Alkoholrausch, Drogenrausch** oder **Transferierung** von einer Krankenanstalt in eine andere Krankenanstalt **ohne medizinische Indikation**),

so hat derjenige, für den der öffentliche Rettungs- und Krankenbeförderungsdienst in Anspruch genommen wurde, die Gebühr **selbst zu bezahlen.**

4. Missbrauch des Rettungs- und Krankenbeförderungsdienstes

Wer vorsätzlich einen vergeblichen Einsatz eines Rettungs- und Krankenbeförderungsdienstes veranlasst, begeht eine **Verwaltungsübertretung** (Geldstrafe bis zu € 4.000,–, bei Uneinbringlichkeit bis zu zwei Wochen Ersatzfreiheitsstrafe). Außerdem haben Personen, die einen vergeblichen Einsatz wider besseren Wissen veranlassen, die auflaufenden **Transportgebühren** sowie einen allfällig darüber hinausgehenden **Schaden zu ersetzen**.

5. Weitere Rettungsdienste und -einrichtungen

Das **Bundesheer**, die **Bundespolizei** sowie die Einrichtungen der **Österreichischen Gesellschaft vom Roten Kreuz** bzw. ihrer Landesverbände leisten im Rahmen ihres öffentlichen Mandates Rettungsdienste.

Darüber hinaus gibt es gänzlich freiwillige Rettungsdienste, wie z.B. **Wasser-, Berg-, Pisten- und Höhlenrettung**, welche zumeist von Vereinen getragen, und deren Tätigkeit von den Gemeinden meist durch Subventionen gefördert wird.

Die **Flugrettung** (für außergewöhnliche Not- und Katastrophenfälle) ist österreichweit durch eine Vereinbarung zwischen dem Bund und den Ländern geregelt.

Auf dieser Grundlage werden von privaten Organisationen wie dem **ÖAMTC** („Christophorus") und öffentlichen Stellen wie **Bundesheer** verschiedene Flugrettungsdienstleistungen mit speziell für den Rettungseinsatz apparativ und personell ausgestatteten Hubschraubern durchgeführt.

Darüber hinaus bieten private Organisationen Ambulanzflüge, insbesondere die Rückholung erkrankter oder verletzter Personen auf eigene Kosten (meist abgedeckt durch freiwillige Versicherungen) an.

D. Apotheken

Rechtsgrundlage für den Betrieb von Apotheken ist das Apothekengesetz. Weitere Rechtsgrundlagen sind insbesondere die jeweils geltende **Abgrenzungsverordnung** sowie die **Apothekenbetriebsordnung**.

Apotheken sind einerseits Einrichtungen der öffentlichen Sanitätspflege, andererseits, insbesondere wenn es sich um öffentliche Apotheken handelt, kommerzielle Unternehmen.

Arzneimittel dürfen im Kleinverkauf grundsätzlich nur in Apotheken abgegeben werden (**Apothekenvorbehalt**). Durch die **Abgrenzungsverordnung** werden einzelne Stoffe, soweit diese Arzneimittel darstellen, zum Verkauf durch bestimmte konzessionierte Gewerbetreibende (z.B. Drogisten) freigegeben. Durch den Apothekenvorbehalt wird allen Apotheken hinsichtlich einer großen Zahl von Arzneimitteln gleichsam eine Monopolstellung eingeräumt, wodurch diesen ein ausreichendes Einkommen gesichert und damit eine qualitativ hochwertige Versorgung der Bevölkerung gewährleistet werden soll.

1. Arten von Apotheken

Das Apothekengesetz unterscheidet

- öffentliche Apotheken,
- Hausapotheken und
- Anstaltsapotheken.

a) Öffentliche (konzessionierte) Apotheken

Der **Betrieb** einer öffentlichen Apotheke bedarf einer behördlichen Bewilligung (**Konzession**), die bei Vorliegen der gesetzlichen Voraussetzungen vom Landeshauptmann zu erteilen ist. Die Konzession hat nur für einen bestimmten Standort (Gemeinde, Ortschaft, Stadtbezirk oder Teil eines solchen Gebietes) Gültigkeit.

1. Sachliche Voraussetzungen für eine Konzession

Sachliche Voraussetzungen für die Konzessionserteilung sind insbesondere:

- in der Gemeinde des Standortes muss ein Arzt seinen ständigen Berufssitz haben,
- es muss ein **Bedarf** nach einer Apotheke bestehen; kein Bedarf besteht im Allgemeinen, wenn aus einem Umkreis von vier Straßenkilometern weniger als 5500 Personen zu versorgen sind oder wenn die nächste Apotheke weniger als 500 m entfernt ist.

  Die **Inhaber bestehender Apotheken** haben im Bewilligungsverfahren **Parteistellung**.

2. Persönliche Voraussetzungen für eine Konzession

Außer den **sachlichen** Voraussetzungen muss der Bewerber um eine Konzession **persönliche Voraussetzungen** mitbringen. Die persönliche Eignung ist unter folgenden Bedingungen gegeben:

- **Österreichische Staatsbürgerschaft** oder Staatsbürgerschaft eines anderen **EWR-Staates** oder der **Schweiz**,
- **volle Geschäftsfähigkeit**,
- abgeschlossenes **Studium der Pharmazie**,
- **Vertretungsberechtigung**, nachgewiesen durch das nach **Prüfung für den Apothekerberuf** vom Bundesminister für Gesundheit verliehene **staatliche Apothekerdiplom** oder einen anderen Befähigungsnachweis gemäß EG-Richtlinien,

- Leitungsberechtigung aufgrund fünfjähriger fachlicher Tätigkeit in einer Apotheke eines EWR-Staates oder der Schweiz,
- Verlässlichkeit,
- körperliche und gesundheitliche Eignung,
- ausgezeichnete Kenntnisse der deutschen Sprache,
- der Bewerber darf innerhalb des EWR oder der Schweiz über keine andere Konzession für eine öffentliche Apotheke verfügen.

Die Konzession ist nicht übertragbar, kann jedoch auf Kinder oder Ehegatten vererbt werden, denen ein befristeter Weiterbetrieb möglich ist.

Einer öffentlichen Apotheke kann bei Vorliegen der Voraussetzungen auch der Betrieb einer Filialapotheke bewilligt werden. Der Betrieb einer öffentlichen Apotheke (einer Filiale) kann auch verpachtet werden, wobei der Pächter die gleichen persönlichen Voraussetzungen wie ein Konzessionsinhaber erfüllen muss. Ein Konzessionsinhaber einer Apotheke innerhalb des EWR darf aber keine andere öffentliche Apotheke im Sinne des Apothekengesetzes pachten oder leiten.

3. Vorschriften für den Betrieb öffentlicher Apotheken

Öffentliche Apotheken sind verpflichtet, ihren Betrieb ununterbrochen aufrechtzuerhalten. Eine beabsichtigte Betriebseinstellung ist vom Inhaber mindestens zwei Monate vorher der Behörde bekannt zu geben.

Die Betriebszeiten öffentlicher Apotheken werden von der Bezirksverwaltungsbehörde festgesetzt, wobei es jedem Apotheker freisteht, auch außerhalb der festgesetzten Betriebszeiten die Apotheke z.B. während der Mittagspause offenzuhalten. Während der Sperrzeiten haben öffentliche Apotheken nach einer von der Bezirksverwaltungsbehörde festgesetzten Reihenfolge einen Bereitschaftsdienst zu leisten, sodass auch in der Nacht sowie an Sonn- und Feiertagen eine Versorgung mit Heilmitteln gewährleistet ist.

b) Hausapotheken

Ärzten für Allgemeinmedizin (Praktischen Ärzten) kann die Bewilligung zur Führung einer ärztlichen Hausapotheke erteilt werden, wenn in dem Ort, in welchem der Arzt seinen Berufssitz hat, keine öffentliche Apotheke besteht.

Die Berechtigung erlischt, wenn der Arzt seinen Berufssitz in eine andere Ortschaft verlegt. Die Berechtigung ist von der Behörde zurückzunehmen, wenn eine öffentliche Apotheke in dem Ort bewilligt wird und die Entfernung zwischen Berufssitz des Arztes und neuer Apotheke vier Straßenkilometer nicht überschreitet.

Die Hausapotheke muss vom Arzt selbst geführt werden. Er darf keine Hilfskräfte zum selbständigen Dispensieren (= Arzneien bereiten und ausgeben) verwenden. Der Arzt darf die für die Hausapotheke benötigten Arzneien nur aus öffentlichen Apotheken im europäischen Wirtschaftsraum (EWR) beziehen.

Im Stadtgebiet von Wien und in den anderen großen Städten können aufgrund dieser Bestimmungen keine ärztlichen Hausapotheken geführt werden. Unabhängig von der Bewilligung einer ärztlichen Hausapotheke darf jeder niedergelassene Arzt an Patienten unentgeltlich

Ärztemuster abgeben. Auch die Leistung Erster Hilfe mit Heilmitteln durch den Arzt bedarf keiner Bewilligung einer Hausapotheke.

c) Anstaltsapotheken

Öffentlichen und gemeinnützigen privaten Krankenanstalten kann der Betrieb von Anstaltsapotheken bewilligt werden.

In Anstaltsapotheken dürfen Arzneimittel nur an die in Pflege der Krankenanstalt befindlichen Personen (Patienten) oder an Personen abgegeben werden, die in der Anstalt wohnhaft sind (z.B. Personal in Dienst- und Werkswohnungen).

An andere Personen dürfen Arzneimittel nur abgegeben werden, wenn bei Gefahr im Verzug die Beschaffung aus einer öffentlichen Apotheke nicht rechtzeitig erfolgen kann, was von einem Arzt zu bestätigen ist. Anstaltsapotheken dürfen Arzneimittel auch an andere gemeinnützige Krankenanstalten für deren Arzneimittelvorrat abgeben.[26]

Anmerkung:

Aus diesen Bestimmungen geht hervor, dass die Abgabe an Personal der Krankenanstalt **außer bei akuten Notfällen** und bei Dienst- oder Werkswohnung **unzulässig** ist. Die selbständige Entnahme von Heilmitteln zum eigenen Gebrauch ist dem Personal der Wiener städtischen Krankenanstalten ausdrücklich untersagt. Ein Zuwiderhandeln wäre gerichtlich strafbar und könnte zur Entlassung des betreffenden Mitarbeiters führen.

2. Betriebsräume öffentlicher Apotheken und Anstaltsapotheken

Die Betriebsanlagen **öffentlicher Apotheken** und **Anstaltsapotheken** bedürfen einer behördlichen Bewilligung.

Diese Apotheken müssen folgende Räume aufweisen:

- Verkaufs- bzw. Abgaberaum (Offizin),
- Laboratorium,
- Materialkammer,
- Arzneikeller,
- Feuerkeller,
- Dienstzimmer,
- WC-Anlage.

26 In einigen Bundesländern können Anstaltsapotheken aufgrund landesgesetzlicher Regelungen in die Nachtdienstregelung und die Sonn- und Feiertagsregelung einbezogen werden und leisten diese Bereitschaftsdienste. Damit werden vor allem in den kleineren Städten die öffentlichen Apotheken von diesen wirtschaftlich nicht sehr ertragreichen Diensten, die pro Apotheke wesentlich häufiger als in Wien geleistet werden müssen, entlastet.

3. Pharmazeutische Gehaltskasse

Die Pharmazeutische Gehaltskasse ist eine **Körperschaft öffentlichen Rechts** und entlohnt die in Apotheken angestellten pharmazeutischen Fachkräfte aufgrund eines Besoldungsschemas. Die Inhaber von Apotheken entrichten für jede von ihnen beschäftigte pharmazeutische Fachkraft einen gleich hohen monatlichen Geldbetrag (Umlage) an die Pharmazeutische Gehaltskasse.

4. Interessenvertretung

Zur Vertretung des Apothekerstandes ist als **Körperschaft öffentlichen Rechts** die **Apothekerkammer** in Wien eingerichtet, die in den einzelnen Bundesländern **Landesgeschäftsstellen** betreibt.

E. Heilvorkommen und Kurorte

Rechtsgrundlage für die Anerkennung von natürlichen Heilvorkommen und Kurorten sowie für den Betrieb von Kuranstalten und Kureinrichtungen ist das **Krankenanstalten- und Kuranstaltengesetz (KAKuG)** als Grundsatzgesetz sowie die in den einzelnen Bundesländern dazu erlassenen Ausführungsgesetze.

1. Begriff des Heilvorkommens

Natürliche Heilvorkommen sind ortsgebundene und natürliche Vorkommen, die aufgrund **besonderer Eigenschaften** und **ohne jede Veränderung ihrer natürlichen Zusammensetzung eine wissenschaftlich anerkannte Heilwirkung** ausüben oder erwarten lassen. Außerdem gehören zu den natürlichen Heilvorkommen natürliche **Faktoren** ortsbedingter Art mit wissenschaftlich anerkannter Heilwirkung.

2. Arten von Heilvorkommen

Zu den natürlichen Heilvorkommen gehören

- Heilquellen,
- Heilpeloide (peloid = Schlamm),
- Heilfaktoren.

a) Heilquellen

Unter **Heilquellen**[27] werden Quellen (z.B. Schwefel, Jod, Radon, Sole) mit einer Austrittstemperatur von mindestens 20 °C verstanden, deren Wasser aufgrund besonderer Eigenschaften und ohne jede Veränderung ihrer natürlichen Zusammensetzung eine wissenschaftlich anerkannte Heilwirkung ausüben oder erwarten lassen.

---

27 Mineralwasser hat eine rein physiologische Wirkung, die durch ernährungswissenschaftliche Gutachten nachgewiesen werden muss.

Beispiele:

Heilquellen in Wien-Oberlaa, Baden, Bad Vöslau, entlang der burgenländischen und steirischen Thermenlinie, Bad Gastein, Bad Schallerbach, Vigaun, Warmbad Villach, Bad Ischl, Längenfeld.

b) Heilpeloide

Unter Heilpeloiden (Heilmoor, -schlamm oder -schlick) werden durch geologische oder geologisch-biologische Vorgänge entstandene Peloide verstanden, die in feinkörnigem Zustand, mit Wasser vermischt und erwärmt, bei Bädern, Packungen oder sonstiger Anwendung aufgrund besonderer Eigenschaften ohne weiteren Zusatz eine wissenschaftlich anerkannte Heilwirkung ausüben oder erwarten lassen.

Beispiele:

Moorbad Harbach, Bad Wimsbach-Neydharting, Bad Tatzmannsdorf etc.

c) Heilfaktoren

Unter **Heilfaktoren** werden natürliche Faktoren ortsbedingter Art, wie Klima, Luft, Lage, Höhe u.Ä., verstanden, die eine wissenschaftlich anerkannte Heilwirkung ausüben oder erwarten lassen.

Beispiele:

Luftkurorte Semmering, Alland, St. Veit im Pongau; Meereskurorte an der Adria, z.B. Grado, Korfu; Totes Meer.

3. Kuranstalten und -einrichtungen

Unter **Kuranstalten** und **Kureinrichtungen** werden Einrichtungen verstanden, die der stationären oder ambulanten Anwendung medizinischer Behandlungsarten dienen, die sich aus dem ortsgebundenen Heilvorkommen oder seinen Produkten ergeben.

Die sanitäre Aufsicht über Kuranstalten und Kureinrichtungen wird von der Bezirksverwaltungsbehörde durch den **Amtsarzt** ausgeübt.

4. Kurorte

Unter **Kurort** wird ein Ort verstanden, in dem behördlich anerkannte

- **Heilvorkommen** ortsgebunden **genutzt** werden und in dem die hiefür erforderlichen
- **Kureinrichtungen** vorhanden sind.

5. Kurbezirk

Wird ein Gebiet als Kurort anerkannt, so ist sein Umfang (Kurbezirk) von der Landesregierung durch Verordnung genau festzusetzen. Der Kurbezirk eines Kurortes muss das gesamte Gebiet umfassen, dessen Einrichtungen der Nutzung eines Heilvorkommens dienen. Die Grenzen des Kurbezirkes müssen dem Verlauf der Gemeindegrenze nicht folgen, dürfen aber über diese nicht hinausgehen.

Beispiele:

Kurzentrum Oberlaa, Kurzentrum Bad Hofgastein.

F. Seniorenwohn- und Pflegeheime

Die Kompetenz zur Erlassung von Rechtsvorschriften über die Errichtung, den Betrieb, die Aufsicht und allenfalls die Finanzierung von **Seniorenwohn- bzw. Pflegeheimen** fällt in die Zuständigkeit der **Länder** (Sozial- bzw. Sozialhilferecht).

Gleiches gilt für die Ausbildung und das Berufsbild der **Altenpflege- und Sozialhelfer (Heimhilfen)**.

Naturgemäß ist die Rechtslage in neun Bundesländern unterschiedlich. Als eigenständige Gesetze finden sich ein **Vorarlberger** Pflegeheimgesetz, ein **Salzburger** Pflegegesetz, ein **Kärntner** Heimgesetz, ein **Steiermärkisches** Pflegeheimgesetz und ein **Burgenländisches** Altenwohn- und Pflegeheimgesetz. Als Verordnungen, die auf der Grundlage der Sozialhilfegesetze erlassen wurden, finden sich die **Oberösterreichische** Alten- und Pflegeheimverordnung und die **Niederösterreichische** Pflegeheimverordnung. Ausschließlich im Sozialhilferecht eingebettet finden sich die Regelungen im **Tiroler** und **Wiener** Sozialhilfegesetz.

Die Vertragsbeziehungen zwischen Heimträgern und Heimbewohnern sind privatrechtlicher Natur. Der Bund hat in das **Konsumentenschutzgesetz** durch das Heimvertragsgesetz Mindeststandards über den **Heimvertrag** eingefügt. Über den Schutz der persönlichen Freiheit während des Aufenthaltes in Heimen und anderen Pflege- und Betreuungseinrichtungen hat der Bund ein **Heimaufenthaltsgesetz** erlassen.

Österreichweit werden ca. 75.000 Menschen in etwa 850 Alten- und Pflegeheimen betreut.

Der Bund ist in Gesetzgebung und Vollziehung zuständig, weil kompetenzrechtlich die Regelungen des Heimvertrags eine zivilrechtliche Angelegenheit sind. Bei der Gestaltung der Zulässigkeit von Freiheitsbeschränkungen war eine grundrechts- und verfassungskonforme Lösung zu finden.

1. Begriff des Pflegeheimes

Alten-, Seniorenwohn- oder Pflegeheime sind Einrichtungen, in denen wenigstens drei Menschen auf Dauer oder auch nur vorübergehend zur **Unterkunft, Betreuung** und **Pflege** aufgenommen werden.

In Seniorenwohnheimen sind die Bewohner in der Regel gesund und orientiert, allenfalls geringfügig pflegebedürftig. In Pflegeheimen haben die Bewohner einen mittleren bis höheren Pflegebedarf.

2. Heimvertrag

Gegenstand des Heimvertrages ist im Wesentlichen die Überlassung von Wohnraum, Verpflegung, sowie das Erbringen von Pflegeleistungen im Fall von Pflegebedürftigkeit. Der Heimträger hat Interessenten am Heimvertrag auf deren Verlangen schriftlich über alle für den Vertragsabschluss, sowie die Unterkunft, die Betreuung und die Pflege im Heim wesentlichen Belange zu informieren.

Der Heimvertrag ist **schriftlich** abzuschließen und hat zumindest zu enthalten:

- **Dauer** des Vertragsverhältnisses;
- Beschreibung der **Unterkunft** (Wohnräume, sowie Gemeinschaftsräume und -einrichtungen), deren **Ausstattung, Wäscheversorgung** und **Reinigung**;
- allgemeine **Verpflegung** des Heimbewohners;
- Leistungen der **Grundbetreuung**, wie etwa Pflege bei kurzen Erkrankungen, Einrichtung eines Bereitschaftsdienstes und die Unterstützung des Bewohners in persönlichen Angelegenheiten;
- Fälligkeit und Höhe des **Entgelts**, sowie eine Aufschlüsselung des Entgelts für Unterkunft, Verpflegung und Grundbetreuung, für besondere Pflegeleistungen und für zusätzliche Leistungen;
- Vorgangsweise des Heimträgers bei **Beendigung** des Vertragsverhältnisses.

Sofern und soweit der Heimträger weitere Leistungen erbringt, vermittelt oder verlangt, hat der Heimvertrag zudem noch Angaben zu enthalten über:

- **besondere Verpflegungs**leistungen, wie etwa Diätkostangebote;
- **besondere Pflege**leistungen, beschrieben nach Art und Ausmaß;
- **medizinische und therapeutische Leistungen**, wie etwa die Anwesenheit und Erreichbarkeit von Ärzten, anderen Therapeuten und Sozialarbeitern, sowie die Ausstattung für die Erbringung solcher Leistungen;
- **sonstige Dienstleistungen**, die von dritten Personen (z.B. Friseurin, Kosmetikerin) erbracht werden;
- **soziale und kulturelle Betreuung** der Heimbewohner, wie etwa Bildungs-, Beschäftigungs- und Kulturveranstaltungen, und
- die allenfalls vom Heimbewohner zu erlegende **Kaution**.

Wenn und soweit der Heimträger solche Leistungen **nicht erbringt, vermittelt oder verlangt**, hat er darauf im Heimvertrag ausdrücklich **hinzuweisen**.

Der Heimvertrag hat analog den Patientenrechten Schutzbestimmungen hinsichtlich der Persönlichkeitsrechte des Heimbewohners zu enthalten:

- Recht auf freie Entfaltung der Persönlichkeit, auf anständige Begegnung, auf Selbstbestimmung sowie auf Achtung der Privat- und Intimsphäre,
- Recht auf Wahrung des Brief-, Post- und Fernmeldegeheimnisses,

- Recht auf politische und religiöse Selbstbestimmung, auf freie Meinungsäußerung, auf Versammlung und auf die Bildung von Vereinigungen, insbesondere zur Durchsetzung der Interessen der Heimbewohner,
- Recht auf Verkehr mit der Außenwelt, auf Besuch durch Angehörige und Bekannte und auf Benützung von Fernsprechern,
- Recht auf Gleichbehandlung ungeachtet des Geschlechts, der Abstammung und Herkunft, der Rasse, der Sprache, der politischen Überzeugung und des religiösen Bekenntnisses,
- Recht auf zeitgemäße medizinische Versorgung, auf freie Arzt- und Therapiewahl und auf eine adäquate Schmerzbehandlung sowie
- Recht auf persönliche Kleidung und auf eigene Einrichtungsgegenstände.

Der Heimbewohner hat das Recht, dem Träger jederzeit eine Vertrauensperson namhaft zu machen. Sofern der Bewohner nichts anderes bestimmt, hat sich der Heimträger in wichtigen zivilrechtlichen Angelegenheiten auch an die Vertrauensperson zu wenden.

3. Freiheitsbeschränkungen in Heimen und ähnlichen Einrichtungen

Das **Heimaufenthaltsgesetz** gilt für **Alten- und Pflegeheime, Behindertenheime** sowie andere **Einrichtungen** (d.s. auch **Krankenanstalten**), in denen psychisch kranke oder geistige behinderte Menschen ständig betreut oder gepflegt werden können.

Nicht anzuwenden ist das Heimaufenthaltsgesetz auf nicht-stationäre Einrichtungen der Behindertenhilfe, auf Heime und andere Einrichtungen zur Pflege und Erziehung Minderjähriger, auf Krankenanstalten oder Abteilungen für Psychiatrie, sowie Anstalten für geistige abnorme Rechtsbrecher.

Eine Freiheitsbeschränkung liegt vor, wenn eine Ortsveränderung einer betreuten oder gepflegten Person (Bewohner) gegen oder ohne ihren Willen mit physischen Mitteln, insbesondere durch **mechanische, elektronische** oder medikamentöse Maßnahmen, oder durch deren **Androhung** unterbunden wird.

Physische Mittel sind unmittelbare körperliche Zugriffe, wie z.B. Hindern am Verlassen des Bettes durch Anbringen von Steckgittern oder Bettseitenteilen; Hindern am Aufstehen von einer Sitzgelegenheit oder aus dem Rollstuhl; Entfernen einer Gehhilfe oder Anbringen eines Fixiergurtes; Hindern am Verlassen von Zimmer oder Aufenthaltsbereich durch Festhalten, Drehknopf-, Trick- oder Codeschlösser; elektronische Überwachung (Induktionsschleife, Skorpione) ist dann eine Freiheitsbeschränkung, wenn bei Alarm eine unmittelbare freiheitsentziehende Folge zu erwarten ist, also der Betreute unmittelbar zurückgeholt wird; Verabreichen von Medikamenten, sodass Bewegungsdrang und Mobilitätsfähigkeit unterbunden sind.

Die Freiheitsbeschränkung darf nur vorgenommen werden, wenn

- der Bewohner **psychisch krank** oder **geistig behindert** ist und im Zusammenhang damit sein Leben oder seine Gesundheit oder das Leben oder die Gesundheit anderer **ernstlich** und **erheblich gefährdet,**
- die Beschränkung zur Abwehr dieser Gefahr **unerlässlich** und **geeignet**, sowie in ihrer Dauer und Intensität im Verhältnis zur Gefahr **angemessen** ist und
- die Gefahr **nicht** durch andere Maßnahmen, insbesondere schonendere Betreuungs- oder Pflegemaßnahmen, **abgewendet** werden kann.

Schonendere Maßnahmen bzw. gelindere Mittel sind z.B. Kurzseitenteil, Sturzmatte, Aufprallmatratze, Hüftschutzhose, Niedrigstpflegebett, Bodenpflege, Alarmmatte.

Eine Freiheitsbeschränkung darf nur unter Einhaltung fachlich zeitgemäßer Standards und unter möglichster Schonung des Heimbewohners vorgenommen werden. Die Würde des Heimbewohners ist unter allen Umständen zu achten und zu wahren. Die Freiheitsbeschränkung ist sofort aufzuheben, wenn deren Voraussetzungen nicht mehr vorliegen.

Die Freiheitsbeschränkung darf nur aufgrund der **Anordnung** einer dazu **befugten Person** vorgenommen werden. Anordnungsbefugt ist:

1. für Freiheitsbeschränkungen durch medikamentöse oder sonstige dem Arzt gesetzlich vorbehaltene Maßnahmen und alle damit in unmittelbarem Zusammenhang erforderlichen Freiheitsbeschränkungen ein **Arzt**;
2. für Freiheitsbeschränkungen durch Maßnahmen im Rahmen der Pflege ein mit der Anordnung derartiger freiheitsbeschränkender Maßnahmen von der Einrichtung betrauter Angehöriger des **gehobenen Dienstes für Gesundheits- und Krankenpflege**;
3. für Freiheitsbeschränkungen durch Maßnahmen im Rahmen der Betreuung in Einrichtungen der Behindertenhilfe die mit der **pädagogischen Leitung** betraute Person und deren Vertreter.

Wird ein Bewohner in seiner Freiheit **länger als 48 Stunden** dauernd oder über diesen Zeitraum hinaus wiederholt beschränkt, hat der Leiter der Einrichtung unverzüglich ein ärztliches Gutachten, ein ärztliches Zeugnis oder sonstige ärztliche Aufzeichnungen darüber einzuholen, dass der Bewohner psychisch krank oder geistig behindert ist und im Zusammenhang damit sein Leben oder seine Gesundheit oder das Leben oder die Gesundheit anderer ernstlich und erheblich gefährdet. Diese ärztlichen Dokumente müssen im Zeitpunkt der Vornahme der Freiheitsbeschränkung aktuell sein.

Die anordnungsbefugte Person hat den Bewohner über den Grund, die Art, den Beginn und die voraussichtliche Dauer der Freiheitsbeschränkung auf geeignete, seinem Zustand entsprechende Weise **aufzuklären**. Der Vertreter und die Vertrauensperson des Bewohners sind von der Freiheitsbeschränkung unverzüglich durch den Leiter der Einrichtung **zu verständigen**.

Der Grund, die Art, der Beginn und die Dauer der Freiheitsbeschränkung sind schriftlich zu **dokumentieren** (Pflegedokumentation). Ärztliche Zeugnisse und der Nachweis über die notwendigen Verständigungen sind anzuschließen.

Eine Freiheitsbeschränkung liegt **nicht** vor, wenn der **einsichts- und urteilsfähige** Bewohner einer Unterbindung der Ortsveränderung, insbesondere im Rahmen eines Vertrages über die ärztliche Behandlung, **zugestimmt** hat. Keine Freiheitsbeschränkung ist, wenn sich die betreute oder gepflegte Person auch ohne die Maßnahmen nicht **willkürlich** körperlich fortbewegen kann.

Beispiele:

Anbringung eines Sitzgurtes, der den drohenden Sturz eines gelähmten Menschen aus dem Rollstuhl verhindern soll; Schutzgitter am Bett, die das Herausfallen durch unwillkürliche Bewegungen z.B. bei spastischen Bewegungen verhindern sollen; Fixierung bei

Operationen zum Schutz von Patienten, wenn diese infolge der Anästhesie noch geistig beeinträchtigt sind.

Für die **gerichtliche Überprüfung** einer Freiheitsbeschränkung ist das Bezirksgericht zuständig, in dessen Sprengel die Einrichtung liegt. Die Überprüfung erfolgt auf Antrag des Bewohners, seiner Vertrauensperson oder seines Vertreters oder des Leiters der Einrichtung.

VI. Sanitätspolizeiliche Vorschriften

Die sanitätspolizeilichen Vorschriften dienen der **Bekämpfung** und **Überwachung** sowie **Vorbeugung übertragbarer Krankheiten**.

A. Epidemien (Seuchen)

Rechtsgrundlage für die Verhütung und Bekämpfung aller übertragbarer Krankheiten, deren Bekämpfung nicht in Sondergesetzen geregelt wird, ist das **Epidemiegesetz**.

Epidemie ist ein **gehäuftes Auftreten** von bestimmten **Infektionskrankheiten** (Seuche) in örtlicher und zeitlicher Begrenzung. Das Epidemiegesetz regelt, welche Krankheiten anzuzeigen sind und welche Maßnahmen die Behörde ergreifen kann.

1. Anzeigepflichtige Krankheiten

- Bei **besonders gefährlichen Krankheiten** ist schon bei **Verdacht des Auftretens** der Erkrankung (die Diagnose wird vermutet, steht aber noch gar nicht endgültig fest) eine Anzeige beim Gesundheitsamt zu erstatten.

  Derzeit ist bereits der Verdacht des Auftretens von Aussatz (Lepra), Cholera, Fleckfieber, Gelbfieber, Wochenbettfieber, übertragbarer Kinderlähmung, bakterieller Lebensmittelvergiftung, Paratyphus, Pest, Pocken (Blattern), übertragbarer Ruhr, Wutkrankheit, Typhus, infektiöser Hepatitis, SARS = severe & acute respiratory syndrome etc. anzeigepflichtig.
- Bei allen anderen Krankheiten ist erst **das Auftreten** der Erkrankung (die Diagnose steht schon endgültig fest) anzeigepflichtig.

  Dazu zählen insbesondere Diphtherie, übertragbare Gehirnentzündung, Keuchhusten, Malaria, Scharlach etc.

Durch Verordnung können **weitere Krankheiten** im **Bedarfsfall** jederzeit einer Anzeigepflicht unterworfen werden.

Anmerkung:
Die Anzeigepflicht bezüglich der vom Epidemiegesetz nicht erfassten Krankheiten wie z.B. Tuberkulose, Geschlechtskrankheiten und AIDS ist in Sondergesetzen geregelt.

Die Anzeige von Erkrankungen und Sterbefällen von anzeigepflichtigen Krankheiten bzw. der Verdacht ist **innerhalb von 24 Stunden** beim **Gesundheitsamt** zu erstatten. Zur Anzeige verpflichtet sind der zugezogene Arzt, der Leiter der Krankenanstalt, die zugezogene Hebamme, das Pflegepersonal, sonstige Anstaltsleiter, Leiter von Schulen und Kindergärten, Wohnungsinhaber, Inhaber von Gaststätten und Hotels, Hausbesitzer, Tierärzte, Laborärzte und Totenbeschauer.

2. Veranlassungen der Behörde

a) Erhebungen

Über jede Anzeige und über jeden Verdacht einer anzeigepflichtigen Krankheit haben die zuständigen Behörden, die sich dazu der ihnen beigestellten Ärzte bedienen, die notwendigen Erhebungen und Untersuchungen einzuleiten. Betroffene Personen sind verpflichtet, den Behörden die erforderlichen Auskünfte zu erteilen und sich ärztlich untersuchen zu lassen.

b) Maßnahmen

Die Behörde ist aufgrund des Epidemiegesetzes zu folgenden Maßnahmen berechtigt bzw. verpflichtet, wobei je nach der Lage des Falles nur einzelne oder auch mehrere Maßnahmen gleichzeitig getroffen werden können:

- **Absonderung** Kranker: Kranke können in der Wohnung oder in Krankenanstalten oder anderen geeigneten Räumen abgesondert werden **(Quarantäne)** oder zumindest in ihrer persönlichen Freiheit (Gebot, sich zu Hause aufzuhalten; Reiseverbot) beschränkt werden;
- **Desinfektion** (Gegenstände und Räume, die möglicherweise mit Krankheitskeimen behaftet sind, können behördlich desinfiziert werden. Ist dies nicht möglich oder zweckmäßig, können die Gegenstände vernichtet werden);
- **Ausschluss von Lehrveranstaltungen** (von Krankheiten betroffene Personen können vom Besuch von Schulen, Kindergärten und ähnlichen Anstalten ausgeschlossen werden);
- **Beschränkung der Wasserbenützung** (die Benützung von Bädern, Badeanstalten, öffentlichen WC-Anlagen, Brunnen, Wasserleitungen etc. kann beschränkt oder untersagt werden);
- **Beschränkung des Lebensmittelverkehrs** (die Abgabe von Lebensmitteln aus bestimmten Verkaufsstätten, Häusern oder Ortsgebieten kann untersagt werden);
- **Abschließung von Wohnungen** (vor Durchführung der Desinfektion dürfen bestimmte ansteckungsverdächtige Räume von Unbefugten nicht betreten werden);
- **Verbot von Totenfeierlichkeiten** (Leichenmahle und sonstige Totenfeierlichkeiten in bestimmten ansteckungsverdächtigen Räumen sind verboten),
- **Maßnahmen in Bezug auf Leichen** (bei bestimmten Krankheiten sind Leichen allenfalls auch zwangsweise in eine Leichenkammer zu überführen);
- **Vertilgung von Tieren**;
- **Verbot von Massenveranstaltungen** (Märkte, Festlichkeiten etc.).

Weitere Maßnahmen betreffen insbesondere die **Überwachung** bestimmter Personen, die Schließung von Schulen und Gewerbebetrieben, die Räumung und Kennzeichnung von Häusern und Wohnungen sowie die Verfügung von Verkehrsbeschränkungen.

Dem Sanitätspersonal (Ärzte, Krankenpflegepersonal, Hebammen etc.) ist die Beachtung besonderer Vorsicht anzuordnen; für solche Personen können Berufsbeschränkungen sowie Schutzmaßnahmen (z.B. **Schutzimpfungen**) angeordnet werden.

Für Gegenstände, die bei der Desinfektion beschädigt oder die vernichtet wurden, ist seitens der Republik Österreich eine angemessene Entschädigung an den Besitzer auszubezahlen. Erleiden Personen oder Betriebe aufgrund behördlicher Maßnahmen Vermögensnachteile (Verdienstentgang), ist ebenfalls eine Vergütung vorgesehen.

B. Tuberkulose

Rechtsgrundlage für die Bekämpfung der Tuberkulose ist das **Tuberkulosegesetz**.

1. Anzeigepflicht

Erkrankungen an Tuberkulose und Todesfälle aufgrund von Tuberkulose sind der Bezirksverwaltungsbehörde **innerhalb von drei Tagen** nach Diagnose zu melden. Zur Meldung verpflichtet sind behandelnde Ärzte, der Totenbeschauer, der Prosektor, ärztliche Leiter von Krankenanstalten und Pflegeheimen sowie Militär- und Tierärzte, ferner Laborärzte.

2. Veranlassung der Behörde

a) Erhebungen

Die Bezirksverwaltungsbehörde hat im Falle des Auftretens der Tuberkulose die erforderlichen Erhebungen und Untersuchungen einzuleiten. Den Organen der Behörde ist der Zutritt zu den Kranken oder zur Leiche sowie die Vornahme von Untersuchungen zu gestatten. Die Behörde kann die Leichenöffnung (Obduktion) anordnen, wenn Krankheitsverdacht besteht.

Zur Meldung verpflichtete Personen sowie Kranke haben alle erforderlichen Auskünfte zu erteilen. Die betroffenen Personen sind verpflichtet, sich den erforderlichen zumutbaren ärztlichen Untersuchungen zu unterziehen.

b) Aufklärung

Die Bezirksverwaltungsbehörde hat den Tuberkulosekranken über die Gefahren seiner Krankheit aufzuklären und ihn über das erforderliche Verhalten und die notwendige Behandlung zu belehren.

c) Überwachung

Die Bezirksverwaltungsbehörde hat die Überwachung von Kranken und Krankheitsverdächtigen zu verfügen. Diese Personen sind dann verpflichtet, sich angeordneten Kontrolluntersuchungen zu unterziehen und sich gemäß den behördlichen Anweisungen hygienisch einwandfrei zu verhalten. Entzieht sich ein Patient der Behandlung oder Überwachung, hat der behandelnde Arzt dies der Bezirksverwaltungsbehörde zu melden.

d) Maßnahmen

Uneinsichtige Tuberkulosekranke, die trotz Belehrung gegen ihre Pflichten nach dem Tuberkulosegesetz (insbesondere **Behandlungspflicht**) verstoßen, können bei Gefahr für die Gesundheit anderer Menschen **zwangsweise in einer Krankenanstalt angehalten** werden. Diese Maßnahme ist von der Bezirksverwaltungsbehörde beim **Bezirksgericht** zu beantragen.

Die **Paketpost** tuberkuloseerkrankter Alkoholiker, die zwangsweise angehalten werden, kann **geöffnet** und darin befindliche **alkoholische Getränke** können **beschlagnahmt** werden. Auch über diese Maßnahme entscheidet das Bezirksgericht.

Die Anhaltung eines Erkrankten darf für mindestens sechs, höchstens jedoch zwölf Monate verfügt werden. Kann angenommen werden, dass der Angehaltene der Behandlungspflicht nun doch nachkommen und das ihm auferlegte Verhalten befolgen wird, ist die Anhaltung vorzeitig zu beenden und das Gericht zu verständigen. Die vorzeitige Beendigung der Anhaltung kann auch auf Antrag des Betroffenen vom Gericht beschlossen werden.

3. Behandlungskosten

Sofern nicht die gesetzliche oder private Krankenversicherung für die Behandlung aufkommt, trägt der Bund die **Behandlungskosten** im Zusammenhang mit einer Erkrankung an Tuberkulose, solange beim Kranken zumindest ein sicheres Aktivitätszeichen vorliegt, sowie darüber hinaus zur Vermeidung von Rückfällen oder zur Rehabilitation.

C. Geschlechtskrankheiten

Rechtsgrundlage für die Verhütung und Bekämpfung übertragbarer Geschlechtskrankheiten (Tripper (Gonorrhoe), Syphilis (Lues), weicher Schanker, venerische Lymphknotenentzündung) ist das **Geschlechtskrankheitengesetz**.

1. Pflichten des Arztes zur Aufklärung, Beratung, Behandlung und Anzeige

Jeder Arzt, der in Ausübung seines Berufes von einer Geschlechtskrankheit Kenntnis erhält, ist zu einer eingehenden **persönlichen Aufklärung und Beratung** insbesondere über **Infektionsmöglichkeiten** verpflichtet. Er hat den Patienten über Verhaltensregeln zur Vermeidung einer solchen Infektion und über seine **Behandlungspflicht** zu belehren. Lässt sich der Kranke behandeln und teilt er dem Arzt die Namen seiner Geschlechtspartner mit, damit diese ebenfalls behandelt werden können, so erfolgt niemals eine Anzeige, sondern unterliegt die Erkrankung der ärztlichen Verschwiegenheitspflicht.

Der **Arzt** ist grundsätzlich zur **Anzeige** an das **Gesundheitsamt** nur dann verpflichtet, wenn eine **Weiterverbreitung zu befürchten** ist oder sich der Kranke der ärztlichen **Behandlung (Beobachtung)** entzieht.

2. Veranlassungen der Behörde

a) Untersuchung

Der Amtsarzt fordert aufgrund einer Anzeige Kranke oder krankheitsverdächtige Personen zur Vorlage eines ärztlichen Zeugnisses oder zu einer ärztlichen Untersuchung bei einem Dermatologen auf, lädt den Kranken persönlich vor und entscheidet nach vorgenommener Untersuchung, ob der Kranke in Behandlung eines niedergelassenen Arztes verbleiben kann oder in einer Krankenanstalt ambulant oder stationär zu behandeln ist.

b) Überwachung

Nach Abschluss der Behandlung kann die Überwachung des Patienten von der Behörde angeordnet werden. Diese Überwachung kann durch einen niedergelassenen Arzt, durch eine Krankenanstalt oder eine Beratungsstelle erfolgen.

c) Maßnahmen

Jeder Geschlechtskranke ist **verpflichtet**, sich während der Dauer der Übertragbarkeit der Krankheit ärztlich **behandeln** zu lassen. Wird ein Geschlechtskranker vom **Amtsarzt in eine Krankenanstalt eingewiesen**, dürfen öffentliche Krankenanstalten die Aufnahme grundsätzlich nicht verweigern. Der Kranke ist verpflichtet, während der Dauer der Behandlung im Krankenhaus zu verbleiben, es sei denn, dass der Anstaltsleiter eine ambulante Behandlung zulässt, wovon der Amtsarzt zu informieren ist.

3. Überwachung von Prostituierten

Die Regelung der Überwachung von Prostituierten fällt in Gesetzgebung und Vollziehung in die Zuständigkeit der Länder. Prostitution ist nicht in allen Bundesländern erlaubt.

In allen Bundesländern, in denen Prostitution erlaubt ist, haben Personen, die gewerbsmäßig sexuelle Handlungen am eigenen Körper dulden oder solche Handlungen an anderen vornehmen, sich **vor Aufnahme dieser Tätigkeit** sowie in weiterer Folge **in regelmäßigen Abständen von sechs Wochen amtsärztlich untersuchen** zu lassen. Die genannten Personen erhalten, wenn sie frei von Geschlechtskrankheiten sind, einen Lichtbildausweis, in dem die Untersuchungen zu bestätigen sind. Im Falle der Erkrankung an einer Geschlechtskrankheit ist der Ausweis bis nach erfolgter Heilung einzuziehen. Der Ausweis ist bei Ausübung der Tätigkeit mitzuführen und behördlichen Organen auf Verlangen vorzuweisen. Werden die regelmäßigen Untersuchungen nicht eingehalten, ist der Ausweis abzunehmen.

D. AIDS

Rechtsgrundlage für Maßnahmen gegen die Verbreitung des erworbenen Immundefektsyndroms bildet das **AIDS-Gesetz**.

Ein erworbenes Immundefektsyndrom (AIDS/Acquired Immuno Deficiency Syndrome) liegt vor, wenn nach dem jeweiligen Stand der Wissenschaft

- ein entsprechender **Nachweis für eine Infektion** mit einem Human Immunodeficiency Virus (HIV) und
- zumindest eine **Indikatorerkrankung** vorliegen.

Nähere Bestimmungen über Infektionsnachweis und Definition von Indikatorerkrankungen können vom Bundesminister für Gesundheit durch Verordnung erlassen werden.

1. Anzeigepflicht

Innerhalb einer Woche nach Feststehen der Diagnose sind manifeste Erkrankungen an AIDS sowie Todesfälle von an AIDS erkrankten Personen schriftlich an das Bundesministerium für Gesundheit zu melden. Die Meldepflicht trifft jeden freiberuflich tätigen Arzt, den ärztlichen Leiter der Krankenanstalt, den Totenbeschauer oder den Prosektor.

> **Anmerkung:**
> Die bloße Infektion (HIV-Positivität) ohne Indikatorerkrankung ist nicht meldepflichtig.

Die Meldung an das Bundesministerium hat lediglich die Initialen (Anfangsbuchstaben der Vor- und des Familiennamens), das Geburtsdatum, das Geschlecht sowie die relevanten anamnestischen und klinischen Angaben zu enthalten. Für die Meldung können durch Verordnung besondere Vordrucke vorgesehen werden.

> **Anmerkung:**
> Selbstverständlich unterliegen die Patientendaten von infizierten Personen und an AIDS Erkrankten, abgesehen von der oben angeführten Meldepflicht, der Verschwiegenheitspflicht. Eine Durchbrechung der Verschwiegenheitspflicht wird vom Bundesministerium für Gesundheit dann anerkannt, wenn der behandelnde Arzt befürchten muss, dass ein uneinsichtiger Patient durch sein Verhalten eine Infektion seines Geschlechtspartners herbeiführen könnte. In diesem Fall darf der Arzt diesen Geschlechtspartner von der Diagnose informieren.

2. Verbot gewerbsmäßiger sexueller Handlungen

Personen, bei denen eine HIV-Infektion nachgewiesen wurde oder das Untersuchungsergebnis nicht eindeutig negativ ist, ist es verboten, der Prostitution nachzugehen, dh gewerbsmäßig sexuelle Handlungen am eigenen Körper zu dulden oder an anderen vorzunehmen.

Personen, die der Prostitution nachgehen, haben sich zusätzlich zur alle sechs Wochen erforderlichen amtsärztlichen Untersuchung vor Aufnahme ihrer Tätigkeit sowie in Abständen von mindestens drei Monaten einer amtsärztlichen Untersuchung auf das Vorliegen einer HIV-Infektion zu unterziehen. Liegt eine HIV-Infektion vor, ist das Untersuchungsergebnis nicht eindeutig negativ oder verweigert die Person eine Untersuchung, ist der Lichtbildausweis von der Bezirksverwaltungsbehörde einzuziehen.

> **Anmerkung:**
> Das AIDS-Gesetz verbietet infizierten Personen zwar nur gewerbsmäßige sexuelle Handlungen, doch ist darauf hinzuweisen, dass jede Handlung (Unterlassung), mit der schuldhaft eine Übertragung des Virus verursacht wird, aufgrund des Strafgesetzbuches zu verfolgen ist.

3. Aufklärung

Wird anlässlich einer Untersuchung eine HIV-Infektion nachgewiesen, so ist der Arzt verpflichtet, dies der betreffenden Person im Rahmen einer eingehenden **persönlichen Aufklärung und Beratung** mitzuteilen.

Jeder Arzt, der einer Person mitteilt, dass sie mit einem HIV infiziert ist, hat sie über die **Infektionsmöglichkeiten** sowie über die **Verhaltensregeln** zur Vermeidung einer solchen Infektion zu belehren.

Jeder Amtsarzt ist gegenüber Personen, die der Prostitution nachgehen, verpflichtet, diese anlässlich der Untersuchungen über die **Infektionsmöglichkeiten** sowie über die **Verhaltensregeln zur Infektionsvermeidung** zu belehren.

Die nach dem Suchtmittelgesetz anerkannten Einrichtungen und Beratungsstellen haben die von ihnen beratenen und betreuten Personen über bestehende Beratungs- und Betreuungseinrichtungen im Hinblick auf AIDS zu informieren.

4. Arzneimittel aus menschlichem Blut

Arzneimittel, die menschliches Blut enthalten, dürfen nur dann hergestellt, in Verkehr gesetzt oder weiterverarbeitet werden, wenn die Identität des Blutspenders bekannt ist und bei diesem eine HIV-Infektion ausgeschlossen werden kann.

E. Impfungen

1. Allgemeines

Bei den Impfungen ist zwischen

- **Pflichtimpfungen**, das sind solche, zu denen jedermann verpflichtet ist, und
- **empfohlenen Impfungen**, das sind solche, zu denen zwar nicht jedermann verpflichtet ist, deren Verabreichung aber vom Gesundheitsminister aufgrund eines Vorschlags des Obersten Sanitätsrates (gemäß Impfkonzept und mit **Impfplan**) empfohlen wird, sowie
- **freiwilligen Impfungen**, die ohne Verpflichtung oder Empfehlung verabreicht werden, zu unterscheiden.

In Österreich besteht **derzeit keine gesetzliche Impfpflicht**. Die letzte bestehende Impfpflicht gegen Pocken (Blattern) wurde 1979 ausgesetzt und 1980 gänzlich aufgehoben. Es kann jedoch aufgrund behördlicher Anordnung nach dem Epidemiegesetz zu einer Impfpflicht kommen. Für Schäden, die aufgrund einer früheren oder heutigen **Impfpflicht**, aber auch einer **Impfempfehlung** verursacht wurden, wird aufgrund des **Impfschadengesetzes** vom Bund Ersatz geleistet.

Empfohlene Impfungen
Eine Verordnung des Bundesministers für Gesundheit aus 2018 empfiehlt Impfungen gegen:
• Diphtherie, Tetanus (Wundstarrkrampf) und Pertussis (Keuchhusten); • Pneumokokken • Poliomyelitis (Kinderlähmung); • Masern, Mumps und Röteln; • Frühsommermeningoencephalitis (FSME – „Zeckenkrankheit“); • Haemophilus influenzae b; • Hepatitis A bei Kleinkindern • Hepatitis B; • Influenza (Virusgrippe); • Meningokokken; • Rotavirus-Infektionen; • Humane Papilomviren (HPV); • Varizellen (Windpocken, Feuchtblattern);. • Herpes Zoster

2. Impfschadengesetz

Das Impfschadengesetz sieht vor, dass für Schäden, die durch eine Impfung hervorgerufen wurden, vom Bund Ersatz zu leisten ist, wenn die Impfung aufgrund einer Impfpflicht oder aufgrund einer vom zuständigen Bundesminister mit Verordnung empfohlenen Impfung erfolgte.[28]

Über diese Ersatzansprüche entscheiden die Landesstellen des Sozialministeriumservice (früher Bundessozialämter) in erster Instanz. Gegen die Entscheidung kann Berufung an das Bundesverwaltungsgericht erhoben werden.

Der Anspruch ist binnen 3 Jahren ab Kenntnis des Schadens geltend zu machen, erlischt jedoch jedenfalls 30 Jahre nach Vornahme der verursachenden Impfung.

F. Leichen- und Bestattungswesen

Das Leichen- und Bestattungswesen fällt in Gesetzgebung und Vollziehung in die Zuständigkeit der Länder.

28 Neben der verschuldensunabhängigen Haftung des Bundes für Impfschäden nach dem Impfschadengesetz bleibt die Haftung eines allenfalls an einem Impfschaden (egal ob freiwillige, empfohlene oder Pflichtimpfung) Schuldigen, etwa des Herstellers des Impfstoffes, Arzt oder Apotheker etc., dem Geschädigten gegenüber voll aufrecht.

1. Totenbeschau

Alle Leichen sind der **Totenbeschau** zu unterziehen.

Zweck der Totenbeschau ist

- die Feststellung des eingetretenen Todes und des Todeszeitpunktes,
- die rechtzeitige Veranlassung von Maßnahmen zur Abwehr ansteckender oder epidemischer Krankheiten,
- die Feststellung der Art und Ursache des Todes, ferner
- bei ungeklärter Todesart oder Todesursache, die Feststellung, ob Umstände vorliegen, die eine Obduktion erforderlich machen (z.B. bei augenscheinlichem Fremdverschulden).

Die Totenbeschau wird entweder vom **Sprengelarzt** oder von eigenen per Dekret der Bezirksverwaltungsbehörde bestellten **Totenbeschauärzten** vorgenommen. In Krankenanstalten der Gebietskörperschaften gelten der **Prosektor** und sein Stellvertreter als Totenbeschauärzte für die in der Anstalt verstorbenen Patienten.

Die Totenbeschau erfolgt unentgeltlich.

Bis zum Eintreffen des Totenbeschauarztes ist der Tote in unveränderter Lage zu belassen. Ausgenommen hievon sind Fälle, in denen Wiederbelebungsversuche erforderlich sind, oder bei Befreiung des Toten aus einer Zwangslage oder zur Freimachung einer Verkehrsfläche.

Nach Abschluss der Totenbeschau hat der Totenbeschauarzt die **Todesbescheinigung** auszustellen.

Leichen sind grundsätzlich noch am Tag der Totenbeschau aus den Wohnstätten zu entfernen.

2. Anzeigepflicht

Jeder Todesfall, sofern er nicht in einer Krankenanstalt einer Gebietskörperschaft eintritt, ist bei der Bezirksverwaltungsbehörde **unverzüglich anzuzeigen**. Zur Erstattung der Anzeige sind die Familienangehörigen, die Wohnungsgenossen, die Pflegepersonen, die Inhaber eines Beherbergungsbetriebes, der Leiter einer Krankenanstalt oder sonstigen Anstalt, der beigezogene Arzt oder die beigezogene Hebamme sowie **jedermann**, der den Todesfall bemerkt, die Leiche auffindet oder von dem Todesfall Kenntnis erlangt, **verpflichtet**.

Die Anzeige kann auch im Wege des **Bestattungsunternehmens** erstattet werden, wenn dieses die Weiterleitung an die Bezirksverwaltungsbehörde zusagt. Die Anzeige kann **mündlich** oder **telefonisch** erfolgen. Bei Todesfällen und Leichenfunden an öffentlichen Orten sowie bei Todesfällen in Verkehrsmitteln genügt es, wenn derjenige, der hievon als Erster Kenntnis erlangt, den Todesfall dem nächsten Organ der Sicherheitsbehörden (**Bundespolizei**) meldet.

3. Obduktion (Leichenöffnung)

In folgenden Fällen ist eine Leichenöffnung zwingend vorgesehen:

- aufgrund gerichtlicher Anordnung (Verdacht von Fremdverschulden);
- aufgrund sanitätspolizeilicher Anordnung (z.B. bei Seuchenverdacht).

Stirbt jemand in einer öffentlichen Krankenanstalt, so ist außer in den beiden Fällen der Pflichtobduktion aufgrund sanitätspolizeilicher oder gerichtlicher Anordnung auch

- zur Wahrung anderer öffentlicher oder wissenschaftlicher Interessen, insbesondere wegen diagnostischer Unklarheit oder eines vorgenommenen operativen Eingriffes, zu obduzieren (**Obduktionsprivileg** der öffentlichen Krankenanstalten).

Liegt weder eine Pflichtobduktion noch eine Obduktion zur Wahrung anderer öffentlicher oder wissenschaftlicher Interessen vor und hat der Verstorbene nicht schon bei Lebzeiten einer Obduktion zugestimmt, so darf eine Obduktion nur mit Zustimmung der nächsten Angehörigen vorgenommen werden.

4. Bestattung

Nach der Totenbeschau oder der Freigabe durch den Obduzenten ist jede Leiche in einer dafür vorgesehenen Bestattungsanlage zu bestatten. Der Verstorbene kann die Bestattungsart (Erdbestattung, Feuerbestattung) und den Bestattungsort zu Lebzeiten selbst wählen. Trifft er keine Verfügung, entscheidet derjenige, der die Bestattung veranlasst.

Bestattungsanlagen sind:

- **Friedhöfe** (für Erdbestattung von Leichen in Särgen und Urnen mit Leichenasche),
- **Urnenhaine** (nur für Urnen mit Leichenasche),
- **Privatbegräbnisstätten** (für Leichen oder Leichenasche von Angehörigen bestimmter Personenkreise, Familien- oder Ordensgemeinschaften).

Nach dem Wiener Leichen- und Bestattungsgesetz darf eine Privatbegräbnisstätte zur Bestattung von Leichen nur als gemauerte Grabstelle (Gruft) errichtet werden. Der Magistrat kann überdies ausnahmsweise auf Antrag die Aufbewahrung einer Urne außerhalb einer Bestattungsanlage oder einer Privatbegräbnisstätte bewilligen, wobei die schriftliche Zustimmung der Liegenschaftseigentümer bzw. Wohnungseigentümer vorliegen muss.

Anmerkung:

Die bekannteste Privatbegräbnisstätte Österreichs ist die Kaisergruft unter der Kapuzinerkirche in Wien. Auch in vielen Stiftskirchen sind die Ordensangehörigen unter dem Kirchenboden begraben. In der Wiener Stephanskirche befindet sich der Sarkophag von Kaiser Friedrich III., im Innsbrucker Dom das pompöse Grab seines Sohnes Kaiser Maximilian I.; in den Nischen vieler Kirchen haben bekannte Künstler ein Ehrengrab, so liegt z.B. Anton Bruckner in einem Grab unter der Orgel von St. Florian in Oberösterreich. Die berühmtesten Privatbegräbnisstätten der Welt sind die Pyramiden in Ägypten und der Taj Mahal in Indien.

Ist nach Ablauf von fünf Tagen ab Ausstellung der Todesbescheinigung oder der Freigabe der Leiche durch den Obduzenten die Bestattung **von niemandem veranlasst** worden, hat die Gemeinde die Bestattung zu veranlassen. Die Kosten sind von der öffentlichen Hand nur zu tragen, wenn niemand anders zur Bezahlung verpflichtet ist oder die Kosten in der Verlassenschaft keine Deckung finden („Armenleiche").

5. Leichentransport

Leichen dürfen nur in widerstandsfähigen und dicht schließenden **Särgen** mit flüssigkeitsdichten Einlagen, **Leichenasche** nur in geeigneten **Behältern** befördert werden.

Fahrzeuge zum Leichentransport dürfen **nur für diesen Zweck** verwendet werden.

6. Exhumierung (Enterdigung)

Die **Enterdigung** von Leichen (mit Ausnahme von Leichenasche) bedarf – außer in den Fällen strafgerichtlicher Anordnung zu Obduktionszwecken – grundsätzlich der Bewilligung (z.B. in Wien Magistrat der Stadt Wien).

7. Grabstellenrecht

Das Recht an einer Grabstelle **(Grabstellenrecht)** ist ein **privatrechtliches Benützungsrecht** eigener Art. Es wird durch **Vertrag** begründet und ist **vererblich**.

Anmerkung:
In vielen Landgemeinden besteht (wie früher auch in Wien) dieses Grabstellenrecht auf Friedhofsdauer. In Wien wird heute das Grabstellenrecht bei einem Erstbelag nur mehr für 30 Jahre erteilt und ist nach Ablauf und bei jedem Neubelag für maximal 10 Jahre zu verlängern. Wird nicht verlängert, so erlischt das Grabstellenrecht.

VII. Sonstige für das Sanitätswesen bedeutende Rechtsvorschriften

A. Arzneimittel und Medizinprodukte

Rechtsgrundlage sind vor allem das **Arzneimittelgesetz** sowie die auf der Grundlage des Arzneimittelgesetzes erlassenen Verordnungen und das **Medizinproduktegesetz**.

1. Begriffsbestimmungen

a) Arzneimittel

Arzneimittel sind insbesondere Stoffe oder Zubereitungen aus Stoffen, die dazu dienen, bei Anwendung am oder im menschlichen (oder tierischen) Körper

- Krankheiten, Leiden, Körperschäden oder krankhafte Beschwerden zu heilen, zu lindern, zu verhüten oder zu erkennen (**Heilmittel** im weiteren Sinn),
- die Beschaffenheit, den Zustand oder die Funktionen des Körpers oder seelische Zustände erkennen zu lassen (z.B. **Kontrastmittel**),
- vom menschlichen (oder tierischen) Körper erzeugte Wirkstoffe oder Körperflüssigkeiten zu ersetzen (**Substitutionsmittel**, z.B. Insulin),

- Krankheitserreger, Parasiten oder körperfremde Stoffe abzuwehren, zu beseitigen oder unschädlich zu machen (z.B. **Impfstoffe**),
- oder die Beschaffenheit, den Zustand oder die Funktionen des Körpers oder seelische Zustände zu beeinflussen (z.B. **Psychopharmaka**, Schlafmittel, Aufputschmittel, Anabolika).

Arzneimittel sind also Stoffe, die bei Ausübung der ärztlichen Tätigkeit, insbesondere zur **Diagnose, Therapie** und **Vorbeugung**, benötigt werden.

Keine Arzneimittel sind z.B. Lebensmittel, Verzehrprodukte, kosmetische Mittel, Tabakerzeugnisse, Futtermittel und natürliche Heilvorkommen.

b) Medizinprodukte

Medizinprodukte sind Instrumente, Apparate, Vorrichtungen, Stoffe (ausgenommen Arzneimittel) oder andere Gegenstände einschließlich der dazugehörigen Computer-Software, die zur Erkennung, Verhütung, Überwachung, Behandlung oder Linderung von Krankheiten, Verletzungen, Behinderungen oder zur Empfängnisregelung beim Menschen bestimmt sind.

c) Arzneispezialitäten

Arzneispezialitäten sind alle **Medikamente mit einem Namen**.

Es handelt sich um Arzneimittel, die immer in **gleicher Zusammensetzung** hergestellt und unter der **gleichen Bezeichnung** in einer zur Abgabe an den Verbraucher oder Anwender bestimmten Form in Verkehr gebracht werden.

Arzneispezialitäten sind die heute am weitaus häufigsten zur Anwendung gelangenden Arzneimittel und werden in der Regel von der **Pharmazeutischen Industrie** hergestellt. Werden sie in einer **Apotheke** ganz oder überwiegend **hergestellt** und nur in dieser Apotheke abgegeben, so spricht man von **apothekeneigenen Arzneispezialitäten**.

2. Inverkehrbringen von Arzneispezialitäten und Medizinprodukten

a) Zulassungsverfahren

Arzneispezialitäten und Medizinprodukte dürfen im Inland grundsätzlich erst abgegeben werden, wenn sie vom **Bundesamt für Sicherheit im Gesundheitswesen** zugelassen wurden. Hiezu ist die Beibringung von **Zulassungsunterlagen** (z.B. Angaben über das Arzneimittel, die Art der Anwendung, die Dosierung, Anwendungsgebiete sowie Gegenanzeigen, Nebenwirkungen und der Nachweis über die klinische Prüfung) erforderlich.

Das Bundesamt für Sicherheit im Gesundheitswesen hat spätestens **sieben Monate** nach Einlangen des Antrages auf Zulassung bzw. der Anmeldung zur Registrierung einer Arzneispezialität einen Bescheid zu erlassen.

In der Europäischen Union (EU) stehen für Arzneispezialitäten drei Zulassungsverfahren zur Wahl:

- das zentralisierte gemeinschaftliche Verfahren,
- das dezentralisierte Verfahren,
- das nationale Zulassungsverfahren.

Beim **zentralisierten Verfahren** stellt der Antragsteller, beispielsweise ein pharmazeutisches Unternehmen, einen einzigen Antrag bei der **Europäischen Arzneimittelagentur (EMA)** in London.[29] Es gibt nur ein einziges, von der Agentur zentral koordiniertes Evaluierungs- bzw. Genehmigungsverfahren. Wird im Zuge des Verfahrens die Zulassung erteilt, erfolgen die Aufnahme des Arzneimittels in das Europäische Arzneimittelregister und eine Mitteilung im *Amtsblatt der Europäischen Gemeinschaften*. Eine **zentrale Zulassung** ist in der **gesamten EU** gültig.

Das **dezentralisierte Verfahren** bietet dem Antragsteller die Möglichkeit, die Zulassung eines Arzneimittels in mehreren, von ihm bestimmten EU-Mitgliedstaaten anzustreben. Die **Zulassung** muss zunächst **nur in einem EU-Mitgliedstaat** erfolgen und kann, nach Erteilung der einzelstaatlichen Marktzulassung, in einer zweiten Phase auf **weitere EU-Mitgliedstaaten ausgedehnt** werden. Das Erstzulassungsland und die EMA müssen von diesem Vorgang informiert werden.

Das **nationale Zulassungsverfahren** betrifft Arzneimittel, die lediglich national (inländisch) vermarktet werden sollen. Nur sehr wenige Arzneimittel sind nach dem nationalen Verfahren zugelassen worden, seit das Inverkehrbringen in mehr als einem EU-Mitgliedstaat verpflichtend ein dezentrales Verfahren vorschreibt (seit 1.1.1998). **Neuartige Arzneimittel** mit innovativen Merkmalen unterliegen immer dem **zentralisierten Zulassungsverfahren**.

Arzneispezialitäten unter Verwendung von **menschlichem Blut** oder Blutplasma oder bestimmte **immunologische** Arzneispezialitäten unterliegen darüber hinaus dem Erfordernis der **Chargenfreigabe** durch ein vom Bundesamt für Sicherheit im Gesundheitswesen festgelegtes Prüfinstitut (Charge ist eine im Zuge eines einheitlichen Vorganges hergestellte Menge eines Arzneimittels).

Das Bundesamt für Sicherheit im Gesundheitswesen ist berechtigt, eine bereits erteilte Zulassung bei Wegfall der Zulassungsvoraussetzungen oder nachträglich eintretenden Umständen, die den Schutz der Gesundheit nicht gewährleistet erscheinen lassen, aufzuheben.

Arzneispezialitäten sind unter ihrer Zulassungsnummer in das **Arzneispezialitätenregister**, das vom Bundesamt für Sicherheit im Gesundheitswesen geführt wird, einzutragen.

b) Klinische Prüfungen von Arzneimitteln und Medizinprodukten

Eine der Zulassungsvoraussetzungen für Arzneispezialitäten und Medizinprodukte ist die Durchführung einer **Klinischen Prüfung**. Darunter versteht man die durch den Arzt oder Zahnarzt **am Menschen** durchgeführte systematische Untersuchung eines Arzneimittels oder eines Medizinproduktes zur Sicherstellung der Wirksamkeit oder Unbedenklichkeit. Solche Klinischen Prüfungen von Arzneimitteln und Medizinprodukten am Menschen sind dem Bundesamt für Sicherheit im Gesundheitswesen zu melden.

Für Personen, an denen Arzneimittelprüfungen vorgenommen werden sollen, ist zu ihrem Schutz eine **Versicherung** abzuschließen. Diese Versuchspersonen müssen vor Anwendung der Prüfsubstanz von einem Arzt über Wesen, Bedeutung, Tragweite und Risken der Prüfung mündlich und schriftlich aufgeklärt werden. Die Personen müssen **nachweislich** ihre **Zustimmung** zur Anwendung des Arzneimittels geben und haben das Recht, diese Zustimmung jederzeit zu widerrufen. Bestimmte Personengruppen werden vom Gesetzgeber **besonders geschützt**

29 Sollte der derzeit verhandelte Brexit tatsächlich erfolgen, so wird die EMA nach Amsterdam verlegt.

(Minderjährige, kranke Personen, Personen mit Sachwalter, zwangsweise angehaltene Personen, Schwangere).

Die Durchführung von Klinischen Prüfungen (sowohl von Arzneimitteln als auch von Medizinprodukten) innerhalb von Krankenanstalten ist von Ethikkommissionen zu beurteilen.

Für Klinische Prüfungen (sowohl von Arzneimitteln als auch von Medizinprodukten) außerhalb von Krankenanstalten hat der Landeshauptmann für die Einrichtungen von Ethikkommissionen zu sorgen. Die Kommission hat innerhalb von zwei Monaten eine Stellungnahme abzugeben. Erst nach einer positiven Äußerung der Ethikkommission darf mit der Klinischen Prüfung begonnen werden.

3. Kennzeichnung von Arzneispezialitäten und Werbebeschränkungen

Bei der **Kennzeichnung von Arzneimitteln** ist es verboten, irreführende Aufmachungen oder Bezeichnungen zu verwenden oder sonst irreführende Angaben über das Arzneimittel zu machen.

Die **Werbung für Arzneimittel** (Fach- und Laienwerbung) ist streng geregelt, z.B. keine bildlichen Darstellungen von Angehörigen der Heilberufe, von Einrichtungen des Gesundheitswesens; Hinweis auf unerwünschte Wirkungen.

4. Gebrauchsinformation und Fachinformation

Arzneispezialitäten dürfen nur in Verkehr gebracht werden, wenn die Handelspackung eine Gebrauchsinformation enthält. Diese hat vor allem die wesentlichen Angaben über das Arzneimittel zu enthalten, die Art der Anwendung, die Dosierung, soweit vom Arzt nicht anders verordnet, Anwendungsgebiete sowie Gegenanzeigen (Kontraindikation), Nebenwirkungen sowie besondere Warnhinweise zur sicheren Anwendung.

Über Arzneispezialitäten, ausgenommen apothekeneigene Arzneispezialitäten, hat eine **Fachinformation** für Ärzte, Tierärzte, Dentisten, Apotheker und bestimmte Gewerbetreibende (z.B. Drogisten) zu erfolgen.

5. Meldepflicht

Aufgrund der **Meldepflicht-Verordnung** des Bundesministers für Gesundheit sind **Ärzte, Tierärzte, Dentisten** und bestimmte Gewerbetreibende verpflichtet, **unerwünschte** und bisher nicht bekannte **Arzneimittelwirkungen unverzüglich** mittels eines dafür vorgesehenen **Formblattes** dem **Bundesamt für Sicherheit im Gesundheitswesen** zu melden.

Zu melden sind z.B. Nebenwirkungen, Gewöhnungseffekte, Unverträglichkeiten bei bestimmungsgemäßem Gebrauch von Arzneimitteln, weiters **Zwischenfälle** (Todesfälle, Lebensbedrohung, stationäre Behandlung etc.).

Die Meldepflicht dient dazu, um auf Medikamentenzwischenfälle sofort reagieren zu können. Das Medikament oder einzelne Chargen werden vom Bundesamt für Sicherheit im Gesundheitswesen vorläufig gesperrt und nachgetestet. Je nach dem Ergebnis dieses Tests wird es wieder zugelassen oder endgültig verboten.

B. Rezeptpflicht

Durch das **Rezeptpflichtgesetz** und die auf dessen Grundlage vom zuständigen Bundesministerium erlassene **Rezeptpflichtverordnung** wird festgelegt, welche Arzneimittel **in Apotheken** nur aufgrund ärztlicher Verschreibung **(Rezept)** abgegeben werden dürfen.

Arzneimittel, die auch bei **bestimmungsgemäßem** Gebrauch das **Leben oder die Gesundheit** von Menschen (oder Tieren) **gefährden** können, bedürfen bei ihrer Anwendung immer einer **ärztlichen Überwachung** und sind daher für **rezeptpflichtig** zu erklären.

1. Inhalt des Rezeptes

Ein Rezept (Bezugsschein) hat zu enthalten:

- Name und Berufssitz des Verschreibenden,
- Name der Person oder Krankenanstalt, für die das Medikament bestimmt ist,
- Geburtsjahr bei Verschreibung für ein Kind,
- Bezeichnung des Arzneimittels,
- Darreichungsform, Menge und Stärke,
- Gebrauchsanweisung (bei Arzneispezialitäten nur Abweichungen von der Gebrauchsinformation),
- Ausstellungsdatum und
- eigenhändige Unterschrift des Verschreibenden (nicht der Ordinationshilfe!).

2. Gültigkeitsdauer des Rezeptes

Ein Rezept verliert **zwölf Monate** nach seinem Ausstellungsdatum seine Gültigkeit, sofern nicht der Verschreibende einen kürzeren Gültigkeitszeitraum auf dem Rezept vermerkt hat, oder die **erste Abgabe** nicht spätestens **einen Monat** nach dem auf dem Rezept angegebenen **Ausstellungsdatum** erfolgt.

3. Abgabe ohne Rezept

Der Apotheker ist berechtigt, in besonderen **Notfällen** rezeptpflichtige Arzneimittel auch **ohne Rezept** in der jeweils **kleinsten Handelspackung** abzugeben.

4. Selbstmedikation

Soweit Arzneimittel rezeptfrei, also frei verkäuflich sind, kann sich die Bevölkerung im Wege der Apotheken direkt mit Medikamenten versorgen (Selbstmedikation). Auf die beratende Funktion des Apothekers (das adäquate Mittel, die richtige Dosierung etc.) wird hingewiesen.

C. Suchtmittel

Rechtsgrundlagen für den Umgang mit Suchtmitteln sind neben internationalen Abkommen unter anderem das **Suchtmittelgesetz** und die **Suchtmittelverordnung**.

1. Begriffsbestimmungen

- Suchtmittel im Sinne des Suchtmittelgesetzes sind Suchtgifte und psychotrope Stoffe.
- Suchtgifte sind Stoffe und Zubereitungen aus Stoffen, die durch einige internationale Abkommen zu solchen erklärt wurden und geeignet sind, eine Sucht hervorzurufen.

Die besondere Gefährlichkeit der Suchtgifte ergibt sich aus der Tatsache, dass es sich um Gifte handelt.

Als Gift bezeichnet man einen Stoff, der Lebewesen über ihre Stoffwechselvorgänge oder durch Berührung oder Eindringen in den Körper Schaden zufügen kann. Es zeichnet sich dadurch aus, dass es bereits in kleinen Mengen große Wirkungen hervorrufen kann.

Ein Suchtgift kann daher auch bei einmaliger oder gelegentlicher Konsumation zu einer Sucht und Abhängigkeit führen. Das eigentliche österreichische Suchtproblem Alkoholmissbrauch wird hingegen durch große Mengen und lange Konsumationsdauer hervorgerufen („die Menge macht das Gift").

2. Befugnis zum Umgang mit Suchtmitteln

Die Erzeugung, Verarbeitung, Umwandlung, der Erwerb und Besitz von Suchtmitteln durch Erzeuger chemisch-pharmazeutischer Zubereitungen und Drogenhändler bedürfen der Bewilligung des zuständigen Bundesministeriums.

Wissenschaftliche Institute oder öffentliche Lehr-, Versuchs-, Untersuchungs- oder sonstige Fachanstalten benötigen hiefür eine Bestätigung ihrer Aufsichtsbehörde, die Suchtmittel zur Erfüllung ihrer Aufgaben zu benötigen.

Der Anbau von Pflanzen zur Suchtgiftgewinnung ist, außer den genannten Instituten und Anstalten für wissenschaftliche Zwecke, verboten.

Den Sicherheitsbehörden ist der Erwerb und Besitz von Suchtmitteln in Vollziehung dieses Gesetzes gestattet.

Den Sanitätseinrichtungen des Bundesheeres ist der Erwerb und Besitz zur ärztlichen Versorgung der Bundesheerangehörigen erlaubt.

Die berechtigten Erzeuger und Großhändler dürfen Suchtmittel an andere Erzeuger und Großhändler, an die genannten Behörden und das Bundesheer sowie an öffentliche Apotheken und Anstaltsapotheken abgeben. Apotheken dürfen suchtmittelhältige Arzneien untereinander, sowie gegen Verschreibung, an Krankenanstalten, Ärzte, Tierärzte, Dentisten sowie an Personen, denen solche Arzneien verschrieben wurden, abgeben.

3. Verschreibung von Suchtmitteln

Suchtmittelhältige Arzneimittel dürfen nur verschrieben werden, wenn ihre Anwendung nach den Grundsätzen der ärztlichen Wissenschaft begründet ist und mit anderen Mitteln nicht das Auslangen gefunden werden kann. Sie dienen insbesondere der Schmerz-, Entzugs- und Substitutionsbehandlung.

Die Verschreibung hat mit Tinte oder Kugelschreiber zu erfolgen. Der Arzt hat eigenhändig mit Vor- und Zunamen zu unterschreiben. Die zulässigen Höchstmengen sind in der Suchtmittelverordnung angegeben.

Für Verschreibungen von Suchtmitteln sind besondere Formulare für **Suchtmittelrezepte** zu verwenden, die vom Arzt **diebstahlsicher** zu verwahren sind. Nur im **Notfall** (ärztliche Erste Hilfe außerhalb der Ordination) ist die Verschreibung von Suchtmitteln auf gewöhnlichen Rezeptformularen zulässig (Vermerk: „Notfall"). Suchtmittelrezepte sind nach **einmaliger Abfertigung** vom Apotheker einzuziehen. Eine Wiedergabe ist grundsätzlich unzulässig. Für Personen, die wegen ihres Gesundheitszustandes Suchtmittel laufend benötigen, können **Dauerverschreibungen ausgestellt werden**, doch sind diese vor Übergabe an die Apotheke dem zuständigen Amtsarzt zur Überprüfung und Fertigung vorzulegen.

4. Aufbewahrung und Aufzeichnungspflichten

Die zum Besitz von Suchtmitteln Berechtigten sowie **Apotheken** und **Krankenanstalten** haben ihren Suchtmittelvorrat durch geeignete Vorkehrungen gegen Diebstahl zu schützen (z.B. sicher versperrbare Behältnisse, einbruchssichere Türen und Fenster, Alarmanlagen).

Befindet sich auf der Station ein **Suchtgiftschrank**, so ist die jeweils **diensthabende Pflegerin (Pfleger)** für die Gebarung **verantwortlich.** Bei jeder **Dienstübergabe** und **Dienstübernahme** ist daher der **Inhalt des Schrankes** zu **überprüfen** und mit den Aufzeichnungen zu vergleichen. Allfällige Differenzen sind **unverzüglich** von der übernehmenden Pflegerin zu melden, vor allem um nicht selbst in den **Verdacht einer strafbaren Handlung** nach dem Suchtmittelgesetz zu geraten.

Gerade bei der **Verabreichung von Suchtgiften** sei nochmals auf die **schriftliche Anordnungsbefugnis** des **Arztes** verwiesen. Die Durchführung der vom Arzt angeordneten **Suchtgiftverabreichung darf daher erst erfolgen**, wenn die **schriftliche Anordnung des Arztes** vorliegt.

Unabhängig von der Verabreichung vorkommende **Zwischenfälle** mit Suchtgiften, wie etwa **Zerbrechen von Ampullen**, sind, solange noch Spuren vorhanden sind, **sofort** unter Beiziehen von **Zeugen** schriftlich zu dokumentieren.

Die Erzeuger chemisch-pharmazeutischer Zubereitungen und die Drogengroßhändler sind verpflichtet, über die Suchtmittel **Lagerbücher** zu führen. Arzte, Tierärzte und Dentisten, die Suchtmittel zur Ausübung ihrer Berufe benötigen, ferner die berechtigten Institute und Anstalten haben über Bezug und Verwendung von Suchtmitteln derart genaue **Vormerkungen** zu führen, dass sie den Behörden über Verlangen Auskünfte erteilen können. Gleiches gilt für Universitätskliniken, Krankenanstalten und gleichgestellte Anstalten. Die öffentlichen Apotheken und Anstaltsapotheken sowie die ärztlichen Hausapotheken haben ein **fortlaufendes Vormerkbuch** mit Angaben über Bezug, Bezugsquelle und Abgabe zu führen.

5. Strafbestimmungen

Verletzungen des Suchtmittelgesetzes sind je nach Art der Begehung (gewerbsmäßig, als Mitglied einer Bande oder Verbindung, wiederholte Begehung, große Menge) und Art des Suchtmittels (Suchtgift, psychotroper Stoff oder Vorläufersubstanz) mit **Freiheitsstrafen** bis zu **zwanzig Jahren** und der **Einziehung** des Suchtmittels gerichtlich strafbar.

D. Strahlenschutz

Rechtsgrundlage für Maßnahmen zum Schutz des Lebens oder der Gesundheit von Menschen einschließlich ihrer Nachkommenschaft vor Schäden durch ionisierende Strahlen ist das **Strahlenschutzgesetz.** Auf der Grundlage dieses Gesetzes wurde eine **Strahlenschutzverordnung** erlassen.

1. Bewilligungspflicht

Die Errichtung und der **Betrieb von Strahleneinrichtungen** sowie der **Umgang mit radioaktiven Stoffen** bedürfen nach Maßgabe des Strahlenschutzgesetzes einer behördlichen Bewilligung. Trotz bereits erteilter Bewilligung kann die Behörde bei Bedarf auch **zusätzliche Auflagen** für den Betrieb von Strahleneinrichtungen erteilen. Die Behörde hat den Betrieb von Anlagen und den Umgang mit radioaktiven Stoffen mindestens jährlich, bei Bedarf mindestens einmal in drei Monaten zu überprüfen.

2. Strahlenschutzbeauftragter

Eine Voraussetzung für die Bewilligung einer Strahleneinrichtung ist die Bestellung eines **Strahlenschutzbeauftragten.** Diese Person muss geistig und körperlich geeignet sein, hinreichende **Kenntnisse im Strahlenschutz** besitzen und mit der **Wahrnehmung des Strahlenschutzes** vom Bewilligungsinhaber **betraut** worden sein.

3. Anforderungen des Strahlenschutzes

Beim Umgang mit radioaktiven Stoffen und Strahleneinrichtungen ist dafür zu sorgen, dass die **Strahlenbelastung** von Personen **so niedrig wie möglich** gehalten wird, dass die Gefahr der Aufnahme von radioaktiven Stoffen in den menschlichen Körper auf ein Mindestmaß beschränkt wird und möglichst geringe Mengen radioaktiver Stoffe in Luft, Wasser und Boden gelangen.

Im **Kontrollbereich** (Bereich, in dem Personen einer den zulässigen Wert übersteigenden Strahlenbelastung ausgesetzt sein können) dürfen sich Personen nur im **unumgänglich notwendigen Ausmaß** aufhalten.

Als beruflich strahlenexponierte Personen dürfen nur solche tätig werden, deren gesundheitliche Eignung durch eine ärztliche Untersuchung festgestellt wurde.

Personen, die das 18. Lebensjahr noch nicht vollendet haben, ferner werdende und stillende Mütter dürfen in Strahlenbereichen nicht eingesetzt werden.

E. Unterbringung psychisch Kranker in Krankenanstalten

Rechtsgrundlage für die Unterbringung von psychisch Kranken, das ist der Aufenthalt in einer geschlossenen Abteilung **in psychiatrischen Krankenanstalten** und **Abteilungen für Psychiatrie** in Krankenanstalten, ist das Unterbringungsgesetz.

1. Persönlichkeitsschutz

Die Persönlichkeitsrechte psychisch Kranker sind besonders zu schützen. Ihre **Menschenwürde** ist unter allen Umständen zu achten und zu wahren. Beschränkungen sind nur aufgrund von Gesetzen zulässig. Die **Anhaltung** (Unterbringung) von Personen in einem **geschlossenen Bereich** einer psychiatrischen Krankenanstalt oder Abteilung für Psychiatrie oder die **Beschränkung der Bewegungsfreiheit** dort untergebrachter Personen ist nur aufgrund des Unterbringungsgesetzes zulässig.

> Anmerkung:
> Die Bestimmungen des Unterbringungsgesetzes gelten **nicht** in **offen geführten** psychiatrischen Krankenanstalten oder Abteilungen, es sei denn, dass Kranke dort Beschränkungen ihrer Bewegungsfreiheit unterworfen werden.

2. Voraussetzung für die Unterbringung

In einer psychiatrischen Krankenanstalt (Abteilung für Psychiatrie) darf nur untergebracht werden,

- wer **im Zusammenhang mit einer psychischen Krankheit sein Leben oder seine Gesundheit** oder **das Leben oder die Gesundheit anderer** ernstlich und erheblich **gefährdet**, und
- wer **nicht** in anderer Weise, insbesondere **außerhalb** einer solchen Anstalt, ausreichend ärztlich behandelt oder betreut werden kann.

3. Unterbringung auf Verlangen (freiwillige Unterbringung)

Eine Person, bei der die Voraussetzungen der Unterbringung vorliegen, darf auf **eigenes schriftliches Verlangen** untergebracht werden, wenn sie den Grund und die Bedeutung der Unterbringung einzusehen und ihren Willen nach dieser Einsicht zu bestimmen vermag. Treffen die Aufnahmevoraussetzungen auf eine Person zu, hat der Abteilungsleiter den Aufnahmewerber zu untersuchen. Diese Person darf nur aufgenommen werden, wenn nach dem ärztlichen Zeugnis des Abteilungsleiters die Voraussetzungen der Unterbringung sowie die Entscheidungsfähigkeit vorliegen.

Der Patient kann dieses Verlangen **jederzeit** formlos auch durch sein Handeln (schlüssig) **widerrufen.** Über dieses **unverzichtbare Recht** ist er bereits vor der Aufnahme vom Leiter der Krankenabteilung zu belehren.

Ist für eine Person ein **Erwachsenenvertreter** bestellt, kann sie auf eigenes Verlangen nur untergebracht werden, wenn dieser Erwachsenenvertreter im Rahmen seines gerichtlich bestimmten Wirkungskreises der freiwilligen Unterbringung **schriftlich** zustimmt.

Bei **unmündigen Minderjährigen** (bis 14 Jahre) genügt das **schriftliche Verlangen der Erziehungsberechtigten.**

Bei **mündigen Minderjährigen** (ab 14 Jahre) ist das **eigene schriftliche Verlangen** sowie die **schriftliche Zustimmung des gesetzlichen Vertreters** erforderlich.

Das Verlangen bzw. die Zustimmung kann von jedem dazu Berechtigten allein widerrufen werden.

4. Unterbringung ohne Verlangen (zwangsweise Unterbringung)

Ohne oder **gegen ihren Willen** darf eine Person nur untergebracht werden, wenn ein **Amtsarzt** oder **Polizeiarzt** nach einer Untersuchung das Vorliegen der Unterbringungsvoraussetzungen (**Geisteskrankheit** und daraus resultierende akute **Selbstgefährdung** und/oder **Fremdgefährdung**) bescheinigt. Bei Gefahr im Verzug dürfen die Sicherheitsorgane eine Person auch ohne Untersuchung in eine psychiatrische Krankenanstalt bzw. Abteilung bringen.

Wie bei der Unterbringung auf Verlangen darf auch die Aufnahme zur zwangsweisen Unterbringung nur nach vorangegangener **Untersuchung** erfolgen, wenn durch **den Abteilungsleiter** in einem ärztlichen Zeugnis das Vorliegen der **Unterbringungsvoraussetzungen** festgestellt wird. Verlangt dies die aufgenommene Person, ihr Vertreter oder der Abteilungsleiter, so hat ein **weiterer Facharzt** die aufgenommene Person spätestens am Vormittag des auf das Verlangen folgenden Werktags zu untersuchen und ein zweites ärztliches Zeugnis über das Vorliegen der Voraussetzungen der Unterbringung zu erstellen. Die zwangsweise Unterbringung ist unverzüglich dem **Bezirksgericht**, in dessen Sprengel die Krankenanstalt liegt, anzuzeigen. Liegen die Unterbringungsvoraussetzungen nicht vor, ist der Patient, sofern er es wünscht, sofort zu entlassen.

Die Zulässigkeit der Unterbringung ist in einem gerichtlichen Verfahren binnen 4 Tagen nach Erhalt der Anzeige vom Bezirksgericht unter Anhörung des Kranken und seines Vertreters, des Leiters der Krankenabteilung und unter Beiziehen eines oder mehrerer vom Gericht beigezogener, anstaltsfremder Sachverständiger festzustellen und eine **maximale Dauer der Unterbringung**, vorerst höchstens 3 Monate, wobei eine Verlängerung möglich ist, **festzusetzen.**

Die gerichtliche Entscheidung im Unterbringungsverfahren unterliegt – wie in allen anderen rechtsstaatlichen Verfahren auch – einer gesonderten **Anfechtungsmöglichkeit** durch Erhebung eines **Rechtsmittels** und einer darauffolgenden **nachprüfenden Kontrolle** durch das übergeordnete **Landesgericht**.

5. Aufnahme nur nach ärztlicher Untersuchung

Sowohl bei Unterbringung auf Verlangen als auch bei Unterbringung ohne Verlangen darf eine Aufnahme nur nach vorangegangener Untersuchung durch **den Leiter der Krankenabteilung** erfolgen. Das Ergebnis der Untersuchung ist in der **Krankengeschichte** zu beurkunden. Die ärztlichen Zeugnisse sind der Krankengeschichte anzuschließen.

6. Die Patientenanwälte nach dem Unterbringungsgesetz

Aufgrund des **Erwachsenenschutzvereinsgesetzes** hat der Justizminister durch Verordnung geeignete **Vereine** zu bestimmen, die **Personen als Patientenanwälte auszubilden** und **namhaft** zu machen haben.

Das **Bezirksgericht** hat für psychiatrische Krankenanstalten und psychiatrische Abteilungen aus dem Kreis der namhaft gemachten Personen im Voraus **einen oder mehrere Patientenanwälte zu bestellen** und dies durch Anschlag an der Gerichtstafel kundzumachen.

Auf Verlangen untergebrachte Personen *können* sich von ihrem zuständigen Patientenanwalt *vertreten lassen* und sind vor der Aufnahme auf diese Möglichkeit hinzuweisen.

Ohne Verlangen untergebrachte Personen *werden kraft Gesetzes* von ihrem Patientenanwalt *vertreten* und sind über dessen Person zu informieren. Der Kranke behält aber, dessen ungeachtet, seine Geschäftsfähigkeit und kann sich auch sonstiger Vertreter bedienen. Lässt sich der Kranke von einem **Rechtsanwalt** oder **Notar vertreten, erlischt die Vertretungsbefugnis** des Patientenanwaltes.

7. Dauer der Unterbringung

Die Unterbringung auf Verlangen darf nur **sechs Wochen** dauern. Bei neuerlichem Verlangen darf die Unterbringung auf höchstens **zehn Wochen** verlängert werden. Darüber hinaus ist eine Verlängerung nicht zulässig.

Die Unterbringung ohne Verlangen ist vom Gericht mit **maximal drei Monaten** ab Beginn der Unterbringung festzusetzen. Mit Ablauf dieser Frist ist die Unterbringung aufzuheben, oder das Gericht hat die Verlängerung der Zulässigkeit um höchstens sechs Monate zu verfügen.

Über ein Jahr hinaus darf die Zulässigkeit der Unterbringung **nur aus besonderen medizinischen Gründen** und jeweils nur für ein weiteres Jahr ausgesprochen werden.

Bei **Wegfall der Unterbringungsvoraussetzungen** ist die Unterbringung vom Leiter der Krankenabteilung **jederzeit** aufzuheben und das Gericht sowie der Vertreter des Kranken zu verständigen.

8. Beschränkungen der Bewegungsfreiheit

Der untergebrachte Kranke darf in seiner Bewegungsfreiheit nur **zu seinem Schutz** und aus **zwingenden medizinischen Gründen** beschränkt werden. Die Beschränkung darf im Allgemeinen nur **auf mehrere Räume** oder bestimmte räumliche Bereiche erfolgen. **Weitergehende Beschränkungen** sind ärztlich besonders anzuordnen und in der Krankengeschichte zu beurkunden. **Der Vertreter des Kranken ist zu informieren** und kann, ebenso wie der Patient selbst, bei **Gericht** um **Entscheidung** ansuchen. Dieses hat **unverzüglich** zu entscheiden.

Der **Schriftverkehr** des Kranken und der **Verkehr mit seinem Vertreter** dürfen **nicht beschränkt** werden.

Der **persönliche** oder **fernmündliche Verkehr** mit anderen Personen darf, wenn dies zum Wohl des Kranken unerlässlich ist, **auf besondere Anordnung des Arztes beschränkt** werden. Auch diese Maßnahme ist in der Krankengeschichte zu beurkunden, und es ist der Vertreter des Kranken zu informieren.

Über den Antrag des Kranken oder seines Vertreters hat das **Gericht unverzüglich** über die Zulässigkeit der Maßnahme zu **entscheiden**.

9. Ärztliche Behandlung von Untergebrachten

a) Einsichtsfähige Kranke

Der **einsichtsfähige** Kranke **darf gegen seinen Willen nicht behandelt** werden. Es ist ihm, ebenso wie auf dessen Verlangen dem Patientenanwalt, der Grund und die Bedeutung der Behandlung zu erläutern. **Besondere Heilbehandlungen** und **operative Eingriffe** bedürfen der **schriftlichen Zustimmung** des **einsichtsfähigen Kranken.**

b) Nicht einsichtsfähige Kranke

Ist der Kranke **nicht einsichtsfähig**, darf er **nur mit Zustimmung des gesetzlichen Vertreters behandelt** werden. **Besondere Heilbehandlungen** und **operative Eingriffe** bedürfen der **schriftlichen Zustimmung des gesetzlichen Vertreters oder Erziehungsberechtigten und der Genehmigung des Gerichtes.** Hat der Kranke **keinen gesetzlichen Vertreter** oder Erziehungsberechtigten, entscheidet über sein Verlangen das **Gericht**.

In **dringenden Fällen** (Lebensgefahr, Gefahr der schweren Gesundheitsschädigung) entscheidet über Notwendigkeit und Dringlichkeit der Behandlung der Leiter der Krankenabteilung. Eine **Zustimmung** oder **Genehmigung** ist **nicht erforderlich.**

10. Einsicht in die Krankengeschichte

Der Vertreter des Kranken hat ein **Recht auf Einsichtnahme in die Krankengeschichte**. Dem Kranken steht dieses Recht ebenfalls zu, soweit nicht die Einsicht seinem Wohl schadet. Die Verweigerung ist in der Krankengeschichte mit einer Begründung zu dokumentieren.

11. Kosten des Gerichtsverfahrens

Die Kosten von Gerichtsverfahren nach dem Unterbringungsgesetz trägt der Bund.

F. Medizinisch unterstützte Fortpflanzung

Die medizinisch unterstützte Fortpflanzung ist im **Fortpflanzungsmedizingesetz** geregelt. Die immer weiter fortschreitende Entwicklung (erste **künstliche Befruchtung** zu Beginn des 20. Jahrhunderts, die am 25.7.1978 in Großbritannien geborene Louise Brown als erstes **Retortenbaby**) und die damit in weiterer Folge (erste **Leihmutter** 1980 – USA; erstes „tiefgefrorenes" Baby 1980 – USA) verbundenen auch ethisch nicht immer wünschenswerten Ergebnisse machten eine umfassende Regelung dringend notwendig.

Auf die **Grundrechtsproblematik** (*Würde des Menschen, Recht auf Leben, Recht auf Freiheit, Recht auf Achtung des Privat- und Familienlebens, Recht auf Familiengründung, Recht auf Datenschutz sowie die Freiheit der Wissenschaft und ihrer Lehre*) sei in diesem Zusammenhang verwiesen.

1. Die Regelung im Grundsatz

Medizinisch unterstützte Fortpflanzung ist die Anwendung medizinischer Methoden zur Herbeiführung einer Schwangerschaft auf andere Weise als durch Geschlechtsverkehr;

erlaubt ist

- Einbringung von Samen in die Geschlechtsorgane einer Frau,
- Vereinigung von Eizellen mit Samenzellen außerhalb des Körpers einer Frau,
- Einbringen von entwicklungsfähigen Zellen (befruchtete Eizellen und daraus entwickelte Zellen) in die Gebärmutter oder den Eileiter einer Frau,

- Einbringen von Eizellen oder Eizellen mit Samen in die Gebärmutter oder den Eileiter einer Frau;

  verboten ist

- alles andere, insbesondere Leihmutterschaft oder künstliche Schwangerschaft sowie alle anderen derzeit noch nicht bekannten oder ausgereiften wissenschaftlichen Methoden.

2. Die Regelung im Einzelnen

a) Zulässigkeit

Medizinisch unterstützte Fortpflanzung ist nur in einer **Ehe** oder **eheähnlichen Lebensgemeinschaft** zulässig, wenn **alle anderen Möglichkeiten ausgeschöpft** sind. Es dürfen nur **Eizellen und Samen dieses Paares** verwendet werden.

- Darüber hinaus ist eine medizinisch unterstützte Fortpflanzung zulässig, wenn eine Schwangerschaft bei einer von zwei miteinander in **eingetragener Partnerschaft** oder **Lebensgemeinschaft** lebenden **Frauen** herbeigeführt werden soll oder
- sie zum Zweck einer zulässigen **Präimplantationsdiagnostik** vorgenommen werden muss.

  Eine **Präimplantationsdiagnostik** ist nur zulässig, wenn

- nach drei oder mehr Übertragungen entwicklungsfähiger Zellen keine Schwangerschaft herbeigeführt werden konnte und Grund zur Annahme besteht, dass dies auf die genetische Disposition der entwicklungsfähigen Zellen und nicht auf andere Ursachen zurückzuführen ist, oder
- zumindest drei ärztlich nachgewiesene Fehl- oder Totgeburten spontan eintraten und diese mit hoher Wahrscheinlichkeit ihre Ursache in der genetischen Disposition des Kindes hatten oder
- auf Grund der genetischen Disposition zumindest eines Elternteils die ernste Gefahr besteht, dass es zu einer Fehl- oder Totgeburt oder zu einer Erbkrankheit des Kindes kommt.

Eizellen und **entwicklungsfähige Zellen** dürfen nur bei der Frau verwendet werden, von der sie stammen. Die Eizellen einer dritten Person (Eispende) dürfen ausnahmsweise dann verwendet werden, wenn die Eizellen der Frau, bei der die Schwangerschaft herbeigeführt werden soll, nicht fortpflanzungsfähig sind und diese Frau zum Zeitpunkt des Behandlungsbeginns das 45. Lebensjahr noch nicht vollendet hat.

Eizellen, die für eine dritte Person verwendet werden sollen, dürfen nur vom vollendeten 18. bis zum vollendeten 30. Lebensjahr entnommen werden.

Eine **Samenspende** ist nur zulässig, wenn der Mann **fortpflanzungsunfähig** ist oder eine medizinisch unterstützte Fortpflanzung in einer eingetragenen Partnerschaft oder Lebensgemeinschaft von zwei Frauen vorgenommen werden soll.

b) Befugnis

Die Befugnis zur Durchführung einer medizinisch unterstützten Fortpflanzung hat nur ein **Gynäkologe** in einer hiefür zugelassenen Krankenanstalt.

Eine Präimplantationsdiagnostik darf nur in einer Einrichtung durchgeführt werden, die von der Einrichtung, in der die medizinisch unterstützte Fortpflanzung vorgenommen wird, organisatorisch, personell und finanziell unabhängig ist.

c) Durchführung

Medizinisch unterstützte Fortpflanzung darf nur nach **Beratung** und ausdrücklicher **Zustimmung** der Ehegatten, eingetragenen Partnerinnen oder Lebensgefährtinnen durchgeführt werden. Bei der Durchführung einer medizinisch unterstützten Fortpflanzungshilfe müssen beide künftigen Eltern am Leben sein. Die Zustimmung ist immer nur für **zwei Jahre gültig** (kann dann natürlich wiederholt werden).

d) Verwendung von entwicklungsfähigen Zellen, Samen und Eizellen

Entwicklungsfähige Zellen, Samen und Eizellen dürfen

- nur für medizinisch unterstützte **Fortpflanzung** verwendet werden und
- **nicht an Dritte** überlassen werden (Ausnahme Eispende und Samenspende).

Samen, Eizellen sowie Hoden- und Eierstockgewebe dürfen nur in einer vom Landeshauptmann zugelassenen Krankenanstalt, Samen auch durch einen Facharzt für Frauenheilkunde und Geburtshilfe, der eine Meldung an den Landeshauptmann erstattet hat, entnommen und **bis auf Widerruf** oder **bis zum Tod der Person**, von der sie stammen, **aufbewahrt** werden. Entwicklungsfähige Zellen dürfen nur bis auf **Widerruf der Frau**, von der die Eizellen stammen, oder bis zum **Tod** eines der Ehegatten oder Lebensgefährten, **höchstens** jedoch **zehn Jahre** in einer vom Landeshauptmann zugelassenen Krankenanstalt **aufbewahrt** werden. Die Aufbewahrung hat dem jeweiligen Stand der Wissenschaft und Technik zu entsprechen.

Eingriffe in die **Keimzellbahn** sind **unzulässig**; **Samengemische** dürfen **nicht** verwendet werden.

e) Samenspende

Eine **Samenspende** darf nur in **Krankenanstalten** erfolgen, das darüber Aufzeichnungen zu führen hat. Sie darf von ein und demselben Mann **immer** nur **in derselben Krankenanstalt** erfolgen.

Samenspenden von **ein und demselben Mann** sind nur für **maximal 3 Paare** zulässig.

f) Elternschaft

- **Mutterschaftsvermutung**

Diejenige Frau, die das Kind zur Welt bringt, wird als Mutter des Kindes vermutet. Damit ist klargestellt, dass einerseits auch bei einer – verbotswidrig durchgeführten – Leihmutterschaft – die Leihmutter und nicht die genetische Mutter als Mutter des Kindes anzusehen ist und der Auftraggeberin keinerlei Rechte gegenüber dem Kind zustehen und andererseits bei einer Eispende die schwanger gewordene und gebärende Frau und nicht die Eispenderin die Mutter ist.

- **Vaterschaftsvermutung**

Der Mann, der einer medizinisch unterstützten Fortpflanzung bei seiner Partnerin zugestimmt hat, gilt als Vater des Kindes. Je nachdem, ob die Eltern verheiratet sind oder nicht, ist das Kind ehelich oder unehelich.

Der **Samenspender** kann **nicht** als **Vater** festgestellt werden.

Nach **Vollendung des 14. Lebensjahres** ist dem Kind auf dessen Wunsch **Auskunft** über die **Person** des **Spenders** zu erteilen.

- **Elternschaftsvermutung**

Ist an der Mutter innerhalb von nicht mehr als 300 und nicht weniger als 180 Tagen vor der Geburt eine medizinisch unterstützte Fortpflanzung durchgeführt worden, so ist die Frau Elternteil,

- die mit der Mutter im Zeitpunkt der Geburt des Kindes in eingetragener Partnerschaft verbunden ist oder als eingetragene Partnerin der Mutter nicht früher als 300 Tage vor der Geburt des Kindes verstorben ist oder
- die die Elternschaft anerkannt hat oder
- deren Elternschaft gerichtlich festgestellt ist.

Auf diese Frau sind die auf den Vater und die Vaterschaft Bezug nehmenden Bestimmungen sinngemäß anzuwenden.

g) Sonstige zivilrechtliche Regelungen

Die **Vermittlung** von entwicklungsfähigen Zellen, Samen und Eizellen für eine medizinisch unterstützte Fortpflanzung und von Personen, die bereit sind, Samen, Eizellen oder entwicklungsfähige Zellen für eine medizinisch unterstützte Fortpflanzung in sich einbringen zu lassen, ist **verboten**. Diesbezügliche Vereinbarungen und **Vereinbarungen über das Vermittlungshonorar** sind **nichtig**.

3. Strafbestimmungen

Das Fortpflanzungsmedizingesetz sieht – unabhängig von allfälligen disziplinären Verantwortlichkeiten – für alle nicht ausdrücklich zulässigen Methoden und Vorgangsweisen Geldstrafen bis zu € 50.000,– oder eine Woche Ersatzfreiheitsstrafe vor, wobei bereits der Versuch strafbar ist.

Ein für strafbare Handlungen erhaltenes Entgelt verfällt bzw. ist eine Verfallsersatzstrafe zu verhängen.

G. Schwangerschaftsabbruch

Durch das **Strafgesetzbuch** aus 1975 wurde der früher als Abtreibung bezeichnete Schwangerschaftsabbruch völlig neu geregelt und weitgehend entkriminalisiert. Die vielfach so bezeichnete **Fristenlösung** hält an der grundsätzlichen Strafbarkeit der Abtreibung fest, regelt aber die genauen Umstände für die Straflosigkeit des Schwangerschaftsabbruchs.

Abgesehen von den auch schon früher zulässigen und weithin unumstrittenen **medizinischen Indikationen** wurde der Schwangerschaftsabbruch auch zur **Abwendung** einer nicht anders abwendbaren ernsten Gefahr für das Leben oder eines schweren Schadens für die **körperliche oder seelische Gesundheit** der **Schwangeren** gestattet, sowie für den Fall, dass eine ernste Gefahr besteht, dass das **Kind geistig** oder **körperlich schwer geschädigt** sein werde, oder die **Schwangere** zur Zeit der Schwängerung unmündig gewesen ist und in allen diesen Fällen der **Abbruch von einem Arzt** vorgenommen wird.

Die eigentliche Fristenlösung gestattet die Abtreibung auch **ohne zu begründendes Motiv** (*dies im Gegensatz zu der von anderer Seite vorgeschlagenen sogenannten* **erweiterten Indikationenlösung**, *bei der das Motiv für den Schwangerschaftsabbruch vor einer Kommission dargelegt werden muss und die Kommission über die Zulässigkeit des Schwangerschaftsabbruchs entscheidet*), wenn der Schwangerschaftsabbruch **innerhalb der ersten drei Monate** nach Beginn der Schwangerschaft nach **vorhergehender ärztlicher Beratung von einem Arzt vorgenommen** wird.

Sowohl die Teilnahme an einem legalen Schwangerschaftsabbruch als auch die Verweigerung einer Teilnahme daran darf für Angehörige von Gesundheitsberufen keinerlei Nachteil haben und ist dies in den Anstaltsordnungen dementsprechend zu regeln.

Die Regelung im Strafgesetz lautet:

Schwangerschaftsabbruch

§ 96. (1) Wer mit Einwilligung der Schwangeren deren Schwangerschaft abbricht, ist mit Freiheitsstrafe bis zu einem Jahr, begeht er die Tat gewerbsmäßig, mit Freiheitsstrafe bis zu drei Jahren zu bestrafen.

(2) Ist der unmittelbare Täter kein Arzt, so ist er mit Freiheitsstrafe bis zu drei Jahren, begeht er die Tat gewerbsmäßig oder hat sie den Tod der Schwangeren zur Folge, mit Freiheitsstrafe von sechs Monaten bis zu fünf Jahren zu bestrafen.

(3) Eine Frau, die den Abbruch ihrer Schwangerschaft selbst vornimmt oder durch einen anderen zulässt, ist mit Freiheitsstrafe bis zu einem Jahr zu bestrafen.

Straflosigkeit des Schwangerschaftsabbruchs

§ 97. (1) Die Tat ist nach § 96 nicht strafbar,

1. wenn der Schwangerschaftsabbruch innerhalb der ersten drei Monate nach Beginn der Schwangerschaft nach vorhergehender ärztlicher Beratung von einem Arzt vorgenommen wird; oder
2. wenn der Schwangerschaftsabbruch zur Abwendung einer nicht anders abwendbaren ernsten Gefahr für das Leben oder eines schweren Schadens für die körperliche oder seelische Gesundheit der Schwangeren erforderlich ist oder eine ernste Gefahr besteht, dass das Kind geistig oder körperlich schwer geschädigt sein werde, oder die Schwangere zur Zeit der Schwängerung unmündig gewesen ist und in allen diesen Fällen der Abbruch von einem Arzt vorgenommen wird; oder
3. wenn der Schwangerschaftsabbruch zur Rettung der Schwangeren aus einer unmittelbaren, nicht anders abwendbaren Lebensgefahr unter Umständen vorgenommen wird, unter denen ärztliche Hilfe nicht rechtzeitig zu erlangen ist.

(2) Kein Arzt ist verpflichtet, einen Schwangerschaftsabbruch durchzuführen oder an ihm mitzuwirken, es sei denn, dass der Abbruch ohne Aufschub notwendig ist, um die Schwangere aus einer unmittelbar drohenden, nicht anders abwendbaren Lebensgefahr zu retten. Dies gilt auch für die im Krankenpflegefachdienst, in medizinisch-technischen Diensten oder im Sanitätshilfsdienst tätigen Personen.

(3) Niemand darf wegen der Durchführung eines straflosen Schwangerschaftsabbruchs oder der Mitwirkung daran oder wegen der Weigerung, einen solchen Schwangerschaftsabbruch durchzuführen oder daran mitzuwirken, in welcher Art immer benachteiligt werden.

Schwangerschaftsabbruch ohne Einwilligung der Schwangeren

§ 98. (1) Wer ohne Einwilligung der Schwangeren deren Schwangerschaft abbricht, ist mit Freiheitsstrafe bis zu drei Jahren, hat die Tat den Tod der Schwangeren zur Folge, mit Freiheitsstrafe von sechs Monaten bis zu fünf Jahren zu bestrafen.

(2) Der Täter ist nach Abs. 1 nicht zu bestrafen, wenn der Schwangerschaftsabbruch zur Rettung der Schwangeren aus einer unmittelbaren, nicht anders abwendbaren Lebensgefahr unter Umständen vorgenommen wird, unter denen die Einwilligung der Schwangeren nicht rechtzeitig zu erlangen ist.

H. Organtransplantation

Bei der Entnahme von Organen oder Organteilen Verstorbener zum Zwecke der Transplantation sind zwei grundsätzliche Regelungen möglich:

- Die **Zustimmungslösung**, wonach eine Organentnahme nur mit ausdrücklicher Zustimmung des Spenders möglich ist, sowie
- die **Widerspruchslösung**, wonach eine Organentnahme immer möglich ist, wenn der Organspender nicht ausdrücklich widersprochen hat.

Während bei lebenden Spendern eine andere als die Zustimmungslösung niemals infrage kommen kann, sind bei Verstorbenen beide Lösungen denkbar. Für und wider die beiden Lösungen sprechen unter anderem folgende Argumente:

1. Zustimmungslösung

Der Verstorbene bestimmt zu Lebzeiten, was mit seinem Körper zu geschehen hat. Insbesondere bestimmt er, ob, wann und unter welchen Umständen seiner Leiche Organe entnommen werden dürfen, allenfalls welche Personen diese Organe erhalten dürfen. Da der Verstorbene noch nach seinem Tod eine Leistung erbringt, kann er darüber bestimmen, ob diese Leistung unentgeltlich sein soll oder ob ein Entgelt seinen Erben oder anderen Personen oder Institutionen zufließen soll, denen der Verstorbene eben diese Leistung zukommen lassen will.

Bei dieser Lösung werden zwar die – in vielen Fällen möglicherweise zu respektierenden – Motive des Verstorbenen berücksichtigt, es kommt aber automatisch einerseits zu einem Organmangel, andererseits zu einem blühenden Organhandel mit allen denkbaren Missbrauchsvarianten. Die Möglichkeit, ein neues Organ zu erhalten, wäre für den Empfänger in erster Linie keine Frage der medizinischen Dringlichkeit und Notwendigkeit, sondern eine Frage seiner Finanzkraft.

2. Widerspruchslösung

Der Verstorbene trifft zu Lebzeiten keinerlei Verfügung, was mit seinem Körper zu geschehen hat. Im Grunde genommen ist es ihm entweder egal, was nach seinem Tod mit seiner Leiche passiert oder aber er hat ohnehin nichts dagegen, seine Organe anderen Menschen zur Verfügung zu stellen, will sich aber nicht ausdrücklich deklarieren. Jedem Menschen, der dies nicht ausdrücklich zu Lebzeiten verboten hat, können nach seinem Tod Organe entnommen werden.

Bei dieser Lösung wird ohne nach dem Motiv des Verstorbenen zu fragen, der Wille berücksichtigt, nicht zu spenden – dieser Personenkreis scheidet aus dem Kreis der Organspender aus –; es kommt aber durch den großen Kreis der nicht deklarierten Organspender zusammen mit den deklarierten Organspendern zu einer ausreichenden Versorgung mit Organen. Der bei der Zustimmungslösung entstehende Organmangel wird beseitigt, insbesondere aber wird der blühende Organhandel mit allen denkbaren Missbrauchsvarianten weitgehend unterbunden. Die Möglichkeit, ein neues Organ zu erhalten, ist für den Empfänger in erster Linie eine Frage der medizinischen Dringlichkeit und Notwendigkeit und keine Frage seiner Finanzkraft. Die Widerspruchslösung bietet einerseits bessere medizinische Möglichkeiten, ist aber auch andererseits ethisch sauberer und vor allem sozial verträglicher. Nicht zuletzt deshalb hat sich der österreichische Gesetzgeber für die Widerspruchslösung entschieden.

- **Der Widerspruch gegen eine Organspende**

Die Willenserklärung, dass eine Organspende auf den Todesfall ausdrücklich abgelehnt wird, ist formfrei und muss vom Verstorbenen selbst oder vor dessen Tod durch seinen gesetzlichen Vertreter erklärt worden sein. Damit diese rechtserheblich wird, muss sie dem Arzt bekannt sein, wobei es Sache des Patienten ist, diese dem Arzt zugänglich zu machen. Um Zweifel auszuräumen, kann der Widerspruch im Personalausweis angemerkt und/oder dem sog. **Widerspruchsregister bei ÖBIG-Transplant** in 1010 Wien, Stubenring 6, mitgeteilt werden.

In Österreich ist die Explantation also auch ohne ausdrückliche Einwilligung immer dann zulässig, wenn dem Arzt der Widerspruch unbekannt blieb. Angehörige eines Verstorbenen, die keine gesetzlichen Vertreter sind, können einer Organentnahme nicht rechtswirksam widersprechen. Das bedeutet aber nicht, dass der Arzt aus menschlichen Gründen eine ablehnende Haltung der Angehörigen nicht respektieren darf.

In Österreich ist die Entnahme von Organen oder Organteilen von lebenden Personen und von Verstorbenen zum Zwecke der Transplantation im Organtransplantationsgesetz – OTPG geregelt.

Die zentralen Bestimmungen dieses Gesetzes lauten:

2. Abschnitt

Grundsätze der Organspende

Grundsätze der Spende

§ 4. (1) Organe dürfen nur freiwillig und unentgeltlich gespendet werden.

(2) Es ist verboten, Spenderinnen/Spendern von Organen oder dritten Personen für eine Spende einen finanziellen Gewinn oder vergleichbaren Vorteil zukommen zu lassen oder zu versprechen. Rechtsgeschäfte, die gegen dieses Verbot verstoßen, sind nichtig.

(3) Abs. 1 und 2 stehen der Gewährung einer angemessenen Entschädigung lebender Spenderinnen/Spender für Verdienstentgang und anderer Ausgaben, die durch die Spende und die damit verbundenen medizinischen Maßnahmen verursacht werden, und der Gewährung von Schadenersatz im Fall des Eintritts eines Schadens in Folge der Spende und der sonstigen damit in Zusammenhang stehenden medizinischen Maßnahmen nicht entgegen.

(4) Werbungen für den Bedarf an Organen oder deren Verfügbarkeit dürfen keine Bezugnahme auf finanziellen Gewinn oder vergleichbare Vorteile enthalten.

(5) Organe dürfen nicht Gegenstand von Rechtsgeschäften sein, die auf Gewinn gerichtet sind.

(6) Angaben über die Person von Spenderin/Spender oder Empfängerin/Empfänger sind vom Auskunftsrecht des Datenschutzgesetzes, BGBl. I Nr. 120/2017, ausgenommen.

3. Abschnitt

Schutz der Spenderin/des Spenders und der Empfängerin/des Empfängers sowie Auswahl und Beurteilung der Spenderinnen/Spender

Entnahme von Organen Verstorbener zum Zwecke der Transplantation

§ 5. (1) Es ist zulässig, Verstorbenen einzelne Organe zu entnehmen, um durch deren Transplantation das Leben eines anderen Menschen zu retten oder dessen Gesundheit wiederherzustellen. Die Beurteilung und Auswahl der Organe haben entsprechend dem Stand der medizinischen Wissenschaft zu erfolgen. Die Entnahme ist unzulässig, wenn den Ärztinnen/Ärzten eine Erklärung vorliegt, mit der die/der Verstorbene oder, vor deren/dessen Tod, ihr/sein gesetzlicher Vertreter eine Organspende ausdrücklich abgelehnt hat. Eine Erklärung liegt auch vor, wenn sie in dem bei der Gesundheit Österreich GmbH geführten Widerspruchsregister eingetragen ist. Die Entnahme darf nicht zu einer die Pietät verletzenden Verunstaltung der Leiche führen.

(2) Die Entnahme darf erst durchgeführt werden, wenn eine/ein zur selbständigen Berufsausübung berechtigte/berechtigter Ärztin/Arzt den eingetretenen Tod festgestellt hat. Diese Ärztin/Dieser Arzt darf weder die Entnahme noch die Transplantation durchführen. Sie/Er darf an diesen Eingriffen auch sonst nicht beteiligt oder durch sie betroffen sein.

(3) Die Entnahme darf nur in oder durch Entnahmeeinheiten vorgenommen werden, die die Voraussetzungen des § 16 Abs. 1 lit. a und c bis g des Bundesgesetzes über Krankenanstalten und Kuranstalten (KAKuG), BGBl. Nr. 1/1957, erfüllen.

(4) Die Entnahme von Organen und Organteilen Verstorbener zum Zwecke der Transplantation hat Vorrang vor der Entnahme von Zellen und Geweben zur Anwendung beim Menschen. Die Verfügbarkeit von Organen und Organteilen Verstorbener zum Zwecke der Transplantation darf nicht durch eine Entnahme von Zellen und Geweben zur Anwendung beim Menschen beeinträchtigt werden.

Widerspruchsregister

§ 6. (1) Das durch die Gesundheit Österreich GmbH geführte Widerspruchsregister (§ 5 Abs. 1) dient dem Zweck, auf Verlangen von Personen, die eine Organspende ausdrücklich ablehnen, den Widerspruch gesichert zu dokumentieren, um eine Organentnahme wirksam zu verhindern.

(2) Mit der Erklärung des Widerspruchs erfolgt eine Zustimmung zur Verarbeitung personenbezogener Daten. Die Erklärung ist von der Person, die eine Organspende ausdrücklich ablehnt, zu unterfertigen.

(3) Im Widerspruchsregister können folgende Daten der Person, die einen Widerspruch erklärt hat oder für die ein Widerspruch erklärt wurde, verarbeitet werden: Name, Geburtsdatum, Geschlecht, Sozialversicherungsnummer, Adresse, gegebenenfalls Name des gesetzlichen Vertreters.

(4) Über die erfolgte Eintragung wird durch die Gesundheit Österreich GmbH eine Eintragungsbestätigung ausgestellt. Der Widerspruch gegen eine Organentnahme und die damit verbundene Zustimmung zur Verarbeitung der Daten im Widerspruchsregister kann jederzeit schriftlich widerrufen werden. In diesem Fall ist die Eintragung unverzüglich zu löschen.

(5) Die Gesundheit Österreich GmbH hat für den Betrieb des Widerspruchsregisters Datensicherheitsmaßnahmen zu ergreifen. Es ist ein Datensicherheitskonzept, in dem sämtliche für den Betrieb des Widerspruchsregisters erforderlichen Datensicherheitsmaßnahmen anzuordnen sind, zu erstellen, das für alle Mitarbeiterinnen/Mitarbeiter der Gesundheit Österreich GmbH verbindlich ist.

(6) Die Geschäftsführerin/Der Geschäftsführer hat die Zugriffsberechtigungen für die zugriffsberechtigten Mitarbeiterinnen/Mitarbeiter der Gesundheit Österreich GmbH individuell zuzuweisen. Eine Zugriffsberechtigung auf das Widerspruchsregister darf nur eingeräumt werden, wenn die Zugriffsberechtigten über die Bestimmungen des Datenschutzgesetzes und das Datensicherheitskonzept belehrt wurden.

(7) Zugriffsberechtigte sind von der weiteren Ausübung ihrer Zugriffsberechtigung auszuschließen, wenn sie diese zur weiteren Erfüllung der ihnen übertragenen Aufgaben nicht mehr benötigen oder sie die Daten nicht entsprechend ihrer Zweckbestimmung verwenden.

(8) Bei der Datenverarbeitung gemäß Abs. 2 und 3 ist zur Patientenidentifikation die Verwendung des Namens und des bereichsspezifischen Personenkennzeichens GH und AS (§ 10 Abs. 2 E-Government-Gesetz, BGBl. I Nr. 10/2004) zulässig.

(9) Die Gesundheit Österreich GmbH ist berechtigt, bei der Bundesanstalt Statistik Österreich Informationen zum Todeszeitpunkt und zur Todesursache von Personen, deren Daten im Register verarbeitet sind, anzufordern.

(10) Die Geschäftsführerin/Der Geschäftsführer hat sicherzustellen, dass Identität und Rolle der Zugriffsberechtigten bei jedem Zugriff dem Stand der Technik entsprechend nachgewiesen und protokolliert werden.

(11) Die Geschäftsführerin/Der Geschäftsführer hat sicherzustellen, dass geeignete, dem jeweiligen Stand der Technik entsprechende, die Vorgaben des DSG berücksichtigende Vorkehrungen getroffen werden, um eine Vernichtung oder Veränderung der Daten durch Programmstörungen (Viren) zu verhindern und um eine Vernichtung, Veränderung oder Abfrage der Daten durch unberechtigte Benutzer oder Systeme zu verhindern.

(12) Alle im Bereich des Widerspruchsregisters durchgeführten Datenverwendungsvorgänge, wie Eintragungen, Änderungen, Abfragen und Übermittlungen, sind zu protokollieren.

Verpflichtung der Entnahmeeinheiten

§ 7. Jede Entnahmeeinheit ist verpflichtet, vor einer Entnahme von Organen bei Verstorbenen durch eine Anfrage bei der Gesundheit Österreich GmbH sicherzustellen, dass keine Eintragung eines Widerspruchs im Widerspruchsregister vorliegt.

Lebendspende

§ 8. (1) Eine Organspende von Personen, die das 18. Lebensjahr noch nicht vollendet haben, ist unzulässig.

(2) Die Beurteilung und Auswahl der Spenderinnen/Spender haben entsprechend dem Stand der medizinischen Wissenschaft zu erfolgen.

(3) Die Entnahme darf nur durchgeführt werden, wenn die/der Lebendspenderin/Lebendspender vor der Entnahme durch eine/einen Ärztin/Arzt umfassend und in einer für die/den Spenderin/Spender verständlichen Weise über die geplante Entnahme, deren Zweck, die damit verbundenen Risken und Folgen, insbesondere eventuell notwendige weitere Untersuchungen nach der Entnahme, die durchzuführenden analytischen Tests und Folgen anomaler Befunde, den therapeutischen Zweck des entnommenen Organs, den potentiellen Nutzen für die/den Empfängerin/Empfänger, die zu erwartenden Erfolgsaussichten, über Maßnahmen zum Schutz der/des Spenderin/Spenders und ihre/seiner Daten sowie über bestehende Verschwiegenheitspflichten aufgeklärt wurde und die/der Spenderin/Spender ihre/seine Einwilligung zur Entnahme und Testung sowie zur weiteren Verwendung des Organs erteilt hat. Die Aufklärung hat auch auf die Notwendigkeit regelmäßiger medizinischer Nachkontrollen zum Spenderschutz hinzuweisen. Die Aufklärung hat sowohl schriftlich als auch mündlich zu erfolgen. Ein allfälliger Verzicht auf diese ärztliche Aufklärung ist rechtsunwirksam.

(4) Die Einwilligung muss in schriftlicher Form festgehalten werden. Die Einwilligung muss datiert sein und von der/vom Spenderin/Spender unterschrieben werden. Sofern die/der Spenderin/Spender zur Unterschriftsleistung nicht in der Lage ist, muss die Einwilligung vor drei Zeuginnen/Zeugen abgegeben werden, die weder am Eingriff selbst beteiligt sind noch ein persönliches Interesse an der Organspende haben und die Einwilligung durch ihre/seine Unterschrift zu bestätigen haben. Die Einwilligung kann jederzeit schriftlich oder mündlich widerrufen werden.

(5) Vor der Entnahme von Organen ist die/der Lebendspenderin/Lebendspender den erforderlichen Untersuchungen zu unterziehen, um die physischen und psychischen Risken für ihre/seine Gesundheit zu beurteilen. Eine Entnahme darf nicht durchgeführt werden, wenn dadurch ein ernstes Risiko für das Leben oder die Gesundheit der/des Spenderin/Spenders besteht. Sofern dies nach dem Stand der medizinischen Wissenschaft entsprechend der Art der Spende zum Schutz der/des Spenderin/Spenders angezeigt ist, sind dieser/diesem nach der Spende regelmäßige medizinische Kontrollen anzubieten.

Nachsorge für Lebendspenderinnen/Lebendspender

§ 9. Die Entnahmeeinheit ist verpflichtet, Lebendspenderinnen/Lebendspendern jedenfalls drei Monate nach der Spende eine Nachkontrolle anzubieten. Danach müssen Entnahmeeinheiten in dem Stand der medizinischen Wissenschaft entsprechenden Abständen Lebendspenderinnen/Lebendspender schriftlich daran erinnern, dass sie sich zum Spenderinnenschutz/Spenderschutz einer fachärztlichen Nachkontrolle unterziehen sollen. Dafür hat die Entnahmeeinheit für jede/jeden Lebendspenderin/Lebendspender einen individuellen, risikobasierten Nachsorgeplan zu erstellen und diesen der/dem Spenderin/Spender auszuhändigen.

Der Widerspruch gegen eine Organentnahme kann bei Gesundheit Österreich GmbH (GÖG/ÖBIG), 1010 Wien, Stubenring 6, (www.goeg.at) mittels über das Internet abrufbarem Formular jederzeit erklärt oder widerrufen werden.

I. Ästhetische Chirurgie

Die Durchführung von ästhetischen Behandlungen und Operationen ohne medizinische Indikation ist im **Bundesgesetz über die Durchführung von ästhetischen Behandlungen und Operationen (ÄsthOpG)** geregelt.

1. Regelungszweck

Das ÄsthOpG dient dem vorbeugenden Schutz der Gesundheit und körperlichen Unversehrtheit von Patientinnen und Patienten sowie dem Schutz vor Komplikationen und unerwünschten Folgen bei der Durchführung von **ästhetischen Behandlungen** und **Operationen ohne medizinische Indikation**.

Ästhetische Behandlungen und Operationen ohne medizinische Indikation sind dann von diesem Bundesgesetz erfasst, wenn sie ärztliche Tätigkeiten sind und dürfen nur nach Maßgabe dieses Bundesgesetzes durchgeführt werden.

2. Begriffsbestimmungen

- **„Ästhetische Operation“** (ästhetische Chirurgie, ästhetisch-chirurgischer Eingriff, kosmetische Chirurgie, kosmetische Operation, Schönheitschirurgie, Schönheitsoperation): eine operativ-chirurgische Behandlung zur Herbeiführung einer subjektiv wahrgenommenen Verbesserung des optischen Aussehens oder der Verschönerung des menschlichen Körpers oder der ästhetischen Veränderung des körperlichen Aussehens einschließlich der Behandlung altersbedingter äußerlicher Veränderungen des Körpers ohne medizinische Indikation.
- **„Ästhetische Behandlung“**: eine Behandlung mit anderen als operativ-chirurgischen Methoden wie insbesondere mittels Arzneimitteln und minimal-invasiver Methoden zur Herbeiführung einer subjektiv wahrgenommenen Verbesserung des optischen Aussehens oder der Verschönerung des menschlichen Körpers oder der ästhetischen Veränderung des körperlichen Aussehens einschließlich der Behandlung altersbedingter äußerlicher Veränderungen des Körpers ohne medizinische Indikation.
- **„Eingriff“**: eine ästhetische Operation.
- **„Medizinische Indikation“**: ein auf aktuellen medizinisch-wissenschaftlichen Erkenntnissen beruhender Grund, eine ästhetische Behandlung oder Operation durchzuführen. Sie liegt vor, wenn die ästhetische Behandlung oder Operation unter Berücksichtigung der Lebensverhältnisse der Patientin (des Patienten) nach objektiven Kriterien notwendig ist, um Lebensgefahr oder die Gefahr einer Beeinträchtigung des Gesundheitszustands der Patientin (des Patienten) abzuwenden oder einen anatomischen oder funktionellen Krankheitszustand zu beseitigen und die Gefahr oder der Krankheitszustand nicht auf eine gelindere für die Patientin (den Patienten) zumutbare Weise abgewendet oder beseitigt werden kann.

Die Tätigkeiten des **Piercens** und **Tätowierens** fallen **nicht** unter die Begriffe „ästhetische Operation“, „ästhetische Behandlung“ und „Eingriff“.

3. Die Regelung im Einzelnen

a) Befugnis

Die Befugnis zur Durchführung von ästhetischen Operationen haben

- Fachärzte für Plastische, Ästhetische und Rekonstruktive Chirurgie
- Fachärzte die zur Durchführung bestimmter ästhetischer Operationen berechtigt sind sowie

- Ärzte für Allgemeinmedizin, die auf Grund nachgewiesener gleichwertiger Kenntnisse, Erfahrungen und Fertigkeiten zur Durchführung bestimmter ästhetischer Operationen berechtigt sind.

b) Zulässigkeit

Der Arzt hat vor der Durchführung einer ästhetischen Operation die Patientin (den Patienten) klar und verständlich über

- die Methode des Eingriffs,
- Wesen, Bedeutung und Tragweite des Eingriffs,
- im Rahmen des Eingriffs angewendete Arzneimittel und deren Nebenwirkungen sowie Medizinprodukte einschließlich Implantate und deren Funktionsfähigkeit und Lebensdauer,
- alternative Behandlungsmöglichkeiten,
- das in Aussicht gestellte Ergebnis des Eingriffs und möglicher Abweichungen,
- mit dem Eingriff verbundene Unannehmlichkeiten, mögliche Folgen, wie Narbenbildung, und Komplikationen einschließlich der Beeinträchtigung von Organfunktionen, allenfalls unter Zuhilfenahme von beispielhaften Fotografien, sowie deren Behandlungsmöglichkeiten,
- die erforderliche Nachbehandlung einschließlich der voraussichtlichen Dauer der Arbeitsunfähigkeit und mögliche Spätfolgen, allfällig erforderliche Nachfolgeoperationen einschließlich den Hinweis, dass diese Unfähigkeit der Arbeitsaufnahme als keine Arbeitsunfähigkeit im sozialversicherungs- und arbeitsrechtlichen Sinn gelten könnte,
- sämtliche bekannte Gefahren des Eingriffs und
- sämtliche im Zusammenhang mit dem Eingriff stehende Kosten einschließlich zu erwartender Folgekosten

umfassend mündlich und schriftlich in einer für medizinische Laien verständlichen Sprache **aufzuklären.** Ein allfälliger **Verzicht auf diese ärztliche Aufklärung ist** – im Gegensatz zur allgemeinen Regel, wonach sogar ein gänzlicher Verzicht auf ärztliche Aufklärung zulässig ist – **rechtsunwirksam.**

Entsteht im Rahmen der ärztlichen Aufklärung der **Verdacht**, dass bei der Patientin (dem Patienten) eine krankheitswertige **psychische Störung** vorliegt, deren Folge der Wunsch nach der ästhetischen Operation ist, so ist vom behandelnden Arzt vor Durchführung des Eingriffs eine **Abklärung allfälliger psychischer Störungen** einschließlich Beratung durch einen klinischen Psychologen oder einen **Facharzt für Psychiatrie und Psychotherapeutische Medizin** zu veranlassen.

c) Durchführung

Eine ästhetische Operation darf nur durchgeführt werden, wenn die Patientin (der Patient) nach umfassender ärztlicher Aufklärung ihre (seine) Einwilligung nachweislich dazu erteilt hat.

Bei einer ästhetischen Operation ist überdies eine Frist von zumindest zwei Wochen zwischen der abgeschlossenen ärztlichen Aufklärung und der Einwilligung einzuhalten.

d) Schutzbestimmungen für Personen unter 18 Jahren und Menschen mit einer psychischen Krankheit oder geistigen Behinderung

Eine ästhetische Behandlung oder Operation an Personen **unter 16 Jahren** ist **unzulässig**.

Eine ästhetische Behandlung oder Operation an Personen **zwischen 16 und 18 Jahren** darf nur durchgeführt werden, wenn

- die **Einwilligung durch die Erziehungsberechtigten** nach entsprechender umfassender ärztlicher Aufklärung nachweislich und schriftlich erteilt wurde und
- die **Einwilligung durch die Patientin (den Patienten)**, die (der) nach entsprechender umfassender ärztlicher Aufklärung in der Lage ist, Wesen, Bedeutung, Tragweite und Risiken der ästhetischen Behandlung oder Operation einzusehen und ihren (seinen) Willen danach zu bestimmen, nachweislich und schriftlich erteilt wurde.

Eine ästhetische Behandlung oder Operation an Menschen mit einer **psychischen Krankheit** oder **geistigen Behinderung** darf nur nach nachweislicher schriftlicher Einwilligung des **Sachwalters** nach entsprechender umfassender ärztlicher Aufklärung des **Sachwalters und** des zu dieser Maßnahme **einsichtsfähigen Patienten** durchgeführt werden.

e) Werbebeschränkung und Provisionsverbot

Der Arzt hat sich im Zusammenhang mit der Durchführung ästhetischer Behandlungen oder Operationen jeder diskriminierenden, unsachlichen, unwahren oder das Standesansehen beeinträchtigenden Anpreisung, Werbung oder der Selbstanpreisung durch reklamehaftes Herausstellen seiner Person oder seiner Leistungen zu enthalten. Fachliche Informationen über eigene Tätigkeitsgebiete einschließlich Hinweise auf wissenschaftliche Arbeiten stellen keine Werbung dar.

Dem Arzt ist es verboten, für die Zuweisung von Patienten an ihn oder durch ihn eine Vergütung, gleich welcher Art, zu versprechen, sich oder einem anderen zusichern zu lassen, zu geben oder zu nehmen. Bezahlt der Patient trotzdem für eine Zuweisung, kann er diese Leistung vom Arzt zurückverlangen.

f) Strafbestimmungen

Das Gesetz über die Durchführung von ästhetischen Behandlungen und Operationen sieht – unabhängig von allfälligen disziplinären Verantwortlichkeiten – sofern keine gerichtlich strafbare Handlung vorliegt Verwaltungsstrafen bis zu € 25.000,– vor, wobei bereits der Versuch strafbar ist.

Arbeitsrecht

I. Einleitung

Das Arbeitsrecht definiert die Rechtsstellung jener Mehrheit der Bevölkerung, die ihren Lebensunterhalt durch Anbieten der eigenen Arbeitskraft gegen Entgelt, in wirtschaftlicher und persönlicher Unterordnung verdient. Es ist ein relativ junges Rechtsgebiet, dessen Entwicklung mit den sozialen Phänomenen einzelner Epochen der jüngeren Zeitgeschichte einhergeht. Die Industrielle Revolution und ihre nachteiligen Entwicklungen, der wirtschaftliche Aufschwung und auch die Krisen in Gewerbe, Handel, Bergbau und Industrie vor allem am Anfang des 20. Jahrhunderts führten mehr und mehr dazu, dass ursprünglich ausschließlich im ABGB geregelte Rechte und Pflichten des Dienst- bzw. Werkvertrages durch zusätzliche arbeitsrechtliche Normen ergänzt und erweitert wurden. Das Arbeitsrecht präsentiert sich heute deshalb nicht als geschlossenes Rechtsgebiet, sondern untergliedert sich mehrere Teilbereiche.

Individualarbeitsrecht (Arbeitsverhältnis)

- **Arbeitsvertragsrecht**
- **Arbeitnehmerschutzrecht**

Kollektives Arbeitsrecht (Arbeitsverfassung)

- **Betriebsverfassungsrecht**
- **Berufsverfassungsrecht**

Arbeitgeber und Arbeitnehmer stehen einander zwar meist rechtlich gleich gegenüber, **wirtschaftlich** besteht jedoch in der Regel eine Abhängigkeit des **Arbeitnehmers vom Arbeitgeber**, das heißt, normalerweise ist der Arbeitgeber wirtschaftlich der wesentlich Stärkere. Dies ist schon deshalb der Fall, da nahezu alle Arbeitnehmer auf die Einkünfte aus ihrem Arbeitsverhältnis angewiesen sind, um daraus ihren Lebensunterhalt zu finanzieren. Darüber hinaus sind regelmäßige Einkünfte die Voraussetzung dafür, Dispositionen für die Gestaltung des Lebens treffen zu können. Damit der Arbeitgeber den wirtschaftlich schwächeren Arbeitnehmer nicht unter Druck setzen kann, gibt es eine Reihe von Arbeitnehmerschutzvorschriften.

Je nach Art des Dienstverhältnisses sind die Rechte und Pflichten beider Teile entweder überhaupt zur Gänze im Gesetz geregelt – wie dies im Öffentlichen Dienst der Fall ist – oder aber das Gesetz gibt Mindestvorschriften vor, die für jedes Dienstverhältnis gelten und von denen zwar **zugunsten** des **Arbeitnehmers** abgegangen werden kann, nicht aber zu dessen Lasten – wie dies in der Privatwirtschaft der Fall ist.

Im gesamten Arbeitsrecht gilt das Günstigkeitsprinzip; das heißt, vom Gesetz abweichende Vereinbarungen zwischen Arbeitgeber und Arbeitnehmer haben nur insoweit Gültigkeit, als der Arbeitnehmer dadurch günstiger gestellt ist als im Gesetz.

Stufenbau der Rechtsvorschriften im Arbeitsrecht
Gesetze Verordnungen
Kollektivverträge
Betriebsvereinbarungen
Dienstverträge

Der Reihe nach gelten daher im Arbeitsrecht:

Gesetz – Kollektivvertrag – Betriebsvereinbarung – Dienstvertrag.

Für den öffentlichen Dienst gilt dies nur mit Einschränkungen, weil der Inhalt der Arbeitsverhältnisse zur Gänze auf Gesetzen beruht. Auch im öffentlichen Dienst kann immer nur zu Gunsten, nie aber zu Lasten des Dienstnehmers vom Gesetz abgegangen werden (z.B. Verkürzung oder Verzicht auf die Probezeit, Wartezeit beim Urlaub etc.).

II. Arbeitsverhältnis

- **Dienstvertrag** und öffentlich-rechtliches Dienstverhältnis (Beamte)

Wenn sich jemand (vertraglich oder auf Grund eines öffentlich-rechtlichen Ernennungsaktes) verpflichtet, für einen anderen auf gewisse Zeit Arbeitsleistungen gegen Entgelt zu erbringen, so entsteht ein **Arbeitsverhältnis (= Dienstverhältnis)**. Die beiden am Arbeitsverhältnis beteiligten Parteien bezeichnet man als **Arbeitgeber (= Dienstgeber)** und **Arbeitnehmer (= Dienstnehmer)**. Die wesentlichste Pflicht des Arbeitnehmers ist seine **Arbeitspflicht**, die des Arbeitgebers ist die Pflicht zur **Entlohnung des Arbeitnehmers**. Daneben gibt es eine Reihe anderer Verpflichtungen des Arbeitnehmers, wie die Treuepflicht und die Verschwiegenheitspflicht etc., sowie Pflichten des Arbeitgebers wie die Fürsorgepflicht und die Pflicht, Urlaub gegen Entgelt zu gewähren.

Die wesentlichen Merkmale eines Arbeitsverhältnisses sind:

- die Bereitstellung der eigenen Arbeitskraft (persönlich);
- auf bestimmte oder unbestimmte Dauer (= Dauerschuldverhältnis);
- unter Leitung und Verfügung des Arbeitgebers (in Bezug auf Arbeitszeit, -ort, -stelle);
- die Arbeit für einen anderen, dh dass der wirtschaftliche Erfolg dem Arbeitgeber zugute kommt;
- die Verwendung von Arbeitsmitteln des Arbeitgebers, sowie die Einordnung unter seine Organisation oder in einen Betrieb;
- die persönliche Weisungsgebundenheit;
- die wirtschaftliche Abhängigkeit vom Arbeitgeber;
- die Haftung für die Sorgfalt der Arbeitsleistung.

Arbeitgeber ist jede juristische oder natürliche Person, die im Rahmen eines Arbeitsverhältnisses über die Arbeitskraft einer anderen Person verfügen kann.

Arbeitnehmer ist jeder, der zur persönlichen Arbeitsleistung für einen anderen verpflichtet ist, dh unselbständig berufstätig ist.

- **Werkvertrag und freier Dienstvertrag**

Übernimmt jemand gegen Entgelt die Herstellung eines Werkes (= bestimmter Erfolg), entsteht ein **Werkvertrag**. Dies ist eine zivilrechtliche Vertragsform, bei der ein Auftragnehmer als selbständiger Unternehmer oder in Form der freiberuflichen Tätigkeit für einen Auftraggeber eine Leistung erbringt.

Der **Werkauftragnehmer** unterscheidet sich vom Dienstnehmer, indem er

- zu einer bestimmten Leistung verpflichtet ist (= Zielschuldverhältnis);
- den Erfolg nach eigenem Plan, mit freier Entscheidung bei der Ausführung, bewerkstelligt;
- im Wesentlichen eigene Betriebsmittel einsetzt;
- sich auch durch Substituten und Gehilfen vertreten lassen kann;
- das Risiko seines Einsatzes selbst trägt, dh auf eigene Rechnung und Verantwortung arbeitet;
- allenfalls selbst über eine eigene Betriebsstätte verfügt;
- das Entgelt als Fixhonorar nur bei Erfolg und mit der Pflicht zur Mängelbehebung erhält.

Beim **freien Dienstvertrag** handelt es sich im Kern um einen Dienstvertrag, dh es stellt jemand seine persönliche Arbeitskraft zur Verfügung, er ist jedoch nicht persönlich abhängig, dh der Arbeitgeber hat keinen unmittelbaren Einfluss darauf, welche konkrete Arbeit ausgeführt werden soll oder auf welche Art und Weise dies geschehen soll.

Der **freie Dienstnehmer** unterscheidet sich vom Werkauftragsnehmer bzw. Dienstnehmer, indem er

- nur zur sachgemäßen Ausführung seiner Dienste verpflichtet ist;
- die Dienste im Wesentlichen in eigener Person zu erbringen hat;
- weitgehend (fachlich) selbständig und frei von Beschränkungen des persönlichen Verhaltens ist, dh in Dienstort, Dienstzeit und Weisungsrecht nicht dem Dienstgeber unterworfen ist;
- im Wesentlichen über keine eigenen Betriebsmittel verfügt;
- sowohl befristet als auch unbefristet beschäftigt werden kann (= Dauerschuldverhältnis);
- im Zweifel nur ein angemessenes Entgelt als ausbedungen gilt.

Sozialversicherungsrechtlich geht der „echte" Dienstvertrag dem freien Dienstvertrag vor.

A. Einteilung der Arbeitnehmer und der Arbeitsverhältnisse

1. Unterscheidung nach der Person des Arbeitnehmers

Danach unterscheidet man Arbeiter, Angestellte und Lehrlinge. Keine Arbeitnehmer im engeren Sinn sind Heimarbeiter, die aber aus sozialen Gründen den Arbeitnehmern weitgehend gleichgestellt sind.

a) Arbeiter

Arbeiter sind alle Arbeitnehmer, die sich weder in Ausbildung befinden noch Angestellte sind.

b) Angestellte

Angestellte sind alle Arbeitnehmer, die auf Grund eigener gesetzlicher Vorschriften (Angestelltengesetz, Journalistengesetz, Theaterarbeitsgesetz etc.) als solche bezeichnet werden.

Angestellte nach dem **Angestelltengesetz** verrichten kaufmännische Dienste, höhere nichtkaufmännische Dienste (z.B. fast alle Gesundheitsberufe sowie im gewerblichen Bereich die Meister) oder Kanzleidienste. Auf Grund vertraglicher Vereinbarung können auch Arbeiter in das Angestelltenverhältnis übernommen werden.

c) Lehrlinge

Lehrlinge sind Personen, die auf Grund eines Lehrvertrages bei einem Lehrherrn einen Lehrberuf im Arbeiterbereich (z.B. Bäcker, Koch, Schlosser, Tischler) oder im Angestelltenbereich (z.B. Bürokaufmann, Verkäufer, Buchhändler) erlernen. Die einzelnen Lehrberufe (über 200) sind in der Lehrberufsliste zum Berufsausbildungsgesetz aufgezählt.

d) Heimarbeiter

Heimarbeiter sind Personen, die ohne Gewerbetreibende nach den Bestimmungen der Gewerbeordnung zu sein, in der eigenen Wohnung oder einer selbst gewählten Arbeitsstätte im Auftrag und für Rechnung von Personen, die Heimarbeit vergeben, mit der Herstellung, Bearbeitung, Verarbeitung oder Verpackung von Waren beschäftigt sind.

Die Unterscheidung Arbeiter und Angestellte ist vor allem historisch. Der wesentliche Unterschied bestand in unterschiedlichen Kündigungsfristen/-terminen (im Arbeiterbereich meist äußerst kurzfristige Kündigungen) und in der unterschiedlichen Dauer der Entgeltfortzahlung bei Krankheit. Bei der Entgeltfortzahlung erfolgt die Gleichstellung mit 1. 7. 2018, die unterschiedlichen Kündigungsmöglichkeiten werden mit Ablauf des 31. 12. 2020 aufgehoben. Durch Kollektivvertrag können für Branchen, in denen Saisonbetriebe überwiegen (z.B. Baubranche oder Touristikbranche), abweichende Regelungen festgelegt werden (kürzere Kündigungsfristen, tägliche oder wöchentliche Kündigungstermine).

2. Unterscheidung nach der Person des Arbeitgebers

Danach unterscheidet man privatwirtschaftliche und öffentliche Dienstverhältnisse.

a) Privatwirtschaftliche Arbeitsverhältnisse

Bei privatwirtschaftlichen Arbeitsverhältnissen ist der Arbeitgeber entweder eine natürliche Person oder eine juristische Person mit Ausnahme der Gebietskörperschaften.

b) Dienstverhältnisse im Öffentlichen Dienst

Öffentlich Bedienstete sind alle Personen, die in einem Dienstverhältnis zu einer Gebietskörperschaft (Bund, Land oder Gemeinde) stehen. Sie werden dabei auf Grund eines privatrechtlichen Vertrages als **Vertragsbedienstete** oder auf Grund eines einseitigen Ernennungsaktes des Dienstgebers **(Pragmatisierung)** als **Beamte** angestellt.

3. Die arbeitsrechtliche Stellung der Gesundheitsberufe

Im Gesundheitswesen lassen sich bezüglich der arbeitsrechtlichen Stellung der verschiedenen Berufe vielfältige Formen feststellen. Unterscheiden muss man, ob der Beruf

- **freiberuflich** (dh als Unternehmer) oder
- **unselbständig** (dh als Arbeitnehmer oder freier Mitarbeiter)

ausgeübt wird.

Nach **Person des Arbeitgebers** und **Rechtsnatur** unterscheidet man die Arbeitsverhältnisse

a) in der Privatwirtschaft
   - **Angestellte** (z.B. Ärzte, DGKP, MTD, ...) oder **Arbeiter** (z.B. Krankenträger) und

b) im Öffentlichen Dienst, wobei im freien Ermessen des Dienstgebers die Arbeitnehmer als
   - **Vertragsbedienstete** oder
   - **Beamte**

angestellt werden können.

Anmerkung:
Das Öffentliche Dienstrecht unterscheidet zwar auch zwischen Angestelltentätigkeiten und Arbeitertätigkeiten und hat für beide unterschiedliche Einreihungen und Gehaltsschemata, im eigentlichen Dienstrecht bestehen aber **keine Unterschiede.**

In den weiteren Ausführungen dieses Buches wird nur mehr auf die arbeitsrechtlichen Bestimmungen im Recht der Gesundheitsberufe eingegangen, da die Darstellung des gesamten Arbeitsrechtes viel zu umfangreich wäre.

a) Gesundheitsberufe in der Privatwirtschaft

Die Arbeitsverhältnisse werden durch einen privatrechtlichen Vertrag begründet. Der Arbeitgeber ist in der Regel eine Privatperson oder eine juristische Person mit Ausnahme der Gebietskörperschaften. Beispiele sind Arbeitsverhältnisse in Privatspitälern, Ordensspitälern, selbständigen Ambulatorien oder Ärztepraxen. Das Arbeitsverhältnis unterliegt den (bundeseinheitlichen) allgemeinen Vorschriften des Arbeitsrechtes (ABGB, Angestelltengesetz, Urlaubsgesetz, Arbeitszeitgesetz, Krankenanstalten-Arbeitszeitgesetz etc.).

Seitens der meisten Arbeitgeber bzw. deren Vertretungen und der Arbeitnehmervertretungen wurden **Kollektivverträge** abgeschlossen, welche die Bestimmungen des Angestelltengesetzes und andere Arbeitnehmerschutzvorschriften (ABGB, Urlaubsgesetz, Arbeitszeitgesetz etc.) ergänzen oder abändern.

Als wichtigste Kollektivverträge sind dabei zu nennen:

für den Bereich der *Privatkrankenanstalten* der **Kollektivvertrag für die Dienstnehmer der Privatkrankenanstalten Österreichs**;

für den Bereich der *Sozialversicherungskrankenanstalten* die in Form von Kollektivverträgen abgeschlossenen **Dienstordnungen** für die Dienstnehmer bei den Sozialversicherungsträgern Österreichs, und zwar

Dienstordnung A (DO.A) für Verwaltungsangestellte, Pflegepersonal und zahntechnische Angestellte bei den Sozialversicherungsträgern Österreichs,

Dienstordnung B (DO.B) für Ärzte, Zahnärzte und Dentisten bei den Sozialversicherungsträgern Österreichs und

Dienstordnung C (DO.C) für Arbeiter bei den Sozialversicherungsträgern Österreichs.

Anmerkung:
Die dabei in den Kollektivverträgen verwendeten Begriffe und Einstufungskriterien stimmen nicht in allen Fällen mit der aktuellen Gesetzeslage im Sanitätsrecht überein und decken sich auch nicht immer mit den im Öffentlichen Dienst verwendeten Begriffen und Einstufungskriterien. So werden insbesondere in der DO.A beim Pflegepersonal der gesamte medizinisch-technische Dienst und ein Teil der medizinischen Assistenzberufe (unter Anführung der alten Bezeichnung des Sanitätshilfsdienstes) mitgeregelt. Die DO.C enthält einige medizinische Assistenzberufe (früher Sanitätshilfsdienste), die in den meisten Beamtendienstrechtsgesetzen oder Vertragsbedienstetengesetzen im Angestelltenschema eingereiht sind.

b) Gesundheitsberufe im Öffentlichen Dienst

Die Anzahl der öffentlichen Dienstgeber in Österreich ist groß. Dienstgeber ist entweder die Republik Österreich, ein Bundesland oder eine Gemeinde. Beim Dienstrecht gilt für Bund und Länder eine verfassungsrechtliche Autonomie der Gebietskörperschaften, sodass der Bund für sich und jedes Bundesland für sich selbst und für alle im Bundesland liegenden Gemeinden ein eigenständiges Dienstrecht schaffen kann.

Das Dienstrecht des **Bundes** ist durch **Bundesgesetze** (z.B. Vertragsbedienstetengesetz, Beamtendienstrechtsgesetz, Gehaltsgesetz, Pensionsgesetz) geregelt. Der Bund ist in **Gesetzgebung und Vollziehung auch für das allgemeine Arbeitsrecht (der Privatwirtschaft) zuständig.**

Die **Länder** haben das Recht zur **Gesetzgebung und Vollziehung** des **Dienstrechtes** und des **Personalvertretungsrechtes** bezüglich der Landesbediensteten, der Gemeindebediensteten und der Bediensteten der Gemeindeverbände. Jedes Bundesland hat daher eigene Landesvertragsbedienstetengesetze und Landesbeamtengesetze, wobei die meisten Bundesländer überdies unterschiedliche Gesetze für Landesbedienstete und Gemeindebedienstete erlassen haben. Insgesamt gibt es in Österreich die Regelung des Bundes, neun Landesbedienstetenregelungen und acht Gemeindebedienstetenregelungen (Wien hat für Land und Gemeinde eine einheitliche Regelung), was im Hinblick darauf, dass für Beamte und Vertragsbedienstete jeweils eigene Gesetze erlassen wurden, insgesamt 36 unterschiedliche Dienstrechte in Österreich ergibt.

Die **Bundesgesetze** und die einzelnen **Landesgesetze** weichen inhaltlich – vor allem in der Systematik und der Terminologie – sehr stark voneinander **ab.** Materiell-inhaltlich dürfen nach der **Bundesverfassung** die **Abweichungen nur so groß** sein, dass den öffentlich Bediensteten der **Wechsel zu einer anderen Gebietskörperschaft noch möglich** ist. Die Bundesländer haben sich in ihren Dienstrechtsgesetzen über weite Strecken an der Bundesregelung orientiert.

Die detaillierte Darstellung aller 36 unterschiedlichen Dienstrechte würde den Rahmen sprengen und muss daher unterbleiben.

III. Arbeitsvertragsrecht

A. Dienstvertrag

Der Dienstvertrag (= Arbeitsvertrag) ist eine privatrechtliche Vereinbarung, in der sich jemand gegen **Entgelt** zur Leistung von **Arbeit** für einen anderen verpflichtet. Als zweiseitiges Rechtsgeschäft kommt er durch übereinstimmende Willenserklärung der Vertragspartner zustande. Grundsätzlich ist der Arbeitsvertrag formfrei, deshalb kann er mündlich, schriftlich oder durch schlüssiges Verhalten (konkludent) abgeschlossen werden.

Voraussetzung für den **Abschluss** eines Arbeitsvertrages ist

- auf Seiten des **Arbeitgebers** die **volle Geschäftsfähigkeit**;
- auf Seiten des **Arbeitnehmers** gilt Folgendes:

Mündige Minderjährige, die nicht mehr der Schulpflicht unterliegen, können sich selbständig zu Arbeitsleistungen verpflichten. Aus wichtigen Gründen (z.B. Verfolgung von Erziehungszielen) haben die gesetzlichen Vertreter auch gegen den Willen des Minderjährigen ein vorzeitiges Lösungsrecht.

Nur bei **Lehrverträgen** oder sonstigen Ausbildungsverträgen ist die Zustimmung des gesetzlichen Vertreters notwendig.

Schulpflichtige Personen (Kinder im Sinne des Kinder- und Jugendlichen-Beschäftigungsgesetzes) dürfen, von bestimmten Ausnahmen abgesehen, nicht beschäftigt werden.

Ausländische Arbeitnehmer benötigen eine Beschäftigungsbewilligung, die unter Berücksichtigung der Bedürfnisse der österreichischen Wirtschaft und der Lage des Arbeitsmarktes vom Arbeitsmarktservice erteilt wird. Staatsangehörige der Mitgliedstaaten des EWR[30] und der Schweiz sind den Inländern gleichgestellt.

Bei einer **Beschäftigung ohne Beschäftigungsbewilligung** (sog. „Schwarzarbeit“) ist der Arbeitsvertrag rechtlich nichtig. Trifft den Arbeitgeber ein Verschulden an der illegalen Beschäftigung, hat der ausländische Arbeitnehmer Anspruch auf Schadenersatz.

B. Rechte und Pflichten aus dem Arbeitsvertrag

Das Arbeitsverhältnis ist eine Rechtsbeziehung zwischen Arbeitgeber und Arbeitnehmer, mit Rechten und Pflichten, wobei zumeist des einen Recht des anderen Pflicht ergibt und umgekehrt.

Arbeitnehmer-Pflichten *(= Rechte des Arbeitgebers)*	**Arbeitgeber-Pflichten** *(= Rechte des Arbeitnehmers)*
Arbeitspflicht (Sorgfaltspflicht, Haftpflicht)	**Entgeltpflicht** (Bezahlung, Entgeltfortzahlung, Beurlaubung)
Treuepflicht Verschwiegenheitspflicht Konkurrenzverbot	**Fürsorgepflicht** (Arbeitnehmerschutz, Arbeitszeitschutz, Gleichbehandlungsgebot)

30 Staatsbürger von Kroatien brauchen bis längstens 30. 6. 2020 eine Beschäftigungsbewilligung, sofern sie nicht am 1. 7. 2013 bereits mindestens ein Jahr in Österreich legalen Aufenthalt hatten.

1. Arbeitnehmer-Pflichten (= Rechte des Arbeitgebers)

a) Arbeitspflicht

Der Arbeitnehmer ist verpflichtet, die mit ihm vereinbarten Dienste persönlich zu leisten. Zeit, Ort, Art und Umfang der Arbeitsleistung ist durch den Arbeitsvertrag bestimmt. Im Rahmen des Vertrages wird die Tätigkeit des Arbeitnehmers durch Anordnungen und Weisungen des Arbeitgebers näher bestimmt. Ist der Arbeitnehmer durch Krankheit oder Unfall an der Arbeitsleistung verhindert, so hat er unverzüglich selbst oder durch eine dritte Person die Arbeitsverhinderung bekannt zu geben und auf Verlangen des Arbeitgebers eine ärztliche Bestätigung vorzulegen.

b) Sorgfalts- und Haftpflicht

Der Arbeitnehmer ist verpflichtet, seine Arbeitspflicht nach besten Kräften und mit der notwendigen Sorgfalt zu erbringen. Berufsrechtliche Bestimmungen über Berufsbild und die verschiedenen Tätigkeitsbereiche der Gesundheitsberufe sind dabei einzuhalten. Soweit der Arbeitnehmer die Sorgfalt, welche ein durchschnittlicher Mensch leisten würde, außer Acht gelassen hat, haftet er nach dem **Dienstnehmerhaftpflichtgesetz**[31] für jenen Schaden, den er dem Arbeitgeber oder einem Dritten zugefügt hat. Das Ausmaß der Schadenersatzpflicht richtet sich nach dem Grad des Verschuldens (Vorsatz, grobe Fahrlässigkeit, leichte Fahrlässigkeit, entschuldbare Fehlleistung). Zusätzlich kann eine strafrechtliche Verantwortlichkeit oder Verwaltungsstrafe hinzutreten.

Schädiger	**Schadenszufügung**	
(bei Erbringung der Dienstleistung)	dem **Dienstgeber selbst**	**dritten**, außenstehenden **Personen**
Arbeitnehmer in privatrechtlich organisierten Unternehmen	Dienstnehmerhaftpflichtgesetz	Dienstnehmerhaftpflichtgesetz
	• Bei „**entschuldbarer Fehlleistung**" haftet der **Arbeitnehmer** überhaupt nicht. („Wenn der Eintritt des Schadens lediglich bei außerordentlicher Aufmerksamkeit des Arbeitnehmers vorhersehbar gewesen wäre.") • Bei **Fahrlässigkeit** kann das Gericht die Ersatzpflicht **mäßigen** oder **erlassen** („minderer Grad des Versehens"). • Bei **Vorsatz** Haftung nach **ABGB** (unbegrenzt). • Ansprüche nach DNHG erlöschen binnen 6 Monaten.	

c) Treuepflicht

Der Arbeitnehmer ist verpflichtet, alles zu unterlassen, was seinem Arbeitgeber und dessen betrieblichen Interessen schadet. Dazu zählen unter anderem:

- Die Verpflichtung zur Wahrung von Geschäfts- und Betriebsgeheimnissen;
- Das Verbot, auch berechtigte Kritik an innerbetrieblichen Vorgängen nach außen (z.B. in die Medien) zu tragen; Kritik im Rahmen der vorgesehenen Form – Beschwerde bei Arbeit-

---

31 Näheres dazu im Abschnitt Sanitätsrecht, Kapitel IV., Schadenersatz Punkt F. 2. und 3.

geber, Betriebsrat, Gewerkschaft, Arbeiterkammer, Arbeitsinspektorat oder Strafanzeige wegen Missständen – ist hingegen keine Verletzung der Treuepflicht;

- Das Verbot der (pflichtwidrigen) Annahme von Geschenken (ausgenommen bloße Aufmerksamkeiten von geringem Wert);
- Die Verpflichtung, vom Arbeitgeber im Rahmen der Fürsorgepflicht zur Verfügung gestellte Schutzmaßnahmen einzuhalten (Verwendung von Schutzkleidung, Schutzbrillen, Verabreichung von Schutzimpfungen).

d) Konkurrenzverbot

Der Arbeitnehmer darf ohne Bewilligung des Arbeitgebers weder ein selbständiges Unternehmen betreiben noch im Geschäftszweig des Arbeitgebers unselbständig beruflich tätig werden. Eine Nebenbeschäftigung bedarf einer ausdrücklichen Bewilligung.

Auch die Kollektivverträge halten an diesem Grundsatz fest. Nur im *Ärztebereich* sehen einige Kollektivverträge (z.B. DO.B für Ärzte und Zahnärzte bei den österreichischen Sozialversicherungsträgern) die generelle Erlaubnis zur Führung einer Privatpraxis vor, wobei keine Kassenverträge mit dem Versicherungsträger abgeschlossen werden dürfen, bei dem der Arzt angestellt ist. Die Ausübung anderer Nebenbeschäftigungen bedarf ebenfalls einer ausdrücklichen Bewilligung.

e) Verschwiegenheitspflicht

Der Arbeitnehmer ist zur Verschwiegenheit über die ihm aus seiner dienstlichen Tätigkeit bekannt gewordenen Tatsachen verpflichtet. Er hat die Geschäfts- und Betriebsgeheimnisse zu wahren. Die Verschwiegenheitspflicht gilt nicht gegenüber Vorgesetzten. Für die Gesundheitsberufe gilt zusätzlich eine besondere Verschwiegenheitspflicht auf Grund berufsrechtlicher Normen.

2. Arbeitgeber-Pflichten (= Rechte des Arbeitnehmers)

a) Entgeltpflicht

Zum Entgelt gehört alles, was der Arbeitnehmer als Vergütung für seine Arbeit vom Arbeitgeber erhält. Die Höhe des Entgelts (Lohn, Gehalt, Bezug) richtet sich nach der individuellen Vereinbarung zwischen Arbeitgeber und Arbeitnehmer, mindestens jedoch nach Kollektivvertrag, selten nach der Ortsüblichkeit. Wenn nichts anderes vereinbart ist, so erfolgt die Entlohnung am Letzten eines jeden Monats im Nachhinein.

b) Entgeltfortzahlung

Der Arbeitnehmer hat ein Recht auf Entgeltfortzahlung bei Arbeitsverhinderung in Folge von Krankheit oder Unfall, aber auch bei kurzfristiger Arbeitsverhinderung aus persönlich wichtigem Grund.

c) Beurlaubung

Der Arbeitnehmer hat das Recht auf Erhaltung seiner Arbeitskraft. Deshalb ist nach dem Urlaubsgesetz – Näheres siehe dort – jährlich Erholungsurlaub zu gewähren.

d) Fürsorgepflicht

Der Arbeitgeber hat den Arbeitsplatz und die Arbeitsvorgänge so einzurichten, dass schutzwürdige Interessen des Arbeitnehmers (Leben, Gesundheit, körperliche Unversehrtheit, Sittlichkeit und Eigentum) möglichst nicht gefährdet werden. Die Fürsorgepflicht ist nicht einheitlich oder als Gesamtheit in einer gesetzlichen Norm geregelt, jedoch liegt zahlreichen arbeitsrechtlichen Bestimmungen die Idee einer Fürsorgepflicht durch den Arbeitgeber zugrunde. Begründet wird die Fürsorgepflicht durch die persönliche Unterordnung des Arbeitnehmers, die Einordnung in den Betrieb des Arbeitgebers und die Direktionsbefugnis des Arbeitgebers über Arbeitszeit, -ort und -prozess.

Der Arbeitgeber hat die Arbeitnehmer gleich zu behandeln, dh gleiche Leistungen durch gleichen Lohn zu vergüten bzw. das Fortkommen nach objektiven Kriterien zu gestalten.

e) Beistellung von Dienstkleidung

Wenn zur Verrichtung der Arbeit eine Dienstkleidung erforderlich ist, so ist diese vom Arbeitgeber beizustellen.

C. Das Recht auf Beschäftigung

Jeder Arbeitnehmer hat die Verpflichtung, die mit ihm vereinbarten Leistungen zu erbringen und die ihm angeordneten Arbeiten zu verrichten. Daraus ergibt sich aber keinesfalls der Umkehrschluss, dass der Arbeitnehmer auch das Recht hat, eine bestimmte Arbeit zu machen.

Dienstnehmer haben im Allgemeinen **kein Recht auf Beschäftigung**.

Das einzige während eines Arbeitsverhältnisses **immer** bestehende Recht ist das **Recht auf Entlohnung**. Bleibt das Arbeitsverhältnis aufrecht und ist der Arbeitnehmer arbeitsbereit, dann ist er unabhängig davon, ob der Arbeitgeber ihn beschäftigen kann oder will, zu entlohnen.

Ein **Recht auf Beschäftigung** haben nur einige wenige Arbeitnehmergruppen, wie **Schauspieler, Lehrlinge** und einige andere **in Ausbildung befindliche Arbeitnehmer.** Das hat mit der Besonderheit des Schauspielerberufes einerseits zu tun, andererseits beim Lehrling mit der Tatsache, dass bei diesem weniger die Arbeitsleistung, als der Ausbildungszweck im Vordergrund steht. Dies gilt auch für Turnusärzte und die anderen Berufsgruppen, bei denen eine bestimmte Praxiszeit in einem Dienstverhältnis für die spätere Niederlassung Voraussetzung ist.

Ein Recht auf Beschäftigung haben auch Schüler und Lehrgangsteilnehmer nach dem Gesundheits- und Krankenpflegegesetz und Schüler und Kursteilnehmer nach dem Gesetz über die Medizinischen Assistenzberufe (MAB-Gesetz) sowie Studierende nach dem Gesetz über die Medizinisch-Technischen Dienste und dem Hebammengesetz.

D. Inhalte des Arbeitsvertrages

Der Arbeitsvertrag regelt insbesondere jene Inhalte, welche sich für die Vertragsparteien nicht automatisch aus dem Gesetz, Kollektivvertrag, etc. ergeben können. Unverzichtbare Bestandteile jedes Arbeitsvertrages sind daher:

- **Beginn-Zeitpunkt** des Arbeitsverhältnisses,
- **Arbeitsort**,

- **Dauer** (befristet/unbefristet),
- **Art der Tätigkeit bzw. Verwendung**
  (z.B. als diplomierte Gesundheits- und Krankenpflegeperson)
- **Entgelt** (Grundentgelt bzw. weitere Entgeltbestandteile)
- **Beschäftigungsausmaß** (Voll- oder Teilzeitbeschäftigung)

Darüber hinaus können von den Vertragspartnern weitere Inhalte in den schriftlichen Arbeitsvertrag aufgenommen werden, z.B. Urlaubsausmaß, Bezeichnung anzuwendender Normen (Kollektivvertrag, Betriebsvereinbarung), geänderte Kündigungsfristen.

Dem Arbeitnehmer ist am Beginn des Arbeitsverhältnisses ein **schriftlicher Dienstvertrag** oder ein **Dienstzettel** mit den wesentlichen Inhalten des Arbeitsvertrages auszuhändigen.

E. Dauer der Arbeitsverhältnisse

1. Arbeitsverhältnis auf Probe

Das Arbeitsverhältnis auf Probe kommt nur bei **Angestellten** und **Vertragsbediensteten** vor. Es kann nur für höchstens einen Monat (in Kollektivvertrag, Betriebsvereinbarung oder Einzelvertrag) vereinbart werden. Während der Probezeit kann das Arbeitsverhältnis von jedem der beiden Vertragsteile **jederzeit** ohne Angabe von Gründen und ohne Einhaltung einer Frist aufgelöst werden.

Anmerkung:
Die Vereinbarung von längeren Probezeiten ist unwirksam, dh der Vertrag diesbezüglich ungültig und die Vereinbarung der Probezeit auf die maximal zulässige Zeit umzudeuten.

2. Befristetes Arbeitsverhältnis

Beginn und Ende des Arbeitsverhältnisses sind schon bei Vertragsabschluss vereinbart, daher endet der Arbeitsvertrag durch Zeitablauf. Während der bestehenden Vertragszeit kann das Arbeitsverhältnis nicht gekündigt werden (außer es wurde ausdrücklich das Gegenteil vereinbart), eine einvernehmliche Lösung ist aber jederzeit möglich. Jeder der beiden Teile ist überdies berechtigt, aus wichtigem Grund das Arbeitsverhältnis vorzeitig aufzulösen (Entlassung, Austritt). Grundsätzlich kommt das befristete Arbeitsverhältnis nur bei Angestellten und Vertragsbediensteten vor. Eine Aneinanderreihung von mehreren befristeten Arbeitsverhältnissen (sog. **Kettendienstvertrag**) ist nur in begründeten Ausnahmefällen zulässig (Karenzvertretung, bestimmtes Arbeitsprojekt etc.). Dient das Arbeitsverhältnis Ausbildungszwecken, so ist auch eine mehrmalige Verlängerung der Befristung möglich.

3. Unbefristetes Arbeitsverhältnis

Der Beginn des Arbeitsverhältnisses ist vereinbart, die Vertragsbeziehung wird auf Dauer eingegangen. Das Arbeitsverhältnis endet durch Tod des Arbeitnehmers, einvernehmliche Lösung, Kündigung (durch Arbeitgeber oder Arbeitnehmer), Entlassung oder Austritt.

F. Entgelt

Zum Entgelt zählen alle Leistungen des Arbeitgebers, die in Geld bewertet werden können:

- (Grund-) **Gehalt** bzw. **Lohn**,
- **Sonderzahlungen** („Urlaubsgeld"; „Weihnachtsgeld"),
- **Überstundenvergütungen**,
- **Abgeltung von erschwerenden Arbeitsumständen** (Gefahr/Erschwernis),
- **Prämien, Belohnungen, Remunerationen**,
- **Sachbezüge**,
- **Abfertigung** (bei Beendigung des Dienstverhältnisses, sofern ein Anspruch besteht) und **Pensionskassenbeiträge** (bei laufendem Dienstverhältnis),

Eine **Pauschalentgeltvereinbarung („all-in Klausel")** ist zulässig. Allerdings besteht seit 1. 1. 2016 die Verpflichtung, den Grundlohn im Sinne des Lohnes für die Normalarbeitszeit im Dienstvertrag oder im Dienstzettel betragsmäßig festzuhalten.

G. Entgeltfortzahlung

a) Entgeltfortzahlung bei Krankheit oder Unfall

Bei Arbeitsverhinderung wegen Krankheit oder Unfall hat der Arbeitnehmer Anspruch auf Entgeltfortzahlung, wenn diese vom Arbeitnehmer nicht vorsätzlich oder grob fahrlässig herbeigeführt wurde. Der Anspruch auf Entgeltfortzahlung besteht auch bei Kur- und Erholungsaufenthalten. Eine Arbeitsverhinderung ist unverzüglich (dh ohne schuldhafte Säumnis) vom Arbeitnehmer selbst mündlich, schriftlich oder durch Boten dem Arbeitgeber bekannt zu geben und auf sein Verlangen eine Bestätigung durch Arzt, Krankenhaus, oder Krankenkasse über Beginn und voraussichtliche Dauer vorzulegen. Die Ursache der Arbeitsverhinderung muss nicht bekannt gegeben werden.

Je nach Dauer des Arbeitsverhältnisses erhält der Arbeitnehmer bei Krankheit sechs bis zwölf Wochen die volle Entlohnung und danach weitere vier Wochen die halbe Entlohnung. Während der Fortzahlung des vollen Entgelts durch den Arbeitgeber zahlt die Krankenkasse kein Krankengeld, während der Fortzahlung des halben Entgelts zahlt die Krankenkasse das halbe Krankengeld. Dauert die Krankheit über die genannten Fristen hinaus an, so zahlt die Krankenkasse das volle Krankengeld bis zu 26 Wochen (= gesetzlicher Anspruch nach ASVG), unter bestimmten Umständen bis zu 52 Wochen.

Anmerkung:

In Kollektivverträgen ist oft eine längere Entgeltfortzahlung vereinbart. So sehen die Kollektivverträge der Arbeitnehmer der Sozialversicherungen Österreichs (DO.A, DO.B, DO.C) je nach Dienstzeit eine Entgeltfortzahlung von bis zu 18 Monaten vor.

b) Entgeltfortzahlung bei kurzzeitiger Arbeitsverhinderung

Bei **kurzzeitiger** Arbeitsverhinderung aus anderen wichtigen, seine Person betreffende Gründen (Arztbesuch, Vorladung durch Behörde, Wohnungswechsel, Tod naher Angehöriger, Eheschließung, Ausübung des Wahlrechtes, Erfüllung einer Impfpflicht, ...) hat der Arbeitnehmer Anspruch auf Entgeltfortzahlung. Die Arbeitsverhinderung muss behauptet werden, der Arbeitgeber kann einen Nachweis verlangen.

c) Entgeltfortzahlung bei Arbeitsverhinderung in der Risikosphäre des Arbeitgebers

Ist der Arbeitnehmer zur Arbeitsleistung bereit und wird er durch Umstände, die in die Risikosphäre des Arbeitgebers fallen (z.B. bei Ausfall von Arbeitsgeräten, Mangel an Arbeitsmaterialien, Auftragsmangel, vorübergehende Stilllegung des Betriebes, ...), an der Arbeitsleistung gehindert, so hat der Arbeitgeber das Entgelt vertragsgemäß zu leisten.

d) Ende der Entgeltfortzahlung mit Auflösung des Arbeitsverhältnisses

Der Anspruch auf Entgeltfortzahlung im Falle der Krankheit **endet** grundsätzlich **mit Ende des Arbeitsverhältnisses.**

Erfolgt eine **Kündigung** oder **ungerechtfertigte Entlassung während eines Krankenstandes**, so endet der Entgeltfortzahlungsanspruch mit Ende des Krankenstandes, auch wenn dieses erst nach Beendigung des Dienstverhältnisses gelegen ist. Allerdings ist auch hier der Entgeltfortzahlungsanspruch mit der gesetzlichen (je nach Dienstzeit sechs bis zwölf Wochen volles Entgelt, danach vier Wochen halbes Entgelt) oder kollektivvertraglichen **Maximaldauer** beschränkt.

H. Auflösung des Arbeitsverhältnisses

AUFLÖSUNG

Tod	Sofort	Zeitablauf	Einvern. Lösung	Kündigung	Entlassung	Austritt
des Arbeitnehmers	Probedienst-verhältnis	Befristung	Auflösungs-vertrag	Termine, Fristen	durch Arbeitgeber	durch Arbeitnehmer

1. Tod des Arbeitnehmers

Der Tod des **Arbeitnehmers beendet alle Arbeitsverhältnisse**, da die Pflicht zur **Arbeitsleistung** eine **höchstpersönliche Verpflichtung** des **Arbeitnehmers** ist.

Bei Tod des **Arbeitgebers** bleibt das Arbeitsverhältnis **aufrecht**, da die **Verpflichtungen des Arbeitgebers** (insbesondere Entgeltzahlung) keine höchstpersönlichen Verpflichtungen sind und **auf den Nachlass** und in weiterer Folge **auf die Erben übergehen**. Der Vertreter des Nachlasses und in weiterer Folge der Erbe hat darüber zu entscheiden, ob der Betrieb fortgeführt oder eingestellt wird. Will der Erbe – oder auch der Arbeitnehmer selbst – das Arbeitsverhältnis nicht mehr fortführen, so muss dieses auf andere Art (siehe im Folgenden) beendet werden.

2. Sofortige Auflösung

Die Beendigung eines Arbeitsverhältnisses durch **sofortige Auflösung** gibt es nur beim **Arbeitsverhältnis auf Probe**.

3. Zeitablauf

Die Beendigung eines Arbeitsverhältnisses durch **Zeitablauf** gibt es nur bei **befristeten Arbeitsverhältnissen**. Die Beendigung tritt durch den Ablauf der vereinbarten Dauer von selbst ein, ohne dass es einer weiteren Erklärung seitens des Arbeitgebers oder des Arbeitnehmers bedarf.

4. Einvernehmliche Lösung

Eine **einvernehmliche Lösung** eines Arbeitsverhältnisses gibt es nur bei privatrechtlichen Arbeitsverhältnissen (Angestellte, Vertragsbedienstete). Arbeitgeber und Arbeitnehmer vereinbaren einen (allenfalls neuen) Endtermin für das Arbeitsverhältnis. Inhaltlich ist die einvernehmliche Lösung ein Auflösungsvertrag.

5. Kündigung (Arbeitgeber/Arbeitnehmer)

Die **Kündigung** ist die Auflösung des Arbeitsverhältnisses unter Einhaltung einer **Kündigungsfrist** zu einem bestimmten **Kündigungstermin**. Sowohl Arbeitgeber als auch Arbeitnehmer steht diese Form der Auflösung ohne Angabe von Gründen offen. Die Kündigung kann mündlich oder schriftlich erfolgen.

Inhaltlich stellt die Kündigung die einseitige Umwandlung eines ursprünglich unbefristeten in ein befristetes Arbeitsverhältnis dar, das heißt, ein Teil legt durch die Kündigung einseitig den Endzeitpunkt für das Arbeitsverhältnis fest. **Bis zum Kündigungstermin** bleibt das Arbeitsverhältnis mit allen Rechten und Pflichten **aufrecht**.

Die Kündigung ist die einseitige und empfangsbedürftige Willenserklärung des Arbeitgebers oder Arbeitnehmers, ein Arbeitsverhältnis zu einem bestimmten, in der Zukunft gelegenen, Termin beendigen zu wollen. Da sie in Rechte und Pflichten des Vertragspartners eingreift, muss sie diesem zur Kenntnis gebracht werden. Die Weigerung, eine Kündigung in Empfang zu nehmen, hindert allerdings nicht daran, dass die Kündigung dem Gekündigten zugeht.

a) Kündigungsfrist und Kündigungstermin

Unter Kündigungsfrist versteht man jenen einzuhaltenden Mindestzeitraum, der zwischen Zugang der Kündigung und dem Ende des Arbeitsverhältnisses liegen muss. Die Länge der Kündigungsfrist ist immer von der bisherigen Dauer des Arbeitsverhältnisses abhängig.

Kündigungsfristen		
Dienstzeit	**Kündigungsfrist**	
	Angestelltengesetz	**Vertragsbedienstetengesetz**
weniger als 6 Monate		1 Woche
ab 6 Monaten		2 Wochen
ab 1 Jahr		1 Monat
bis 2 Jahre	6 Wochen	
ab 2 Jahre	2 Monate	2 Monate
ab 5 Jahre	3 Monate	3 Monate
ab 10 Jahre		4 Monate
ab 15 Jahre	4 Monate	5 Monate
ab 25 Jahre	5 Monate	

Unter **Kündigungstermin** versteht man jenen Zeitpunkt, zu dem das Arbeitsverhältnis beendet wird. Nach dem **Angestelltengesetz** gibt es **gesetzliche Kündigungstermine** für Arbeitgeberkündigungen nur zum jeweiligen Quartalsende (31. 3., 30. 6., 30. 9. und 31. 12.) und für Arbeitnehmerkündigungen nur jeweils zum Monatsletzten. **Vertraglich** können sowohl für Arbeitgeber als auch für Arbeitnehmer zusätzliche Kündigungstermine zu jedem Monatsletzten und zum 15. jedes Monats vereinbart werden.

Nach dem Vertragsbedienstetengesetz ist der Kündigungstermin jeweils der letzte Tag eines Monats.

Die Verkürzung oder Verlängerung von Fristen, sowie die Vereinbarung anderer Kündigungstermine sind durch vertragliche Regelung zulässig, sofern dies für den Arbeitnehmer günstiger ist.

Grundsätzlich müssen **Kündigungsgründe** nicht vorliegen, doch muss eine Kündigung immer frist- und termingerecht erfolgen.

Sowohl die Vertragsbedienstetengesetze als auch eine Reihe von Kollektivverträgen sehen vor, dass ein Dienstverhältnis, das bereits eine bestimmte Zeit gedauert hat (z.B. VBG Bund ein Jahr, VBO Wien drei Jahre), vom Dienstgeber nur schriftlich und nur bei Vorliegen und unter Angabe eines im Gesetz oder Kollektivvertrag ausdrücklich genannten Grundes gekündigt werden kann. Die Kündigung durch den Dienstnehmer kann hingegen jederzeit ohne Angabe eines Grundes erfolgen.

b) Fristwidrige Kündigung und Kündigungsentschädigung

Als **fristwidrig** bezeichnet man alle Kündigungen mit zu kurzer Frist oder zu frühem Termin. Das Arbeitsverhältnis wird jedenfalls zum angegebenen früheren Zeitpunkt beendet.

Die fristwidrige Kündigung durch den Arbeitgeber wird wie eine **ungerechtfertigte Entlassung** behandelt. Der Arbeitnehmer erhält für jenen Zeitraum, der bis zur ordnungsgemäßen Kündigung verstreichen hätte müssen, einen Schadenersatz in der Höhe seiner vertraglichen Ansprüche als **Kündigungsentschädigung**. Eine Arbeitsleistung hat er nach dem Kündigungstermin nicht mehr zu erbringen.

Übersteigt der Zeitraum, für den der Arbeitgeber die **Kündigungsentschädigung** zahlen muss, **drei Monate**, so muss sich der Angestellte für diesen Zeitraum das **anrechnen** lassen, was er inzwischen verdiente oder absichtlich zu verdienen unterlassen hat.

Die fristwidrige Kündigung durch den Arbeitnehmer wird wie ein **unbegründeter vorzeitiger Austritt** behandelt. Wenn dem Arbeitgeber ein Schaden (beispielsweise Mehraufwand durch die Notwendigkeit der Leistung von Überstunden durch andere Arbeitnehmer oder Einsatz von Leiharbeitskräften zum Ersatz des fristwidrig kündigenden Arbeitnehmers) entsteht, so hat er einen Anspruch auf Schadenersatz.

c) Kündigungsanfechtung

Nach dem Arbeitsverfassungsgesetz hat der Betriebsinhaber vor jeder **Kündigung** eines Arbeitnehmers den **Betriebsrat** zu verständigen, der innerhalb von einer Woche dazu Stellung nehmen kann. Wird der Betriebsrat nicht verständigt oder die Kündigung **vor Ablauf der Fünftagefrist** (außer der Betriebsrat hat bereits Stellung genommen) ausgesprochen, so ist die Kündigung **rechtsunwirksam.**

Hat der **Betriebsrat** einer Kündigung **nicht ausdrücklich zugestimmt**, so kann diese Kündigung **innerhalb** von **2 Wochen** beim **Arbeits- und Sozialgericht angefochten** werden.

Die Kündigung ist für **rechtsunwirksam** zu erklären, wenn sie aus **verpönten Motiven** (z.B. wegen der Zugehörigkeit zur Gewerkschaft oder wegen einer Betriebsratstätigkeit in der Vergangenheit) erfolgte oder bei mindestens **sechsmonatiger Betriebszugehörigkeit** des Gekündigten **sozial ungerechtfertigt** war, es sei denn, dass die Kündigung durch Umstände in der Person des Arbeitnehmers notwendig war, welche die betrieblichen Interessen nachteilig berühren oder dass betriebliche Erfordernisse einer Weiterbeschäftigung des Gekündigten entgegenstehen.

Ist kein Betriebsrat eingerichtet, so entfällt zwar die Wochenfrist für die Äußerung des Betriebsrates, eine Kündigungsanfechtung durch den Dienstnehmer innerhalb 2 Wochen ist aber **immer** möglich.

Einige **Kollektivverträge** (DO.A, DO.B, DO.C) sehen nach einer 10-jährigen Dienstzeit unter bestimmten Voraussetzungen die **Unkündbarkeit** seitens des Dienstgebers vor. Die **Entlassung** unkündbarer Dienstnehmer kann überdies nur nach einem **Disziplinarverfahren** erfolgen.

6. Entlassung

Die **Entlassung** ist die vorzeitige Auflösung eines Arbeitsverhältnisses durch den **Arbeitgeber.** Sie ist an **keine Fristen** gebunden und beendet das Dienstverhältnis mit **sofortiger Wirkung.**

Die Entlassung ist

- **gerechtfertigt**, wenn ein anerkannter Entlassungsgrund vorliegt und sie unverzüglich erfolgt,
- **ungerechtfertigt**, wenn kein anerkannter Entlassungsgrund vorliegt oder die Entlassung verspätet ausgesprochen wurde.

In beiden Fällen ist die Entlassung **sofort wirksam.**

Im Fall einer ungerechtfertigten Entlassung ist der Arbeitnehmer finanziell so zu stellen, als wäre er vom Arbeitgeber ordnungsgemäß gekündigt worden (Kündigungsentschädigung in der Höhe des Entgeltanspruches bis zum nächstmöglichen Kündigungstermin, Ersatzleistung für Urlaubsentgelt, allenfalls Abfertigung).

Im Fall einer gerechtfertigten Entlassung wird der Arbeitnehmer zum Ende des Arbeitsverhältnisses abgerechnet und hat allenfalls zu viel konsumierten (aliquoten) Urlaub zurückzuzahlen.

a) Entlassungsgründe und Rechtzeitigkeit

Als die Entlassung **rechtfertigende Entlassungsgründe** kommen einerseits alle möglichen Arten von gröblichen *Dienstpflichtverletzungen* in Frage, wie z.B. Verletzung von Geschäfts- und Betriebsgeheimnissen, Arbeitsverweigerung, Trunkenheit im Dienst, Tätlichkeiten und erhebliche Ehrverletzungen gegenüber dem Arbeitgeber oder Mitbeschäftigten, andererseits aber auch *objektive Umstände*, wie die Unfähigkeit des Arbeitnehmers, in Hinkunft die vereinbarten Dienste zu leisten.

Rechtzeitig ist die Entlassung dann, wenn der Arbeitgeber sie unmittelbar nach Kenntnis des Entlassungsgrundes ausspricht. Allerdings muss dem Arbeitgeber die Möglichkeit eingeräumt werden, zu überprüfen, ob wirklich ein Entlassungsgrund vorliegt, etwa durch Befragen des Betroffenen oder seiner Arbeitskollegen. Diese Prüfung muss sofort erfolgen.

b) Entlassungsanfechtung, Umdeutung einer Entlassung in eine Kündigung

Wurde das Arbeitsverhältnis durch **Entlassung** beendet, so kann diese so wie eine Kündigung **innerhalb von 14 Tagen** beim **Arbeits- und Sozialgericht angefochten** werden.

Die Entlassung ist für **rechtsunwirksam** zu erklären, wenn sie einerseits **unbegründet** war und andererseits entweder aus **verpönten Motiven** (z.B. wegen der Zugehörigkeit zur Gewerkschaft oder wegen einer Betriebsratstätigkeit in der Vergangenheit) erfolgte oder bei mindestens **sechsmonatiger Betriebszugehörigkeit** des Gekündigten **sozial ungerechtfertigt** war, es sei denn, dass die Entlassung durch Umstände in der Person des Arbeitnehmers notwendig war, welche die betrieblichen Interessen nachteilig berühren oder dass betriebliche Erfordernisse einer Weiterbeschäftigung des Gekündigten entgegenstehen.

War die **Entlassung gerechtfertigt** oder lag **weder ein verpöntes Motiv noch Sozialwidrigkeit** vor, so bleibt die **Entlassung aufrecht**.

War die Entlassung zwar ungerechtfertigt, lag aber weder ein verpöntes Motiv noch Sozialwidrigkeit vor, so bleibt die **Entlassung** als **ungerechtfertigt aufrecht** und wird wie eine Arbeitgeberkündigung mit allen Rechtsfolgen wie Kündigungsentschädigung, Ersatzleistung für Urlaubsentgelt und Abfertigung abgerechnet.

7. Austritt

Der **Austritt** ist die vorzeitige Auflösung eines Arbeitsverhältnisses durch den **Arbeitnehmer**. Er ist an **keine Frist** gebunden und beendet das Arbeitsverhältnis mit **sofortiger Wirkung**.

Der Austritt ist

- **berechtigt**, wenn ein anerkannter Austrittsgrund vorliegt und er unverzüglich erfolgt;
- **unberechtigt**, wenn kein anerkannter Austrittsgrund vorliegt oder der Austritt verspätet erklärt wurde.

In beiden Fällen ist der Austritt **sofort wirksam**.

Als den Austritt **rechtfertigende Gründe** kommen einerseits alle möglichen *gröblichen Pflichtverletzungen des Arbeitgebers* in Frage, wie z.B. Nichtbezahlung des Lohnes trotz Mahnung, Tätlichkeiten und erhebliche Ehrverletzungen seitens des Arbeitgebers oder Mitbeschäftigter, andererseits aber auch *objektive* Umstände, wie die Unmöglichkeit, in Hinkunft die vereinbarten Dienste ohne gesundheitlichen Schaden für den Arbeitnehmer zu leisten.

Rechtzeitig ist der Austritt dann, wenn der Arbeitnehmer ihn unmittelbar nach Vorliegen des Austrittsgrundes erklärt. Allerdings muss beim Austritt aus gesundheitlichen Gründen dem Arbeitgeber die Möglichkeit gegeben werden, den Arbeitnehmer zu denselben Lohnbedingungen an einem anderen Arbeitsplatz einzusetzen. Lehnt der Arbeitnehmer die Weiterbeschäftigung an einem zumutbaren Arbeitsplatz ab, so ist der Austritt unberechtigt.

Im Fall eines berechtigten Austritts ist der Arbeitnehmer finanziell so zu stellen, als wäre er vom Arbeitgeber ordnungsgemäß gekündigt worden (Kündigungsentschädigung in der Höhe des Entgeltanspruches bis zum nächstmöglichen Kündigungstermin, Ersatzleistung für Urlaubsentgelt, allenfalls Abfertigung).

Im Fall eines unberechtigten Austritts wird der Arbeitnehmer zum Ende des Arbeitsverhältnisses abgerechnet, verliert seine Urlaubsansprüche für das laufende Urlaubsjahr und hat allenfalls bereits konsumierten (aliquoten) Urlaub zurückzuzahlen. Überdies kann der Arbeitgeber, falls ihm durch den Austritt ein Mehraufwand – etwa durch den sofortigen und oftmals teureren Einsatz von Ersatzarbeitskräften – entstand, Schadenersatz fordern.

I. Ansprüche bei Beendigung des Arbeitsverhältnisses

1. Ansprüche des Arbeitnehmers

Bei Beendigung des Arbeitsverhältnisses hat jeder Arbeitnehmer den Anspruch auf eine ordnungsgemäße Abrechnung bis zum Ende des Arbeitsverhältnisses und auf die Ausstellung eines Dienstzeugnisses. Darüber hinausgehende Ansprüche hängen von der Dauer und der Art der Lösung des Dienstverhältnisses ab.

a) Dienstzeugnis

Bei Beendigung des Arbeitsverhältnisses hat der Arbeitgeber dem Arbeitnehmer ein **Dienstzeugnis** auszustellen; dieses muss die Dauer und die Art der Beschäftigung enthalten. Auf Wunsch kann auch ein (qualifiziertes) Arbeitszeugnis durch den Arbeitgeber erstellt werden, in dem eine Beurteilung von Persönlichkeit und Arbeitserfolg vorgenommen wird. Das Dienstzeugnis darf nichts enthalten, was das Fortkommen des Arbeitnehmers in Zukunft beeinträchtigen könnte.

- **Abfertigung alt**

Hat das Dienstverhältnis vor dem 1. 1. 2003 begonnen und **3 Jahre** gedauert, so steht dem Angestellten ein Abfertigungsanspruch zu. Dieser ist nach der Dienstzeit gestaffelt und beträgt nach drei Jahren zwei Monatsentgelte und steigert sich bis zu zwölf Monatsentgelten nach 25 Jahren.

Anmerkung:
Das Monatsentgelt besteht aus dem Gehalt, allfälligen Zulagen, den regelmäßig geleisteten Überstunden und den aliquoten Sonderzahlungen.

- **Abfertigung neu**

Hat das Dienstverhältnis **nach dem 1.1.2003 begonnen**, so hat der Arbeitgeber **ab dem ersten Tag** der Beschäftigung **1,53% der Lohnsumme** in eine Betriebliche Mitarbeiter Vorsorge Kasse nach dem **Betrieblichen** Mitarbeiter- und Selbständigenvorsorgegesetz (BMSVG) einzuzahlen. Diese Gelder werden angelegt und gehören nach Ende des Dienstverhältnisses dem Arbeitnehmer. Der Arbeitnehmer erhält das Geld ausbezahlt, sofern er bereits insgesamt 3 Jahre (auch bei verschiedenen Arbeitgebern) gearbeitet hat. Das Geld wird allerdings nur dann **sofort ausbezahlt**, wenn das letzte Dienstverhältnis **nicht** durch Arbeitnehmerkündigung, verschuldete gerechtfertigte Entlassung oder unberechtigten Austritt geendet hat.

Endete das letzte Dienstverhältnis durch Arbeitnehmerkündigung, verschuldete gerechtfertigte Entlassung oder unberechtigten Austritt oder lässt sich der Arbeitnehmer das Geld nicht sofort auszahlen, so verbleibt es in der Kasse und kann entweder bei der **nächsten Auszahlungsmöglichkeit** oder bei der endgültigen Beendigung des Arbeitslebens je nach Wunsch ausbezahlt werden.

Der Arbeitnehmer hat auch die **Möglichkeit**, sich sämtliche Abfertigungsbeträge gemeinsam mit der staatlichen Pension als **Zusatzpension** auszahlen zu lassen.

Kündigt der Angestellte selbst (außer aus Anlass der Pensionierung), trifft ihn ein Verschulden an seiner gerechtfertigten Entlassung oder tritt er unberechtigt aus, so verliert er den Abfertigungsanspruch alt zur Gänze. Die Abfertigung neu geht hingegen nicht verloren, der Arbeitnehmer kann sie aber in diesen Fällen nicht sofort auszahlen lassen.

Bei **Tod** des Angestellten gebührt den gesetzlichen Erben die **halbe Abfertigung (alt)**.

Die Auszahlung als Kapitalbetrag wird wie bisher mit 6% besteuert.

Die Auszahlung als Rente ist **steuerfrei**.

b) Postensuchtage

Wurde der Arbeitnehmer vom Arbeitgeber gekündigt, so ist ihm auf sein Verlangen während der Kündigungsfrist wöchentlich mindestens ein Fünftel der regelmäßigen wöchentlichen Arbeitszeit zum Aufsuchen eines neuen Dienstpostens ohne Schmälerung des Entgelts freizugeben.

c) Ersatzleistung für Urlaubsentgelt

Dem Arbeitnehmer gebührt für das Urlaubsjahr, in dem das Arbeitsverhältnis endet, eine Ersatzleistung für den noch offenen Urlaub. Dabei ist der Urlaubsanspruch zu **aliquotieren**, vom aliquoten Urlaubsanspruch sind die bereits konsumierten Tage abzuziehen, der Rest ist auszuzahlen. Hat der Arbeitnehmer bereits mehr konsumiert, so erhält er nichts mehr, muss aber auch nichts zurückzahlen.

Endete das Arbeitsverhältnis durch **gerechtfertigte Entlassung** oder **unberechtigten Austritt**, so ist zu viel konsumierter Urlaub **zurückzuzahlen**. Darüber hinaus verliert der Arbeitnehmer bei **unberechtigtem Austritt** sämtliche Urlaubsansprüche, auch den Anspruch auf Ersatzleistung für Urlaubsentgelt.

2. Ansprüche des Arbeitgebers

Bei Beendigung des Arbeitsverhältnisses hat der Arbeitgeber – unabhängig von der Dauer und der Art der Lösung des Arbeitsverhältnisses – den Anspruch auf

a) Rückgabe

der dem Arbeitnehmer übergebenen Arbeitsgeräte, Dienstkleidung, Dienstabzeichen und Dienstausweise, sowie aller Schlüssel und Legitimationen, welche den Zutritt zum Betrieb ermöglichen.

Darüber hinaus bleiben einige Ansprüche des Arbeitgebers auch **nach Beendigung** des Arbeitsverhältnisses aufrecht, wobei diese Ansprüche zum Teil von der Dauer abhängen.

b) Verschwiegenheitspflicht

Der Arbeitnehmer ist auch nach Beendigung seines Arbeitsverhältnisses zur **Verschwiegenheit** sowie zur **Wahrung von Geschäfts- und Betriebsgeheimnissen** verpflichtet. **Diese Verpflichtung besteht unabhängig von Dauer und der Art der Lösung des Arbeitsverhältnisses.**

Eine Verletzung der Verschwiegenheitspflicht kann zu **Schadenersatzforderungen** des Arbeitgebers führen.

c) Konkurrenzklausel

Ausschließlich bei privatwirtschaftlichen Arbeitsverhältnissen im Angestelltenbereich kann der Arbeitnehmer im Arbeitsvertrag verpflichtet werden, nach Beendigung des Arbeitsverhältnisses **maximal ein Jahr lang** im Geschäftszweig des Arbeitgebers nicht tätig zu werden. Eine derartige Konkurrenzklausel ist an sich nur dann gültig, wenn der Arbeitgeber ein berechtigtes Interesse an ihrer Einhaltung hat und das Fortkommen des Angestellten nicht unbillig erschwert wird.

Hat das Arbeitsverhältnis durch ungerechtfertigte Entlassung oder gerechtfertigten Austritt geendet, so ist der Angestellte an die Konkurrenzklausel nicht gebunden. Endete das Arbeitsverhältnis ohne Verschulden des Angestellten durch Arbeitgeberkündigung, so ist der Angestellte nur dann an das Konkurrenzverbot gebunden, wenn der Arbeitgeber für die Dauer des aufrechten Konkurrenzverbotes das bisherige Entgelt weiter zahlt.

In den meisten Gesundheitsberufen käme eine derartige Konkurrenzklausel einem totalen Berufsverbot gleich und wäre aus diesem Grund nichtig.

Seit 1.1.2016 muss ein Arbeitnehmer im letzten Monat seines Dienstverhältnisses mindestens € 3.240,– brutto verdienen, damit die Konkurrenzklausel seitens des Arbeitgebers geltend gemacht werden kann. Die anteiligen Sonderzahlungen sind dabei nicht zu berücksichtigen.

d) Ersatz von Ausbildungskosten

Ausbildungskosten sind die vom Arbeitgeber **tatsächlich aufgewendeten Kosten** für jene erfolgreich absolvierte Ausbildung, die dem Arbeitnehmer **Spezialkenntnisse** theoretischer und praktischer Art vermittelt, die dieser auch bei **anderen** Arbeitgebern **verwerten** kann. **Einschulungskosten** sind **keine** Ausbildungskosten.

Die Vereinbarung der Rückforderung des während einer Ausbildung fortgezahlten Entgelts ist zulässig, sofern der Arbeitnehmer für die Dauer der Ausbildung von der Dienstleistung freigestellt ist.

Keine Verpflichtung zur Rückerstattung von Ausbildungskosten besteht, wenn der Arbeitnehmer im Zeitpunkt des Abschlusses der Vereinbarung **minderjährig** ist und nicht die Zustimmung des gesetzlichen Vertreters des Minderjährigen dazu vorliegt.

Für die Gültigkeit von Rückzahlungsvereinbarungen gelten darüber hinaus folgende zusätzliche Kriterien:

- Die Kosten der Ausbildung dürfen **nicht bloß geringfügig** sein.
- Die bei der Ausbildung erworbenen Kenntnisse und Fertigkeiten müssen in ihren Grundzügen nicht bloß in dem Betrieb verwertbar sein, für den die Ausbildung gemacht wurde, sondern auch in anderen Betrieben derselben Branche, das heißt, bloß **innerbetrieblich verwertbare** Fortbildung kann **niemals ersatzfähig** sein. Die Ausbildung muss für den Angestellten einen nach Ausscheiden aus dem Betrieb **verwertbaren Nutzen** haben.
- Die **Bindungsdauer** darf **4 Jahre nicht überschreiten.**

> **Anmerkung:**
> Eine Bindungsdauer von 4 Jahren ist nur bei hohen Ausbildungskosten und hohem Nutzen für den Arbeitnehmer möglich. Bei geringeren Kosten und geringerem Nutzen liegt die zulässige Bindungsdauer darunter.

- Es dürfen bloß die vom Dienstgeber aufgewendeten **tatsächlichen Kosten** verrechnet werden.
- Die **Rückzahlungsverpflichtung vermindert** sich pro Monat oder kürzeren Zeiträumen, in denen nach Beendigung der Ausbildung gearbeitet wurde, aliquot zu der vereinbarten Verpflichtungsdauer. Eine Aliquotierung in größeren Zeitabschnitten ist unwirksam und führt zu einer Nichtigkeit der gesamten Ausbildungskostenrückersatzvereinbarung.

> **Beispiel:**
> Ein Arbeitnehmer hat sich zu 3 Jahren Verbleib nach der Ausbildung verpflichtet und scheidet nach 21 Monaten aus. Er hat daher bloß den verbleibenden Teil, das sind 15/36 der gesamten Ausbildungskosten zurückzuzahlen.

- Die **endgültige Verpflichtung** zur Rückzahlung der Ausbildungskosten hängt von der **Art der Beendigung des Dienstverhältnisses** ab. Endet das Dienstverhältnis durch Kündigung seitens des Arbeitgebers ohne Verschulden des Arbeitnehmers, ungerechtfertigte Entlassung, gerechtfertigte Entlassung wegen dauernder Arbeitsunfähigkeit des Arbeitnehmers oder gerechtfertigten Austritt des Dienstnehmers, so besteht keine Verpflichtung zur Rückzahlung der Ausbildungskosten. Bei einer einvernehmlichen Lösung wird im Einzelfall eine Regelung zu treffen sein.

IV. Urlaubsrecht

Unter Urlaub versteht man die Zeit, in der ein Arbeitnehmer von der Verpflichtung zur Arbeitsleistung befreit ist. Die Gesetze unterscheiden dabei eine Reihe von **bezahlten Urlauben** und **unbezahlten Urlauben (Karenzurlaub)**.

A. Bezahlte Urlaube

Unter **bezahltem Urlaub** versteht man die Zeit, in welcher der **arbeitsfähige** Arbeitnehmer bei Aufrechterhaltung des vollen Anspruches auf sein Entgelt von der Verpflichtung zur Arbeitsleistung befreit ist. Der Urlaub dient in erster Linie der Erholung und der Erhaltung der Arbeitskraft des Arbeitnehmers. Es ist zwischen mehreren Arten des Urlaubs zu unterscheiden, wobei darauf hingewiesen wird, dass sowohl Terminologie als auch inhaltliche Regelungen stark voneinander abweichen können.

1. Erholungsurlaub

a) Entstehen des Urlaubsanspruchs

Der Anspruch auf Urlaub entsteht in den ersten sechs Monaten des ersten Arbeitsjahrs **aliquot** zur Dauer des Arbeitsverhältnisses, dh er wächst pro Arbeitsmonat um 2,5 Werktage an. Sofern nichts Günstigeres vereinbart ist, besteht in dieser Anfangszeit auch eine **Wartezeit**, dh der erste Urlaub kann erstmals sechs Monate nach dem Arbeitsantritt konsumiert werden. Danach wird der gesamte Urlaubsanspruch am Beginn des jeweils folgenden Urlaubsjahres/Kalenderjahres fällig.

Das **Urlaubsjahr** ist – sofern nichts anderes vereinbart wurde – in der Privatwirtschaft das **Arbeitsjahr**, im öffentlichen Dienst das Kalenderjahr.

Beispiel:

Eine Angestellte hat am 1. 4. 2018 in ihrem derzeitigen Dienstverhältnis zu arbeiten begonnen. Das Urlaubsjahr (= Arbeitsjahr) läuft vom 1. 4. 2018 bis zum 31. 3. 2019, das nächste Urlaubsjahr beginnt am 1. 4. 2019. Der erste volle Urlaub wird am 1. 10. 2018 fällig, jeder weitere Urlaub am 1. 4. 2019, 1. 4. 2020 usw.

Hätte sie jedoch bereits Mitte August 2018 auf Urlaub gehen wollen, so wäre dies zwar möglich, es stünden ihr aber nur als aliquotierter Urlaubsanspruch 11 Werktage zur Verfügung.

b) Urlaubsausmaß

- **Privatwirtschaft:** Bei einer Gesamtdienstzeit bis zu 25 Jahren 30 Werktage, ab dem 26. Dienstjahr 36 Werktage.

Werktage sind alle Tage, die weder Sonntage noch Feiertage sind.

Bei der Berechnung des Urlaubsausmaßes ist der Samstag immer ein Werktag, unabhängig davon, ob im Betrieb oder der Dienststelle am Samstag gearbeitet wird oder nicht. Eine Umrechnung von Werktagen in Arbeitstage in Betrieben mit 5-Tage-Woche ist immer zulässig (1 Woche = 5 Arbeitstage oder 6 Werktage).

- **Öffentlicher Dienst:** In jedem Kalenderjahr gebührt ein Erholungsurlaub im Ausmaß von 25 Arbeitstagen. Das Urlaubsausmaß erhöht sich ab dem Kalenderjahr, in dem der 43. Geburtstag vor dem 1. Juli liegt, auf 30 Arbeitstage. Liegt der 43. Geburtstag in diesem Kalenderjahr nach dem 30. Juni, erhöht sich das Urlaubsausmaß ab dem darauf folgenden Kalenderjahr.[32]

Sowohl in der Privatwirtschaft als auch im Öffentlichen Dienst ist eine Anrechnung von Vordienstzeiten zur früheren Erlangung eines höheren Urlaubs vorgesehen.

c) Urlaubsverbrauch und Urlaubsverfall

Der Urlaub ist nach Möglichkeit im laufenden Urlaubsjahr zu verbrauchen. Ein **Ansparen** des Urlaubs über längere Zeit ist **nicht möglich** und **widerspricht dem Erholungszweck**. Deshalb verfällt der Urlaub, wenn er nicht innerhalb von 2 Jahren konsumiert wird.

- **Privatwirtschaft:** Der Urlaub verfällt mit Ablauf des zweiten auf das laufende Urlaubsjahr folgenden Urlaubsjahres.

> **Beispiel:**
>
> **Das Urlaubsjahr beginnt am 1. 4. 2018. Der Urlaub ist nach Möglichkeit bis 31. 3. 2019 zu konsumieren und verfällt am 31. 3. 2021.**

- **Vertragsbedienstete** und **Beamte**: Der Urlaub verfällt mit Ablauf des auf seinen Anfall folgenden Kalenderjahres.

> **Beispiel:**
>
> **Der Urlaub für 2018 fällt am 1. 1. 2018 an und verfällt am 31. 12. 2019.**

Aus berücksichtigungswürdigen dienstlichen Gründen kann die Frist für den Verbrauch des Urlaubes einvernehmlich verlängert werden.

Der Urlaub kann nicht in Geld abgelöst werden. Diesbezügliche Vereinbarungen sind rechtsunwirksam. Wurde entgegen dem gesetzlichen Verbot eine Urlaubsablöse vereinbart, kann der Urlaub dennoch konsumiert werden, das dafür erhaltene Geld muss der Arbeitnehmer aber zurückzahlen.

---

32 Diese Regelung gilt im Bund; einige Länder haben weitergehende Regelungen mit einem Urlaub für ältere Arbeitnehmer von bis zu 7 Wochen.

d) Urlaubsantritt

Jeder Urlaubsantritt muss zwischen Arbeitgeber und Arbeitnehmer **vereinbart** werden. Dabei sind die Wünsche des Arbeitnehmers und die betrieblichen Erfordernisse gegeneinander abzuwägen. Es ist weder die einseitige Anordnung von Urlaub möglich, noch der eigenmächtige Urlaubsantritt durch den Arbeitnehmer. Die einseitige Anordnung von Urlaub ist dem arbeitsbereiten Arbeitnehmer gegenüber unwirksam, das heißt, der Urlaubsanspruch bleibt ungeschmälert aufrecht, der eigenmächtige Urlaubsantritt ist ein Entlassungsgrund.

Durch Betriebsvereinbarung können nähere Vorgangsweisen über den Verbrauch von Urlaub festgelegt oder Betriebsurlaube eingeführt werden. Bei Betriebsurlauben darf die maximale Dauer drei Wochen nicht übersteigen, über den Rest muss der Arbeitnehmer immer frei disponieren können.

Die Hälfte des jährlichen Urlaubsanspruches muss ungeteilt gewährt werden. Haben mehrere Arbeitnehmer denselben Zeitraum als Urlaubswunsch, so sind jene zu bevorzugen, die nicht auf einen anderen Zeitraum ausweichen können (z.B. Ferienzeiten schulpflichtiger Kinder oder Betriebsurlaub des Ehepartners oder Lebensgefährten). Das Alter und die Dauer der Betriebszugehörigkeit spielen dabei keine Rolle.

e) Erkrankung während des Urlaubes

Erkrankt (verunglückt) der Arbeitnehmer während des Erholungsurlaubes, ohne dies vorsätzlich oder grob fahrlässig herbeigeführt zu haben oder dass diese aus einer Erwerbstätigkeit während des Urlaubs herrührte, so werden auf Werktage fallende Tage der Erkrankung auf das Urlaubsausmaß nicht angerechnet, wenn die Erkrankung **länger als drei Kalendertage** gedauert hat.

Beispiel:

Die Erkrankung dauert von Freitag bis Montag: Drei Werktage bzw. zwei Arbeitstage werden auf den Urlaub nicht angerechnet.

Voraussetzung dafür, dass die **Krankheit** den Urlaub **unterbricht**, ist, dass der **Arbeitgeber** *nach dreitägiger Krankheitsdauer* **unverzüglich** von der Erkrankung **in Kenntnis gesetzt** wird. Bei **Wiederantritt** des Dienstes ist eine **ärztliche Bestätigung** vorzulegen. Der Dienst ist zur vereinbarten Zeit wieder anzutreten. Dauert die Krankheit länger, so ist der Dienst unmittelbar nach Ende des Krankenstandes anzutreten.

f) Aufzeichnungen (Urlaubskartei)

Alle wesentlichen urlaubsrechtlichen Belange (Urlaubsanspruch, angemeldeter Urlaub, verbrauchter Urlaub) des Arbeitnehmers sind vom Arbeitgeber in Form einer Urlaubskartei (auch mittels EDV) aufzuzeichnen. Dem Arbeitnehmer ist über seine offenen Urlaubsansprüche Auskunft zu erteilen.

2. Zusatzurlaub

Mit einem Zusatzurlaub können entweder erschwerende Arbeitsumstände oder eine geminderte Erwerbsfähigkeit infolge Behinderung ausgeglichen werden. Der Zusatzurlaub ist also ein zum Erholungsurlaub hinzutretender Urlaub.

Als Rechtsgrundlagen kommen dafür bei Arbeitern und Angestellten der Kollektivvertrag, bei Vertragsbediensteten und Beamten die einschlägigen Gesetze (VBG, BDG) bzw. generelle Verwaltungsanordnungen (Erlass) in Betracht. Auch eine einzelarbeitsvertragliche Vereinbarung zwischen Arbeitgeber und Arbeitnehmer ist denkbar.

Der **Kollektivvertrag für die Dienstnehmer der Privatkrankenanstalten Österreichs** sieht einen jährlichen Zusatzurlaub von

- 7 Werktagen für Angestellte im **Strahlendienst** und von 6 Werktagen für das **„Krankenpflegepersonal“** (MTD, Gesundheits- und Krankenpflegeberufe Hebammen, MAB) vor.
- Ein **weiterer** (hinzutretender) Zusatzurlaub von 6 Werktagen gebührt allen **Behinderten** mit einer Minderung der Erwerbsfähigkeit (MdE) von mindestens 50%.
- Bei einer Gesamtdienstzeit von mehr als 25 Jahren kann darüber hinaus allen Arbeitnehmern, die nicht im Krankenpflegedienst beschäftigt sind, ein Zusatzurlaub von weiteren vier Werktagen gewährt werden.

Die **Dienstordnung A (DO.A) der Sozialversicherungsträger** sieht einen Zusatzurlaub für

- besonders gefährdende oder erschwerte Tätigkeiten im Ausmaß von 6 Werktagen (für zahnärztliche oder zahntechnische Angestellte 3 Werktage) und einen weiteren Zusatzurlaub für
- Behinderte ab einer MdE von 30% im Ausmaß von je einem Tag pro 10% der Behinderung, maximal jedoch 5 Werktagen vor.

Gleichlautende Regelungen finden sich in der **Dienstordnung B (DO.B)** und der **Dienstordnung C (DO.C) der Sozialversicherungsträger**, wobei der Zusatzurlaub für erschwerte oder gefährdende Tätigkeiten jeweils 6 Tage, im Bereich der Dentisten und Zahnärzte (DO.B) und der dort beschäftigten Arbeiter (DO.C) 3 Tage beträgt.

- **Vertragsbediensteten** und **Beamten** gebührt ein **gesetzlicher Zusatzurlaub**
  - bei besonders gefährdenden Arbeiten (sog. Strahlentage, Infektionstage etc.) im Ausmaß von bis zu vier Tagen, wobei bei einer Dienstzeit bis 25 Jahren der Gesamturlaub 34 Werktage und bei einer Dienstzeit über 25 Jahren 38 Werktage nicht übersteigen darf;
  - ab einer Erwerbsminderung (MdE) von 20% im Ausmaß von je einem Tag pro 10% der Behinderung. Das Mindestausmaß beträgt 2 Tage, das Höchstausmaß beträgt 6 Tage.

3. Dienstfreistellung (Sonderurlaub)

Unter **Dienstfreistellung** versteht man die Befreiung von der Arbeitsleistung gegen Fortzahlung des Entgelts aus anderen Gründen als Urlaub oder Krankheit. Die Dienstfreistellung wird im **öffentlichen Dienst** als **Sonderurlaub** bezeichnet.

Anmerkung:

Der Begriff **Sonderurlaub** wird in den Dienstordnungen A, B und C (DO.A, DO.B, DO.C) der Sozialversicherungsträger für einen Urlaub unter Verzicht auf die Bezüge (Karenzurlaub) verwendet.

- Privatwirtschaft

  Nach dem Angestelltengesetz behält der Angestellte den Anspruch auf das Entgelt, wenn er durch andere wichtige, seine Person betreffende Gründe ohne sein Verschulden während einer verhältnismäßig kurzen Zeit an der Dienstleistung verhindert wird. Der Grund und die Dauer einer Dienstfreistellung sind im Gesetz nicht näher ausgeführt, die Ansprüche richten sich daher nach dem jeweiligen Kollektivvertrag.

  Der Kollektivvertrag für die Dienstnehmer der Privatkrankenanstalten Österreichs gewährt nach einer einmonatigen Dienstzeit je nach Ereignis (z.B. Eheschließung, Übersiedlung, Todesfall) ein bis drei Arbeitstage als Sonderfreizeit bezeichnete Dienstfreistellung als Rechtsanspruch.

  Die Dienstordnungen A, B und C (DO.A, DO.B, DO.C) der Sozialversicherungsträger gewähren bei Eheschließung, Geburt, Übersiedlung und bestimmten Todesfällen je zwei Tage Freizeit und bei der Vorbereitung auf Fachprüfungen Freizeit im notwendigen Ausmaß als Rechtsanspruch. In anderen wichtigen und dringenden Fällen kann Freizeit im notwendigen Ausmaß gewährt werden.

- Öffentlicher Dienst

  Auf Antrag kann aus wichtigen persönlichen oder familiären Gründen oder aus einem sonstigen besonderen Anlass **Sonderurlaub** erteilt werden. Ein **Rechtsanspruch** besteht nicht, die Gewährung von Sonderurlaub liegt im **pflichtgemäßen Ermessen** der entscheidungsbefugten Dienststelle. Der Grund ist glaubhaft zu machen, auf Verlangen ist der Nachweis erforderlich.

  Als Gründe kommen in Frage Eheschließung, Begräbnis naher Angehöriger, Übersiedlung, nötige Freizeit zur Ablegung einer Dienstprüfung, Teilnahme an außerdienstlicher Fortbildungsveranstaltung usw. in Frage.

  Bei den Gründen für Sonderurlaub muss es sich um Angelegenheiten handeln, die zwar eine völlige Dienstfreiheit erfordern, aber nicht dem Zweck der Erholung dienen. Ein Sonderurlaub zur Verlängerung des Erholungsurlaubes ist daher ausgeschlossen.

Anmerkung:

Die Teilnahme an **dienstlichen Fortbildungsveranstaltungen** ist **Dienstpflicht**, wird vom Dienstgeber bezahlt und erfordert **keinen Sonderurlaub.**

4. Pflegefreistellung

Arbeitnehmer, die wegen der **notwendigen Pflege** eines im **gemeinsamen Haushalt** lebenden **erkrankten** oder **verunglückten nahen Angehörigen** nachweislich **an der Dienstleistung verhindert** sind, haben **Anspruch auf Pflegefreistellung.**

Nahe Angehörige sind die Eltern, Großeltern, Kinder, Enkelkinder, Stief- und Schwiegereltern, der Ehegatte, der Eingetragene Partner und der Lebensgefährte. Der Anspruch auf Pflegefreistellung ist nur gegeben, wenn der gemeinsame Haushalt vor Beginn der Erkrankung bestanden hat. Die Zeit der Pflegefreistellung wird auf den Urlaub nicht angerechnet, der volle Entgeltanspruch bleibt aufrecht.

Das Ausmaß der Pflegefreistellung beträgt 6 Werktage pro Arbeitsjahr (Angestellte) bzw. Kalenderjahr (Beamte und Vertragsbedienstete). Erkrankt ein Kind unter 12 Jahren im selben Arbeits- oder Kalenderjahr neuerlich, so besteht ein Anspruch auf weitere 6 Werktage Pflegefreistellung. Die Inanspruchnahme von Pflegefreistellung ist dem Arbeitgeber bloß mitzuteilen und bedarf keiner gesonderten Vereinbarung. Der Grund für die Pflegefreistellung ist auf Verlangen des Arbeitgebers zu bescheinigen.

Wenn die Zeit der Pflegefreistellung vollständig aufgebraucht ist, so ist der Arbeitnehmer berechtigt, sofort (ohne vorherige Vereinbarung) Urlaub anzutreten. Ist kein Urlaub mehr vorhanden, bleibt immer noch die Möglichkeit einer Dienstfreistellung (Sonderurlaub, Sonderfreizeit, Freizeit) oder eines Karenzurlaubes. Die Gewährung derartiger Vergünstigungen steht im alleinigen Ermessen des Dienstgebers.

5. Freijahr

a) in der Privatwirtschaft

Ein **gesetzlicher Anspruch** auf ein Freijahr ist **nicht gegeben**. Derzeit bestehen vereinzelte **kollektivvertragliche Regelungen** (zB KV DO.A Freijahr; Sabbatical im KV Privatkrankenanstalten), eine **einzelvertragliche Regelung** ähnlich der im öffentlichen Dienst ist immer **möglich.**

b) im Öffentlichen Dienst

Der **Vertragsbedienstete** oder **Beamte**, der *zumindest sechs Jahre ununterbrochen im Dienst einer Gebietskörperschaft gestanden* ist, kann auf Antrag innerhalb einer **Rahmenzeit von fünf Jahren ein Jahr vom Dienst freigestellt** werden (**Freijahr**), wenn keine wichtigen dienstlichen Interessen entgegenstehen.

Das **Freijahr** darf insgesamt **während der gesamten Dienstzeit** (egal ob als Vertragsbediensteter oder Beamter) **höchstens dreimal** gewährt werden.

Dem Bediensteten, dem ein Freijahr gewährt worden ist, gebühren **während der Rahmenzeit (einschließlich des Freijahres) 80% des Monatsbezuges**, der seiner besoldungsrechtlichen Stellung entspricht.

Der Bedienstete darf **während des Freijahres keine Erwerbstätigkeit** ausüben. Dies **gilt nicht** für

- **kurzzeitige Dienstleistungen**, *um den Verlust einer zur Ausübung des Dienstes erforderlichen Berechtigung zu vermeiden,*
- **Praxiszeiten** *im Rahmen einer Weiterbildung* und
- eine **Nebenbeschäftigung**, die *schon unmittelbar vor Beginn des Freijahres ausgeübt* worden ist.

6. Übersicht: Urlaube und Dienstfreistellungen

Urlaub und Dienstfreistellung		
Gegenstand	**öffentlicher Dienst**	**private Dienstverhältnisse**
Urlaub	Urlaub	Urlaub
Fälligkeit	am 1. Jänner jedes Kalenderjahres; der erste Urlaub nach 6 Monaten Dienstzeit; in den ersten 6 Monaten aliquoter Anspruch	am ersten Arbeitstag jedes neuen Arbeitsjahres; der erste volle Urlaub nach 6 Monaten Dienstzeit; in den ersten 6 Monaten aliquoter Anspruch
Ausmaß	bis zum 43. Geburtstag 25 Arbeitstage ab dem 43. Geburtstag 30 Arbeitstage	bis 25 Dienstjahre 30 Werktage (DO.A: ab 20 Jahren 32 Werktage) über 25 Dienstjahre 36 Werktage
Verfall	am Ende des nächsten Jahres	2 Jahre nach Ende des Urlaubsjahres
Zusatzurlaub	gesetzlich	kein gesetzlicher Zusatzurlaub
Ausmaß	bis 4 Tage für gefährliche oder erschwerte Tätigkeiten; bis 6 Tage für Behinderte	je nach Kollektivvertrag für gefährliche oder erschwerte Tätigkeiten sowie zusätzlich für Behinderte
Dienstfreistellung	Sonderurlaub	gesetzlich: Dienstfreistellung aus wichtigem Grund;
Ausmaß	anlassbezogen, **keine Obergrenze** **kein Rechtsanspruch**	gesetzlich: anlassbezogen für verhältnismäßig kurze Zeit je nach Kollektivvertrag **mit Obergrenze** und **Rechtsanspruch** je nach aufgezählten Anlass; in anderen Fällen **keine Obergrenze** und **kein Rechtsanspruch**
Freijahr	Freijahr	Freijahr bzw. Sabbatical in einigen Kollektivverträgen
Ausmaß	innerhalb einer **Rahmenzeit** von **fünf Jahren** bei **80% Entgelt** für die **gesamte Rahmenzeit** ein Jahr vom Dienst freigestellt; höchstens dreimal während der gesamten Dienstzeit	

Urlaub und Dienstfreistellung		
Gegenstand	öffentlicher Dienst	private Dienstverhältnisse
gesetzliche unbezahlte Urlaube	**Karenzurlaub aus Anlass der Geburt oder Adoption eines Kindes** bis zu zwei volle Jahre	
Ausmaß	**Karenzurlaub aus Anlass von Präsenzdienst oder Zivildienst**	
	jeweilige Dauer von Präsenzdienst oder Zivildienst	
	Karenzurlaub zur Sterbebegleitung	
	bis zu 3 Monate, kann um bis zu weitere 3 Monate verlängert werden	
	Karenzurlaub	**Bildungskarenz**
	bis zu 10 Jahre während der gesamten Dienstzeit	2–12 Monate nach 6 Monaten, danach nach jeweils 3 voll gearbeiteten Jahren
freiwilliger unbezahlter Urlaub	Karenzurlaub	Karenzurlaub
Ausmaß	im Ermessen des Dienstgebers	im Ermessen des Dienstgebers; nach DO.A, B, C **Rechtsanspruch** auf als Sonderurlaub bezeichneten Karenzurlaub bis zum 3. Geburtstag des Kindes
Pflegefreistellung	6 Werktage pro Kalenderjahr, bei Kindern unter 12 Jahren weitere 6 Werktage	6 Werktage pro Arbeitsjahr, bei Kindern unter 12 Jahren weitere 6 Werktage

B. Unbezahlte (Karenz-)Urlaube

Karenz heißt die **Aussetzung** der gegenseitigen Rechte und Pflichten aus dem Arbeitsverhältnis. Während der Karenzzeit **ruhen** für die Dauer des Karenzurlaubes die gegenseitigen **Hauptpflichten**, dh es ruht für den Arbeitnehmer die Arbeitspflicht und für den Arbeitgeber die Entgeltzahlungspflicht. Das Arbeitsverhältnis an sich und seine **Nebenpflichten** – soweit sie zum Tragen kommen – **bleiben aufrecht** (Treuepflicht, Verschwiegenheitspflicht, Fürsorgepflicht, diverse Meldepflichten etc.).

Wir unterscheiden **Karenzurlaube mit Rechtsanspruch**, dh der Arbeitnehmer hat einen gesetzlichen Anspruch darauf, dass ihm ein Karenzurlaub gewährt wird, und solche **ohne Rechtsanspruch**, dh der Arbeitnehmer kann um Gewährung des Karenzurlaubes ersuchen, es steht aber im Ermessen des Arbeitgebers, ob er mit einem Karenzurlaub einverstanden ist oder nicht.

1. Karenzurlaube mit Rechtsanspruch

Der Arbeitnehmer hat einen Rechtsanspruch, dass ihm ein Karenzurlaub gewährt wird, im Fall von

a) Karenzurlaub wegen Geburt oder Adoption eines Kindes nach MSchG bzw. VKG

b) Karenzurlaub wegen Präsenzdienst oder Zivildienst nach Arbeitsplatzsicherungsgesetz

c) Karenzurlaub zur Pflege eines behinderten Kindes

d) Sterbekarenz nach dem AVRAG.

a) Karenzurlaub aus Anlass der Geburt oder Adoption eines Kindes[33]

1. Karenzurlaub nach dem Mutterschutzgesetz

Einen Anspruch darauf hat die in einem **Arbeitsverhältnis** stehende Mutter im Zusammenhang mit der **Geburt** eines eigenen Kindes oder der **Adoption** eines Kindes unter 2 Jahren. **Voraussetzung** ist, dass die **Mutter** mit dem **Kind im gemeinsamen Haushalt** lebt und das **Kind pflegt**. Der Karenzurlaub beginnt bei Geburt des Kindes nach Ablauf der Schutzfrist, bei Adoption mit Übernahme des Kindes und endet spätestens am 2. Geburtstag des Kindes. Die **Dauer des Karenzurlaubes bestimmt die Mutter** selbst, indem sie vor Antritt des Karenzurlaubes dem Dienstgeber mitteilt, wie lange der Karenzurlaub dauern wird. Der Karenzurlaub ist während der Schutzfrist bekannt zu geben, eine Verlängerung des Karenzurlaubes über den ursprünglich festgesetzten Termin hinaus spätestens 3 Monate vor Ablauf des ursprünglich festgesetzten Karenzurlaubes.

An die Mitteilung der Mutter über die Dauer des Karenzurlaubes sind sowohl der Arbeitgeber als auch die Mutter gebunden, das heißt, eine einseitige Abänderung der Dauer des Karenzurlaubes (mit Ausnahme der einmaligen Verlängerung des Karenzurlaubes über den ursprünglich festgesetzten Termin hinaus) ist nicht mehr möglich. Weder kann der Arbeitgeber die Mutter zu einem früheren Dienstantritt auffordern, noch kann die Mutter vorzeitig den Dienst antreten. Eine einvernehmliche Abänderung des ursprünglich von der Mutter einseitig festgesetzten Karenzurlaubes ist jederzeit möglich.

Bei Festsetzung des Karenzurlaubes kann die **Mutter** wählen, ob sie bis zum **2. Geburtstag** alleine den **vollen Karenzurlaub** in Anspruch nimmt, oder ab Ende der Schutzfrist oder ab einem beliebigen Zeitpunkt vor dem 2. Geburtstag des Kindes Elternteilzeit in Anspruch nimmt. Überdies können bis zu 3 Monate Karenzurlaub bis zum 7. Geburtstag des Kindes aufgehoben und in der Zeit des Schuleintrittes konsumiert werden.

2. Karenzurlaub nach dem Väterkarenzgesetz

Der Karenzurlaub kann **wahlweise** von **Vater oder Mutter** konsumiert werden. Er kann auch **aufgeteilt** werden, wobei die **Mindestdauer für einen** Elternteil 2 Monate beträgt. **Voraussetzung** für den **Karenzurlaub des Vaters** ist – ebenso wie bei der Mutter –, dass der **Vater mit dem Kind im gemeinsamen Haushalt lebt** und es **überwiegend betreut**.

Der Vater hat denselben Anspruch auf Karenzurlaub wie die Mutter. Wenn die Ansprüche von Vater und Mutter zusammentreffen, kann **zur selben Zeit nur ein Elternteil** Karenzurlaub in Anspruch nehmen, wobei die **Mutter Vorrang** gegenüber dem Vater hat und zu seinen Gunsten verzichten müsste; ein **Tausch** ist **zweimal** möglich; aus Anlass des Tausches können beide Elternteile **bis zu einem Monat gemeinsam Karenzurlaub** in Anspruch nehmen.

33 Zu den Teilzeitmöglichkeiten für Väter und Mütter siehe den Exkurs Elternteilzeit am Ende dieses Punktes.

Der Karenzurlaub für Väter beginnt mit Ende der Schutzfrist bzw. wenn der Karenzurlaub zwischen Vater und Mutter aufgeteilt wird, mit Ende des Karenzurlaubes der Mutter und endet spätestens am 2. Geburtstag des Kindes, je nachdem in welcher Form der Karenzurlaub konsumiert wird. Überdies können auch hier bis zu 3 Monate Karenzurlaub bis zum 7. Geburtstag des Kindes aufgehoben und in der Zeit des Schuleintrittes konsumiert werden.

Exkurs:

Elternteilzeit

Anspruch auf Teilzeitbeschäftigung

Grundsätzlich gelten die Bestimmungen über Elternteilzeit vorerst einmal für **leibliche Mütter** und **Väter**. Für eine **Adoptiv- oder Pflegemutter/vater** gelten die Bestimmungen über Teilzeitbeschäftigung mit der Maßgabe, dass die Teilzeitbeschäftigung **frühestens** mit der **Annahme** oder der **Übernahme** des Kindes beginnen kann. Beabsichtigt die Dienstnehmerin/der Dienstnehmer die Teilzeitbeschäftigung zum frühest möglichen Zeitpunkt, hat sie dies dem Dienstgeber einschließlich Beginn, Dauer, Ausmaß und Lage **unverzüglich bekannt** zu **geben**.

A. Rechtsanspruch auf Teilzeitbeschäftigung

1. Anspruch auf Grund des Gesetzes

Die Dienstnehmerin hat einen **Anspruch** auf Teilzeitbeschäftigung längstens bis zum Ablauf des **siebenten Lebensjahres** oder einem späteren **Schuleintritt** des **Kindes**, wenn

- das **Dienstverhältnis** zum Zeitpunkt des Antritts der Teilzeitbeschäftigung **ununterbrochen drei Jahre** gedauert hat.

Zeiten einer Karenz nach dem MSchG werden auf die **Mindestdauer** des Dienstverhältnisses **angerechnet**.

- die Dienstnehmerin zu diesem Zeitpunkt in einem **Betrieb** mit **mehr als 20 Dienstnehmern und Dienstnehmerinnen** beschäftigt ist.
- **Beginn, Dauer, Ausmaß** und **Lage der Teilzeitbeschäftigung** sind mit dem Dienstgeber zu **vereinbaren**, wobei die **betrieblichen Interessen** und die **Interessen der Dienstnehmerin** zu berücksichtigen sind.
- Dienstnehmerinnen haben während eines **Lehrverhältnisses keinen Anspruch** auf Teilzeitbeschäftigung.

2. Anspruch auf Grund einer Betriebsvereinbarung

In **Betrieben** mit **bis zu 20 Dienstnehmern und Dienstnehmerinnen** kann in einer **Betriebsvereinbarung** festgelegt werden, dass die Dienstnehmerinnen einen **Anspruch** auf Teilzeitbeschäftigung haben. Auf diese Teilzeitbeschäftigung sind sämtliche Bestimmungen anzuwenden, die für eine gesetzliche Teilzeitbeschäftigung gelten. Die Kündigung einer solchen Betriebsvereinbarung ist nur hinsichtlich der Dienstverhältnisse jener Dienstnehmerinnen wirksam, die zum Kündigungstermin keine Teilzeitbeschäftigung nach der Betriebsvereinbarung schriftlich bekannt gegeben oder angetreten haben.

B. Vereinbarte Teilzeitbeschäftigung (bedingter Rechtsanspruch)

Die Dienstnehmerin, die **keinen Anspruch** auf Teilzeitbeschäftigung hat, kann mit dem Dienstgeber eine **Teilzeitbeschäftigung** einschließlich Beginn, Dauer, Ausmaß und Lage längstens bis zum Ablauf des **vierten Lebensjahres** des Kindes **vereinbaren.**

C. Gemeinsame Bestimmungen zur Teilzeitbeschäftigung

Voraussetzung für die Inanspruchnahme einer Teilzeitbeschäftigung ist, dass

- die **Dienstnehmerin** mit dem **Kind** im **gemeinsamen Haushalt** lebt oder eine Obsorge ist und sich der **Vater nicht gleichzeitig** in **Karenz** befindet.
- Die Dienstnehmerin kann die Teilzeitbeschäftigung **für jedes Kind** nur **einmal** in Anspruch nehmen.
- Die **Teilzeitbeschäftigung** muss **mindestens 2 Monate** dauern.
- Die **Teilzeitbeschäftigung** kann **frühestens** im Anschluss an das absolute Beschäftigungsverbot, einen daran anschließenden Gebührenurlaub oder eine Dienstverhinderung wegen Krankheit (Unglücksfall) **angetreten** werden. Die Dienstnehmerin hat dies dem Dienstgeber einschließlich Dauer, Ausmaß und Lage der Teilzeitbeschäftigung schriftlich bis zum **Ende der Schutzfrist** bekannt zu geben.
- Beabsichtigt die Dienstnehmerin die **Teilzeitbeschäftigung** zu einem **späteren Zeitpunkt** anzutreten, hat sie dies dem Dienstgeber einschließlich Beginn, Dauer, Ausmaß und Lage der Teilzeitbeschäftigung schriftlich **spätestens drei Monate** vor dem **beabsichtigten Beginn** bekannt zu geben.
- Die **Dienstnehmerin** kann sowohl eine **Änderung der Teilzeitbeschäftigung** (Verlängerung, Änderung des Ausmaßes oder der Lage) als auch eine vorzeitige Beendigung jeweils **nur einmal** verlangen. Sie hat dies dem Dienstgeber schriftlich spätestens drei Monate vor der beabsichtigten Änderung oder Beendigung bekannt zu geben.
- Der **Dienstgeber** kann sowohl **eine Änderung der Teilzeitbeschäftigung** (Änderung des Ausmaßes oder der Lage) als auch eine vorzeitige Beendigung jeweils **nur einmal** verlangen. Er hat dies der Dienstnehmerin schriftlich spätestens drei Monate vor der beabsichtigten Änderung oder Beendigung bekannt zu geben.
- Bei Elternteilzeit muss die **wöchentliche Normalarbeitszeit** um **mindestens 20 Prozent reduziert** werden und **darf 12 Stunden nicht unterschreiten.**

Die Teilzeitbeschäftigung der Dienstnehmerin **endet vorzeitig** mit der Inanspruchnahme einer **Karenz** oder **Teilzeitbeschäftigung** für ein **weiteres Kind.**

b) Karenzurlaub aus Anlass von Präsenzdienst oder Zivildienst

Während der Ableistung des Präsenzdienstes oder Zivildienstes ist jedes Dienstverhältnis nach dem **Arbeitsplatzsicherungsgesetz** karenziert. Zeiten des Präsenzdienstes oder des Zivildienstes sind bezüglich Ansprüchen des Arbeitnehmers, die sich nach der Dauer der Gesamtdienstzeit richten, anzurechnen. Bezüglich des laufenden Urlaubsanspruches erfolgt eine Aliquotierung, sofern der Präsenzdienst oder Zivildienst länger als 30 Tage gedauert hat.

c) Karenzurlaub zur Pflege eines (schwer)behinderten Kindes

1. Privatwirtschaftliche Dienstverhältnisse

Ein gesetzlicher Anspruch auf einen derartigen Karenzurlaub ist nicht gegeben. Derzeit bestehen auch noch **keine kollektivvertraglichen Regelungen**, eine einzelvertragliche Regelung ähnlich der im Öffentlichen Dienst wäre aber möglich.

2. Öffentlicher Dienst

Dem Bediensteten *ist* **auf Antrag** ein **Karenzurlaub** zu gewähren, wenn er sich der Pflege eines im **gemeinsamen Haushalt** lebenden (schwer)**behinderten Kindes** widmet, für das erhöhte Familienbeihilfe gewährt wird, und seine Arbeitskraft aus diesem Grund gänzlich beansprucht wird, *längstens jedoch bis zur Vollendung des 30. Lebensjahres des Kindes.*

Der gemeinsame Haushalt besteht weiter, wenn sich das behinderte Kind oder der Beamte nur zeitweilig wegen Heilbehandlung außerhalb der Hausgemeinschaft aufhält.

d) Karenzurlaub zur Sterbebegleitung – Sterbekarenz

Jeder Arbeitnehmer hat zur Betreuung eines schwerst erkrankten nahen Angehörigen einen Rechtsanspruch auf Karenzurlaub **(Sterbekarenz)** nach dem Arbeitsvertragsrechts-Anpassungsgesetz (AVRAG) in der Dauer von 3 Monaten. Liegt diese Voraussetzung nach 3 Monaten immer noch vor, so kann der Arbeitnehmer den Karenzurlaub einseitig um weitere 3 Monate verlängern.

2. Karenzurlaube ohne Rechtsanspruch

a) in der Privatwirtschaft

- **Bildungskarenz**

Sofern das **Arbeitsverhältnis ununterbrochen 6 Monate** gedauert hat, *kann* zwischen Arbeitnehmer und Arbeitgeber eine **Bildungskarenz** gegen Entfall des Arbeitsentgeltes unter Rücksichtnahme auf die Interessen des Arbeitnehmers und auf die Erfordernisse des Betriebes für die Dauer von **mindestens 2 Monaten bis zu einem Jahr** vereinbart werden. In Betrieben, in denen ein für den Arbeitnehmer zuständiger Betriebsrat errichtet ist, ist dieser auf Verlangen des Arbeitnehmers den Verhandlungen beizuziehen. Eine **neuerliche Bildungskarenz** kann erst *drei Jahre nach Rückkehr aus einer Bildungskarenz* vereinbart werden.

- **frei vereinbarte Karenzurlaube**

Über seinen Antrag kann dem Arbeitnehmer **aus wichtigen Gründen** Karenzurlaub bewilligt werden. Auf diesen Karenzurlaub hat der Dienstnehmer **keinen Rechtsanspruch.**

Als wichtiger Grund käme eine länger dauernde, mit Pflegebedürftigkeit verbundene Erkrankung eines nahen Angehörigen, Verlängerung des Mutterschafts- oder Elternkarenzurlaubes, eine länger dauernde außerdienstliche Fortbildung, für die kein Sonderurlaub (Dienstfreistellung, Sonderfreizeit, Freizeit) gewährt wird oder ein zeitlich begrenzter längerer dienstlicher Auslandsaufenthalt des Ehepartners in Frage.

Anmerkung:
In den Dienstordnungen A, B und C (DO.A, DO.B, DO.C) der Sozialversicherungsträger wird über begründetes Ansuchen ein Urlaub unter Verzicht auf die Bezüge (**Karenzurlaub**) gewährt. Auf die Verlängerung des Mutterschafts- oder Elternkarenzurlaubes bis zum 3. Geburtstag des Kindes besteht ein **Rechtsanspruch**. Für diese beiden Karenzurlaube wird der Begriff **Sonderurlaub** verwendet.

b) im Öffentlichen Dienst

Dem Vertragsbediensteten bzw. Beamten *kann* auf Antrag ein **Karenzurlaub** (Urlaub gegen Entfall der Bezüge) gewährt werden, **wenn keine wichtigen dienstlichen Interessen entgegenstehen**. Dieser Karenzurlaub endet spätestens mit Ablauf des Kalendermonates, in dem er gemeinsam mit früheren Karenzurlauben eine **Gesamtdauer** von **zehn Jahren** erreicht, oder mit Ablauf des Jahres, in dem der Beamte sein 64. Lebensjahr vollendet.

V. Die Arbeitszeitregelung

Die Arbeitszeit ist die Zeit, die der Arbeitnehmer im Betrieb verbringt und in der er seine Arbeitskraft ausschließlich dem Arbeitgeber zur Verfügung stellt. Während dieser Zeit hat der Arbeitnehmer ausschließlich die mit ihm vereinbarten Arbeiten zu leisten und ausschließlich für den Arbeitgeber zu arbeiten. Tätigkeiten, die nur im Interesse des Arbeitnehmers gelegen sind, wie z.B. Privattelefonate, Privateinkäufe, sonstige Besorgungen, Bankwege etc., sind nicht während der Arbeitszeit, sondern ausschließlich während der Freizeit zu erledigen, außer der Arbeitgeber genehmigt derartige Tätigkeiten in dringenden Fällen.

Aus wichtigem Grund (Behördenwege, Begräbnisse etc.) kann um Dienstfreistellung angesucht werden.

A. Begriffsbestimmungen

Zu unterscheiden sind folgende Begriffe:

1. Arbeitszeit

ist die Zeit vom **Arbeitsbeginn** bis zum **Arbeitsende**. Nach dem (nur für die privatwirtschaftlichen Dienstverhältnisse gültigen) Arbeitszeitgesetz **(AZG)** und dem (für alle Dienstverhältnisse von Angehörigen der Gesundheitsberufe in Krankenanstalten gültigen) Krankenanstalten-Arbeitszeitgesetz **(KA-AZG)** fallen die **Ruhepausen** (z.B. Mittagspause) **nicht** in die **Arbeitszeit**.

Anmerkung:
Dienstrechtsvorschriften im öffentlichen Dienst kennen teilweise keine Unterbrechung der Arbeitszeit durch Ruhepausen, siehe unten.

Die Zeiten der persönlichen Vorbereitung für die Arbeit oder für den Heimweg fallen niemals in die Arbeitszeit. Wird der Dienst nicht in Straßenkleidung sondern in Dienstkleidung versehen, so ist der Dienst zu Beginn der Arbeitszeit in Dienstkleidung anzutreten und am Ende der Arbeitszeit in Dienstkleidung zu beenden. Die Zeiten des Umkleidens fallen nicht in die Arbeitszeit (**persönliche Arbeitsvorbereitung**).

Hingegen fallen die Zeiten des Herrichtens und Versorgens der Geräte, Werkzeuge etc. bei Arbeitsbeginn und Arbeitsschluss in die Arbeitszeit (**sachliche Arbeitsvorbereitung**).

2. Tagesarbeitszeit

Tagesarbeitszeit ist die Arbeitszeit innerhalb eines ununterbrochenen Zeitraumes von 24 Stunden ab Arbeitsantritt (unabhängig vom Kalendertag).

Beispiel:

Der Dienst wurde am Montag um 18 Uhr angetreten und am Dienstag um 6 Uhr beendet. Die Tagesarbeitszeit beträgt 12 Stunden.

3. Wochenarbeitszeit

Wochenarbeitszeit ist die Arbeitszeit innerhalb des Zeitraumes von Montag 0.00 Uhr bis einschließlich Sonntag 24.00 Uhr.

B. Formen der Arbeitszeit

1. Feste Arbeitszeit

Die Arbeitszeit ist regelmäßig nach festen Zeitpunkten für Arbeitsbeginn und -ende auf die vereinbarte Wochen- oder Monatsarbeit verteilt.

2. Schicht- und Wechseldienste

Die Arbeitspflicht wird zeitlich in Form einer im Voraus zu erstellenden Dienstzeitplanung (meistens monatlich) konkretisiert, wobei nach Schichten oder im Wechsel mit anderen Arbeitnehmern eine bestimmte Anwesenheitspräsenz erreicht werden muss. In der Regel ist nur der Arbeitsbeginn mit einem festen Zeitpunkt fixiert. Die Grenzen der Tagesarbeitszeit und der wöchentlichen Normalarbeitszeit sind jedoch einzuhalten. Besonderes Augenmerk gilt den einzuhaltenden Ruhezeiten.

Z.B. im Operationssaal, Ambulanz- und Stationsbetrieb, Nachtdienste.

3. Geteilte Dienste

Die an sich feste Arbeitszeit bzw. der Schicht- oder Wechseldienst wird nur an einzelnen Arbeitstagen oder auch generell geteilt, sodass für den Arbeitnehmer zwei Arbeitszeitblöcke entstehen (morgens bzw. am Abend) und dazwischen eine verlängerte Mittagspause liegt.

Z.B. bei Küchendiensten, Beaufsichtigungs- und Betreuungsdiensten, Pflegediensten.

4. Gleitende Arbeitszeit

Gleitende Arbeitszeit liegt vor, wenn der **Arbeitnehmer innerhalb eines vereinbarten zeitlichen Rahmens Beginn** und **Ende** seiner **täglichen Normalarbeitszeit selbst bestimmen** kann.

Die gleitende Arbeitszeit muss durch **Betriebsvereinbarung**, in Betrieben, in denen kein Betriebsrat errichtet ist, durch **schriftliche Individual-Vereinbarung** geregelt werden (**Gleitzeitvereinbarung**).

Die Gleitzeitvereinbarung hat zu enthalten:

- die Dauer der **Gleitzeitperiode**,
- den **Gleitzeitrahmen**,
- das **Höchstausmaß** allfälliger **Übertragungsmöglichkeiten** von **Zeitguthaben** und **Zeitschulden** in die **nächste Gleitzeitperiode** und
- Dauer und Lage der **fiktiven Normalarbeitszeit**.

Die **tägliche Normalarbeitszeit** darf **10 Stunden nicht überschreiten**.[34]

Die **wöchentliche Normalarbeitszeit** darf innerhalb der Gleitzeitperiode **vierzig Stunden** im Durchschnitt nur insoweit **überschreiten**, als **Übertragungsmöglichkeiten von Zeitguthaben** vorgesehen sind.

Anmerkung:
Im Öffentlichen Dienst kann Gleitzeit **angeordnet** werden, soweit nicht dienstliche oder sonstige öffentliche Interessen entgegenstehen. Dabei kann der Beamte (Vertragsbedienstete) den Beginn und das Ende der täglichen Arbeitszeit innerhalb festgesetzter Grenzen (**Gleitzeit**) selbst bestimmen und hat während des übrigen Teiles der Arbeitszeit (**Blockzeit**) jedenfalls Dienst zu versehen. Bei gleitender Arbeitszeit ist vorzusorgen, dass die wöchentliche Normalarbeitszeit im mehrmonatigen Durchschnitt erbracht wird.

5. Durchrechnungszeitraum

Zwischen Arbeitgeber und Arbeitnehmervertretung kann vereinbart werden, dass die gesetzliche tägliche und wöchentliche Normalarbeitszeit (grundsätzlich 8-Stunden-Tag und 40-Stunden-Woche) an einzelnen Tagen und in einzelnen Wochen regelmäßig überschritten wird und dafür an anderen Tagen und in anderen Wochen wieder unterschritten wird. Dabei wird ein Zeitraum (**Durchrechnungszeitraum**) von mehreren Wochen oder Monaten vereinbart, in dem die Summe der tatsächlich gearbeiteten unterschiedlichen Tages- und Wochenarbeitszeiten die Summe der gesetzlichen Arbeitszeit aller Wochen ergibt.

34 Im Regierungsprogramm 2017 ist die Anhebung der täglichen Höchstgrenze bei Gleitzeit auf 12 Stunden geplant. Im Juni 2018 wurde mittels Initiativantrag eine diesbezügliche Änderung im Nationalrat beantragt. Ein Gesetzesbeschluss liegt bei Drucklegung noch nicht vor.

Beispiel:

Arbeitgeber und Arbeitnehmervertretung vereinbaren einen Durchrechnungszeitraum von 20 Wochen. Die Summe der gesetzlichen Arbeitszeiten ergibt 800 Stunden. Tatsächlich wurde von einem Arbeitnehmer in diesem Zeitraum in einigen Wochen 60 Stunden und in anderen Wochen weniger oder gar nicht, zusammengerechnet aber auch 800 Stunden gearbeitet.

Der Durchrechnungszeitraum kann sowohl bei fix festgelegten Arbeitszeiten als auch bei Gleitzeit vereinbart werden.

C. Arbeitszeitvorschriften im Detail

Für privatwirtschaftliche Arbeitsverhältnisse gilt das **Arbeitszeitgesetz** (AZG) und das **Arbeitsruhegesetz**, für die öffentlichen Dienstverhältnisse die Arbeitszeitvorschriften der jeweiligen Vertragsbedienstetengesetze und Beamtendienstrechtsgesetze.

1. Arbeitszeitregelung für privatwirtschaftliche Dienstverhältnisse[35]

Die tägliche Normalarbeitszeit darf 8 Stunden, die wöchentliche Normalarbeitszeit darf 40 Stunden nicht überschreiten.

Bei einer täglichen Normalarbeitszeit von mehr als 6 Stunden hat der Angestellte einen Anspruch auf eine **Ruhepause** von mindestens einer halben Stunde.

Zur Erreichung einer längeren **Freizeit**, die mit der Ruhezeit zusammenhängen muss, kann die Normalarbeitszeit an einzelnen Tagen regelmäßig gekürzt und die ausfallende Normalarbeitszeit auf die übrigen Tage der Woche verteilt werden. Die tägliche Normalarbeitszeit darf **neun Stunden** nicht überschreiten. Der **Kollektivvertrag** kann den Betriebsrat zur Vereinbarung einer Normalarbeitszeit von 10 Stunden durch Abschluss einer **Betriebsvereinbarung** ermächtigen.

Fällt in Verbindung mit **Feiertagen** die Arbeitszeit an Werktagen aus, so kann, um den Arbeitnehmern eine längere zusammenhängende Freizeit zu ermöglichen, die ausfallende Normalarbeitszeit auf die Werktage von höchstens 13 zusammenhängenden, die Ausfallstage einschließenden Wochen verteilt werden. Die tägliche Normalarbeitszeit darf **zehn Stunden** nicht überschreiten. Der **Kollektivvertrag** kann die **Betriebsvereinbarung** zur Verlängerung des Einarbeitungszeitraumes ermächtigen oder den Einarbeitungszeitraum selbst verlängern.

35 Im Regierungsprogramm 2017 ist eine Anhebung der täglichen Höchstgrenze der Arbeitszeit auf 12 Stunden sowie der wöchentlichen Höchstgrenze der Arbeitszeit auf 60 Stunden geplant, wobei die durchschnittliche Wochenarbeitszeit wie schon nach der derzeitigen Rechtslage 48 Stunden nicht überschreiten darf. Im Juni 2018 wurde mittels Initiativantrag eine diesbezügliche Änderung im Nationalrat beantragt. Ein Gesetzesbeschluss liegt bei Drucklegung noch nicht vor.

Beispiel:
Montag bis Donnerstag je 9 Stunden, Freitag 4 Stunden;
ein Arbeitstag zwischen Feiertag und Wochenende kann eingearbeitet werden.

Durch Kollektivvertrag kann vereinbart werden, dass in einzelnen Wochen eines Durchrechnungszeitraumes von bis zu 52 Wochen die Normalarbeitszeit auf höchstens **50 Stunden** ausgedehnt wird, wenn die Normalarbeitszeit innerhalb dieses Zeitraumes im Durchschnitt 40 Stunden nicht überschreitet. Der Kollektivvertrag kann einen längeren Durchrechnungszeitraum unter der Bedingung zulassen, dass der zur Erreichung der durchschnittlichen Normalarbeitszeit erforderliche **Zeitausgleich** jedenfalls in mehrwöchigen zusammenhängenden Zeiträumen verbraucht wird. Die tägliche Normalarbeitszeit darf **neun Stunden** nicht überschreiten.

Durch Kollektivvertrag kann vereinbart werden, dass bei

- regelmäßiger Verteilung der gesamten Wochenarbeitszeit auf **vier zusammenhängende Tage**,
- Durchrechnung der Normalarbeitszeit mit einem **Durchrechnungszeitraum von bis zu 52 Wochen**, wenn der **Zeitausgleich** in **mehrtägigen zusammenhängenden Zeiträumen** verbraucht wird,
- Durchrechnung der Normalarbeitszeit mit einem **Durchrechnungszeitraum von mehr als 52 Wochen**, wenn der **Zeitausgleich** in **mehrwöchigen zusammenhängenden Zeiträumen** verbraucht wird,

die tägliche Normalarbeitszeit auf **zehn Stunden** ausgedehnt wird.

Bei **Schichtarbeit** kann die **tägliche Normalarbeitszeit** bis auf **zwölf Stunden** und die **wöchentliche Normalarbeitszeit** durch **Kollektivvertrag** in einzelnen Wochen bis auf **56 Stunden** ausgedehnt werden.

Die tägliche Höchstarbeitszeit kann seit 2016 auf bis zu **12 Stunden** ausgedehnt werden, wenn in die Gesamtarbeitszeit des Arbeitnehmers **Reisezeiten** fallen und der Arbeitnehmer während einer Dienstreise das Fahrzeug auf Anordnung des Arbeitgebers **selbst lenkt.**

Passive Reisezeiten, das heißt Zeiten des Mitfahrens, einer Zugfahrt, einer Flugreise oder ähnliches, sind **nicht** auf die täglichen Höchstarbeitsgrenzen anzurechnen.

Wird die wöchentliche Normalarbeitszeit oder die tägliche Normalarbeitszeit überschritten, so liegen **Überstunden** vor, die je nach zeitlicher Lagerung mit dem Stundenlohn und einem Zuschlag von 50 bis 200 % abzugelten sind. Die näheren Regelungen trifft der Kollektivvertrag.

Bei Teilzeitbeschäftigungen ist das Überschreiten der vereinbarten Arbeitszeit mit dem Grundlohn und einem 25%igen Zuschlag zu entlohnen.

Am Ende einer Gleitzeitperiode bestehende Zeitguthaben, die nach der Gleitzeitvereinbarung in die nächste Gleitzeitperiode übertragen werden können, gelten nicht als Überstunden.

2. Arbeitszeitregelung für den Öffentlichen Dienst (Vertragsbedienstete und Beamte)

Im Öffentlichen Dienst ist die Arbeitszeit in den weitestgehend gleich lautenden Dienstrechtsgesetzen (BDG, VBG) für Bedienstete des Bundes, der Länder und Gemeinden geregelt.

Die **Tagesarbeitszeit** beträgt 8 Stunden, die **Wochenarbeitszeit** 40 Stunden und die **Monatsarbeitszeit** im Turnus-, Schicht- oder Wechseldienst 173 Stunden.

Ruhepausen während der Arbeitszeit sind meist **nicht** vorgesehen, die Einnahme von Mahlzeiten ist beim Bund und einigen Ländern während der Arbeitszeit gestattet.

Überstunden sind, wenn sie angeordnet werden, **immer zu leisten**, es gibt im Öffentlichen Dienst **keine gesetzliche Arbeitszeitbegrenzung.**[36] Die **Abgeltung** der Überstunden erfolgt entweder

- im Verhältnis 1:1,5 in Freizeit, oder
- Auszahlung mit Zuschlägen, oder
- im Verhältnis 1:1 in Freizeit und Auszahlung des Zuschlages.

Der Freizeitausgleich ist innerhalb von sechs Monaten ab Leistung der Überstunden zu konsumieren. Diese Frist kann mit Zustimmung des Bediensteten um bis zu weitere sechs Monate verlängert werden.

Nachtdienste sowie Sonn- und Feiertagsdienste sind entweder voll oder teilweise zu bezahlen und können nie zur Gänze (im Verhältnis 1:1,5) in Freizeit abgegolten werden.

Überstunden, in die regelmäßig und in erheblichem Ausmaß Arbeitsbereitschaft fällt, sind entweder mit Zuschlägen zu bezahlen oder im Verhältnis 1:1 in Freizeit abzugelten.

Einarbeitungszeiten und Zeitguthaben aus der gleitenden Arbeitszeit sind ausschließlich im Verhältnis 1:1 in Freizeit abzugelten.

Rufbereitschaften gelten nicht als Arbeitszeit. Entlohnt wird nur die tatsächlich während einer Bereitschaft geleistete Arbeit.

3. Arbeitszeitregelungen nach dem Krankenanstalten-Arbeitszeitgesetz (KA-AZG)

a) Geltungsbereich

Das **Krankenanstalten-Arbeitszeitgesetz** gilt für die Beschäftigung von Dienstnehmern, die in Krankenanstalten, Anstalten, die für die Unterbringung geistig abnormer oder entwöhnungsbedürftiger Rechtsbrecher/innen bestimmt sind, Krankenabteilungen in Justizanstalten und Kuranstalten als Angehörige von **Gesundheitsberufen** tätig sind oder deren Tätigkeit **sonst zur Aufrechterhaltung des Betriebes** ununterbrochen erforderlich ist.

Das KA-AZG **gilt nicht** für **leitende Dienstnehmer**, denen maßgebliche Führungsaufgaben selbstverantwortlich übertragen sind und für die Beschäftigung von **Jugendlichen**, die dem Bundesgesetz über die Beschäftigung von Kindern und Jugendlichen (KJBG) unterliegen.

---

36 Allerdings sei bezüglich Beschränkungen für Höchstarbeitszeiten auf die Richtlinie 93/104/EWG Amtsblatt Nr. L 307 vom 13. 12. 1993 verwiesen.

b) Normalarbeitszeit

Die **Tagesarbeitszeit** darf grundsätzlich **13 Stunden**, die **Wochenarbeitszeit**[37] innerhalb eines **Durchrechnungszeitraumes von bis zu 17 Wochen** *im Durchschnitt* **48 Stunden** und *in den einzelnen Wochen des Durchrechnungszeitraumes* **60 Stunden** nicht überschreiten.

Der **Durchrechnungszeitraum** kann durch **Betriebsvereinbarung** oder im **Einvernehmen mit der Personalvertretung** auf bis zu **26 Wochen** sowie bei **Ärzten** und **Apothekern** auf **52 Wochen** ausgedehnt werden.

c) Verlängerter Dienst

Werden Dienstnehmer *während der Arbeitszeit nicht durchgehend in Anspruch genommen*, können durch **Betriebsvereinbarung** oder im **Einvernehmen mit der Personalvertretung** längere Arbeitszeiten zugelassen werden, wenn dies aus wichtigen organisatorischen Gründen unbedingt notwendig ist (**verlängerte Dienste**). Eine Verlängerung ist nur zulässig, wenn die zu erwartende **Inanspruchnahme** innerhalb eines Durchrechnungszeitraumes von 17 Wochen *im Durchschnitt* **48 Stunden pro Woche** nicht überschreitet.

1. Dauer der verlängerten Dienste

Die maximale **Tagesarbeitszeit** bei verlängerten Diensten beträgt für

- **alle Dienstnehmer** 25 Stunden.

  Abweichend davon darf die Dauer eines verlängerten Dienstes von **Ärzten** und **Apothekern**

- bis zum 31. Dezember 2017 32 Stunden, bei einem verlängerten Dienst, der am Vormittag eines Samstages oder eines Tages vor einem Feiertag beginnt, 49 Stunden, und
- bis zum 31. Dezember 2020 für alle verlängerten Dienste 29 Stunden nicht überschreiten.

  Die maximale **Wochenarbeitszeit** bei verlängerten Diensten beträgt für **alle Dienstnehmer**

- innerhalb eines Durchrechnungszeitraumes von 17 Wochen im Durchschnitt **60 Stunden** und
- in den einzelnen Wochen des Durchrechnungszeitraumes höchstens **72 Stunden.**

2. Beschränkung der verlängerten Dienste

Die **Höchstzahl** der verlängerten Dienste innerhalb eines Durchrechnungszeitraumes von 17 Wochen beträgt im Durchschnitt **sechs** verlängerte Dienste **pro Monat**. Durch Betriebsvereinbarung oder im Einvernehmen mit der Personalvertretung kann festgelegt werden, dass bis zu acht verlängerte Dienste zulässig sind.

Für die Berechnung zählt eine durchgehende Arbeitszeit von mehr als 32 Stunden als zwei verlängerte Dienste.

---

37 Die Wochenarbeitszeit (normalerweise Montag 0.00 Uhr bis Sonntag 24.00 Uhr) kann durch Betriebsvereinbarung oder im Einvernehmen mit der Personalvertretung in einen anderen Zeitraum von 168 Stunden verlegt werden (z.B. Dienstag 6.30 Uhr bis Dienstag 6.30 Uhr).

Durch Betriebsvereinbarung oder im Einvernehmen mit der Personalvertretung kann festgelegt werden, dass bis zu acht verlängerte Dienste zulässig sind. Ebenso kann vereinbart werden, dass für verlängerte Dienste die Wochenarbeitszeit zu einem anderen Zeitpunkt als am Montag um 0.00 Uhr beginnt.

d) Ruhepausen und Ruhezeiten

- Ruhepausen

  Beträgt die Gesamtdauer der Arbeitszeit **mehr als sechs Stunden**, so ist die Arbeitszeit durch eine **Ruhepause** von **mindestens 30 Minuten** zu unterbrechen.

  Verlängerte Dienste von **mehr als 25 Stunden** sind durch **zwei Ruhepausen** von jeweils **mindestens 30 Minuten** zu unterbrechen.

  Ist die Gewährung von Ruhepausen aus organisatorischen Gründen nicht möglich, so ist innerhalb der nächsten zehn Kalendertage eine Ruhezeit entsprechend zu verlängern.

- Ruhezeit

  Nach Beendigung der Tagesarbeitszeit beträgt die **Ruhezeit** mindestens **elf Stunden.**

  Beträgt die Tagesarbeitszeit zwischen acht und 13 Stunden, ist eine Ruhezeit innerhalb der nächsten zehn Kalendertage **um vier Stunden zu verlängern.**

  Bei verlängerten Diensten ist innerhalb der nächsten 17 Kalenderwochen eine Ruhezeit um jenes Ausmaß, um das der verlängerte Dienst 13 Stunden überstiegen hat, mindestens jedoch jeweils um elf Stunden zu verlängern.

e) Ausnahmen in Notfällen

In außergewöhnlichen und unvorhersehbaren Fällen finden die KA-AZG-Bestimmungen über Arbeitszeit, verlängerten Dienst, Ruhepausen und tägliche Ruhezeit keine Anwendung,

- wenn die **Patientenbetreuung** *nicht unterbrochen werden kann oder*
- eine **sofortige Patientenbetreuung** *unbedingt erforderlich* wird und durch andere organisatorische Maßnahmen nicht Abhilfe geschaffen werden kann.

Durch **Betriebsvereinbarung** oder im **Einvernehmen mit der Personalvertretung** können **vorübergehende Ausnahmen** von der Regelung des **verlängerten Dienstes** festgelegt werden, wenn

- die Wahrung von Interessen der Patienten oder die Aufrechterhaltung des Krankenanstaltenbetriebes dies notwendig macht,
- die allgemeinen Grundsätze der Sicherheit und des Gesundheitsschutzes der Dienstnehmer eingehalten werden und
- durch die erforderlichen Maßnahmen sichergestellt wird, dass keinem Dienstnehmer Nachteile daraus entstehen, dass er generell oder im Einzelfall nicht bereit ist, solche zusätzliche Arbeitszeit zu leisten.

Eine Überprüfung dieser Ausnahmebestimmung durch das **Arbeitsinspektorat** ist vorgesehen, weshalb darüber besondere Aufzeichnungen zu führen sind.

4. Herabsetzung der Arbeitszeit wegen Nachtschwerarbeit

Nach dem **Nachtschwerarbeitsgesetz** sind Schutzmaßnahmen für das **Krankenpflegepersonal** vorgesehen. Nachtschwerarbeit leistet ein Arbeitnehmer, der in der Zeit zwischen 22.00 und 6.00 Uhr mindestens sechs Stunden in bestimmten Einrichtungen beschäftigt ist und während dieser Zeit unmittelbar Betreuungs- und Behandlungsarbeit für Patienten leistet, sofern nicht in diese Arbeitszeit regelmäßig und in erheblichem Ausmaß Arbeitsbereitschaft fällt.

An sich fallen nicht alle Arbeitnehmer, die in Krankenanstalten oder Pflegeheimen in der Zeit zwischen 22.00 und 6.00 Uhr mindestens sechs Stunden in bestimmten Einrichtungen beschäftigt sind und während dieser Zeit unmittelbar Betreuungs- und Behandlungsarbeit für Patienten leisten, unter die Regelung des Nachtschwerarbeitsgesetzes, es wird aber in vielen Krankenanstalten auch auf die Hebammen und die medizinisch-technischen Dienste angewendet.

Überdies fallen nicht alle Abteilungen eines Krankenhauses oder eines Pflegeheimes unter das Nachtschwerarbeitsgesetz, sondern nur 17 ausdrücklich aufgezählte Abteilungen, nämlich

- Intensivstationen;
- OP-Bereich (OP-Saal, Aufwachstation und Kreißzimmer);
- Unfallambulanzen;
- Psychiatrische Ambulanzen bzw. in für die Aufnahme von psychiatrischen Patienten während der Nacht vorgesehenen Primariaten;
- Notfallambulanzen und chirurgische Ambulanzen;
- Entgiftungsstationen;
- Dialysestationen;
- Akutdialysestationen;
- Aufnahmestationen;
- Aids-Stationen;
- Pflegestationen in Pflegeheimen;
- Pflegestationen in psychiatrischen Krankenanstalten und psychiatrischen Krankenabteilungen sowie in psychiatrischen Akutstationen;
- Unfallstationen, orthopädische Stationen sowie Stationen in Rehabilitationszentren mit vergleichbarer Arbeitsbelastung;
- onkologische und chemotherapeutische Stationen;
- schwerpunktinterne Abteilungen;
- Neurochirurgien und Neurologien (chirurgische und neurologische Abteilungen);
- Transplantationschirurgien.

Durch Kollektivvertrag, Verordnung des Arbeitsministers oder des Landeshauptmannes können auch weitere Stationen in die Regelung des Nachtschwerarbeitsgesetzes einbezogen werden.

Für **jeden Nachtdienst** gebührt ein **Zeitguthaben von zwei Stunden**. Das Zeitguthaben ist innerhalb von sechs Monaten nach seinem Entstehen zu verbrauchen und darf nicht in Geld abgelöst werden.

VI. Geschützte Dienstverhältnisse

Der Schutz der Dienstnehmer besteht entweder im Verbot bestimmter Arbeiten oder bestimmter Arbeitszeiten, wie z.B. im Bundesgesetz über die Beschäftigung von Kindern und Jugendlichen – KJBG, in einem besonderen Kündigungs- und Entlassungsschutz, wie z.B. im Arbeitsplatzsicherungsgesetz oder im Väterkarenzgesetz oder sowohl im Verbot bestimmter Arbeiten oder bestimmter Arbeitszeiten als auch in einem besonderen Kündigungs- und Entlassungsschutz, wie z.B. im Mutterschutzgesetz.

A. Mutterschutz

Für Dienstnehmerinnen gilt das **Mutterschutzgesetz**, wobei in einigen Bundesländern Beamtinnen und Vertragsbedienstete zwar vom Mutterschutzgesetz ausgenommen sind, die Regelungen in den Dienstrechtsgesetzen jedoch denen des Mutterschutzgesetzes entsprechen.

Werdende Mütter haben, um in die Vergünstigungen des Mutterschutzes zu gelangen, ein **ärztliches Zeugnis** über ihre Schwangerschaft und den **voraussichtlichen Entbindungstermin** dem Dienstgeber vorzulegen. Ab der Vorlage des Zeugnisses genießt die Frau folgenden Mutterschutz:

1. Kündigungsschutz und Entlassungsschutz

Die werdende Mutter darf nur mit **Zustimmung des Arbeits- und Sozialgerichtes gekündigt** oder **entlassen** werden. Der Entlassungsschutz wurde deshalb gewährt, damit der Arbeitgeber nicht durch eine ungerechtfertigte Entlassung den Kündigungsschutz unterlaufen kann.

Der **Kündigungs- und Entlassungsschutz** besteht **ab der Meldung** bis **mindestens 4 Monate nach der Entbindung**. Wird der Karenzurlaub nach dem Mutterschutzgesetz in Anspruch genommen, so endet der Kündigungs- und Entlassungsschutz 4 Wochen nach Ende des Karenzurlaubes. Wird anstelle oder nach dem Karenzurlaub Elternteilzeit in Anspruch genommen, so endet der Kündigungs- und Entlassungsschutz 4 Wochen nach Ende der Elternteilzeit, spätestens 4 Wochen nach dem 4. Geburtstag des Kindes. Wird darüber hinaus Elternteilzeit in Anspruch genommen, so kann die Mutter zwar ohne vorherige Zustimmung des Arbeits- und Sozialgerichtes gekündigt oder entlassen werden, es besteht aber eine erleichterte Möglichkeit der Anfechtung der Kündigung oder Entlassung wegen Vorliegens eines verpönten Motivs.

Wird eine Schwangere gekündigt oder entlassen, ohne dass der Arbeitgeber von der Schwangerschaft Kenntnis hatte, so wird die Kündigung oder Entlassung unwirksam, wenn innerhalb von 5 Arbeitstagen ab Übermittlung der Kündigung oder Entlassung an die Schwangere eine ärztliche Schwangerschaftsbestätigung vorgelegt wird.

Der Entlassungsschutz betrifft insbesondere auch befristete Dienstverhältnisse. Läuft ein befristetes Dienstverhältnis vor Beginn der Schutzfrist ab, so verlängert es sich bis zu Beginn der Schutzfrist (außer in Saisonbetrieben oder es ist dem Arbeitgeber die Weiterbeschäftigung bis zum Beginn der Schutzfrist nicht zumutbar).

Auf Probedienstverhältnisse hat der Kündigungs- und Entlassungsschutz nur theoretischen Einfluss, da die sofortige Auflösung während der Probezeit vom Mutterschutzgesetz nicht betroffen ist.

Nach **Fehlgeburten** besteht ein Kündigungs- und Entlassungsschutz von 4 Wochen.

2. Relative Beschäftigungsverbote

Zum Schutz der Gesundheit der Schwangeren und zum Schutz des werdenden Lebens gibt es während der Schwangerschaft eine Reihe von Arbeitsbeschränkungen. Fällt eine bis zur Schwangerschaft ausgeübte Tätigkeit unter die Arbeitsbeschränkungen, so ist der Schwangeren eine andere Arbeit zuzuweisen. Dies darf aber zu keinem Einkommensverlust der Schwangeren führen.

Verboten sind **schwere körperliche Arbeiten** sowie **Arbeiten**, *die nach der Art des Arbeitsvorganges oder der verwendeten Arbeitsstoffe oder Arbeitsgeräte für den Organismus der Mutter während der Schwangerschaft oder für das werdende Kind schädlich sind, insbesondere*

- regelmäßiges Heben und Tragen von Lasten über 5 kg;
- gelegentliches Heben und Tragen von Lasten über 10 kg;
- Arbeiten überwiegend im Stehen, es sei denn, dass Sitzgelegenheiten zum kurzen Ausruhen benützt werden können;
- ab dem 6. Monat alle Arbeiten im Stehen, die länger als 4 Stunden am Tag verrichtet werden;
- Arbeiten, die mit der Gefahr einer Berufserkrankung verbunden sind;
- Arbeiten, bei denen die Schwangere schädlichen Einwirkungen von gesundheitsgefährdenden Stoffen oder Strahlen, von Staub, Gasen oder Dämpfen, von Hitze, Kälte oder Nässe ausgesetzt ist;
- Bedienung von Geräten und Maschinen unter hoher Fußbeanspruchung;
- Arbeiten auf Beförderungsmitteln;
- Akkordarbeiten, Fließbandarbeiten und Arbeiten unter erhöhtem Leistungsdruck;
- Nachtarbeit (zwischen 20 Uhr und 6 Uhr);
- Sonn- und Feiertagsarbeit;
- Überstunden.

Im Spitalsbereich ist die Arbeit bis 22 Uhr gestattet, ebenso die Sonn- und Feiertagsarbeit. Lediglich Überstunden sind unzulässig; auch regelmäßig vor der Schwangerschaft geleistete Überstunden werden daher weder erbracht noch bezahlt.

Stillenden Müttern ist über ihr Verlangen die zum Stillen erforderliche Zeit freizugeben.

Ob Arbeiten unter die Beschäftigungsverbote fallen, entscheidet im Streitfall das **Arbeitsinspektorat**, ebenso ob Stillräume einzurichten sind und wie die Stillzeit zu verteilen ist.

Während der ersten 7 Monate der Schwangerschaft erhält die werdende Mutter ihren Lohn weiter vom Arbeitgeber ausbezahlt.

3. Absolute Beschäftigungsverbote

a) Schutzfrist

Acht Wochen vor und nach der Geburt besteht ein absolutes Beschäftigungsverbot. Diese Zeit wird **Schutzfrist** genannt.

Die Schutzfrist beginnt 8 Wochen vor dem vom Arzt **errechneten** und in der ärztlichen Bestätigung aufscheinenden voraussichtlichen Geburtstermin und endet 8 Wochen nach der **tatsächlichen** Geburt.

Erfolgt die Geburt **früher als 8 Wochen** nach Beginn der Schutzfrist, so verlängert sich die Schutzfrist nach der Geburt um die Zeit, die das Kind früher zur Welt gekommen ist, höchstens jedoch auf 16 Wochen.

Erfolgt die Geburt **später als 8 Wochen** nach Beginn der Schutzfrist, so beträgt die Schutzfrist nach der Geburt jedenfalls 8 Wochen.

Bei Frühgeburten, Mehrlingsgeburten und Kaiserschnittentbindungen beträgt die Schutzfrist nach der Geburt immer 12 Wochen, gerechnet ab der tatsächlichen Geburt, frühestens jedoch ab dem ursprünglich errechneten Geburtstermin.

Während der Schutzfrist hat die Arbeitnehmerin keinen Entgeltanspruch gegen den Arbeitgeber, sondern sie erhält das **Wochengeld** von der Krankenversicherung. Das Wochengeld beträgt das Durchschnittseinkommen der letzten 13 Wochen vor Beginn der Schutzfrist.

Bei Beamtinnen wird das Wochengeld vom Dienstgeber ausgezahlt.

b) Vorzeitiger Mutterschutz

Wenn das Leben oder die Gesundheit von Mutter oder Kind bei Fortdauer der Beschäftigung gefährdet wäre, darf die Mutter auf Grund eines amtsärztlichen oder arbeitsinspektionsärztlichen Zeugnisses nicht weiterbeschäftigt werden. Auch in diesem Fall erhält die Mutter Wochengeld anstelle ihrer Entlohnung.

B. Kinder- und Jugendlichenschutz

Nach dem Bundesgesetz über die Beschäftigung von Kindern und Jugendlichen – **KJBG** – dürfen Kinder grundsätzlich überhaupt nicht, sowie Jugendliche nur eingeschränkt beschäftigt werden.

- **Kinder** sind Minderjährige, die die allgemeine Schulpflicht noch nicht beendet haben;
- **Jugendliche** sind Personen bis zur Vollendung des 18. Lebensjahres.

Die Tagesarbeitszeit darf 8 Stunden, die Wochenarbeitszeit darf 40 Stunden nicht überschreiten. Zur Erreichung einer längeren Wochenfreizeit darf die Tagesarbeitszeit auf 9 Stunden verlängert werden.

Jugendliche dürfen im Allgemeinen zu Nachtdiensten sowie Sonn- und Feiertagsdiensten nicht herangezogen werden.

Jugendliche, die im gehobenen Dienst für **Gesundheits- und Krankenpflege** ausgebildet werden, dürfen im **letzten Ausbildungsjahr**, soweit dies für die Erreichung des Ausbildungszweckes erforderlich ist, unter folgenden Voraussetzungen **Nachtdienste** leisten:

- die **Höchstzahl** der Nachtdienste darf **im Ausbildungsjahr** nicht mehr als 30 betragen,
- die **Höchstzahl** der Nachtdienste darf **pro Monat** nicht mehr als **fünf** betragen,
- die Leistung **aufeinanderfolgender** Nachtdienste ist **nicht zulässig**,

- Nachtdienst darf **nur unter Aufsicht** einer diplomierten Gesundheits- und Krankenpflegeperson geleistet werden,
- nach dem Nachtdienst ist eine **Ruhezeit** von **mindestens zwölf Stunden** zu gewähren.

Das Verbot von **Sonn- und Feiertagsdiensten** für Jugendliche gilt in Krankenanstalten und Pflegeheimen nicht.

C. Andere geschützte Dienstverhältnisse

1. Väter

Väter, die Karenzurlaub in Anspruch nehmen, dürfen nur mit Zustimmung des Arbeits- und Sozialgerichtes gekündigt oder entlassen werden.

Der Kündigungsschutz beginnt mit der Bekanntgabe eines Karenzurlaubes, nicht jedoch vor der Geburt des Kindes. Der Karenzurlaub ist spätestens 8 Wochen nach der Geburt des Kindes bekannt zu geben, eine Verlängerung des Karenzurlaubes über den ursprünglich festgesetzten Termin hinaus spätestens 3 Monate vor Ablauf des ursprünglich festgesetzten Karenzurlaubes.

Der Kündigungs- und Entlassungsschutz endet vier Wochen nach Beendigung des Karenzurlaubes; nimmt auch die Mutter Karenzurlaub in Anspruch, das heißt, wird der Karenzurlaub zwischen Vater und Mutter geteilt, so endet der Kündigungs- und Entlassungsschutz vier Wochen nach Ende des letzten Karenzurlaubes, spätestens vier Wochen nach dem 2. Geburtstag des Kindes. Wird anstelle oder nach dem Karenzurlaub Elternteilzeit in Anspruch genommen, so endet der Kündigungs- und Entlassungsschutz 4 Wochen nach Ende der Elternteilzeit, spätestens 4 Wochen nach dem 4. Geburtstag des Kindes. Wird darüber hinaus Elternteilzeit in Anspruch genommen, so kann der Vater zwar ohne vorherige Zustimmung des Arbeits- und Sozialgerichtes gekündigt oder entlassen werden, es besteht aber eine erleichterte Möglichkeit der Anfechtung der Kündigung oder Entlassung wegen Vorliegens eines verpönten Motivs.

2. Behinderte

Als **begünstigte Behinderte** gelten alle Personen mit einer **Minderung der Erwerbsfähigkeit (MdE)** von **mindestens 50%**. Ab einer Arbeitnehmerzahl von mindestens 25 ist pro 25 Arbeitnehmern mindestens je eine behinderte Person einzustellen oder die Behindertenausgleichstaxe (je nach Arbeitnehmeranzahl gestaffelt: € 257,–, € 361,–, € 383,– monatlich seit 2018) zu zahlen. Die **Kündigung** eines Behinderten kann nur mit **Zustimmung des Behindertenausschusses** beim **Sozialministeriumservice** (früher **Bundessozialamt**) erfolgen.

Für die Beschäftigung von in Ausbildung stehenden begünstigten Behinderten erhält der Dienstgeber vom Sozialministeriumservice eine Prämie von € 257,– aus Mitteln des Ausgleichstaxfonds.

3. Präsenzdiener und Zivildiener

Unter **Präsenzdienst** versteht man sowohl die Zeit des **Grundwehrdienstes** als auch der **Truppenübungen** (insgesamt 6 Monate); der **Zivildienst** dauert 9 Monate.

Der Kündigungs- und Entlassungsschutz besteht ab dem Tag der Zustellung des Einberufungsbefehles und endet einen Monat nach Ende des Grundwehrdienstes oder Zivildienstes bzw. 14 Tage nach Ende der Truppenübung.

Der Präsenzdiener oder Zivildiener verliert den Kündigungs- und Entlassungsschutz, wenn er nicht innerhalb von 5 Arbeitstagen den Arbeitgeber vom Einberufungsbefehl verständigt.

Wie bei Müttern und Vätern darf eine Kündigung oder Entlassung von Präsenzdienern oder Zivildienern nur mit Zustimmung des Arbeits- und Sozialgerichtes erfolgen.

Bezüglich des Kündigungs- und Entlassungsschutzes sind sowohl bei Präsenzdienst als auch bei Zivildienst Staatsangehörige anderer EWR-Staaten den österreichischen Staatsbürgern gleichgestellt.

4. Betriebsräte (Privatunternehmen) und Personalvertreter (Öffentlicher Dienst)

genießen während ihrer Funktionsperiode Kündigungs- und Entlassungsschutz.

Die Auflösung des Dienstverhältnisses durch Kündigung oder Entlassung kann – soweit es sich nicht um Beamte handelt – nur mit Zustimmung des Arbeits- und Sozialgerichtes erfolgen.

VII. Arbeitnehmerschutz

A. Innerbetrieblicher Gefahrenschutz nach dem ArbeitnehmerInnenschutzgesetz

Zum **innerbetrieblichen** Schutz der Arbeitnehmer sind nach dem ArbeitnehmerInnenschutzgesetz **Eignungs- und Folgeuntersuchungen**, sowie ab einer bestimmten Betriebsgröße eine Anzahl von weisungsfreien **Sicherheitsvertrauenspersonen, Sicherheitsfachkräften** und **Arbeitsmedizinern** vorgesehen.

1. Sicherheitsvertrauenspersonen

In jedem **Betrieb**, in dem regelmäßig **mehr als 10 Arbeitnehmer** beschäftigt sind, sind Sicherheitsvertrauenspersonen in ausreichender Anzahl zu bestellen.

2. Eignungs- und Folgeuntersuchungen

Mit Tätigkeiten, bei denen die **Gefahr einer Berufskrankheit** besteht, und bei denen einer **arbeitsmedizinischen** Untersuchung im Hinblick auf die spezifische mit dieser Tätigkeit verbundene Gesundheitsgefährdung **prophylaktische Bedeutung** zukommt, dürfen Arbeitnehmer nur beschäftigt werden, wenn

- vor Aufnahme der Tätigkeit eine solche Untersuchung durchgeführt wurde (**Eignungsuntersuchung**) und
- bei Fortdauer der Tätigkeit solche Untersuchungen in regelmäßigen Zeitabständen durchgeführt werden (**Folgeuntersuchungen**).

3. Sicherheitsfachkräfte

Der Arbeitgeber hat Sicherheitsfachkräfte zu bestellen.

Sicherheitsfachkräfte haben die Aufgabe, den **Arbeitgeber**, die **Arbeitnehmer**, die **Sicherheitsvertrauenspersonen** und die **Belegschaftsorgane** auf dem Gebiet der **Arbeitssicherheit** und der **menschengerechten Arbeitsgestaltung** zu beraten und den **Arbeitgeber** bei der **Erfüllung seiner Pflichten** auf diesen Gebieten zu **unterstützen** (**Fürsorgepflicht**).

Der Verpflichtung zur Bestellung von Sicherheitsfachkräften kann der Arbeitgeber durch betriebseigene oder externe Sicherheitsfachkräfte oder durch Inanspruchnahme eines sicherheitstechnischen Zentrums nachkommen. Für viele mittlere und kleine Betriebe fungiert die AUVA als **sicherheitstechnisches Zentrum**.

4. Arbeitsmediziner

Der **Arbeitgeber** hat Arbeitsmediziner zu bestellen.

Arbeitsmediziner haben die Aufgabe, den **Arbeitgeber**, die **Arbeitnehmer**, die **Sicherheitsvertrauenspersonen** und die **Belegschaftsorgane** auf dem Gebiet des **Gesundheitsschutzes**, der auf die Arbeitsbedingungen bezogenen **Gesundheitsförderung** und der **menschengerechten Arbeitsgestaltung** zu **beraten** und den **Arbeitgeber** bei der **Erfüllung seiner Pflichten** auf diesen Gebieten zu unterstützen (**Fürsorgepflicht**).

B. Überbetrieblicher Gefahrenschutz nach dem Arbeitsinspektionsgesetz

Zum **überbetrieblichen** Schutz der Arbeitnehmer sind als Behörden des Bundes die **Arbeitsinspektorate** eingerichtet. Ihre Aufgabe ist es, in den Betrieben die Einhaltung von Arbeitsschutzvorschriften zu überwachen und die Einhaltung notfalls zu erzwingen.

Die Arbeitsinspektorate haben die dem Schutz der Arbeitnehmer dienenden **Rechtsvorschriften** und **behördlichen Verfügungen** zu **überwachen**, insbesondere soweit diese betreffen:

- den Schutz des Lebens, der Gesundheit und der Sittlichkeit,
- die Beschäftigung von Kindern und Jugendlichen,
- die Beschäftigung von Arbeitnehmerinnen, vor allem auch während der Schwangerschaft und nach der Entbindung,
- die Beschäftigung besonders schutzbedürftiger Arbeitnehmer (Behinderter),
- die Arbeitszeit, die Ruhepausen und die Ruhezeit, die Arbeitsruhe, die Urlaubsaufzeichnungen und
- die Heimarbeit.

Die Arbeitsinspektoren dürfen den Betrieb, Betriebsstätten, Betriebsräume, Aufenthaltsräume, Personalunterkünfte und Wohlfahrtseinrichtungen **jederzeit** ohne Voranmeldung **betreten** und besichtigen, müssen sich aber vor Beginn ihrer Kontrolltätigkeit beim Betriebsinhaber oder Dienststellenleiter melden.

Im Zuge seiner Kontrolltätigkeit ist der Arbeitsinspektor berechtigt, mit jedem einzelnen Arbeitnehmer alleine zu sprechen und ihn auf das Vorliegen allfälliger Missstände zu befragen.

Der Arbeitsinspektor kann den Arbeitgeber zur unverzüglichen Herstellung des gesetzmäßigen Zustandes auffordern oder Anzeige bei der Bezirksverwaltungsbehörde erstatten.

VIII. Arbeitsverfassung

Die Arbeitsverfassung regelt die Beziehungen des einzelnen Arbeitnehmers zu seiner betrieblichen Vertretung (Betriebsrat, Personalvertretung), die rechtlichen Beziehungen zwischen den einzelnen Arbeitgebern und der betrieblichen Vertretung, den Zusammenschluss von Arbeitgebern und Arbeitnehmern zu eigenen Vereinigungen und die Vereinbarungen zwischen den Arbeitgeber- und Arbeitnehmervereinigungen.

A. Arbeitnehmervertretungen

1. Freiwillige Vereinigungen

Die Arbeitnehmer können sich auf **freiwilliger Basis** zur Wahrung ihrer Interessen zusammenschließen.

Der wichtigste derartige Zusammenschluss sind die Gewerkschaften. In Österreich sind derzeit ca. 1.200.000 Arbeitnehmer im **Österreichischen Gewerkschaftsbund (ÖGB)** auf freiwilliger Basis organisiert. Der ÖGB ist ein überparteilicher **Verein** und gliedert sich in 7 Einzelgewerkschaften. Er vertritt die Interessen seiner Mitglieder inner- und außerbetrieblich.

Einzelne **Gesundheitsberufe** haben sich als **Verband** österreichweit organisiert, z.B. gibt es:

- ÖGKV – Berufsverband der Pflegepersonen Österreichs (www.oegkv.at)
- Dachverband und Berufsverbände aller gehobenen medizinisch-technischen Dienste (www.mtd-dachverbandaustria.at)
- ARGE der Krankenhausverwaltungsdirektoren

2. Gesetzliche Vertretungen

a) Arbeiterkammern

Die Arbeiterkammern sind die gesetzliche Interessenvertretung der Arbeitnehmerschaft. Alle Arbeitnehmer mit Ausnahme der Bediensteten von Bund, Land und Gemeinde in der Hoheitsverwaltung sind **Pflichtmitglieder** der Arbeiterkammern.

b) Betriebliche Vertretungen

Diese ist für Gebietskörperschaften und sonstige Betriebe verschieden geregelt. Alle Unternehmen, die nicht zu Bund, Land oder Gemeinde gehören, unterliegen dem **Arbeitsverfassungsgesetz**.

Dieses sieht als Vertretung der Arbeitnehmer zwei Organe vor:

- Die **Betriebsversammlung**
  ist die Versammlung sämtlicher Arbeitnehmer eines Betriebes, die das 18. Lebensjahr vollendet haben, ohne Unterschied der Staatsbürgerschaft.

- Der **Betriebsrat**

  wird von der Belegschaft für **5 Jahre** gewählt und **vertritt die Interessen** der **Belegschaft** dem Arbeitgeber gegenüber. Seine wichtigsten Aufgaben sind unter anderem die Zustimmung zu betrieblichen Maßnahmen, Anhörung bei Kündigung und Entlassung und der Abschluss von Betriebsvereinbarungen. Zur Wahrung der Rechte der Belegschaft hat der Betriebsrat für die Dauer seiner Funktionsperiode einen besonderen Kündigungs- und Entlassungsschutz.

  Für Bund, Land und Gemeinde gilt das jeweilige **Personalvertretungsgesetz.**

Dieses sieht als Vertretung der **Beamten** und **Vertragsbediensteten** eine **gemeinsame Personalvertretung** vor. Wahlberechtigt zur Personalvertretung sind alle Arbeitnehmer, die das 18. Lebensjahr vollendet haben. Die Aufgaben der Personalvertreter sind ähnlich denen des Betriebsrats.

Die Personalvertretung vertritt ebenso wie der Betriebsrat alle Mitglieder eines Betriebes bzw. einer Dienststelle unabhängig von der Zugehörigkeit zur Gewerkschaft oder zu einer politischen Partei.

Die Personalvertreter werden für 5 Jahre gewählt und genießen für die Dauer ihrer Funktionsperiode besonderen Kündigungs- und Entlassungsschutz.

B. Arbeitgebervertretungen

Ebenso wie die Arbeitnehmer können sich die **Arbeitgeber** freiwillig zusammenschließen (Gewerbeverein, Industriellenvereinigung etc.). Im Sozial- und Gesundheitswesen zu nennen ist ua. der **Berufsverband der (privaten) Arbeitgeber im Gesundheits- und Sozialbereich (BAGS)**, der 2012 in den **Verband der Sozial- und Gesundheitswirtschaft** umbenannt wurde.

Neben den **freiwilligen Zusammenschlüssen** besteht eine Reihe von gesetzlichen Interessenvertretungen mit **Pflichtmitgliedschaft** wie z.B. Wirtschaftskammer, Landwirtschaftskammer, Ärztekammer, Zahnärztekammer, Apothekerkammer, Österreichisches Hebammengremium ua.

C. Vereinbarungen zwischen Arbeitgeber(vertretung) und Arbeitnehmer(vertretung)

1. Kollektivvertrag

Der Kollektivvertrag ist eine Vereinbarung zwischen einem Arbeitgeberverband (z.B. Ärztekammer) und einem Arbeitnehmerverband (z.B. Gewerkschaft der Privatangestellten) über die Rechte und Pflichten aller von diesem Vertrag betroffenen Arbeitgeber und Arbeitnehmer. Kollektivverträge regeln zumeist Löhne, Arbeitszeit und weitere Arbeitsbedingungen.

Der Kollektivvertrag darf zugunsten des Arbeitnehmers vom Gesetz abweichen (z.B. 38-Stunden-Woche), eine Abweichung vom Gesetz zum Nachteil des Arbeitnehmers ist unwirksam.

Beispiele:

Kollektivverträge für Österreichisches Rotes Kreuz, Caritas, Diakonie und Berufsverband der (privaten) Arbeitgeber im Gesundheits- und Sozialbereich (BAGS).

2. Betriebsvereinbarung

Die Betriebsvereinbarung ist eine Vereinbarung zwischen dem Betriebsrat eines Betriebes und dem Arbeitgeber dieses Betriebes. Oft werden darin betriebliche Überstundenregelungen, besondere Arbeitszeitregelungen (z.B. Gleitzeit, Kernzeiten, Einarbeitung, Zeitausgleich), innerbetriebliche Fortbildungen, Urlaubseinteilungen, Betriebsurlaub und Ähnliches geregelt.

Vom Gesetz und vom Kollektivvertrag darf nur zugunsten des Arbeitnehmers abgewichen werden.

3. Dienstvertrag

Der Dienstvertrag ist die Vereinbarung zwischen dem einzelnen Dienstnehmer und seinem Dienstgeber. Von Gesetz, Kollektivvertrag und Betriebsvereinbarung darf nur zugunsten des Dienstnehmers abgewichen werden (**Günstigkeitsprinzip**).

IX. Besonderheiten im Dienstrecht für Vertragsbedienstete und Beamte[38]

Damit ein Gemeinwesen funktionieren kann, bedarf es einer Infrastruktur. Neben den ureigensten Aufgaben wie Gesetzgebung, Hoheitsverwaltung und Gerichtsbarkeit hat der moderne Staat zum Wohl seiner Bürger auch jene Aufgaben übernommen, die für Private nicht profitabel sein können, deren Besorgung aber für den einzelnen Bürger lebensnotwendig ist. Eine Durchführung dieser Aufgaben durch private gewinnorientierte Unternehmen käme so teuer, dass sich der einzelne Betroffene die Inanspruchnahme oft nicht leisten könnte. So baut der Staat Schulen, Straßen und Spitäler und betreibt diese, wobei der Zugang zu diesen öffentlichen Einrichtungen für jedermann möglich sein muss und die Erhaltung des menschlichen Lebens und der Gesundheit keine Frage des Einkommens und des Vermögens des Patienten sein darf.

Zur Durchführung ihrer Aufgaben brauchen die Gebietskörperschaften eigenes Personal, die öffentlich Bediensteten, die als Vertragsbedienstete oder Beamte beschäftigt werden können. In diesem Kapitel wird nur mehr auf jene Punkte eingegangen, in denen Abweichungen zum allgemeinen Arbeitsrecht bestehen.

Zur Errichtung und Aufrechterhaltung der **hoheitlichen Strukturen** und der **Infrastruktur** eines Staates sind **dauerhafte Dienstverhältnisse** notwendig. Daher hat gerade der öffentliche

---

38 Soweit nichts anderes angeführt wird, entspricht der Text den Regelungen des Bundes (VBG, BDG, Gehaltsgesetz).

Dienstgeber ein besonderes Interesse am Verbleib seiner Bediensteten, weshalb die Auflösungsmöglichkeiten bewusst geringer gehalten und unattraktiver gestaltet sind als in der Privatwirtschaft.

So stehen die **Beamten** in einem lebenslänglichen Dienstverhältnis und erhalten grundsätzlich niemals eine Abfertigung. Als Äquivalent dazu sind ihre Pensionen, soweit es sich um Aktiveinkommen bis zur Höchstbeitragsgrundlage handelt, geringfügig besser berechnet als in der Privatwirtschaft, und gibt es für die Pensionsbeiträge der aktiven Beamten keine Höchstbeitragsgrundlage, sodass – da ja auch höhere Beiträge einbehalten wurden – in solchen Fällen die Pension ohne Höchstbeitragsgrundlage[39] bemessen wird. Der öffentliche Dienstgeber spart während der aktiven Laufbahn des Beamten die Dienstgeberbeiträge, da er ohnehin im Ruhestand die Pension selbst auszuzahlen hat. Das System der Pragmatisierung ist völlig abweichend von der Privatwirtschaft, es ist deshalb nicht möglich zu beurteilen, welches System für den Dienstgeber kostengünstiger ist. **Vertragsbedienstete** sind für die Gebietskörperschaften eindeutig billiger als Bedienstete in der Privatwirtschaft in vergleichbarer Position, weil sie die Abfertigung am Ende ihrer Dienstzeit in weit mehr Fällen verlieren als in der Privatwirtschaft. Umgekehrt hat aber der Vertragsbedienstete im öffentlichen Dienst einen höheren Bestandschutz für sein Dienstverhältnis. Generell kann daher auch hier nicht beurteilt werden, welcher Arbeitnehmer im Einzelfall günstiger gestellt ist.

Der Vollständigkeit halber sei darauf hingewiesen, dass

- die Gehaltsansätze im öffentlichen Dienst (Vertragsbedienstete und Beamte) für jeweils vergleichbare Tätigkeiten (Spitalsärzte, DGKP, MTD etc.) generell um einiges niedriger sind als in den einschlägigen Kollektivverträgen der Privatwirtschaft,
- die Entlohnung der Vertragsbediensteten und Beamten **gesetzlich** geregelt ist und im Gegensatz zur Privatwirtschaft Überzahlungen gegenüber dem jeweiligen Kollektivvertrag – wie dies in vielen Branchen als sogenannte „Istlöhne“ üblich ist – ausgeschlossen sind.

A. Gemeinsame Bestimmungen für Vertragsbedienstete und Beamte

1. Dienstpflichten der Vertragsbediensteten und Beamten

Die Dienstpflichten der Vertragsbediensteten und Beamten entsprechen bezüglich **Arbeitspflicht, Weisungsgebundenheit, Treuepflicht** und **Haftpflicht** im Wesentlichen den Regelungen für alle Arbeitnehmer.

Folgende Regelungen weichen von denen der Privatwirtschaft ab:

- **Wahrung des Standesansehens**

  Der Vertragsbedienstete bzw. Beamte ist verpflichtet, das **Standesansehen** im und außer Dienst zu wahren. Insbesondere hat er gegenüber den Vorgesetzten, den Mitarbeitern, den Parteien bzw. Kunden ein höfliches und hilfsbereites Verhalten an den Tag zu legen.

39 Für alle Personen, mithin auch für Beamte, die ab dem 1. Jänner 1955 geboren sind, gilt für Versicherungszeiten, die seit dem 1. Jänner 2005 erworben wurden, das **Allgemeine Pensionsgesetz** (APG) und damit auch die dort vorgesehene Höchstbeitragsgrundlage. Allerdings haben einige Länder für den Bereich ihres Beamtendienstrechts diese Regelung noch nicht umgesetzt.

Er hat im Dienst und außer Dienst alles zu vermeiden, was die Achtung und das Vertrauen, die seiner Stellung entgegengebracht werden, untergraben könnte.

- **Amtsverschwiegenheit**

  Der Vertragsbedienstete bzw. Beamte ist zur Amtsverschwiegenheit über alle ihm ausschließlich aus seiner amtlichen Tätigkeit bekannt gewordenen Tatsachen verpflichtet. Diese Verpflichtung besteht nicht gegenüber den Vorgesetzten.

  Die Regelung entspricht im Wesentlichen der Verschwiegenheitspflicht in der Privatwirtschaft, die Verletzung der Amtsverschwiegenheit ist nach dem Strafgesetzbuch ein eigenes Delikt und mit wesentlich höherer Strafe bedroht.

- **Nebenbeschäftigung**

  Nebenbeschäftigungen sind – im Gegensatz zur Privatwirtschaft – nur **meldepflichtig**. Ist die Nebenbeschäftigung der Diensterfüllung **abträglich** oder widerspricht sie dem Stand und der Würde des Vertragsbediensteten bzw. Beamten, so kann die Nebenbeschäftigung von der vorgesetzten Dienststelle **untersagt** werden.

  Nebenbeschäftigungen von Vertragsbediensteten bzw. Beamten, deren Arbeitszeit aus Anlass der Geburt oder der Adoption eines Kindes **herabgesetzt** wurde, bedürfen einer ausdrücklichen **Genehmigung** durch den Dienstgeber. Dies entspricht der generellen Regelung für alle Nebenbeschäftigungen in der Privatwirtschaft.

- **Meldepflichten**

  Den Vertragsbediensteten bzw. Beamten trifft eine Reihe von Meldepflichten, wie z.B. Namensänderung, Standesveränderung (Eheschließung oder Scheidung), Erwerb und Verlust der österreichischen Staatsbürgerschaft oder der Staatsbürgerschaft eines anderen EWR-Staates, Änderung des Wohnsitzes, Urlaubsanschrift, Verlust von Berechtigungen, Befähigungen, Dienstausweis oder Dienstabzeichen.

2. Pflichten der Gebietskörperschaft

a) Fürsorgepflicht

Auch der öffentliche Dienstgeber hat den Arbeitsplatz und die Arbeitsvorgänge so einzurichten, dass das Leben, die Gesundheit und die körperliche Sicherheit des Vertragsbediensteten bzw. Beamten möglichst nicht gefährdet werden.

> **Anmerkung:**
> Für den Arbeitnehmerschutz im Öffentlichen Dienst gilt das Bundesbedienstetenschutzgesetz bzw. entsprechende Landesbedienstetenschutzgesetze.

b) Abfertigung

Im Öffentlichen Dienst hat grundsätzlich nur der Vertragsbedienstete einen Abfertigungsanspruch. Die Gehaltsgesetze kennen mehr Verlusttatbestände als das Angestelltengesetz:

- Keine Abfertigung bei befristeten Dienstverhältnissen (trifft vor allem Turnusärzte).
- Bei einvernehmlicher Lösung Abfertigung nur wenn ausdrücklich vereinbart.

- Die Bemessungsgrundlage für die Abfertigung ist zumeist nur das Grundgehalt; in der Privatwirtschaft das Gehalt + sämtliche Zulagen + aliquote Sonderzahlungen.
- Beamte erhalten nur ausnahmsweise eine Abfertigung bei:
  - Austritt aus Anlass der Geburt oder Adoption eines Kindes.
  - Bei unverschuldeter Kündigung eines provisorischen Beamten.

B. Vertragsbedienstete

1. Begründung des Dienstverhältnisses

- Der Dienstvertrag kann nur **schriftlich** abgeschlossen werden.
- Für die Begründung eines Vertragsbediensteten-Dienstverhältnisses ist immer die **geistige** und **körperliche** Eignung für die entsprechende Tätigkeit erforderlich. Diese Eignung umfasst auch die für die Annahme des jeweils vorgesehenen Postens **ausreichenden Kenntnisse der deutschen Sprache** in Wort und Schrift.
- Ein Höchst- oder Mindestalter ist nicht definiert, das Vorliegen der österreichischen Staatsbürgerschaft ist keine Anstellungsvoraussetzung. **Ausländer aus Staaten außerhalb des EWR** oder der **Schweiz** benötigen eine **Beschäftigungsbewilligung** durch das Arbeitsmarktservice.

2. Entlohnung

Die Höhe der Entlohnung ergibt sich aus der Einreihung in eine Verwendungsgruppe und der Einstufung in eine Gehaltsstufe. Im Angestelltenbereich sind alle Vertragsbediensteten des Bundes in die Verwendungsgruppen a bis e, im Arbeiterbereich in die Verwendungsgruppen p1 bis p5 eingereiht. Alle zwei Jahre rückt der Vertragsbedienstete in die nächsthöhere Gehaltsstufe vor (**Biennium**). Die Entlohnung erfolgt im Bund und in einigen Ländern am 15. des Monats, in anderen Ländern am Letzten eines Monats im Nachhinein.

Im Bundesdienst besteht für medizinisch-technische Dienste, Krankenpfleger/innen, Hebammen und die Sanitätshilfsdienste ein eigenes Entlohnungsschema = Verwendungsgruppe K, die **Einreihung** erfolgt in die Verwendungsgruppen K1 bis K6.

Anmerkung:
Die Regelungen weichen in den einzelnen Bundesländern stark voneinander ab.

3. Entgeltfortzahlung

Je nach Dauer des Dienstverhältnisses erhält der Vertragsbedienstete sechs bis sechsundzwanzig Wochen die volle Entlohnung. Der Entgeltfortzahlungsanspruch entsteht erst nach einer 14-tägigen Dauer des Dienstverhältnisses (**Wartezeit**). Die Wartezeit entfällt, wenn die Erkrankung auf einen Privatunfall, einen Arbeitsunfall oder eine Berufskrankheit zurückzuführen ist. Ist die Erkrankung auf einen Arbeitsunfall oder eine Berufskrankheit zurückzuführen, so verlängert sich der Entgeltfortzahlungsanspruch auf das Doppelte. Nach Ende der Entgeltfortzahlung durch den Arbeitgeber erhält der Vertragsbedienstete Krankengeld von der Krankenkasse bis zu maximal 26 Wochen.

Anmerkung:

Die Entgeltfortzahlung bei Krankheit ist in den einzelnen Vertragsbedienstetengesetzen völlig unterschiedlich geregelt: So enthält einerseits die VBO der Stadt Wien keine Wartezeit, der Entgeltfortzahlungsanspruch beträgt aber nur vier bis sechzehn Wochen bzw. bei Arbeitsunfall oder Berufskrankheit 26 Wochen; nach dem NÖ-VBG besteht keine Wartezeit und erhält der Vertragsbedienstete sechs bis sechsundzwanzig Wochen die volle Entlohnung. Ist die Erkrankung auf einen Arbeitsunfall oder eine Berufskrankheit zurückzuführen, so *kann* die Entgeltfortzahlung auch auf über 26 Wochen verlängert werden.

4. Bekämpfung einer Kündigung

Während des **ersten Jahres** ist das Dienstverhältnis von beiden Seiten frei kündbar, sofern nicht ein besonderer Kündigungsschutz (siehe geschützte Dienstverhältnisse) besteht.

Nach Ablauf eines Jahres kann das Dienstverhältnis durch die Gebietskörperschaft nur unter Angabe eines **Kündigungsgrundes** aufgelöst werden. Der Vertragsbedienstete kann innerhalb der 3-jährigen Verjährungsfrist[40] beim **Arbeits- und Sozialgericht** auf Feststellung des aufrechten Dienstverhältnisses und Bezahlung seines Entgelts klagen. Liegt der angeführte Kündigungsgrund nicht vor, so ist die **Kündigung unwirksam** und das **Dienstverhältnis** ununterbrochen weiter **aufrecht**. Die Tatsache, dass der angeführte Kündigungsgrund wirklich vorliegt, hat der Dienstgeber zu beweisen.

Anmerkung:

Nach anderen Vertragsbedienstetengesetzen, z.B. NÖ-LVBG bzw. NÖ-GVBG besteht der Kündigungsschutz ebenfalls bereits nach einem Jahr, nach der VBO der Stadt Wien hingegen erst nach drei Jahren.

5. Bekämpfung einer Entlassung, Umdeutung einer Entlassung in eine Kündigung

Wurde das Dienstverhältnis durch **Entlassung** beendet, so kann wie bei einer Kündigung innerhalb der 3-jährigen Verjährungsfrist[41] beim Arbeits- und Sozialgericht auf Feststellung des aufrechten Dienstverhältnisses und Bezahlung des Entgelts geklagt werden.

40 Allerdings trifft auch den Vertragsbediensteten eine Aufgriffsobliegenheit, sodass er die Rechtswidrigkeit einer Kündigung zeitlich nicht unbegrenzt geltend machen kann. Welcher Zeitraum dem Arbeitnehmer zur Verfügung steht, um die Rechtswidrigkeit seiner Kündigung geltend zu machen, lässt sich immer nur anhand der konkreten Umstände des Einzelfalls beurteilen. Der OGH geht in einigen Entscheidungen davon aus, dass bei einem Verstreichen von 9 Monaten nach der Kündigung die Aufgriffsobliegenheit jedenfalls verletzt ist und eine Kündigung daher nicht mehr mit Erfolg bekämpft werden kann.

41 Die Judikatur zur Aufgriffsobliegenheit gilt jedenfalls auch für Entlassungen, siehe FN 47.

Die Entlassung ist **rechtsunwirksam**, wenn sie **unberechtigt** war und bereits ein Kündigungsschutz besteht. Liegen Kündigungsgründe vor, dann wird die Entlassung in eine **Kündigung** durch den Arbeitgeber **umgedeutet**. Liegt weder der behauptete Entlassungsgrund noch ein Kündigungsgrund vor, so bleibt das **Dienstverhältnis aufrecht**.

Anmerkung:
Diese Anfechtungsmöglichkeit ist in einigen Bundesländern von Bedeutung, da in einzelnen Ländern, z.B. in NÖ, nach einer Gesamtdienstzeit von 10 Jahren auch für Vertragsbedienstete – außer für den Fall des Erreichens des Pensionsalters – eine Unkündbarkeit besteht, indem die Gebietskörperschaft einen Kündigungsverzicht betreffend einer Änderung der Arbeitsorganisation oder des Arbeitsumfanges erklärt.

C. Beamte

Beamte sind alle in einem **öffentlich-rechtlichen Dienstverhältnis** zu einer **Gebietskörperschaft** (Bund, Land oder (Stadt-)Gemeinde) stehenden Bediensteten. Der Inhalt ist gesetzlich genau definiert und ergibt sich aus dem **Beamtendienstrechtsgesetz (BDG)** bzw. den entsprechenden Landes- oder Gemeindebeamtendienstrechtsgesetzen.

Wir unterscheiden:

- Beamte des Dienststandes
- Beamte des Ruhestandes

1. Begründung des Dienstverhältnisses

Wer in ein Beamtendienstverhältnis aufgenommen werden will, muss einen Antrag auf Aufnahme oder Übernahme ins öffentlich-rechtliche Dienstverhältnis stellen. Sofern ein freier Dienstposten vorhanden ist und der Aufnahmewerber die gesetzlichen Voraussetzungen erfüllt, **kann** der Aufnahmewerber zum Beamten ernannt werden. Die Ernennung zum Beamten bezeichnet man auch als **Pragmatisierung**. Es besteht kein Rechtsanspruch auf Pragmatisierung, die Ernennung ist ein einseitiger Hoheitsakt der Gebietskörperschaft.

Bei der Ernennung wird dem Beamten ein **Ernennungsdekret** ausgehändigt. Das Ernennungsdekret enthält den Tag der Wirksamkeit der Ernennung sowie den dem Beamten zustehenden Amtstitel.

Anmerkung:
In einzelnen Ländern wurden die Amtstitel abgeschafft bzw. werden gesondert, nur auf Antrag und nur mehr in den Spitzendienstklassen verliehen.

a) Anstellungsvoraussetzungen

Zur Anstellung ist im Allgemeinen erforderlich:

- ein **Lebensalter** von wenigstens **18 (Mindestalter)** und nicht mehr als **40 Jahren (Höchstalter)**,
- die **Staatsangehörigkeit** einer Vertragspartei des Abkommens über den **Europäischen Wirtschaftsraum** oder der **Schweiz**,
- ein **ehrenhaftes Vorleben** und
- die zur Erfüllung der Dienstobliegenheiten notwendigen **geistigen** und **körperlichen Fähigkeiten** einschließlich der erforderlichen **Kenntnisse** in der **deutschen Sprache**.

Dienstposten, mit denen Aufgaben der **Hoheitsverwaltung** verbunden sind (z.B. Sanitätsbehörden), sind Beamten **mit österreichischer Staatsangehörigkeit** vorbehalten.

Ausländer aus anderen Staaten, die als Vertragsbedienstete in Diensten der Gebietskörperschaft stehen, können erst nach Erlangung der österreichischen Staatsbürgerschaft oder der Staatsbürgerschaft eines anderen EWR-Staates pragmatisiert werden.

Vom Erfordernis der körperlichen und geistigen Eignung einschließlich der erforderlichen Kenntnisse der deutschen Sprache gibt es ebenfalls keine Befreiung.

b) Provisorische und definitive Beamte

Das Beamtendienstverhältnis ist vorerst

- provisorisch, dh dass unmittelbar nach der Ernennung idR ein Probedienstverhältnis begründet wird. Während dieser Probedienstzeit kann der provisorische Beamte gekündigt werden.
- Nach Ablauf der Probedienstzeit wird das Beamtendienstverhältnis
- **definitiv**, das heißt, der Beamte ist unkündbar.

Anmerkung:

Gerade in Bezug auf provisorische Beamte bzw. die Definitivstellung von Beamten sind die Regelungen der einzelnen Gebietskörperschaften äußerst unterschiedlich:

So tritt die Definitivstellung beim Bund und in vielen Ländern nur **auf Antrag** ein, während diese in Wien bei Vorliegen der gesetzlichen Voraussetzungen ohne weitere Antragstellung von selbst eintritt.

Das Land Niederösterreich kennt wiederum keine provisorischen Beamten, sondern nimmt eine sofortige Definitivstellung von Beamten vor, wenn diese eine mindestens zweijährige Dienstzeit als Vertragsbediensteter aufweisen.

Voraussetzungen für die Definitivstellung

- **Ablauf der Probedienstzeit**

  In diese Probedienstzeit sind die Zeiten als Vertragsbediensteter einzurechnen.

- Erfolgreiche **Ablegung** der für die **Definitivstellung** vorgesehenen **Dienst- oder Fachprüfung.** Das Krankenpflegediplom, das Hebammendiplom, die Diplome der medizinisch-technischen Dienste und die Kursabschlussprüfungen der Medizinischen Assistenzberufe (früher SHD) ersetzen diese Fachprüfung.

Anmerkung:
In manchen Bundesländern ist für die Definitivstellung eine untere Altersgrenze (z.B. DO Wien Vollendung des 26. Lebensjahres) vorgesehen.

2. Pflichten des Dienstgebers

a) Entlohnung (Gehalt)

Die Höhe des Gehaltes richtet sich nach dem Gehaltsgesetz. Die Bezahlung der Beamten erfolgt nach einem Gehaltschema mit Dienstklassen. Die Einteilung ist wie folgt:

A = Höherer Dienst	Dienstklasse III–IX
B = Gehobener Dienst	Dienstklasse II–VII
C = Fachdienst	Dienstklasse I–V
D = Mittlerer Dienst	Dienstklasse I–IV
E = Hilfsdienst	Dienstklasse I–III

Nach den beim Bund und in einigen Ländern bereits angewendeten neuen Gehaltsschemata erfolgt die Einstufung nunmehr in A1 bis A5.

Beamte in handwerklicher Verwendung sind in P1 bis P5 eingestuft.

Die Höhe der Entlohnung richtet sich nach der **Verwendungsgruppe** (A–E), nach der **Dienstklasse** und nach der **Gehaltsstufe** in der Dienstklasse. Alle zwei Jahre rückt der Beamte in die nächsthöhere Gehaltsstufe seiner Dienstklasse vor (**Biennium**). Die Entlohnung erfolgt am 1. des Monats im Vorhinein.

Die **Überstellung** in eine höhere Verwendungsgruppe erfolgt – falls eine Planstelle vorhanden ist, auf die überstellt werden kann – nach Erwerb einer höheren Qualifikation, eine höhere Dienstklasse erreicht der Beamte durch **Beförderung.**

Für medizinisch-technische Dienste, Gesundheits- und Krankenpfleger/innen, Hebammen und die medizinischen Assistenzberufe (frühere bzw. auslaufende Sanitätshilfsdienste und Medizinisch-Technischer Fachdienst – MTF) besteht das Verwendungsgruppenschema K, die Einreihung erfolgt in die Verwendungsgruppen K1 bis K6.

b) Entgeltfortzahlung bei Krankheit und Unfall

Bei Krankheit und Unfall gebührt das volle Entgelt weiter. Dauert der Krankenstand länger als ein Jahr, so kann der Beamte in den zeitlichen oder dauernden Ruhestand versetzt werden. Da der Dienstgeber das Entgelt ohne zeitliche Beschränkung zahlt, erhält ein Beamter niemals Krankengeld.

Anmerkung:

Die Nebengebühren werden nur bis zum Ende des auf den Beginn der Erkrankung folgenden Monats fortgezahlt. Bei Arbeitsunfall und Berufskrankheit werden die Nebengebühren für die Dauer der gesamten krankheitsbedingten Abwesenheit fortgezahlt.

Die Regelung über die Fortzahlung der Nebengebühren im Krankheitsfall weicht in vielen Bundesländern von der Regelung des Bundes ab.

So werden in Wien die Nebengebühren je nach Dauer der bisherigen Dienstzeit nur für maximal vier bis sechzehn Wochen fortgezahlt. Bei Arbeitsunfall und Berufskrankheit beträgt die Entgeltfortzahlung bei den Nebengebühren 26 Wochen.

c) Entgeltfortzahlung bei Dienstverhinderung aus persönlich wichtigem Grund

In diesem Fall kann der Beamte **Sonderurlaub** erhalten. Sonderurlaub kann bis zu drei Tage pro Jahr von der Dienststelle bewilligt werden, die Bewilligung von darüber hinausgehendem Sonderurlaub bedarf der Bewilligung der zuständigen Dienstbehörde.

d) Pensionsanspruch

Bei **dauernder Dienstunfähigkeit** hat der Beamte einen Rechtsanspruch auf Versetzung in den Ruhestand. Mit Ablauf des Kalendermonates, in dem der Beamte sein **65. Lebensjahr** vollendet, ist er – *auch gegen seinen Willen* – in den **Ruhestand zu versetzen**. Im Bundesbereich zahlt die Republik die vollen Pensionen nur mehr für Beamte bis Jahrgang 1954, Beamte ab Jahrgang 1955 erhalten Teilansprüche für die Dienstzeiten bis 31. 12. 2004 (Berücksichtigung von Zeiten, in denen Pensionsbeiträge über der Höchstbeitragsgrundlage geleistet wurden), die weiteren Zeiten werden nach dem Allgemeinen Pensionsgesetz (APG) bezahlt.[42, 43, 44]

e) Kranken- und Unfallfürsorge

Der Bund, die Länder (mit Ausnahme von Oberösterreich, Tirol und Wien als Land und Gemeinde) und die meisten Gemeinden haben ihre Beamten bei der Versicherungsanstalt Öffentlich Bediensteter (BVA) nach dem BKUVG in der Krankenversicherung und der Unfallversicherung versichert.

Einige Städte (Wien, Baden, Graz, Salzburg, Hallein, Linz, Steyr, Wels) sowie das Bundesland Tirol (für Landesbeamte, Gemeindebeamte und Landeslehrer) haben **Krankenfürsorgeanstalten** gegründet, die die Aufgaben einer Krankenversicherung und teilweise auch einer Unfall-

42 Diese Regelung wurde von einigen Bundesländern noch gar nicht bzw. mit zeitlicher Verzögerung übernommen.

43 In einigen Bundesländern wurde die Erhöhung des (Früh-)Pensionsalters von 60 Jahren auf über 60 Jahre noch nicht durchgeführt.

44 Das Alter für die Inanspruchnahme einer vorzeitigen Alterspension wurde seit 2004 sukzessive erhöht. Ab 1. 10. 2018 kann die Alterspension für Bundesbeamte erst mit der Vollendung des 65. Lebensjahres in Anspruch genommen werden.

versicherung[45] wahrnehmen: Die Beamten sind Mitglieder und haben zu den Aufwendungen der Anstalt in der Krankenfürsorge in dem jeweils durch Satzung festgelegten Ausmaß Beiträge zu leisten. Die Aufwendungen in der Unfallfürsorge trägt – wie auch sonst in der Unfallversicherung – der Dienstgeber. Die Leistungen sind durch die Satzung der Anstalt geregelt und entsprechen weitgehend dem B-KUVG.[46]

3. Beendigung des Dienstverhältnisses

Das Beamtendienstverhältnis endet durch

a) Kündigung

Die Kündigung ist **nur bei provisorischen Beamten** möglich. Der gekündigte Beamte erhält, *wenn ihn an der Kündigung kein Verschulden trifft*, für jedes tatsächlich zurückgelegte Dienstjahr das **Einfache des Monatsbezuges**, das der besoldungsrechtlichen Stellung des Beamten beim Enden des Dienstverhältnisses entspricht, als **Abfertigung.**

b) Austritt

Der **Beamte** des **Dienst- oder Ruhestandes** kann **schriftlich** seinen **Austritt** aus dem Dienstverhältnis erklären. Der Austritt wird **mit Ablauf des Tages wirksam**, den der **Beamte bestimmt, frühestens** jedoch mit Ablauf des Tages, an dem die **Austrittserklärung bei der Dienstbehörde einlangt.**

Der Beamte kann den Austritt spätestens einen Monat vor der Wirksamkeit **widerrufen.** Ein **späterer Widerruf** wird nur wirksam, wenn die Dienstbehörde ausdrücklich **zugestimmt** hat.

Ein Beamter, der aus Anlass der **Geburt** oder **Adoption** eines Kindes austritt, erhält eine **Abfertigung** je nach Dauer der Dienstzeit von 1–12 Monatsbezügen.

Durch den Austritt **verliert** der Beamte für sich und seine Angehörigen **sämtliche Rechte und Anwartschaften aus dem Dienstverhältnis.**

c) Tod des Beamten

Der Tod des Beamten ist der **Regelfall** für die Beendigung eines Beamtendienstverhältnisses, da es gesetzlich an sich als **Dienstverhältnis auf Lebenszeit** angelegt ist.

Sind anspruchsberechtigte Hinterbliebene (Witwe, Witwer, unversorgte Kinder) vorhanden, so können diese eine **Hinterbliebenenpension** (Witwenpension, Witwerpension, Waisenpension) erhalten.

---

45 In Wien wird die Unfallversicherung nicht durch die KFA sondern unmittelbar durch den Magistrat (Personalservice MA 2) durchgeführt.

46 Seit 1999 sind alle ab diesem Zeitpunkt eingetretenen Vertragsbediensteten von Bund, Land und Gemeinden, sofern nicht eine KFA besteht, bei der BVA kranken- und unfallversichert. Die meisten KFA haben kurz darauf ebenfalls die neu eingetretenen Vertragsbediensteten in dieses System eingegliedert (so z.B. Wien ab 2001).

d) Entlassung

- wegen wiederholter **minder entsprechender** oder **nicht entsprechender Dienstbeschreibung,**
- wegen **Verurteilung** durch ein inländisches Gericht wegen einer mit **Vorsatz** begangenen Straftat zu einer **mehr als einjährigen Freiheitsstrafe,**
- im **Disziplinarverfahren.**

Bei Versetzung in den Ruhestand bleibt das Dienstverhältnis des Beamten **aufrecht.** Alle Rechte und Pflichten aus dem Beamtendienstverhältnis bestehen auch – soweit sie noch zum Tragen kommen können – im Ruhestand weiter, lediglich die Arbeitspflicht fällt mit der Pensionierung des Beamten weg. Der **Beamte des Dienststandes** wird zum **Beamten des Ruhestandes.**

Außer in den oben angeführten Fällen erhält der Beamte **niemals** eine **Abfertigung.**

4. Disziplinarrecht

Ein Beamter, der schuldhaft seine Dienstpflichten verletzt, wird disziplinär zur Verantwortung gezogen.

Die Verfolgung erfolgt durch die **Disziplinarkommission** und die **Disziplinaroberkommission.** Diese Kommissionen sind **in Ausübung ihres Amtes unabhängig.**

Disziplinarstrafen[47] sind

- Verweis,
- Vorrückungssperre in höhere Bezüge für einen bestimmten Zeitraum,
- Versetzung in den Ruhestand,
- Versetzung in den Ruhestand mit geminderten Ruhebezügen,
- Entlassung.

5. Dienstzeugnis

Obwohl dies im Gesetz nicht ausdrücklich vorgesehen ist, kann man davon ausgehen, dass dieses Recht dem Beamten zumindest auch bei der Versetzung in den **dauernden Ruhestand** aus **Altersgründen** zusteht.

X. Streitigkeiten aus dem Arbeitsverhältnis

A. Privatwirtschaftliche Dienstverhältnisse und Vertragsbedienstete

Diese Streitigkeiten gehören ausnahmslos vor das **Arbeits- und Sozialgericht,** das beim jeweiligen Landesgericht eingerichtet ist. Für Wien besteht ein eigenes Arbeits- und Sozialgericht

47 Die Disziplinarrechte der Länder und Gemeinden sehen auch eine andere Staffelung der Strafen vor, die Entlassung als strengste Disziplinarstrafe ist in allen Dienstrechten vorgesehen.

Wien. Die Gerichte entscheiden durch Senate, bestehend aus einem Berufsrichter als Vorsitzendem und je einem Laienrichter aus dem Kreis der Arbeitgeber und der Arbeitnehmer.

Die **Urteile** der Arbeits- und Sozialgerichte können mit **Berufung** an das **Oberlandesgericht**, dessen Urteile mit **Revision** an den **Obersten** Gerichtshof angefochten werden.

Das Arbeits- und Sozialgericht ist in Arbeitsrechtssachen unter anderem für folgende Streitigkeiten zuständig:

- **Streitigkeiten zwischen Arbeitnehmern und Arbeitgebern** (bzw. umgekehrt), die dem Arbeitsverhältnis entspringen,
- **Streitigkeiten zwischen Arbeitnehmern untereinander**, wenn diese aus der gemeinsamen Arbeit entstammen,
- **Betriebsverfassungsrechtliche Streitigkeiten.**

B. Beamte

Alle Streitigkeiten aus dem Beamtendienstverhältnis – mit Ausnahme insbesondere der Schadenersatzprozesse, in einigen Ländern auch Streitigkeiten über den Ersatz von Ausbildungskosten – werden in 1. Instanz im **Verwaltungsweg** ausgetragen. Zuständig sind Dienststelle, Dienstbehörde und Organe der Gebietskörperschaft gemäß der jeweilig gültigen Geschäftsordnung und Geschäftseinteilung. Die **Beschwerde** gegen die Entscheidung geht an das **Bundesverwaltungsgericht** (Bundesbeamte) bzw. an das zuständige **Landesverwaltungsgericht** (Landesbeamte).

Nach Ausschöpfen des Instanzenzuges ist in den meisten Fällen eine Beschwerde an den **Verwaltungsgerichtshof** sowie bei Verletzung von Grundrechten immer an den **Verfassungsgerichtshof** möglich.

Regressprozesse nach dem **Amtshaftungsgesetz** und **Schadenersatzprozesse** nach dem **Organhaftpflichtgesetz** sowie Streitigkeiten aus *vertraglich vereinbarten* Rückzahlungsverpflichtungen für Ausbildungskosten werden nicht im Verwaltungsweg ausgetragen, sondern gehören vor die **Arbeits- und Sozialgerichte**.

Sozialrecht

I. Einleitung

Gegenstand und Sinn des **Sozialrechts** ist es, die wirtschaftlichen Folgen von **Risiken** und **Schicksalsschlägen**, die jeden Einzelnen bzw. dessen Angehörige irgendwann im Leben treffen können, so zu regeln, dass der Einzelne bei Eintritt eben dieses Risikos weiter existieren kann. Der Grundgedanke ist also die **Überwälzung der wirtschaftlichen** Folgen der Risken des täglichen Lebens **vom Einzelnen auf die Allgemeinheit.**

Das **Sozialrecht** unterscheidet sich vom weiteren Begriff **Sozialwesen** und seinen diversen **sozialen Einrichtungen** dadurch, dass dem Einzelnen nicht bloß Hilfe auf freiwilliger Basis, sondern ein **Rechtsanspruch** auf bestimmte **gesetzliche Leistungen** gewährt wird.

Erste Entwicklungen sozialer Art können wir – ebenso wie im Sanitätswesen – in den **Klöstern** entdecken. Hier finden wir sowohl die Pflege der Kranken, als auch die Unterstützung der Armen mit Kleidung und Nahrung. In vielen Klöstern wird heute noch gratis die Klostersuppe an die Armen ausgeschenkt. Die ersten **sozialrechtlichen** Ansätze, das heißt, Vereinbarungen, die einen Rechtsanspruch auf ein Mindestmaß an Versorgung garantieren sollten, sind im Bereich des Bergbaus entstanden, was aus der besonderen Gefährlichkeit des Berufes leicht erklärlich ist.

Die den Einzelnen und seine Familie am meisten bedrohenden Risken sind und waren zu aller Zeit **Tod, Krankheit, Unfall, Erwerbslosigkeit** und dauernde **Pflegebedürftigkeit,** verbunden mit unmittelbarer Not. Zur Beseitigung wenigstens der schwerwiegendsten Folgen dieser Schicksalsschläge hat sich im Laufe der Jahre ein **System der Sozialen Sicherheit** entwickelt. Da dieses sich mit Ausnahme der Arbeitslosenvorsorge und Teilen der Pflegegeldvorsorge **aus privaten Ansätzen entwickelt** hat, haben wir **verschiedenste Sozialversicherungssysteme** und Sozialversicherungsanstalten.

Im Rahmen dieses Buches werden aus Gründen der Übersichtlichkeit lediglich das **Allgemeine Sozialversicherungsgesetz** (ASVG), die **Pflegegeldregelung** und die **Arbeitslosenversicherung** behandelt.

Der Vorsorgebereich des heutigen **Sozialrechts** erfasst **fünf Risiken:**

- Krankheit
- Unfall
- Pension
- Arbeitslosigkeit
- Pflegebedürftigkeit

Für **Krankheit, Unfall** und **Pension** bestehen eigene Sozialversicherungen. Die Sozialversicherungsgesetze werden nicht von staatlichen Behörden, sondern – im Rahmen der Selbstverwaltung – von eigenen Anstalten, den sogenannten **Sozialversicherungsträgern,** vollzogen. Die Sozialversicherungsträger waren ursprünglich Zusammenschlüsse bestimmter Berufe oder

Berufszweige oder Einrichtungen bestimmter Betriebe. Sie unterstehen der Aufsicht durch den Bundesminister für Arbeit, Soziales, Gesundheit und Konsumentenschutz bzw. dem Landeshauptmann und entscheiden über an sie gerichtete Ansprüche in erster Instanz.

Die **Pflegegeldansprüche** werden für Pensionisten von der Unfall- oder Pensionsversicherung, für alle anderen von verschiedensten staatlichen Behörden als **Entscheidungsträger** vollzogen.

Für **Beschäftigungsprobleme** im Allgemeinen sind die Geschäftsstellen des **Arbeitsmarktservice** (früher Arbeitsamt) eingerichtet.

Hinweis:

Seit einigen Jahren ist eine große Diskussion über die Reform aller Sparten der Sozialversicherung in Gang gekommen. Es besteht zwischen allen Experten und den politischen Parteien Einigkeit darüber, dass eine gravierende Kostensenkung in der Krankenversicherung und eine langfristige Heraufsetzung des faktischen Pensionsantrittsalters (*2012* im Durchschnitt 58,4 Jahre unter Einschluss aller, die bis 65 Jahre und länger arbeiteten) erfolgen muss, da sonst ein Zusammenbruch des Systems droht. Immerhin werden pro Jahr weit über 50 Milliarden Euro, das heißt pro Woche mehr als 1 Milliarde Euro für alle Sparten der Sozialversicherung aufgewendet. Durch die seit Jahren geführte Diskussion über notwendige Änderungen und etwa dreimal im Jahr vorgenommene Novellierungen des ASVG und der anderen SV-Gesetze ist eine starke Verunsicherung in der Bevölkerung entstanden, die dazu geführt hat, dass seit dem Sparpaket I im Jahr 1995 zu den normalen Pensionierungen von etwa 100.000 pro Jahr, die durch die demographische Entwicklung bedingt sind, jährlich mehrere 10.000 weitere Pensionierungen erfolgten, sodass seit 1993 zusätzlich 300.000 Pensionisten hinzukamen und sich das Verhältnis Erwerbstätige zu Pensionisten immer mehr verschiebt (von 2,5:1 im Jahr 1956 zu nunmehr 1,7:1 mit immer stärkerer Tendenz zu den Pensionisten und gleichzeitig steigender Lebenserwartung). Heftiger politischer Streit besteht allerdings sowohl über das Ausmaß als auch das Tempo der zu setzenden Maßnahmen. *Durch die laufende Änderung der Pensionszugangskriterien seit 1995 (Abschaffung der vorzeitigen Alterspensionen, Änderung der Pensionsberechnung bei vorzeitiger Pensionierung ua) konnte das tatsächliche Pensionsantrittsalter bis 2008 um 2 Jahre erhöht werden. Allerdings hat die sogenannte Langzeitversichertenregelung (Hacklerlösung) das tatsächliche Pensionsantrittsalter seither wieder gesenkt. Durch die mit 1. 1. 2014 in Kraft getretene Neuregelung der Invaliditätspension – „Vorrang der Rehabilitation vor der Invaliditätspension"; keine befristete Invaliditätspension; Invaliditätspension für ab 1. 1. 1964 Geborene nur mehr bei dauernder Erwerbsunfähigkeit – konnte das faktische Pensionsantrittsalter zwar über 60 Jahre angehoben werden, allerdings beziehen dafür eine große Anzahl früherer Invaliditätspensionswerber Rehabilitationsgeld. Ob und wann das System Vorrang der Rehabilitation vor der Invaliditätspension nachhaltig greifen wird, lässt sich derzeit schwer abschätzen und ist sicher auch von einer aktiven Arbeitsmarktpolitik abhängig.*

Im Regierungsprogramm 2017 ist eine umfassende Organisationsreform der Sozialversicherungen geplant, so sollen die derzeit 21 Sozialversicherungsanstalten auf fünf Anstalten zusammengelegt und damit reduziert werden. Überdies sollen die Leistungskataloge der Krankenversiche-

rungen vereinheitlicht werden, ein Vorhaben, das bei derzeit unterschiedlichen Beitragssätzen und unterschiedlichen Selbstbehalten für Patienten, einigermaßen kompliziert ist, da nicht gesagt werden kann, ob eine Vereinheitlichung der Leistungskataloge sich am derzeit besten oder schlechtesten Leistungskatalog ausrichtet. Zum Zeitpunkt der Drucklegung gibt es zwar eine Reihe von Diskussionsbeiträgen, Gesetzesentwürfe liegen jedoch keine vor. Ob, inwieweit und in welcher Form Organisationsreformen und Vereinheitlichung von Leistungskatalogen stattfinden werden, kann daher erst in einer Folgeauflage behandelt werden.

Weitere konkrete Änderungen im Sozialversicherungssystem können für die Zeit ab Drucklegung (Juli 2018) nur den Gesetzblättern und Veröffentlichungen in der Fachliteratur entnommen und von den Autoren – schon wie bisher erfolgt – erst in einer weiteren Neuauflage zusammengefasst werden.

II. Sozialversicherungen

Die Aufgaben der Sozialversicherungen werden von eigenen **Sozialversicherungsträgern** im Rahmen der Selbstverwaltung vollzogen. Wir unterscheiden:

Krankenversicherung,

Unfallversicherung,

Pensionsversicherung.

Nach dem ASVG sind alle Arbeitnehmer sozialversichert. Liegt eine Versicherung in allen drei Sparten vor, so spricht man von einer **Vollversicherung**. Diese ist für die meisten Arbeitnehmer Pflicht. Daneben gibt es für manche Bereiche eine **Teilversicherung**.

Nach dem ASVG sind **Dienstnehmer** unmittelbar bei Beginn einer Beschäftigung zur **Sozialversicherung** anzumelden. Die **Anmeldung** erfolgt bei der **Gebietskrankenkasse**, diese übermittelt eine Durchschrift der Anmeldung dem Versicherten, aus der der **Beginn der Beschäftigung** und die **Höhe der Bezüge** des Versicherten **ersichtlich** sind. Die Höhe der Bezüge in der Krankenkassenanmeldung bildet die **Beitragsgrundlage**, die als **Bemessungsgrundlage** für die meisten **Geldleistungen** der Sozialversicherung (z.B. Krankengeld, Wochengeld, Versehrtenrente oder Pensionen) maßgeblich ist.

In der Unfallversicherung besteht Versicherungspflicht unabhängig von der Höhe der Einkünfte. In der Kranken- und Pensionsversicherung beginnt die **Versicherungspflicht** bei der **Geringfügigkeitsgrenze** (= **geringfügig Beschäftigte**; seit 1. 1. 2018 € 438,05 monatlich. Unter der Geringfügigkeitsgrenze ist eine freiwillige Versicherung in der Kranken- und/oder Pensionsversicherung möglich (sog. „opting in"). In allen Sparten endet die Beitragspflicht im ASVG mit der **Höchstbeitragsgrundlage** von € 5.130,– (Sonderzahlungen mit € 855,–) monatlich. Die jeweiligen Beitragssätze und leistungsrechtlichen Werte für die Versicherungssparten (KV, UV, PV) sind unter der Internetadresse http://www.hauptverband.at zu finden.

Mit Beendigung eines Dienstverhältnisses endet die Versicherungspflicht, es besteht jedoch die Möglichkeit zur **freiwilligen Weiterversicherung**.

Alle **Leistungen** der Sozialversicherungen werden nur über **Antrag des Versicherten** erbracht, ebenso erfolgt die freiwillige Weiterversicherung nur über Antrag. Im Bereich der Sozialversicherung herrscht – ausgenommen einige Fälle der Unfallversicherung – das **Antragsprinzip.**

DIE WICHTIGSTEN TRÄGER DER SOZIALVERSICHERUNG

KRANKENVERSICHERUNG

- **Gebietskrankenkassen (GKK).** Diese sind die größten Krankenkassen. Über 70% der Bevölkerung sind bei den Gebietskrankenkassen versichert. Für jedes Bundesland gibt es eine eigene GKK. -> Österreichische Gesundheitskasse
- **Betriebskrankenkassen.** Diese gibt es derzeit für sechs (zumeist größere) Betriebe.
- **Versicherungsanstalt für Eisenbahnen und Bergbau**
- **Sozialversicherungsanstalt der gewerblichen Wirtschaft**
- **Sozialversicherungsanstalt der Bauern**
- **Versicherungsanstalt Öffentlich Bediensteter (BVA).** Bei dieser sind alle Bundesbeamten sowie die meisten Landes- und Gemeindebeamten sowie die seit 1999 aufgenommenen Vertragsbediensteten versichert.
- **Krankenfürsorgeanstalt der Bediensteten der Stadt Wien (KFA).** Bei dieser sind alle Beamten und seit 2001 aufgenommenen Vertragsbediensteten der Stadt Wien versichert.
- Weitere 14 **Krankenfürsorgeanstalten** von Gebietskörperschaften.

UNFALLVERSICHERUNG

- **Allgemeine Unfallversicherungsanstalt (AUVA).** Diese ist die größte Unfallversicherung. Sie umfasst außer den in der Krankenversicherung bei den GKK Versicherten alle anderen nach ASVG versicherten, sowie die Gewerbliche Wirtschaft und die Bauern.
- **Versicherungsanstalt Öffentlich Bediensteter (BVA).** Bei dieser sind alle Bundesbeamten sowie die meisten Landes- und Gemeindebeamten sowie die seit 1999 aufgenommenen Vertragsbediensteten versichert.

PENSIONSVERSICHERUNG

- **Pensionsversicherungsanstalt.** Ist für alle Arbeiter und Angestellten sowie alle Vertragsbediensteten zuständig.
- **Sozialversicherungsanstalt der gewerblichen Wirtschaft**
- **Sozialversicherungsanstalt der Bauern**

Für **Beamte** gibt es in einigen Ländern und Gemeinden gar keine Sozialversicherung, da dort der Dienstgeber eigene **Krankenfürsorgeanstalten (KFA)** eingerichtet hat, die die Aufgaben der Krankenversicherung und teilweise der Unfallversicherung übernommen haben.[48]

Sowohl im Bund als auch in allen Ländern und Gemeinden gibt es für Beamte keine eigene Pensionsversicherung, da Beamte bei Dienstunfähigkeit oder mit Erreichung der Altersgrenze

48 Alternativ dazu betreibt der Dienstgeber die Unfallversicherung im Rahmen seiner eigenen Verwaltung.

in den Ruhestand versetzt werden und im Ruhestand einen Versorgungsgenuss vom jeweiligen Dienstgeber beziehen. Das Beamtendienstverhältnis bleibt auch im Ruhestand aufrecht, der **Pensionsanspruch** ist **arbeitsrechtlicher** Natur.

Alle Träger der Sozialversicherungen sind im

- **Hauptverband der österreichischen Sozialversicherungsträger** zusammengeschlossen.

Aufgaben des **Hauptverbandes** sind vor allem

- die **Wahrnehmung der allgemeinen und gesamtwirtschaftlichen Interessen** im Vollzugsbereich der Sozialversicherung,
- die zentrale Erbringung von **Dienstleistungen für die Sozialversicherungsträger**,
- die **Erstellung von Richtlinien** zur Förderung oder Sicherstellung der gesamtwirtschaftlichen Tragfähigkeit, der Zweckmäßigkeit und der Einheitlichkeit der Vollzugspraxis der Sozialversicherungsträger.

III. Krankenversicherung

Im Jahre *2017* waren rund 8,8 Millionen Personen bzw. 99,9 % der österreichischen Bevölkerung durch die soziale Krankenversicherung geschützt. 6,7 Mio. Personen waren beitragsleistende Versicherte, 1,9 Mio beitragsfrei mitversicherte Angehörige und 0,2 Mio. erhielten Schutz durch eine Krankenfürsorgeanstalt. Die Krankenversicherung *trifft Vorsorge*

- für die **Früherkennung** von **Krankheiten** und die **Erhaltung der Volksgesundheit**;
- für die **Versicherungsfälle** der **Krankheit**, der **Arbeitsunfähigkeit infolge Krankheit** sowie der **Mutterschaft**;
- für **Zahnbehandlung** und **Zahnersatz** sowie für die **Hilfe bei körperlichen Gebrechen**;
- für **medizinische** Maßnahmen der **Rehabilitation**;
- für die **Gesundheitsförderung**.

Überdies *können* aus Mitteln der Krankenversicherung

- Maßnahmen zur **Festigung der Gesundheit** und
- Maßnahmen zur **Krankheitsverhütung**

gewährt werden.

A. Arten von Leistungen

Die *Leistungen der Krankenversicherung* werden als

- **Pflichtleistungen**, und zwar als **gesetzliche Mindestleistungen** oder als **satzungsmäßige Mehrleistungen**, und als
- **freiwillige Leistungen** gewährt.

Pflichtleistungen sind Leistungen, auf die ein **Rechtsanspruch** besteht. **Freiwillige Leistungen** sind Leistungen, die *auf Grund gesetzlicher oder satzungsmäßiger Vorschriften gewährt werden können*, **ohne** dass auf sie ein Rechtsanspruch besteht. Allerdings steht die Gewährung von **freiwilligen Leistungen** im **pflichtgemäßen Ermessen** der Versicherung.

B. Anspruchsberechtigung

Anspruchsberechtigt im Bereich der Krankenversicherung sind

- der **Versicherte** und
- seine **Angehörigen**, wenn sie ihren gewöhnlichen Aufenthalt im Inland haben.

Angehörige sind der **Ehegatte**, in Ausnahmefällen der frühere Ehegatte (z.B. wenn der Versicherte unterhaltspflichtig ist), der **Eingetragene Partner**, für den Fall der Kindererziehung oder der Pflege des Versicherten (ab Pflegegeld Stufe 4) der **Lebensgefährte**, der *seit mindestens zehn Monaten mit dem Versicherten in Hausgemeinschaft lebt und ihm seit dieser Zeit unentgeltlich den Haushalt führt*, und die **Kinder**.

Eheliche, uneheliche, adoptierte Kinder und Pflegekinder sind immer anspruchsberechtigt, Stiefkinder und Enkelkinder dann, wenn sie mit dem Versicherten im gemeinsamen Haushalt leben.

Kommt eine mehrfache Angehörigeneigenschaft in Betracht, so wird die Leistung nur einmal gewährt.

Die **Anspruchsberechtigung** der Angehörigen ist gegeben, *solange diese nicht als* Erwerbstätige (oder Pensionisten, z.B. Alterspension des Ehegatten, Waisenpension des Kindes) eine *eigene Krankenversicherung* haben. Geben die Angehörigen die Erwerbstätigkeit wieder auf (Ehegatte bleibt zu Hause, Kind beendet seine Ferialarbeit und setzt die Schule oder das Studium fort), so lebt die Mitversicherung wieder auf.

Bei **Kindern** in Ausbildung ist die Anspruchsberechtigung nur gegeben, solange die **Kindeseigenschaft** besteht, grundsätzlich jedoch längstens bis zur Vollendung des 27. Lebensjahres.

- **Kinder** und **Enkel** gelten als **Angehörige bis zur Vollendung des 18. Lebensjahres.**
- Nach **Vollendung des 18. Lebensjahres** gelten sie als Angehörige, wenn und solange sie sich in einer **Schul- oder Berufsausbildung** befinden, die ihre **Arbeitskraft überwiegend beansprucht**, längstens bis zur **Vollendung des 27. Lebensjahres**; die Angehörigeneigenschaft von Kindern verlängert sich nur dann, wenn sie ein ordentliches **Studium ernsthaft** und **zielstrebig** *im Sinne des Familienlastenausgleichsgesetzes*[49] betreiben (regelmäßiger Nachweis von Prüfungen über Mindeststundenzahlen bzw. ECTS-Punkte); oder *seit der Vollendung des 18. Lebensjahres oder Ende der Ausbildung* infolge **Krankheit** oder **Gebrechen erwerbsunfähig** sind oder **erwerbslos** sind.

Die Angehörigeneigenschaft wegen **Erwerbslosigkeit** bleibt *längstens für die Dauer von 24 Monaten* ab Vollendung des 18. Lebensjahres oder Ende der Ausbildung gewahrt.

---

49 Familienbeihilfe gibt es allerdings nur bis zur Vollendung des 24. Lebensjahres.

C. Pflichtleistungen

Folgende Leistungen werden in der Krankenversicherung als Pflichtleistungen gewährt:

1. Früherkennung von Krankheiten und Erhaltung der Volksgesundheit

a) Jugendlichenuntersuchungen

Jugendliche sind auf **Kosten der Krankenversicherung**, bei der sie pflichtversichert sind, zur Überwachung ihres Gesundheitszustandes **jährlich mindestens einmal** einer ärztlichen Untersuchung zu unterziehen.

b) Gesundenuntersuchungen

Die **Versicherten** haben für sich und ihre **Angehörigen Anspruch** auf **jährlich eine Vorsorgeuntersuchung (Gesundenuntersuchung)**.

Die Träger der Krankenversicherung haben **auch für Personen**, die **nicht sozialversichert** sind, Vorsorge(Gesunden)untersuchungen vorzunehmen. Der Bund hat den tatsächlich entstandenen nachgewiesenen Aufwand der Träger der Krankenversicherung an derartigen Untersuchungskosten zu ersetzen und dem Hauptverband zu überweisen.

c) Sonstige Maßnahmen zur Erhaltung der Volksgesundheit

Näheres ist vom Gesundheitsminister unter Bedachtnahme auf den jeweiligen Fortschritt der medizinischen Wissenschaft durch Verordnung festzulegen.

2. Versicherungsfall Krankheit

Im Versicherungsfall Krankheit werden als Pflichtleistungen die Krankenbehandlung, die Hauskrankenpflege und die Anstaltspflege gewährt.

a) Krankenbehandlung

Die Krankenbehandlung muss **ausreichend** und **zweckmäßig** sein, sie darf jedoch das Maß des **Notwendigen nicht überschreiten**. Die Krankenbehandlung wird während aufrechter Versicherung für die Dauer der Krankheit **ohne zeitliche Begrenzung** gewährt.

Kosmetische Behandlungen gelten als **Krankenbehandlung**, wenn sie zur *Beseitigung anatomischer oder funktioneller Krankheitszustände* dienen. *Andere kosmetische Behandlungen* können als **freiwillige Leistungen** gewährt werden, wenn sie der vollen Wiederherstellung der Arbeitsfähigkeit förderlich oder aus Berufsgründen notwendig sind. Als Leistung der Krankenbehandlung gilt auch die Übernahme der für eine **Organtransplantation** notwendigen Anmelde- und Registrierungskosten bei einer Organbank.

Die Krankenbehandlung umfasst:

1. Ärztliche Hilfe

Die ärztliche Hilfe wird durch Vertragsärzte und Wahlärzte sowie Ärzte in Ambulatorien, in Primärversorgungseinheiten und in Krankenhausambulanzen erbracht.

- **Vertragsärzte** haben einen Vertrag mit der Krankenkasse, erhalten vom Patienten die e-card und rechnen direkt mit dieser ab.
- **Wahlärzte** haben keinen Vertrag mit der Krankenkasse. Der Patient bezahlt den Arzt vorläufig selbst, erhält vom Arzt eine Rechnung und reicht diese bei der Krankenkasse zur Bezahlung ein. Der Patient erhält von der Krankenkasse im Regelfall 80% der tarifmäßigen Kosten ersetzt. Die Differenz zu einem gegebenenfalls höheren Honorar muss der Patient selbst tragen – sonst könnte der Patient auf dem Rücken der Krankenkasse höhere Honorarvereinbarungen mit dem Arzt treffen.

Der Patient entscheidet, durch wen er ärztliche Hilfe in Anspruch nimmt, in Österreich herrscht freie Arztwahl.

Der ärztlichen Hilfe gleichgestellt ist:[50]

eine auf Grund **ärztlicher Verschreibung** durchgeführte **Behandlung** durch **Physiotherapeuten, Logopäden** und **Ergotherapeuten**;

- eine auf Grund **ärztlicher Verschreibung** oder **psychotherapeutischer Zuweisung** erbrachte diagnostische Leistung eines **klinischen Psychologen**;
- eine **psychotherapeutische Behandlung** durch berechtigte **Psychotherapeuten**;
- eine auf Grund **ärztlicher Verschreibung** erforderliche Leistung eines **Heilmasseurs**, der zur freiberuflichen Berufsausübung berechtigt ist.

2. Heilmittel

Die Heilmittel umfassen die notwendigen **Arzneien** und die **sonstigen Mittel**, die zur Beseitigung oder Linderung der Krankheit und zur Sicherung des Heilerfolges dienen. Der Versicherte trägt einen Teil der Kosten in Form der **Rezeptgebühr** (für 2018 € 6,00; wird jährlich valorisiert).

- Bei **anzeigepflichtigen übertragbaren Krankheiten** darf **keine Rezeptgebühr** eingehoben werden.
- Bei Vorliegen einer **besonderen sozialen Schutzbedürftigkeit** des Versicherten ist *nach Maßgabe der vom Hauptverband hiezu erlassenen Richtlinien* **keine Rezeptgebühr** einzuheben.
- Bei besonderer Schutzbedürftigkeit aus sozialen Gründen ist die Rezeptgebühr mit 2% des Jahresbruttoeinkommens begrenzt.

3. Heilbehelfe

Brillen, orthopädische Schuheinlagen, Bruchbänder und sonstige Heilbehelfe werden in **einfacher und zweckentsprechender Ausführung** gewährt. Der Versicherte trägt grundsätzlich

50 Die meisten Krankenversicherungsträger zahlen diese Leistungen allerdings nur, wenn vor Inanspruchnahme der ersten Einheit eine Bewilligung erteilt wurde.

einen **Selbstbehalt** zwischen 10 und 20%, 2018 mindestens € 34,20, bei Sehbehelfen mindestens € 102,60 (ausgenommen sozial bedürftige Personen sowie Angehörige unter 15 Jahren).

b) Hauskrankenpflege

Wenn und solange es die Art der Krankheit zulässt, ist *anstelle von Anstaltspflege* **medizinische Hauskrankenpflege** zu gewähren.

Die **Hauskrankenpflege** erfolgt durch diplomierte **Gesundheits- und Krankenpflegerinnen** oder **Gesundheits- und Krankenpfleger**, die von der Krankenkasse beigestellt werden oder die mit der Krankenkasse einen Vertrag haben (niedergelassene diplomierte Gesundheits- und Krankenpflegerinnen oder Gesundheits- und Krankenpfleger) oder im Rahmen von Vertragseinrichtungen tätig sind, die medizinische Hauskrankenpflege durchführen.

Nimmt der Anspruchsberechtigte eine diplomierte Gesundheits- und Krankenpflegerin/pfleger ohne **Kassenvertrag** in Anspruch, so hat er Anspruch auf Ersatz der tarifmäßigen Kosten, die einer Vertragspflegerin zu zahlen wären (vgl. dazu die **Wahlarztregelung**).

Die *von der Krankenversicherung zu bezahlende* **Tätigkeit** der diplomierten Gesundheits- und Krankenpflegerin bzw. des diplomierten Gesundheits- und Krankenpflegers kann nur auf **ärztliche Anordnung** erfolgen. Die Tätigkeit umfasst **medizinische Leistungen** und **qualifizierte Pflegeleistungen**, wie z.B. die Verabreichung von Injektionen, Sondenernährung, Dekubitusversorgung. Zur medizinischen Hauskrankenpflege gehört *nicht die Grundpflege und die hauswirtschaftliche Versorgung* des Kranken.

Die Hauskrankenpflege wird für ein und dieselbe Erkrankung für **maximal vier Wochen** gewährt, doch kann dieser Zeitraum durch chefärztliche Bewilligung verlängert werden.

c) Anstaltspflege

Pflege in der **allgemeinen Gebührenklasse** einer Krankenanstalt **ist zu gewähren, wenn** und **solange** es die Art der **Krankheit erfordert**. Die Anstaltspflege kann auch gewährt werden, wenn die Möglichkeit einer medizinischen Hauskrankenpflege nicht gegeben ist. Die Anstaltspflege wird seitens der Krankenkasse in **unbegrenzter Dauer bezahlt**, solange es sich um eine **notwendige Heilbehandlung** handelt.

Der Erkrankte ist **verpflichtet**, sich einer Anstaltspflege zu unterziehen,

- wenn die Krankheit eine Behandlung oder Pflege erfordert, die bei häuslicher Pflege nicht gewährleistet ist, oder
- wenn das Verhalten oder der Zustand des Erkrankten seine fortgesetzte Beobachtung erfordert, oder
- wenn der Erkrankte wiederholt den Bestimmungen der Krankenordnung zuwidergehandelt hat, oder
- wenn es sich um eine ansteckende Krankheit handelt.

In allen anderen Fällen kann kein Zwang zur Inanspruchnahme der Anstaltspflege ausgeübt werden.

Als **Anstaltspflege** gilt nicht die Unterbringung in einem

- **Heim für Genesende**, die ärztlicher Behandlung und besonderer Wartung bedürfen, in einer
- **Pflegeanstalt für chronisch Kranke**, die ärztlicher Betreuung und besonderer Pflege bedürfen oder in einer
- **Sonderkrankenanstalt**, die vorwiegend der **Rehabilitation** von Versicherten dient.

Ist die Anstaltspflege oder die medizinische Hauskrankenpflege *nicht durch die Notwendigkeit ärztlicher Behandlung bedingt*, so wird sie nicht gewährt. Reine Pflegefälle **ohne Akuterkrankung (Asylierung)** werden daher von der Krankenkasse **nicht bezahlt**.

3. Versicherungsfall Arbeitsunfähigkeit infolge Krankheit

Hier erhält der **Versicherte** *zusätzlich zu den Leistungen bei Krankheit* das

- **Krankengeld.**

Das Krankengeld **ersetzt den Lohn** ab dem Zeitpunkt, ab dem der Arbeitgeber keine Entgeltfortzahlung mehr zu leisten hat.

Der Anspruch auf Krankengeld entsteht **ab dem 4. Tag** der Erkrankung. Das Krankengeld wird erst nach Ende der vom Arbeitgeber zu leistenden **Entgeltfortzahlung ausbezahlt**. Leistet der Arbeitgeber noch die halbe Entgeltfortzahlung, so gebührt das halbe Krankengeld. Für die Dauer der Entgeltfortzahlung ruht der Anspruch auf Krankengeld.

Berechnungsgrundlage für das Krankengeld ist die **Beitragsgrundlage**. Das Krankengeld wird für die Dauer von **maximal 52 Wochen** gewährt.

Höhe des Krankengeldes:

- Als **gesetzliche Mindestleistung** wird das Krankengeld im Ausmaß von **50% der Bemessungsgrundlage** für den Kalendertag gewährt und beträgt im Jahr 2018 höchstens € 85,50 brutto täglich.
- **Ab dem 43. Tag** einer mit Arbeitsunfähigkeit verbundenen Erkrankung erhöht sich das Krankengeld auf **60% der Bemessungsgrundlage** für den Kalendertag und beträgt im Jahr 2018 höchstens € 102,60 täglich.

Kein Krankengeld gebührt bei einer Krankheit, die sich der Versicherte infolge schuldhafter Beteiligung an einem Raufhandel zugezogen hat oder die eine unmittelbare Folge der Trunkenheit oder des Suchtgiftmissbrauches ist.

Das Krankengeld ruht

- bei Entgeltfortzahlung,
- solange die Arbeitsunfähigkeit nicht gemeldet wurde,
- wenn der Versicherte Ladungen zum Kontrollarzt grundlos keine Folge leistet,
- wenn der Versicherte trotz Notwendigkeit die Anstaltspflege ablehnt,
- wenn der Versicherte die Bestimmungen der Krankenordnung verletzt,
- wenn der Versicherte die Anordnungen des behandelnden Arztes verletzt.

Außer in den ersten beiden Fällen tritt das Ruhen nur ein, wenn der Versicherte auf diese Folgen vorher schriftlich hingewiesen wurde.

4. Versicherungsfall Mutterschaft

Der Versicherungsfall Mutterschaft beinhaltet Leistungen, die nur einer **Versicherten selbst** und solche, die auch **mitversicherten Frauen** gewährt werden.

a) Beistand durch Arzt, Hebamme und diplomierte Kinderkrankenpflegerin

Ärztlicher Beistand, Hebammenbeistand und Beistand durch diplomierte Kinderkrankenpflegerin werden **allen** *selbstversicherten und mitversicherten* **Müttern** durch Vertragspartner (Arzt, Hebamme, Kinderkrankenpflegerin), kasseneigene Einrichtungen oder Vertragseinrichtungen gewährt. Hat die Anspruchsberechtigte nicht die Vertragspartner oder die eigenen Einrichtungen (Vertragseinrichtungen) des Versicherungsträgers in Anspruch genommen, so gebührt ihr Kostenersatz wie bei der Wahlarztregelung.

b) Heilmittel und Heilbehelfe

Heilmittel und Heilbehelfe werden **allen** *selbstversicherten und mitversicherten* **Müttern** wie bei Krankenbehandlung gewährt.

c) Anstaltspflege

Für die **Entbindung** ist **allen** *selbstversicherten und mitversicherten* **Müttern** Pflege in einer **Krankenanstalt** oder in einem **Entbindungsheim** für **höchstens zehn Tage** zu gewähren.

Bei **Komplikationen** liegt der **Versicherungsfall Krankheit** vor und die **Anstaltspflege** wird in **unbegrenzter Dauer** gewährt.

d) Wochengeld

Das Wochengeld gebührt **nur** der weiblichen **Versicherten** (*nicht mitversicherten Müttern*) während der gesamten **Schutzfrist** sowie während eines allenfalls gegebenen vorzeitigen **Mutterschutzes** nach dem Mutterschutzgesetz.

Das Wochengeld beträgt den **Nettodurchschnittsverdienst** (Entlohnung inklusive aliquoter Sonderzahlungen) der **letzten dreizehn Wochen** bzw. **drei Monate** vor Beginn des absoluten Beschäftigungsverbotes (Schutzfrist, vorzeitiger Mutterschutz).

e) Kinderbetreuungsgeld

Siehe Kapitel **E. Kinderbetreuungsgeld**.

5. Zahnbehandlung und Zahnersatz, Hilfe bei körperlichen Gebrechen

Die Krankenkasse zahlt die notwendigen Behandlungskosten in **einfachster** Ausführung oder zahlt dem Versicherten Zuschüsse. Der Versicherte hat einen – meist relativ hohen – Selbstbehalt zu leisten.

Sowohl bei Zahnbehandlung und Zahnersatz als auch bei Hilfe bei körperlichen Gebrechen gibt es keine gesetzlichen Mindestleistungen.

D. Freiwillige Leistungen

Auf freiwillige Leistungen haben der Versicherte bzw. dessen anspruchsberechtigte Angehörige keinen Rechtsanspruch, die Gewährung steht im Ermessen der Krankenkasse. Näheres wird in der Satzung geregelt.

Die wichtigsten weiteren freiwilligen Leistungen sind:

1. Maßnahmen zur Festigung der Gesundheit

Die Krankenversicherungsträger können unter Berücksichtigung des Fortschrittes der medizinischen Wissenschaft sowie unter Bedachtnahme auf ihre finanzielle Leistungsfähigkeit Maßnahmen zur Festigung der Gesundheit gewähren. Dabei kommen insbesondere in Betracht:

- **Landaufenthalt** sowie **Aufenthalt in Kurorten**;
- **Unterbringung** in **Genesungs- und Erholungsheimen**;
- **Unterbringung in Kuranstalten** zur Verhinderung einer unmittelbar drohenden Krankheit oder der Verschlimmerung einer bestehenden Krankheit.

Beim **Kuraufenthalt** weist die Krankenkasse entweder in eigene Kurheime ein (Selbstbehalt für den Patienten für maximal 28 Kalendertage pro Jahr) oder zahlt einen Kurkostenbeitrag, das ist ein Zuschuss für das Quartier und Beiträge für die Behandlungen.

Der Selbstbehalt beträgt 2018 pro Verpflegstag bei einem Einkommen

bis € 1.490,80	€ 8,20
bis € 2.072,19	€ 14,05
über € 2.072,19	€ 19,91

Liegt das Einkommen unter dem Ausgleichszulagenrichtsatz für Alleinstehende (€ 909,42), so entfällt der Selbstbehalt.

Beim **Landaufenthalt** zahlt die Krankenkasse einen Zuschuss für das Quartier.

2. Maßnahmen zur Krankheitsverhütung

Zur Verhütung des Eintrittes und der Verbreitung von Krankheiten können als freiwillige Leistungen insbesondere gewährt werden:

- **Gesundheitsfürsorge**, wie Gesunden-, Betriebs- und Schwangerenfürsorge, Säuglings- und Kinderfürsorge, Fürsorge für gesundheitsgefährdete Jugendliche;
- Maßnahmen zur **Bekämpfung der Volkskrankheiten** und der **Zahnfäule**;
- **gesundheitliche Erziehung** der Versicherten und ihrer Angehörigen.

E. Kinderbetreuungsgeld

Das Kinderbetreuungsgeld wurde mit 1. 1. 2002 eingeführt und ersetzte das bis dahin gewährte Karenzgeld. Gleichzeitig wurde der Kreis der Bezugsberechtigten erweitert, da im Gegensatz zum Karenzgeld, das nur Arbeitnehmerinnen beziehen konnten, nunmehr alle Eltern – unabhängig von der vor Geburt des Kindes ausgeübten Tätigkeit – Kinderbetreuungsgeld beziehen können.

a) Leistungen

Als Leistungen werden das **Kinderbetreuungsgeld** und die **Beihilfe zum Kinderbetreuungsgeld** gewährt. Vätern, die neben der Mutter die Kinderbetreuung übernehmen und während dieser Zeit keiner Erwerbstätigkeit nachgehen, wird für einen Monat ein **Familienzeitbonus** gewährt (Unterstützung im „Papamonat"). Darüber hinaus gibt es bei annähernd gleichem Betreuungsausmaß beider Elternteile einen **Partnerschaftsbonus.**

b) Zuständigkeit

In allen Angelegenheiten des Kinderbetreuungsgeldes ist der **Krankenversicherungsträger** zuständig, bei dem der **Antragsteller versichert** ist oder zuletzt versichert war. Als **versichert** gelten **auch Angehörige**, für die Anspruch auf Leistungen der Krankenversicherung besteht oder bestanden hat.

c) Anspruchsberechtigung

1. Kinderbetreuungsgeld

Anspruch auf Kinderbetreuungsgeld hat ein **Elternteil** (Adoptivelternteil, Pflegeelternteil) für sein Kind (Adoptivkind, Pflegekind), sofern

- für dieses **Kind** Anspruch auf **Familienbeihilfe** besteht und die Familienbeihilfe tatsächlich bezogen wird,
- der **Elternteil** mit diesem Kind im **gemeinsamen Haushalt** lebt und
- der **Gesamtbetrag der Einkünfte** des Elternteiles im **Kalenderjahr** den Grenzbetrag von **16.200 Euro nicht übersteigt.**

Kein Anspruch auf Kinderbetreuungsgeld besteht **für Kinder**, die sich **ständig im Ausland aufhalten.**

Für ein Kind ist ein **gleichzeitiger** Bezug von Kinderbetreuungsgeld durch **beide Elternteile ausgeschlossen.** In Zweifelsfällen hat derjenige Elternteil das **Vorrecht** auf Kinderbetreuungsgeld, der das Kind überwiegend betreut.

Bei **Mehrlingsgeburten** gebührt das **volle Kinderbetreuungsgeld nur** für das **erste Kind** sowie in jeder Pauschalvariante **50 Prozent des Grundbetrages** für das **zweite** und **jedes weitere Mehrlingskind.**

Auf den Anspruch auf Kinderbetreuungsgeld kann **verzichtet** werden, wodurch sich der **Anspruchszeitraum** um den Zeitraum des Verzichts **verkürzt.** Ein Verzicht ist nur für ganze Kalendermonate möglich.

2. Beihilfe zum Kinderbetreuungsgeld

Anspruch auf **Beihilfe** zum Kinderbetreuungsgeld (Pauschalvariante) haben

- **alleinstehende** Elternteile, deren Gesamteinkommen **16.200 Euro** pro Jahr
- **verheiratete** Mütter oder verheiratete Väter, sowie **nicht alleinstehende** Mütter oder Väter, deren gemeinsames Gesamteinkommen **16.200 Euro** pro Jahr nicht übersteigt.

  Dieser Betrag erhöht sich pro weiterer Sorgepflicht um **€ 4.000.–**.

3. Familienzeitbonus

Anspruch auf Familienzeitbonus hat ein Vater, sofern

- für dieses **Kind** Anspruch auf **Familienbeihilfe** besteht und die Familienbeihilfe tatsächlich bezogen wird,
- der **Vater** und der andere Elternteil mit diesem Kind im **gemeinsamen Haushalt** lebt,
- er sich im gesamten Anspruchszeitraum in **Familienzeit** befindet und
- er in den letzten 182 Tagen unmittelbar vor Bezugsbeginn durchgehend eine in Österreich kranken- und pensionsversicherungspflichtige Erwerbstätigkeit tatsächlich ausgeübt sowie in diesem Zeitraum keine Leistungen aus der Arbeitslosenversicherung erhalten hat.

Familienzeit ist ein Zeitraum zwischen 28 und 31 Tagen, in dem sich ein Vater aufgrund der kürzlich erfolgten Geburt seines Kindes ausschließlich seiner Familie widmet und dazu die Erwerbstätigkeit unterbricht, keine andere Erwerbstätigkeit ausübt, keine Leistungen aus der Arbeitslosenversicherung sowie keine Entgeltfortzahlung aufgrund von oder Leistungen bei Krankheit erhält.

4. Partnerschaftsbonus

Anspruch auf Partnerschaftsbonus haben die Eltern, die das Kinderbetreuungsgeld für dasselbe Kind zu annähernd gleichen Teilen, mindestens jedoch im Ausmaß von je 124 Tagen, bezogen haben.

d) Höhe

- Das **Kinderbetreuungsgeld** beträgt in der **Pauschalvariante**[51] (unabhängig vom vorherigen Erwerbseinkommen) je nach gewählter Bezugsdauer **€ 14,53,– bis € 33,88,– täglich**, die **Beihilfe** beträgt 6,06 Euro täglich. Bei Mehrlingsgeburten gebührt darüber hinaus ein **Zuschlag** von **€ 7,27,– bis € 16,94,– täglich** pro **Mehrlingskind**.
- **Einkommensabhängiges Kinderbetreuungsgeld für 12 Monate** (plus 2 Monate für den anderen Elternteil): 80 % des letzten Nettoeinkommens, **täglich mindestens € 33,00, maximal € 66,00** (allenfalls zuzüglich 50 % pro Mehrlingskind).

51 Die individuelle Höhe der Pauschalvariante kann im Kinderbetreuungsgeld-Online-Rechner des Familienministeriums schnell errechnet werden.

- Werden die vorgesehenen **Mutter-Kind-Pass-Untersuchungen nicht nachgewiesen**, so reduziert sich der Anspruch auf Kinderbetreuungsgeld für jeden Elternteil um 1 300 Euro.
- Der **Familienzeitbonus** beträgt **€ 22,60,– täglich** und gebührt ausschließlich für eine ununterbrochene Dauer von 28, 29, 30 oder 31 aufeinanderfolgenden Kalendertagen innerhalb eines Zeitraumes von **91 Tagen ab dem Tag der Geburt** des Kindes.
- Haben die Eltern das Kinderbetreuungsgeld für dasselbe Kind zu **annähernd gleichen Teilen** (ein Elternteil mindestens 40 % und der andere Elternteil maximal 60 %), **mindestens** jedoch im Ausmaß von je **124 Tagen**, beansprucht, so gebührt **jedem Elternteil** nach Ende des Anspruchszeitraumes auf Antrag ein **Partnerschaftsbonus** in Höhe von **€ 500,–** als **Einmalzahlung**. Nach Auszahlung des Partnerschaftsbonus besteht kein Anspruch mehr auf Kinderbetreuungsgeld für dieses Kind.

Übersteigt der Gesamtbetrag der maßgeblichen Einkünfte den **Grenzbetrag**, so **verringert** sich das für das betreffende Kalenderjahr gebührende Kinderbetreuungsgeld um den **übersteigenden Betrag**.

e) Bezugsbeginn

Das Kinderbetreuungsgeld gebührt frühestens ab dem Tag der **Geburt** des Kindes, bei Adoptiv- und Pflegekindern frühestens ab dem Tag, ab dem das Kind in **Pflege** genommen wird.

Wird der Antrag erst später gestellt, so gebührt das Kinderbetreuungsgeld **rückwirkend** bis zum Höchstausmaß von **182 Tagen**.

Der Anspruch auf Kinderbetreuungsgeld **ruht**, solange ein Anspruch auf **Wochengeld** besteht, in der Höhe des Wochengeldes.

f) Anspruchsdauer

Das Kinderbetreuungsgeld gebührt längstens bis zu 1063 Tagen ab Geburt des Kindes, nimmt nur **ein Elternteil** das Kinderbetreuungsgeld in Anspruch, längstens bis zu 851 Tage ab Geburt des Kindes.

Der Bezug von Kinderbetreuungsgeld kann **abwechselnd** durch **beide Elternteile** erfolgen, wobei ein **zweimaliger Wechsel** pro Kind zulässig ist. Das Kinderbetreuungsgeld kann jeweils nur in **Blöcken** von **mindestens 91 Tagen** beansprucht werden.

Aus Anlass des erstmaligen Wechsels können die Eltern gleichzeitig Kinderbetreuungsgeld in der Dauer von bis zu 31 Tagen in Anspruch nehmen, wodurch sich die Anspruchsdauer um diese Tage reduziert.

Der Anspruch auf Kinderbetreuungsgeld endet spätestens mit einem neuen Anspruch für ein **weiteres Kind**.

Der Anspruch auf Kinderbetreuungsgeld **endet vorübergehend** bzw. **vorzeitig** mit einem für einen bestimmten Zeitraum ausgesprochenen **Verzicht**. Zeitpunkt und Dauer müssen **im Vorhinein bekannt gegeben** werden.

IV. Unfallversicherung

Die Unfallversicherung *trifft* Vorsorge

- zur **Verhütung** von **Arbeitsunfällen** und
- **Berufskrankheiten** und

sorgt für

- **Erste-Hilfe-Leistungen** nach **Arbeitsunfällen**,
- **Unfallheilbehandlung** sowie
- **Rehabilitation von Versehrten** und
- **Entschädigung** nach **Arbeitsunfällen** und **Berufskrankheiten**.

Arbeitsunfall ist ein Unfall in einem zeitlichen, örtlichen oder ursächlichen Zusammenhang mit der Arbeit, das heißt, ein Unfall

- in der Arbeit,
- am Weg zur Arbeit und
- am Weg von der Arbeit.

Geschützt ist nur der direkte Arbeitsweg bzw. Heimweg ohne Unterbrechung.

Dem Arbeitsunfall **gleichgestellt** sind einige andere Unfälle wie z.B. bei Rettung eines Menschen aus Lebensgefahr, bei Herbeiholung eines Arztes oder Seelsorgers bei Unfall, Unfall bei Teilnahme an Tätigkeiten der freiwilligen Feuerwehr, Bergrettung etc.

Berufskrankheit ist eine Krankheit, die mit hoher Wahrscheinlichkeit mit der Ausübung eines bestimmten Berufes erworben wurde. Die Berufskrankheiten sind je nach Beruf einzeln aufgezählt.

Beispiele:

Infektionskrankheiten für Arbeitnehmer in Heil- und Pflegeanstalten, Laboratorien für wissenschaftliche und medizinische Untersuchungen; Staublungenerkrankungen in allen Berufen; Hornhautschädigungen in der chemischen Industrie.

Die Unfallversicherung erbringt Leistungen bei **Körperschaden** und **Tod**.

Die Leistungen werden zum Teil **von Amts wegen**, zum Teil aber nur **auf Antrag** erbracht.

A. Leistungen bei Körperschaden

1. Unfallheilbehandlung

Die **Unfallheilbehandlung** hat **mit allen geeigneten Mitteln** die durch den **Arbeitsunfall** oder die **Berufskrankheit** hervorgerufene **Gesundheitsstörung** oder **Körperbeschädigung** sowie die durch den Arbeitsunfall oder die Berufskrankheit verursachte **Minderung** der **Erwerbsfähigkeit**

(**MdE**; darunter versteht man den *Grad der Behinderung in Bezug auf den Arbeitsmarkt*) bzw. **Minderung der Fähigkeit zur Besorgung der lebenswichtigen persönlichen Angelegenheiten** zu **beseitigen** oder zumindest zu **bessern** und eine **Verschlimmerung** der Folgen der Verletzung oder Erkrankung zu **verhüten**.

Die Unfallheilbehandlung umfasst insbesondere:

- ärztliche Hilfe;
- Heilmittel;
- Heilbehelfe;
- Pflege in Kranken-, Kur- und sonstigen Anstalten.

Die Unfallheilbehandlung wird **so lange** und **so oft gewährt**, als eine **Besserung der Folgen** des Arbeitsunfalles beziehungsweise der Berufskrankheit oder eine **Steigerung der Erwerbsfähigkeit** zu **erwarten** ist oder **Heilmaßnahmen erforderlich** sind, um eine **Verschlimmerung** zu **verhüten**.

2. Familien- und Taggeld

Familien- und Taggeld werden seitens der Unfallversicherung ausbezahlt, wenn der Anspruch auf Krankengeld gegenüber der Krankenversicherung bereits ausgeschöpft ist und der Versehrte sich in Anstaltspflege befindet.

- Das **Familiengeld** (für Versicherte mit Angehörigen) und
- das **Taggeld** (für Versicherte ohne Angehörigen)

werden **während der gesamten Dauer** des **Aufenthaltes in einer Anstalt** gewährt.

Solange die Krankenkasse **Krankengeld** leistet, **ruht** der **Anspruch** auf Familien- und Taggeld.

3. Berufliche und soziale Rehabilitationsmaßnahmen

Diese Maßnahmen werden neben der medizinischen Rehabilitation gewährt.

a) Berufliche Rehabilitation

Der **Versehrte** soll in die Lage versetzt werden, seinen **bisherigen Beruf wieder auszuüben**; ist dies nicht möglich, soll er einen **neuen Beruf** ausüben können. Als Mittel stehen dabei **Einschulungs- und Umschulungsmaßnahmen** zur Verfügung; darüber hinaus kann bei einem geringeren Lohn, der sich aus dem vorläufigen Fehlen der Qualifikation ergibt, **bis zu 4 Jahre lang** ein **Zuschuss zum vollen Entgelt** gewährt werden.

b) Soziale Rehabilitation

Zur **sozialen Rehabilitation** kann **dem Versehrten** *unter Bedachtnahme auf seine wirtschaftlichen Verhältnisse* insbesondere gewährt werden:

- ein **Zuschuss** und/oder ein **Darlehen** zur **Adaptierung** seiner **Wohnung**, durch die ihm deren Benutzung erleichtert oder ermöglicht wird;

- ein **Zuschuss** zu den **Kosten** für die Erlangung des **Führerscheins** sowie
- ein **Zuschuss** und/oder ein **Darlehen** zum **Ankauf** bzw. zur **Adaptierung** eines **PKW**,

wenn ihm auf Grund seiner Behinderung die Benützung eines öffentlichen Verkehrsmittels nicht zumutbar ist.

Überdies gibt es **Zuschüsse** an **Institutionen**, die **Beschäftigung des Versehrten** in einer **geschützten Werkstätte** bzw. in einer **Einrichtung der Beschäftigungstherapie** fördern.

4. Körperersatzstücke, orthopädische Behelfe und andere Hilfsmittel

Der Versehrte hat Anspruch auf Versorgung mit **Körperersatzstücken, orthopädischen Behelfen** und **anderen Hilfsmitteln**, die erforderlich sind, um den **Erfolg der Heilbehandlung** zu **sichern** oder die **Folgen des Arbeitsunfalls** oder der **Berufskrankheit** zu **erleichtern**. Alle diese Hilfsmittel müssen den **persönlichen** und **beruflichen Verhältnissen** des Versehrten **angepasst** sein.

Die **Unfallversicherung** trägt sowohl die **Kosten** der **Anschaffung** als auch der **Erhaltung** (Service, Reparatur etc.) der Hilfsmittel. Ein **Selbstbehalt** ist **nicht vorgesehen**.

5. Versehrtenrente

Die **Versehrtenrente** steht Versehrten bei einer **Minderung der Erwerbsfähigkeit (MdE)** von **mindestens 20%** zu, wobei diese Minderung der Erwerbsfähigkeit *mindestens 3 Monate über den Versicherungsfall hinaus* bestehen muss.

6. Übergangsrente und Übergangsbetrag

Diese Leistungen kommen nur bei **Berufskrankheit** in Frage. Besteht durch die weitere Beschäftigung im bisherigen Beruf die Gefahr des Entstehens oder der Verschlechterung einer Berufskrankheit, so kann zur Erleichterung des Überganges in eine andere Berufstätigkeit eine **Übergangsrente** in der Höhe der Vollrente für **maximal 2 Jahre** gewährt werden. Dauert die berufliche Umstellung kürzer, so kann ein einmaliger **Übergangsbetrag**, höchstens eine Jahresvollrente, gewährt werden.

B. Leistungen bei Tod des Versicherten

1. Bestattungskostenbeitrag

Derjenige, der die Kosten des Begräbnisses getragen hat, erhält einen Beitrag in der Höhe von 1/15 der Jahresbemessungsgrundlage, mindestens aber das Eineinhalbfache des Richtsatzes für Mindestpensionen.

2. Hinterbliebenenrente

Diese beziehen die Witwe, der Witwer, die Kinder sowie allenfalls die Eltern und Geschwister des Versicherten, wenn dieser den Unterhalt der Eltern oder Geschwister überwiegend bestritten hat.

V. Pensionsversicherung

Die Pensionsversicherung *trifft* Vorsorge für die Versicherungsfälle

- des **Alters**,
- der **geminderten Arbeitsfähigkeit** und
- des **Todes**.

Darüber hinaus kommt die Pensionsversicherung für **Rehabilitationsmaßnahmen und Gesundheitsvorsorgemaßnahmen** auf.

A. Anspruchsvoraussetzungen[52]

- Allgemeine Voraussetzung für den Erhalt von Leistungen aus der Pensionsversicherung ist die Erfüllung der **Wartezeit**.

Während Krankenversicherung und Unfallversicherung ab dem ersten Tag der Versicherungspflicht Leistungen zu erbringen haben, müssen in der Pensionsversicherung **Mindestversicherungszeiten** vorliegen. Überdies müssen diese *Versicherungszeiten in einem bestimmten Zeitraum vor Eintritt des Versicherungsfalles* gelegen sein. Wir unterscheiden dabei zwischen *Beitragszeiten* und *Ersatzzeiten*. Ist die Wartezeit nicht erfüllt, so besteht überhaupt kein Anspruch auf eine Pension.

- **Beitragszeiten**: sind Zeiten, in denen Pensionsversicherungsbeiträge geleistet wurden.

> Anmerkung:
>
> **Schulzeiten**, die nach früheren Regelungen Ersatzzeiten waren und nunmehr gar nicht mehr zu berücksichtigen sind, können durch nachträgliche Beitragsentrichtung zu Beitragszeiten werden.

- **Ersatzzeiten**: sind Zeiten, in denen keine Pensionsversicherungsbeiträge geleistet wurden, die jedoch als Versicherungszeiten angerechnet werden.

Ersatzzeiten sind z.B. Zeiten des Bezuges von Krankengeld, Arbeitslosengeld, Wochengeld, Karenzgeld, Präsenzdienst, Zivildienst; Kindererziehungszeiten.

---

52 Für alle Personen, die ab dem 1. 1. 1955 geboren sind gelten die Regelungen des **Allgemeinen Pensionsgesetzes** (APG). Für alle ab 1. 1. 1955 Geborenen, die bereits vor dem 1. 1. 2005 Versicherungszeiten erworben haben, gelten die alten Bestimmungen teilweise weiter.
Die im ASVG als **„Wartezeit"** bezeichnete **Mindestversicherungszeit** beträgt für eine Alterspension **180 Versicherungsmonate**, von denen **mindestens 84 aufgrund einer Erwerbstätigkeit** erworben sein müssen.
Für die Mindestversicherungszeit gelten nur Versicherungsmonate nach dem APG – also nur Versicherungsmonate erworben ab 2005.
Versicherte, die bereits vor dem 1. 1. 2005 Versicherungszeiten erworben haben, können die Anspruchsvoraussetzungen auch erfüllen, wenn sie die Wartezeit nach den alten, bis 2004 geltenden Regelungen, erfüllen.

Kindererziehungszeiten können im Ausmaß von maximal 48 Monaten ab der Geburt des Kindes für jedes Kind angerechnet werden. Sich deckende Zeiten bei der Geburt von mehreren Kindern sind nur einmal zu berücksichtigen.

- Ewige Anwartschaft: wenn **180 Beitragsmonate** oder **300 Versicherungsmonate** (Beitrags- und/oder Ersatzmonate) vorhanden sind, so ist die Wartezeit *unabhängig von der zeitlichen Lagerung der Versicherungsmonate* erfüllt und ein Pensionsanspruch bei Eintritt des Versicherungsfalles gegeben.
- **Stichtag:** Sämtliche Leistungen der Pensionsversicherung werden nur über Antrag gewährt. Mit seinem Antrag löst der Anspruchswerber den Stichtag aus, von dem aus alle maßgeblichen Daten berechnet werden (Wartezeit, Bemessungsgrundlage). Stichtag ist der auf den Antrag folgende Monatserste.

B. Die einzelnen Versicherungsfälle

1. Der Versicherungsfall Alter

Das derzeit **unterschiedliche Pensionsalter** für Männer und Frauen wurde vom Verfassungsgerichtshof als dem **Gleichheitsgrundsatz widersprechend** aufgehoben. Mit Bundesverfassungsgesetz vom 29. 12. 1992 wurde das unterschiedliche Pensionsalter vorübergehend für zulässig erklärt. Beginnend mit 1. 1. 2024 wird die Altersgrenze für die Alterspension bei Frauen um 6 Monate pro Jahr erhöht, sodass die Altersgrenzen für die Alterspension ab 2033 für Männer und Frauen gleich sind. Von der Neuregelung des Pensionsalters sind daher Frauen ab dem Geburtsjahrgang 1964 betroffen.

a) Alterspension (Regelpension)

Die Alterspension (Regelpension) fällt mit Vollendung des **65. Lebensjahres** an (bei Frauen für eine Übergangszeit bis 2023 mit Vollendung des 60. Lebensjahres). Die **Wartezeit** beträgt **180 Versicherungsmonate** in den **letzten 360 Monaten.**

b) Korridorpension

Zwischen der Vollendung des 62. und 65. Lebensjahres besteht ein „**Pensionskorridor**". In dieser Zeit kann eine vorzeitige Alterspension (Korridorpension) **ab Vollendung des 62. Lebensjahres** in Anspruch genommen werden, wenn beim Pensionsstichtag mindestens **480 Versicherungmonate** (40 Jahre) vorliegen.

Wer die Korridorpension in Anspruch nimmt muss **pro Monat** des vorzeitigen Pensionsantrittes einen **Abschlag** in Kauf nehmen.

Für Frauen hat wegen des derzeit niedrigeren Pensionsalters die Korridorpension erst ab dem Jahr 2029 Bedeutung.

c) Langzeitversichertenpension

Diese auch als „**Hacklerregelung**" bezeichnete Form einer vorzeitigen Alterspension ist eine befristete Übergangsregelung. Die **Pension** kann unter folgenden Voraussetzungen **abschlagsfrei** in Anspruch genommen werden:

- **Für Männer**, die eine Dauer der Erwerbstätigkeit von 540 Beitragsmonaten nachweisen, kommt mit 62 Jahren eine Langzeitversichertenpension in Betracht.
- **Für Frauen**, die ab 1. Jänner 1959 geboren wurden, gilt:
  - Geboren ab 1. Jänner 1959 bis 31. Dezember 1959: 57. Lebensjahr
  - Geboren ab 1. Jänner 1960 bis 31. Dezember 1960: 58. Lebensjahr
  - Geboren ab 1. Jänner 1961 bis 31. Dezember 1961: 59. Lebensjahr
  - Geboren ab 1. Jänner 1962 bis 1. Dezember 1963: 60. Lebensjahr
  - Geboren ab 2. Dezember 1963 bis 1. Juni 1964: 60,5. Lebensjahr
  - Geboren ab 2. Juni 1964 bis 1. Dezember 1964: 61. Lebensjahr
  - Geboren ab 2. Dezember 1964 bis 1. Juni 1965: 61,5. Lebensjahr
  - Geboren ab 2. Juni 1965: 62. Lebensjahr
  - Für den weiblichen Jahrgang 1959 sind 504 Beitragsmonate, für den Jahrgang 1960 sind 516 Beitragsmonate, für den Jahrgang 1961 sind 528 Beitragsmonate, ab dem Jahrgang 1962 sind 540 Beitragsmonate erforderlich.
- **Für Männer und Frauen** gilt gleichermaßen: Für die Langzeitversichertenpension finden nur mehr **Beitragsmonate aufgrund einer Erwerbstätigkeit** sowie bis zu **60 Monate** der **Kindererziehung** und **bis zu 30 Monate** eines **Präsenz- oder Zivildienstes** Berücksichtigung.

2. Der Versicherungsfall geminderte Arbeitsfähigkeit

In der Pensionsversicherung wird bei Arbeitern die **Invaliditätspension**, bei Angestellten die **Berufsunfähigkeitspension** gewährt. Voraussetzung ist, dass die Arbeitsfähigkeit des Versicherten auf Grund seines körperlichen oder geistigen Zustandes auf weniger als die Hälfte derjenigen eines körperlich und geistig gesunden Versicherten von ähnlicher Ausbildung und gleichwertigen Kenntnissen und Fähigkeiten herabgesunken ist. Eine Person, die als Facharbeiter oder Angestellter zuletzt überwiegend gearbeitet hat (*Berufsschutz*) und diese wie auch verwandte Tätigkeiten gesundheitlich nicht mehr durchführen kann, ist invalid/berufsunfähig. Wenn eine Person keinen Berufsschutz genießt, wird der gesamte allgemeine Arbeitsmarkt als Verweisungsfeld herangezogen und nur wenn sie mit ihren gesundheitlichen Beeinträchtigungen überhaupt keine verwertbare Arbeit erbringen kann, ist sie arbeitsunfähig (als Abgrenzungsmerkmal zu Arbeitslosen, die arbeitsfähig sind).

Beispiele:

Eine Gesundheits- und Krankenpflegerin leidet an Wirbelsäulenschäden, sodass sie nur mehr maximal 10 kg heben und tragen kann → **Berufsunfähigkeit nicht gegeben**, weil mehr als 10 kg nicht bei jeder Tätigkeit einer Gesundheits- und Krankenpflegerin gehoben oder getragen werden müssen; die Gesundheits- und Krankenpflegerin kann zwar nicht mehr auf allen Stationen arbeiten, sehr wohl aber auf einer Säuglingsstation oder in den meisten Ambulanzen.

Eine Gesundheits- und Krankenpflegerin leidet an einer Augenerkrankung. Sie sieht zwar für den Alltag genug, kann aber nicht mehr genau lesen. Die Folge ist, dass sie weder die Gebrauchsanweisungen von Medikamenten, noch die Einteilungen bei Ampullen etc. lesen kann→**Berufsunfähigkeit gegeben**, weil die angeführten Tätigkeiten in jeder Tätigkeit der Gesundheits- und Krankenpflegerin durchgeführt werden müssen.

Berufsunfähigkeits-/Invaliditätspension und **Versehrtenrente** sind **nicht dasselbe**. Sie können auch **nebeneinander** bezogen werden, insbesondere wenn die Invalidität oder Berufsunfähigkeit auf einen **Arbeitsunfall** oder eine **Berufskrankheit** zurückzuführen ist.

Die Wartezeit beträgt 60 Monate. Sie verlängert sich bei Personen über 50 Jahren um einen Monat pro weiteren Lebensmonat, maximal auf 180 Monate. Bei Arbeitsunfall und Berufskrankheit entfällt sie zur Gänze.

Der Anspruch auf eine Pension wegen geminderter Arbeitsfähigkeit läuft unter dem Motto **„Vorrang der Rehabilitation vor Pension"**. Es kommen berufliche Maßnahmen (Ausbildung, Weiterbildung, Umschulung) und medizinische Maßnahmen (z.B. Entzugstherapie, Physiotherapie) der Rehabilitation in Frage.

Jeder Antrag auf eine Pension wegen geminderter Arbeitsfähigkeit gilt vorerst als Antrag auf Leistungen der Rehabilitation. Ist die Rehabilitation erfolgreich, so gilt der Versicherte nicht als berufsunfähig oder invalid und erhält daher keine Pension wegen geminderter Arbeitsfähigkeit.

Für Versicherte, die ab dem 1. 1. 1964 geboren wurden, ist zu unterscheiden:

- Nur mehr bei dauerhafter Arbeitsunfähigkeit, wenn also eine Besserung des Gesundheitszustandes nicht sehr wahrscheinlich ist und wenn zusätzlich eine berufliche Rehabilitation nicht zweckmäßig oder zumutbar ist, besteht Anspruch auf eine unbefristete Pension.
- Ist die Person nur vorübergehend zu keiner geregelten Arbeit geeignet, eine Besserung also sehr wahrscheinlich, so gibt es keine (befristete) Pension, sondern es kommt stattdessen eine Rehabilitation in Frage:
  - Ein Angestellter/Arbeiter mit Berufsschutz wird durch das AMS beruflich rehabilitiert. Die Umschulung hat auf eine der bisherigen Tätigkeit entsprechende mindestens gleichwertige Qualifikation zu erfolgen. Solange der Versicherte an der Umschulung teilnimmt, erhält er Umschulungsgeld.
  - Besteht kein Berufsschutz, weil die Person keinen Beruf gelernt oder die Person im erlernten oder Angestellten-Beruf zuletzt nicht überwiegend gearbeitet hat, dann wird sie medizinisch rehabilitiert und erhält Rehabilitationsgeld. Das Rehabilitationsgeld richtet sich in der Höhe nach dem Krankengeld und gebührt, solange der Versicherte arbeitsunfähig ist. Den **Versicherten** trifft eine **Mitwirkungspflicht**. Verweigert die zu rehabilitierende Person die Mitwirkung an medizinischen Rehabilitationsmaßnahmen, die ihr zumutbar sind, so wird das Rehabilitationsgeld für die Zeit der Verweigerung entzogen.

Damit haben gesundheitlich beeinträchtigte Personen, die an zweckmäßigen und zumutbaren Maßnahmen teilnehmen und damit ihre Chancen auf Beschäftigung steigern können, Anspruch auf eine Geldleistung, die ihren Unterhalt sichert.

Ab der Vollendung des **60. Lebensjahres** besteht ein Anspruch auf Invaliditätspension oder Berufsunfähigkeitspension, wenn der Versicherte auf Grund seines körperlichen oder geistigen Zustandes die Tätigkeit, die er während mindestens 120 Monaten in den letzten 15 Jahren vor dem Stichtag ausgeübt hat, nicht mehr ausüben kann. Dabei sind zumutbare Änderungen dieser Tätigkeit zu berücksichtigen (*Tätigkeitsschutz*).

3. Der Versicherungsfall Tod

a) Hinterbliebenenpensionen

1. Witwenpension (Witwerpension)

Die Witwe erhält je nach Eigeneinkommen bis zu **60%** der Pension des Verstorbenen.

Zur Ermittlung des Prozentsatzes wird vorerst der Anteil der Berechnungsgrundlage der Witwe in Prozent der Berechnungsgrundlage des Verstorbenen errechnet. Berechnungsgrundlage der Witwe ist das Einkommen in den letzten zwei Kalenderjahren vor dem Zeitpunkt des Todes des Versicherten, Berechnungsgrundlage des Versicherten ist das Einkommen in den letzten zwei Kalenderjahren, in Ausnahmefällen das Einkommen in den letzten vier Kalenderjahren vor dessen Tod. Bei einem Anteil von 100% beträgt der Prozentsatz der Witwenpension 40. Er erhöht oder vermindert sich für jeden Prozentpunkt des Anteiles, der 100 unterschreitet oder übersteigt, um 0,3. Er ist jedoch nach unten hin mit Null und nach oben hin mit 60 begrenzt. Teile von Prozentpunkten des Anteiles sind verhältnismäßig zu berücksichtigen.

Beispiele:

- Bemessungsgrundlage Mann € 1.800,–, Bemessungsgrundlage Witwe € 450,–. Der Anteil der Witwe beträgt 25%. Der Prozentsatz von 40 ist daher um 75 x 0,3%, das sind 22,5% zu erhöhen. Der so ermittelte Prozentsatz übersteigt 60%, die Witwe erhält daher 60%, das ist eine Witwenpension von € 1.080,–.
- Bemessungsgrundlage Mann € 1.800,–, Bemessungsgrundlage Witwe € 1.440,–. Der Anteil der Witwe beträgt 80%. Der Prozentsatz von 40 ist daher um 20 x 0,3%, das sind 6% zu erhöhen. Die Witwe erhält 46%, das ist eine Witwenpension von € 828,–.
- Bemessungsgrundlage Mann € 1.800,–, Bemessungsgrundlage Witwe € 1.800,–. Der Anteil der Witwe beträgt 100%. Der Prozentsatz von 40 ist weder zu erhöhen noch zu vermindern. Die Witwe erhält 40%, das ist eine Witwenpension von € 720,–.
- Bemessungsgrundlage Mann € 1.800,–, Bemessungsgrundlage Witwe € 2.880,–. Der Anteil der Witwe beträgt 160%. Der Prozentsatz von 40 ist daher um 60 x 0,3%, das sind 18% zu vermindern. Die Witwe erhält 22%, das ist eine Witwenpension von € 96,–.

Ergeben Einkommen der Witwe und Witwenpension unter 60% weniger als € 1.956,30,– pro Monat, so wird der Prozentsatz bis auf maximal 60% erhöht.

Überschreitet die Summe einer Eigenpension oder/und eines Erwerbseinkommens und einer Witwenpension die doppelte Höchstbeitragsgrundlage (im Jahr 2018 € 10.260,–), so vermindert sich die Witwenpension um den Überschreitungsbetrag bis auf Null.

Witwen- und Witwerpension werden auf dieselbe Art ermittelt.

Die Bestimmungen über die Witwen(Witwer)pension sind auf hinterbliebene eingetragene Partnerschaften sinngemäß anzuwenden.

2. Waisenpension

Die Pension für **Halbwaise** beträgt **24 Prozent** der Pension des verstorbenen Elternteils. **Vollwaisen** bekommen **36 Prozent** der Pension der Eltern – wobei sie diesen Anteil sowohl vom Vater als auch von der Mutter bekommen, wenn beide Anspruch auf Pension hatten.

Die Waisenpension erhalten die Kinder, und zwar eheliche, uneheliche und adoptierte Kinder immer; Stiefkinder nur dann, wenn sie mit dem Versicherten im gemeinsamen Haushalt gelebt haben. Enkelkinder erhalten keine Waisenpension nach den verstorbenen Großeltern, selbst dann nicht, wenn sie zuvor auf Grund der Unterhaltspflicht der Großeltern in der Krankenversicherung anspruchsberechtigt waren.

Die Waisenpension wird gewährt, solange die **Kindeseigenschaft** besteht. Die Kindeseigenschaft besteht bis zum vollendeten **18. Lebensjahr**. Darüber hinaus besteht sie bis zum vollendeten **27. Lebensjahr**, wenn sich das Kind in einer **Schul- oder Berufsausbildung** befindet, die seine Arbeitskraft überwiegend in Anspruch nimmt. Eine weitere Voraussetzung ist allerdings das regelmäßige **Ablegen von Prüfungen**.

Bereits vor Vollendung des 18. Lebensjahres **Erwerbsunfähige** erhalten die Waisenpension **ohne zeitliche Begrenzung.**

b) Abfindung

Hinterbliebene, die keinen Anspruch auf eine Hinterbliebenenpension haben, erhalten eine Abfindung. Das ist der Fall, wenn der Verstorbene noch keinen Pensionsanspruch hatte (Wartezeit nicht erfüllt) oder die Ehe bzw. die Eingetragene Partnerschaft zu kurz dauerte.

C. Gemeinsame Bestimmungen für alle Pensionen

1. Pensionsberechnung

Maßgeblich für die Pensionsberechnung sind das **Pensionsantrittsalter**, die **Anzahl der Versicherungsmonate** und die **Höhe der Beitragsgrundlagen.**

Bemessungsgrundlage für die Pension sind die (aufgewerteten) höchsten **480 Beitragsmonate.**[53] Seit dem Jahr **2003** bis zum Jahr **2028** wird der Bemessungszeitraum jährlich stufenweise von ursprünglich **180 Beitragsmonaten** ausgedehnt.

Pro Jahr Versicherungszeit erhält man **1,78% der Bemessungsgrundlage.**

Die **Höchstpension** beträgt **80% der Bemessungsgrundlage.**

---

53 Bemessungszeit für 2018 360 Monate; für 2019 372 Monate; für 2020 384 Monate.

Wird die Pension vor Vollendung des **Regelpensionsalters** angetreten, so sind **Abschläge** in der Höhe von **bis zu 15% der Pension** vorgesehen.[54]

Versicherte, die die Geltendmachung des Pensionsanspruches über das Regelpensionsalter hinaus aufschieben, erhalten demgegenüber einen Bonus von jährlich **4% der Gesamtbemessungsgrundlage**.

2. Pensionsauszahlung

Alle Renten und Pensionen werden monatlich am **1. des Folgemonats im Nachhinein** ausbezahlt.

3. Kinderzuschuss

Der Kinderzuschuss wird allen Pensionsbeziehern, die noch für Kinder zu sorgen haben, gewährt. Voraussetzung für die Gewährung des Kinderzuschusses ist das Bestehen der Kindeseigenschaft.

4. Ausgleichszulage

Pensionisten, deren Einkommen nicht einmal den **Richtsatz für Mindestpensionen** erreicht, erhalten eine **Ausgleichszulage** in der Höhe der **Differenz zwischen tatsächlicher Pension und Richtsatz**.

Der **Richtsatz für Mindestpensionen** beträgt für das **Jahr 2018** monatlich

für Alleinstehende	€	909,42
für Bezieher einer Eigenpension, die mindestens 360 Beitragsmonate der Pflichtversicherung auf Grund einer Erwerbstätigkeit erworben haben	€	1.022,00
für Ehepaare bzw. Eingetragene Partner/innen	€	1.363,52
Erhöhung für jedes Kind	€	140,32
für Halbwaisen bis zur Vollendung des 24. Lebensjahres	€	334,49
für Vollwaisen bis zur Vollendung des 24. Lebensjahres	€	502,24
für Halbwaisen nach der Vollendung des 24. Lebensjahres	€	594,40
für Vollwaisen nach der Vollendung des 24. Lebensjahres	€	909,42

VI. Arbeitslosenversicherung

A. Arbeitsmarktservice

Das **Arbeitsmarktservice** (früher Arbeitsamt) wird unter anderem auch als **mit dem Vollzug** des Arbeitslosenversicherungsgesetzes **betrautes Privatunternehmen** im Rahmen der **Arbeitslosenversicherung** tätig.

54 Eine Erhöhung der Abschläge und Zuschläge ist beabsichtigt. Wie hoch die Abschläge und Zuschläge tatsächlich sein werden, lässt sich bei Drucklegung nicht abschätzen.

Arbeitslosenversichert sind – von geringfügig Beschäftigten abgesehen – **alle Arbeitnehmer** mit **Ausnahme** der **Beamten**. Beamte zahlen weder Beiträge zur Arbeitslosenversicherung noch erhalten sie Leistungen für den Fall der Arbeitslosigkeit.

B. Leistungen der Arbeitslosenversicherung

1. Arbeitslosengeld

Das **Arbeitslosengeld** wird bei Arbeitslosigkeit grundsätzlich für maximal 20 Wochen gewährt; bei längerer Beschäftigungsdauer vor Eintritt der Arbeitslosigkeit, in Krisengegenden und bei bestimmten älteren Arbeitnehmern wird das Arbeitslosengeld auch länger gewährt.

Bezugsberechtigt sind Personen, die **arbeitsfähig, arbeitswillig** und **arbeitslos** sind.

- **Arbeitsfähigkeit:**

  Der Arbeitnehmer darf weder krank noch berufsunfähig bzw. invalid sein. In diesen Fällen erhielte er eine Leistung aus der Krankenversicherung (Krankengeld) oder aus der Pensionsversicherung (Berufsunfähigkeit- oder Invaliditätspension).

- **Arbeitswilligkeit:**

  Der Arbeitnehmer muss bereit sein, eine ihm zumutbare Arbeit anzunehmen. Zumutbar ist in den ersten 100 Tagen eine Arbeit, die der Ausbildung und der bisherigen Tätigkeit entspricht, danach jede Arbeit, bei der zumindest 75% der bisherigen Einkünfte erzielt wird.

- **Arbeitslosigkeit:**

  Das letzte Dienstverhältnis muss endgültig beendet sein, ein neues darf noch nicht begonnen haben.

  Nicht als arbeitslos gelten Selbständige (auch bei Verlust ihres unselbständigen Nebenerwerbs), unentgeltlich im Familienbetrieb mittätige Ehegatten und Kinder sowie Schüler und Studenten, die vor Eintritt der Arbeitslosigkeit berufstätig waren.

- **Anspruchsvoraussetzungen:**

  Arbeitslose über 25 Jahren benötigen für den Erstbezug von Arbeitslosengeld 52 Wochen arbeitslosenversichungspflichtige Tätigkeit in den letzten 24 Monaten, für jeden Weiterbezug 28 Wochen in den letzten 12 Monaten.

  Arbeitslose unter 25 Jahren benötigen für jeden Bezug von Arbeitslosengeld entweder 52 Wochen arbeitslosenversichungspflichtige Tätigkeit in den letzten 24 Monaten, oder 28 Wochen in den letzten 12 Monaten.

2. Notstandshilfe

Die Notstandshilfe wird im Anschluss an das Arbeitslosengeld gewährt, solange die sonstigen Voraussetzungen für den Bezug von Arbeitslosengeld andauern. Weitere Voraussetzungen sind das Vorliegen von **Notstand**, wobei das Familieneinkommen zusammengerechnet wird, sowie die österreichische Staatsbürgerschaft oder die Staatsbürgerschaft eines anderen EWR-Staates. Sonstige Ausländer erhalten Notstandshilfe nur bei Vorliegen eines Befreiungsscheines oder längerer Versicherungsdauer.

3. Kurzarbeiterunterstützung

Die Kurzarbeiterunterstützung wird zur Erhaltung der Arbeitsplätze bei Kurzarbeit erbracht.

4. Produktive Arbeitslosenfürsorge

Im Rahmen der produktiven Arbeitslosenfürsorge werden **Zuschüsse** und **Kredite** an Betriebe zur **Vermeidung von Arbeitslosigkeit** gegeben. Überdies werden zeitlich befristet Arbeitsplätze durch das Arbeitsmarktservice teilweise oder zur Gänze bezahlt.

VII. Pflegegeld

A. Allgemeines

Ziel der **Pflegegeldgesetze** ist es, allen in Österreich lebenden **Pflegebedürftigen** (Menschen mit Behinderung) eine ihren Bedürfnissen angemessene Hilfe als Rechtsanspruch zukommen zu lassen.

Die Pflegegeldgesetze werden **nicht von eigenen Behörden** vollzogen, sondern von der zuständigen Pensionsversicherung, in einigen Fällen auch vom früheren Arbeitgeber, als **Entscheidungsträger**.

Als Entscheidungs- und Auszahlungsstellen (**Entscheidungsträger**) kommen in erster Instanz in Frage:

- **Für alle Pensionisten:** die pensionsauszahlende Stelle (Sozialversicherung) oder früherer Arbeitgeber)
- **Für Renten- und Beihilfenbezieher:** das Sozialministeriumservice (früher Bundessozialamt)
- **Für alle anderen:** die zuständige Pensionsversicherungsanstalt

B. Anspruchsvoraussetzungen

Pflegegeld gebührt, wenn

- auf Grund einer körperlichen, geistigen oder psychischen Behinderung oder
- einer Sinnesbehinderung

ein ständiger Betreuungs- und Hilfsbedarf (**Pflegebedarf**) besteht, der **mehr als 65 Stunden pro Monat** beträgt und **mindestens 6 Monate andauern** wird.

C. Ausmaß des Pflegegeldes

Je nach Ausmaß der Pflegebedürftigkeit ist das Pflegegeld in 7 Stufen eingeteilt.

Stufe	Pflegebedarf mehr als	Pflegegeld in € (2018)
1	65 Stunden pro Monat	157,30
2	95 Stunden pro Monat	290,00

Stufe	Pflegebedarf mehr als	Pflegegeld in € (2018)
3	120 Stunden pro Monat	451,80
4	160 Stunden pro Monat	677,60
5	180 Stunden pro Monat und außergewöhnlicher Pflegeaufwand	920,30
6	180 Stunden pro Monat und dauernde Beaufsichtigung	1.285,20
7	180 Stunden pro Monat und praktische Bewegungsunfähigkeit	1.688,90

Das Pflegegeld wird zwölfmal jährlich im Nachhinein ausbezahlt.

Der Anspruch auf Pflegegeld ruht während eines stationären Aufenthaltes in einer Krankenanstalt ab dem Tag nach der Aufnahme, wenn ein in- oder ausländischer Träger der Sozialversicherung, der Bund oder eine Krankenfürsorgeanstalt für die Kosten der Pflege der allgemeinen Gebührenklasse in einer in- oder ausländischen Krankenanstalt aufkommt.

Das Pflegegeld ist **auf Antrag bis zum Beginn der fünften Woche** des stationären Aufenthaltes in einer Krankenanstalt **in dem Umfang weiterzuleisten**, in dem **pflegebedingte Aufwendungen nachgewiesen** werden, die sich *aus einem der Pflichtversicherung nach dem ASVG unterliegenden* **Dienstverhältnis** (Vollversicherung oder Teilversicherung in der Unfallversicherung) eines Pflegegeldbeziehers mit einer Pflegeperson ergeben.

D. Verfahren

Das Pflegegeld ist bei einem der oben genannten Entscheidungsträger geltend zu machen. Dieser entscheidet – allenfalls nach Einholung von ärztlichen Gutachten – über den Antrag mit Bescheid.

Ein Bescheid, mit dem der Antrag auf Pflegegeld entweder zur Gänze abgewiesen wurde oder der Antragsteller niedriger eingestuft wurde, kann mit Klage beim Arbeits- und Sozialgericht angefochten werden.

E. Einstufung

Die **Pflegegeldgesetze** sehen *einheitliche Einstufungsrichtlinien* vor, wobei im Bereich der Betreuung Richtwerte und Mindestwerte und im Bereich der Hilfe Fixwerte bis zu maximal 50 Stunden festgesetzt werden können. Überdies ist eine pauschale Mindesteinstufung für Behindertengruppen mit weitgehend gleichartigem Pflegebedarf möglich. Auf Grund der Pflegegeldgesetze wurden seitens des Bundes und der einzelnen Bundesländer im Wesentlichen gleichlautende **Einstufungsverordnungen** erlassen.

Die **Einstufungsverordnungen** sehen im Wesentlichen vor:

1. Betreuung mit Mindestwerten und Richtwerten

Unter **Betreuung** sind alle in relativ kurzer Folge notwendigen Verrichtungen anderer Personen zu verstehen, die vornehmlich den **persönlichen Lebensbereich** betreffen und ohne die der pflegebedürftige Mensch der Verwahrlosung ausgesetzt wäre.

Die Betreuungstätigkeiten sind *demonstrativ aufgezählt* und **Mindestwerte** bzw. **Richtwerte** für den zeitlichen Betreuungsaufwand angeführt. Von diesen Mindestwerten kann nach oben hin abgewichen werden, wenn der Betreuungsaufwand diese Mindestwerte erheblich überschreitet. *Eine derartige Abweichung ist in den Sachverständigengutachten ausführlich zu begründen.*

Von den Richtwerten kann unter denselben Voraussetzungen *nach oben und unten* abgewichen werden.

a) Generalklausel

Zu den unter Betreuung genannten Verrichtungen zählen insbesondere solche beim An- und Auskleiden, bei der Körperpflege, der Zubereitung und Einnahme von Mahlzeiten, der Verrichtung der Notdurft, der Einnahme von Medikamenten und der Mobilitätshilfe im engeren Sinn.

b) Betreuung mit Richtwerten

Bei der Feststellung des zeitlichen Betreuungsaufwandes ist von folgenden – auf einen Tag bezogenen – Richtwerten auszugehen:

Tätigkeit	Zeit pro Tag	Stunden pro Monat
An- und Auskleiden	2 x 20 Minuten	20
Reinigung bei inkontinenten Patienten	4 x 10 Minuten	20
Entleerung und Reinigung des Leibstuhles	4 x 5 Minuten	10
Einnahme von Medikamenten	6 Minuten	3
Anus-praeter-Pflege	15 Minuten	7,5
Kanülen-Pflege	10 Minuten	5
Katheter-Pflege	10 Minuten	5
Einläufe	30 Minuten	15
Mobilitätshilfe im engeren Sinn	30 Minuten	15

c) Betreuung mit Mindestwerten

Für die nachstehenden Verrichtungen werden folgende zeitliche Mindestwerte festgelegt:

Tätigkeit	Zeit pro Tag	Stunden pro Monat
Tägliche Körperpflege	2 x 25 Minuten	25
Zubereitung von Mahlzeiten	1 Stunde	30
Einnehmen von Mahlzeiten	1 Stunde	30
Verrichtung der Notdurft	4 x 15 Minuten	30
Motivationsgespräch	20 Minuten	10

d) Erschwerniszuschlag für schwerst behinderte Kinder und Jugendliche

	Stunden pro Monat
bis zum vollendeten 7. Lebensjahr	50
ab dem vollendeten 7. Lebensjahr bis zum vollendeten 15. Lebensjahr	75

e) Erschwerniszuschlag für Personen mit einer schweren geistigen oder einer schweren psychischen Behinderung, insbesondere einer demenziellen Erkrankung

	Stunden pro Monat
ab dem vollendeten 15. Lebensjahr	25

2. Hilfe mit Fixwerten

Unter Hilfe sind aufschiebbare Verrichtungen anderer Personen zu verstehen, die den sachlichen Lebensbereich betreffen und zur Sicherung der Existenz erforderlich sind.

Die Hilfsverrichtungen betreffen den **sachlichen Lebensbereich** und sind *taxativ aufgezählt.*

Hilfsverrichtungen sind:

- *Herbeischaffung von Nahrungsmitteln und Medikamenten,*
- *Reinigung der Wohnung und der persönlichen Gebrauchsgegenstände,*
- *Pflege der Leib- und Bettwäsche,*
- *Beheizung des Wohnraumes einschließlich Herbeischaffen von Heizmaterial,*
- *Mobilitätshilfe im weiteren Sinn.*

Für jede Hilfsverrichtung ist ein *fixer Zeitwert von 10 Stunden pro Monat* anzunehmen. Ob überhaupt Hilfsbedürftigkeit vorliegt, ist für jede Hilfsverrichtung gesondert festzustellen.

Bei pflegebedürftigen Kindern und Jugendlichen kann *bis zum vollendeten 15. Lebensjahr* ein Zeitwert für *Mobilitätshilfe im weiteren Sinn* im Ausmaß von *bis zu 50 Stunden monatlich* berücksichtigt werden.

3. Pauschaleinstufungen

Pauschaleinstufungen gibt es zurzeit für Blinde (Stufen 3–5) und Rollstuhlfahrer (Stufen 3–5). Diese Pauschaleinstufungen sind Mindesteinstufungen, zusätzliche Einschränkungen führen darüber hinaus zu einer höheren Einstufung.

a) Pauschaleinstufungen für Blinde

Bei **hochgradig sehbehinderten, blinden** und **taubblinden** Personen ist mindestens folgender Pflegebedarf ohne weitere Prüfung der Stundenanzahl der notwendigen Pflege anzunehmen:

- Pflegebedarf von durchschnittlich mehr als 120 Stunden monatlich für Personen, die hochgradig sehbehindert sind (Stufe 3);

- Pflegebedarf von durchschnittlich mehr als 160 Stunden monatlich für Personen, die blind sind (Stufe 4);
- Pflegebedarf von durchschnittlich mehr als 180 Stunden monatlich und ein außergewöhnlicher Pflegeaufwand für Personen, die taubblind sind (Stufe 5).

Als **hochgradig sehbehindert** gilt, wer das Sehvermögen so weit eingebüßt hat, dass er sich zwar in nicht vertrauter Umgebung allein zurechtfinden kann, jedoch trotz der gewöhnlichen Hilfsmittel zu wenig sieht, um den Rest an Sehvermögen wirtschaftlich verwerten zu können.

Als **blind** gilt, wer nichts oder nur so wenig sieht, dass er sich in einer ihm nicht ganz vertrauen Umgebung allein nicht zurechtfinden kann.

Als **taubblind** gelten Blinde, deren Hörvermögen so hochgradig beeinträchtigt ist, dass eine Kommunikation mit der Umwelt nicht mehr möglich ist.

b) Pauschaleinstufungen für Rollstuhlfahrer

Bei Personen, die zur Fortbewegung überwiegend auf den Gebrauch eines **Rollstuhles** angewiesen sind, ist mindestens folgender Pflegebedarf ohne weitere Prüfung der Stundenanzahl der notwendigen Pflege anzunehmen:

- Pflegebedarf von durchschnittlich mehr als 120 Stunden monatlich, wenn kein deutlicher Ausfall von Funktionen der oberen Extremitäten und weder eine Stuhl- oder Harninkontinenz noch eine Blasen- oder Mastdarmlähmung vorliegen (Stufe 3);
- Pflegebedarf von durchschnittlich mehr als 160 Stunden monatlich, wenn kein deutlicher Ausfall von Funktionen der oberen Extremitäten, jedoch eine Stuhl- oder Harninkontinenz bzw. eine Blasen- oder Mastdarmlähmung vorliegt (Stufe 4);
- Pflegebedarf von durchschnittlich mehr als 180 Stunden monatlich und ein außergewöhnlicher Pflegeaufwand, wenn ein deutlicher Ausfall von Funktionen der oberen Extremitäten gegeben ist (Stufe 5).

4. Gleichstellungsregelung

Die Anleitung und Beaufsichtigung von Menschen mit geistiger oder psychischer Behinderung zu Tätigkeiten, bei denen Betreuung oder Hilfe notwendig ist, ist der Betreuung und Hilfe gleichzusetzen.

5. Begrenzung des Pflegebedarfs

Pflegebedarf ist **nicht** anzunehmen, wenn die notwendigen Verrichtungen vom Anspruchswerber durch die Verwendung

- *einfacher Hilfsmittel oder*
- *anderer Hilfsmittel, die vorhanden sind oder für deren Kosten der Entscheidungsträger überwiegend oder zur Gänze aufkommt,*

vorgenommen werden könnten und dem Anspruchswerber die Verwendung dieser Mittel mit Rücksicht auf seinen physischen oder psychischen Zustand *zumutbar* ist.

Pflegebedarf ist bei *3–15-Jährigen nicht anzunehmen*, wenn die betreffenden *Verrichtungen bei gleichaltrigen Gesunden ebenfalls nicht selbständig vorgenommen werden*. Abzustellen ist immer auf die dem Lebensalter entsprechende Entwicklungsstufe.

6. Sachleistungen und Geldleistungen

Das Pflegegeld ist in erster Linie ein *Geldanspruch*. Wird der durch das Pflegegeld angestrebte Zweck nicht erreicht, so können anstelle des gesamten oder eines Teiles des Pflegegeldes *Sachleistungen* erbracht werden. Die Umwandlung der Geldleistung in eine Sachleistung und die Ablehnung der Erbringung von Geldleistungen anstelle von Sachleistungen *kann mit Klage beim Arbeits- und Sozialgericht bekämpft werden*.

VIII. Sozialrechtliche Streitigkeiten

A. Privatwirtschaftliche Dienstverhältnisse und Vertragsbedienstete

Alle sozialrechtlichen Streitigkeiten gehören vor die **Arbeits- und Sozialgerichte** (**ASG**).

B. Beamte

Unterliegt das Dienstverhältnis der Versicherungspflicht nach B-KUVG, so entscheidet über krankenversicherungsrechtliche und unfallversicherungsrechtliche Ansprüche die BVA mit Bescheid, gegen den Klage beim **ASG** erhoben werden kann.

Betreibt der Dienstgeber eine Krankenfürsorgeanstalt (KFA), so werden krankenversicherungsrechtliche und unfallversicherungsrechtliche Ansprüche in allen Instanzen auf dem Dienstweg im Verwaltungsweg ausgetragen.

Alle anderen sozialrechtlichen Streitigkeiten mit Ausnahme des Pflegegeldanspruches werden in allen Instanzen auf dem **Dienstweg** im **Verwaltungsweg** ausgetragen. Nach der Entscheidung der letzten Instanz ist eine Beschwerde an den Verwaltungsgerichtshof möglich.

C. Pflegegeld

In erster Instanz entscheidet der zuständige **Entscheidungsträger** (Pensionsversicherung etc.). Ist der Pflegegeldwerber mit der Entscheidung nicht einverstanden (entweder totale Ablehnung oder zu niedrige Einstufung), so kann er binnen 3 Monaten Klage beim **Arbeits- und Sozialgericht** einbringen.

Stichwortverzeichnis

C

D

E

F

G

H

I

J

K

U

V

W

Z